형 사 전 문 변 호 사 가　말 하 는

성범죄
성매매
성희롱

개정판

강민구 저

박영사

개정판을 내며

2016년 1월 초판을 발행한 게 엊그제 같은데 벌써 5년이란 세월이 흘렀다. 그 사이 성범죄 관련 사건들이 언론 사회면을 수없이 장식해왔다. 특히 2020년 하반기에 터진 <n번방과 박사방> 사건은 텔레그램을 통해 미성년자를 대상으로 성착취 영상을 찍도록 협박하고, 그 영상을 판매하는 엽기적인 범행으로 국민 모두에게 충격을 주었다. 그 영향으로 디지털 성범죄에 대처하기 위해 성범죄 규정들이 대대적으로 보완되었다. 또한 사회적 약자를 더욱 보호하기 위해 각종 처벌규정들이 훨씬 강하게 바뀌었고, 법 규정에 허점이 있었던 부분들도 대부분 보완되었다. 특히 초판에서 내가 지적했던 입법적 미비 규정들이 법 개정을 통해 해결된 점은 다행스럽게 생각한다. 한편 사법부 역시 이러한 시대적 변화에 발맞추어, 아동·청소년이나 장애인과 같이 성범죄에 취약한 계층을 더욱 보호하는 추세로 종래의 판례들을 많이 변경하였다.

그래서 나는 이렇듯 상전벽해(桑田碧海)와 같이 변화된 상황에 맞게 개정판을 내놓는다. 개정판에는 지난 5년간 바뀌거나 신설된 여러 법규들은 물론, 새로 나온 방대한 법원판례들이 빠짐없이 수록되었다. 아울러 초판에서 법문(法文)을 그대로 원용하는 바람에 독자로 하여금 읽는데 불편했던 부분도 이해되기 쉬운 표현으로 바뀌었다.

개정판을 쓰면서 우리나라의 성범죄 관련 법규들이 정말 해마다 수많은 변화가 이뤄지고 있음을 새삼 느꼈다. 대부분 성범죄에 대한 처벌을 강화하는 내용들인데, 그 만큼 우리의 성에 관한 문화가 세련

되어 가고 있다고 생각된다. 아울러 과거 남성 위주의 성문화에서 이
제는 남녀가 평등한 사회, 사회적 약자에 대한 보호가 더욱 강조되는
사회로 발전해 나가고 있음을 다시금 깨닫게 된다.

2021. 2.
저자 강 민 구

머 리 말

　　최근 형사법 체계에서 가장 많은 변화가 있었던 분야가 바로 성범죄 관련 규정들이다. 먼저 친고죄 규정이 폐지되었고, 전자발찌 착용, 신상정보 공개·고지, 화학적 거세 등 재범방지를 위한 사회적 보안책이 마련되었다. 여러 특별법에서는 종전에 처벌되지 않았던 새로운 분야에 관한 규제가 신설되었으며, 특히 아동·청소년 등에 대한 성범죄를 강력하게 처벌하고 있다. 또한 성매매, 성희롱에 대한 규제에도 많은 변화가 있었다. 증거수집 절차에도 과거와 비교가 안 될 정도로 과학적이고 엄격한 적법절차가 요구되고 있다. 그 결과 이제는 법률전문가들조차도 복잡·다양하게 변화된 성범죄 처벌규정과 절차에 대해 정확히 알기 힘들 정도로 난해한 구조를 띠게 되었다. 그럼에도 불구하고 이처럼 거미줄처럼 얽힌 성범죄 관련 규정을 일목요연하게 정리한 책이 아직 없어 많은 이들이 이에 대한 갈증을 느끼고 있었다. 필자는 검사와 형사전문변호사로서 24년가량 근무하면서 수많은 성범죄사건을 다뤄왔다. 하지만 그때마다 느꼈던 것은 성범죄사건처럼 유·무죄의 경계가 모호한 분야도 많지 않다는 것이다. 그 이유는 성범죄는 둘 사이에서 은밀하게 벌어지며, 피해자의 주관적 의사에 따라 죄의 성부가 결정된다는 특징 때문이다. 한편 성범죄자로 억울하게 몰린 사람의 입장에서는 억장이 무너지는 일이며 그 사회적 여파는 가히 치명적이다. 뿐만 아니라 신상정보 공개·고지 등으로 가족들까지도 엄청난 고통을 받게 된다. 그래서인지 누군가는 성범죄 사건은 '교도소 담장 위에서 추는 칼춤'과 같다고 말했다.

필자는 이렇듯 위험천만한 성범죄사건으로 인해 더 이상 아파하는 사람이 조금이라도 줄었으면 하는 바람으로 이 책을 집필하게 되었다. 아울러 이 책을 구성함에 있어 그 동안 변화된 다양한 법규정과 절차에 관하여도 한 눈에 보기 쉽게 정리하고자 노력하였다.

2016년 1월
저자 강 민 구

목　차

제 1 장　성범죄 개관

Ⅰ. 머 리 말 ·· 3

Ⅱ. 강 간 죄 ··· 8

Ⅲ. 유사강간죄 ··· 45

Ⅳ. 강제추행죄 ··· 48

Ⅴ. 준강간 · 준강제추행죄 ······························· 73

Ⅵ. 미성년자 의제강간 · 강제추행죄 ················· 86

Ⅶ. 위계 · 위력에 의한 미성년자 · 심신미약자 간음 · 추행죄 ···· 88

Ⅷ. 업무상 위력 등에 의한 간음죄(강제추행죄) ··················· 97

Ⅸ. 강간 등 예비 음모죄 ································· 101

제 2 장　특별법상 성범죄 규정

Ⅰ. 머 리 말 ··· 105

Ⅱ. 공중 밀집 장소에서의 추행 ····················· 105

Ⅲ. 성적 목적을 위한 다중이용장소 침입 ········· 108

Ⅳ. 통신매체를 이용한 음란행위 ···················· 109

Ⅴ. 불법촬영죄 ··· 113

Ⅵ. 아동 · 청소년성착취물의 제작 · 배포 등 ·························· 122

제 3 장   성범죄 · 성매매 양형기준

Ⅰ. 일반 성범죄 ·· 135
Ⅱ. 디지털 성범죄 ··· 150
Ⅲ. 성매매 ··· 156

제 4 장   성범죄 재발방지를 위한 제도

Ⅰ. 머 리 말 ··· 163
Ⅱ. 전자장치 부착 제도 ·· 163
Ⅲ. 신상정보 등록 ·· 179
Ⅳ. 신상정보 공개 · 고지 ·· 186
Ⅴ. 아동 · 청소년 관련기관 등에의 취업제한 ················· 197
Ⅵ. 수강명령 · 성폭력 치료프로그램의 이수명령제도 ·
    보호관찰 ··· 201
Ⅶ. 화학적 거세제도 ·· 204

제 5 장   성범죄에 관한 수사절차 및 대처방안

Ⅰ. 성범죄로 입건된 경우 ··· 217
Ⅱ. 성범죄로 피해를 본 경우 ··· 230
Ⅲ. 특별법상 피해자 보호제도 ······································· 235

제 6 장   꽃뱀에 대처하는 방법

Ⅰ. 머 리 말 ··· 245
Ⅱ. 주의해야 할 요소 ··· 246

Ⅲ. 협박을 받을 경우 대처요령 ·· 249

제 7 장   소송절차에서 유의할 요소

Ⅰ. 증거수집 방법의 과학화 ·· 255
Ⅱ. 형사절차에서의 위법성 문제 ·· 267
Ⅲ. 집행유예·선고유예 ·· 275
Ⅳ. 외국인 강제출국 문제 ·· 290

제 8 장   성매매 및 성매매알선 등

Ⅰ. 성매매(prostitution) ··· 297
Ⅱ. 성매매알선 등 ·· 306
Ⅲ. 성매매로 단속될 경우 대처요령 ··································· 317
Ⅳ. 아동·청소년 성매매 알선영업죄의 위헌성문제 고찰 ······· 320
Ⅴ. 존스쿨(John School) 교육 ·· 324

제 9 장   성 희 롱

Ⅰ. 성희롱의 개념 ·· 329
Ⅱ. 직장 내 성희롱 방지 규정 ·· 331
Ⅲ. 성희롱을 할 경우 법적 책임 ······································· 335
Ⅳ. 성희롱에 해당되는지 여부에 관한 사례별 연구 ·············· 341
Ⅴ. 직장 내 성희롱에 대처하는 방법 ································· 346
Ⅵ. 억울하게 성희롱한 것으로 몰린 경우 ··························· 348
Ⅶ. 징계해고의 판단기준 ··· 354
Ⅷ. 징계해고의 정당 여부에 관한 실제결정례 ····················· 356

제10장 올바른 형사변호사를 찾는 방법

I. 머 리 말 ·· 385

II. 인터넷 허위·과장광고에 현혹되지 마라 ················ 386

III. 변호사의 경력을 잘 살펴봐야 한다 ··················· 388

IV. 적극적이고 열정적인 변호사를 택하라 ················· 390

V. 실력 있는 변호사를 택해라 ·························· 394

VI. 유료 상담을 주저하지 마라 ························· 395

VII. 변호사를 잘 활용하는 방법 ························· 397

판례색인 ·· 403
사항색인 ·· 406

제 1 장

성범죄 개관

제 1 장 성범죄 개관

I. 머 리 말

종래의 전통적 의미의 성범죄라 함은 강간죄, 준강간죄, 미성년 자의제강간, 위력에 의한 간음, 강제추행죄 등을 일컬었다. 하지만 최근 개정된 형법과 추가된 여러 가지 제도를 통해 이제는 성범죄의 개념은 보다 확대되었다. 유사강간죄가 신설되었고, 몰래카메라, 통신매체를 이용한 음란행위, 성적 목적을 위한 공공장소 침입, 성매매, 성희롱 등도 광의의 성범죄 범주에 포함되었다. 성범죄에 대한 대표적인 특별법으로 성폭력범죄의 처벌 등에 관한 특례법(이하 '성폭법'), 아동·청소년의 성보호에 관한 법률(이하 '아청법') 등이 있다. 한편 과거 성범죄를 저지를 경우 징역형, 벌금형 등을 선고받는데 그쳤지만 이제는 전자발찌부착, 신상정보공개·고지, 사회봉사명령 등의 처분도 받게 되었고 성도착증 환자의 경우 화학적 거세까지 당할 수 있게 되었다. 이 책은 이러한 성범죄 전반에 관하여 다루려고 한다. 그럼 먼저 종래의 성범죄, 즉 협의의 성범죄부터 살펴본다.

1. 형법상 성범죄

형법상 성범죄에는 형법 제32장 '강간과 추행의 죄'에 열거된 범죄, 즉 강간, 유사강간, 강제추행, 준강간, 준강제추행, 미성년자등에 대한 간음, 업무상 위력 등에 의한 간음, 미성년자 의제강간죄 등이 해당된다. 이러한 성범죄는 2013. 6. 19.부터 전면적으로 친고죄 규정이 폐지되어 이제는 고소가 없거나 나중에 고소가 취소되어도 처벌될 수 있다.

2. 성폭법상 성범죄

성폭법에는 친족관계에 의한 강간 등(5조), 장애인에 대한 강간·강제추행 등(6조), 13세 미만의 미성년자에 대한 강간·강제추행 등(7조) 업무상 위력 등에 의한 추행(10조), 공중 밀집 장소에서의 추행(11조), 성적 목적을 위한 다중이용장소 침입행위(12조) 통신매체를 이용한 음란행위(13조), 카메라 등을 이용한 촬영(14조), 허위영상물 등의 반포등(14조의2), 촬영물 등을 이용한 협박·강요(14조의 3), 위 범죄들에 대한 미수범, 예비·음모(15조, 15조의 2) 등을 규정하고 있다.

3. 아청법상 성범죄

아청법상 성범죄에는 아동·청소년에 대한 강간, 강제추행, 유사강간, 준강간, 준강제추행 및 예비음모(7조, 7조의 2), 장애인인 아동·청소년에 대한 간음 등(8조), 13세 이상 16세 미만 아동·청소년에 대한 간음 등(8조의2), 아동·청소년성착취물의 제작·배포 등(11조), 성매매 등의 목적을 위한 아동·청소년 매매행위(12조), 아동·청소년의 성을 사는 행위 등(13조), 아동·청소년에 대한 성매매 등의 강요행위 등(14조), 아동·청소년의 성을 사는 행위의 알선영업행위 등(15조), 아동에 대한 성적학대행위(아동복지법 제17조 2호) 등을 규정하고 있다.

☞ 아동·청소년이란?

> 아청법상 "아동·청소년"이란 19세 미만의 자를 말한다. 다만, 19세에 도달하는 연도의 1월 1일을 맞이한 자는 제외한다(아청법 2조 1호). 통상 민법상 미성년자는 19세 미만의 자를 의미한다(민법 4조). 그러

므로 만 18년 364일 저녁 12시까지는 미성년자이다. 그런데 아청법상 아동·청소년의 개념은 민법상 미성년자의 개념보다 더 어린 개념이 된다. 예컨대 1995년 12월 1일이 생일인 사람이 성년이 되는 시점은 2014년 12월 1일 새벽 0시이다. 이 시점이 정확히 만 19세에 도달하는 시점이 된다. 그렇다면 아청법상 아동·청소년에서 제외되는 시점은 언제일까? 2014년 1월 1일 새벽 0시가 된다. 이때가 19세에 도달하는 연도(2014년)의 1월 1일을 맞이한 시점이 되기 때문이다.1 한편 아동복지법상 "아동"이란 18세 미만인 사람을 말한다(아동복지법 3조 1호). 결국 아청법상 아동은 18세 미만의 사람, 청소년은 19세 미만의 사람 중 19세에 도달하는 연도의 1월 1일을 맞이하지 않은 자라고 해석된다.2

4. 최근 성범죄 관련 개정 주요 내용

2012년 12월 18일 형법 일부 개정 법률에 의해 형법 및 특별법상의 성범죄에 관한 규정이 대폭 개정되어 6개월이 경과한 2013. 6. 19.부터 시행되게 되었다. 먼저 강간죄 등 성범죄에 대한 친고죄 및 반의사불벌죄 규정 전체가 폐지되었다. 그리고 강간죄 등의 객체가 부녀에서 사람으로 바뀌어 이제는 남자도 강간죄의 객체가 되었다. 그리고 종래 강제추행죄로 처벌하던 구강, 항문 등에 성기를 넣는 행위에 대해 유사강간죄(형법 297조의 2)를 신설하여 징역형으로 처벌받게 강화시켰다.

2018. 10. 16. 개정된 형법에 의하면, 업무상 위력 등에 의한 간

---

1 쉽게 말하면 아청법상 아동·청소년은 한국 나이로 20세가 되기 전의 사람(만 나이로는 18세)이고, 미성년자는 만 19세가 되기 전의 사람이다.

2 현행법 체계는 이와 같이 피해자의 연령에 따라 아동, 청소년, 미성년자를 3단계로 구분하여 형사적으로 달리 취급하고 있다. 하지만 불과 몇 달 차이로 이렇게 복잡하게 구별하여 형량을 달리하는 것은 입법론적으로 문제가 있다. 차라리 17세 미만과 19세 미만 등으로 두 단계로 구분하는 것이 간명하지 않을까 생각한다.

음죄(303조 1항)의 형량을 7년 이하의 징역 또는 3천만원 이하의 벌금으로 상향조정하고, 피감호자 간음죄(303조 2항)의 법정형도 10년 이하의 징역으로 함께 상향조정하였다.

이는 업무상 위력 등에 의한 간음죄가 간음죄임에도 강제추행죄(제298조)의 징역형(10년 이하)에 비하여 형량이 낮아 범죄 예방 효과가 높지 않다는 비판 때문에 상향조정하게 된 것이고, 또한 피감호자 간음죄의 경우 업무상 위력 등에 의한 간음죄보다 더 죄질이 무거우므로 함께 형이 상향조정된 것이다.

2020. 5.19. 개정된 형법에 의하면,

첫째, 미성년자 의제강간 연령기준을 13세에서 16세로 상향하되, 피해 미성년자가 13세 이상 16세 미만인 경우 19세 이상의 자에 대해서만 처벌하도록 하였다(305조 2항 신설). 즉 의제강간죄를 13세 미만의 경우와 13세에서 16세로 세분하여 전자의 경우는 가해자의 연령에 상관없이 처벌되고, 후자의 겨우는 가해자의 연령이 19세 이상의 경우만 처벌하는 것이다. 이는 13세에서 16세의 경우 비슷한 또래 친구들과의 성관계에 관하여까지 의제강간죄를 적용하는 것은 지나치다는 생각에 가해자의 연령을 제한한 것으로 보인다.

둘째, 강간, 유사강간, 특수강도강간, 아동·청소년에 대한 강간·강제추행등의 죄를 범할 목적으로 예비·음모한 사람은 3년 이하의 징역에 처하도록 했다(형법 305조의 3, 성폭법 15조의 2, 아청법 7조의 2).

이러한 새로운 제도의 신설은 텔레그램을 이용한 성착취 사건으로 인한 피해가 날로 증가하는 관계로, 성범죄로 인한 피해 발생을 미연에 방지하여 국민의 성적 자기결정권 등 기본권을 보호하고 범죄로부터 안전한 사회를 조성하기 위해, 미성년자 의제강간 연령기준을 높이고 강간 등의 예비·음모에 대한 처벌규정을 신설한 것이다.

한편, 2019. 8. 20. 성폭법이 일부 개정되어, 위계 또는 위력으로

써 13세 미만의 사람을 간음하거나 추행한 사람에 대해서도 공소시
효가 적용되지 않도록 되었다(성폭법 21조 3항 2호, 아청법 20조 3항 3호,
7조 5항).

성폭력범죄 조견표

	피해자별				
	19세 이상	13~18세	13세 미만	장애인	친족관계
① 강간(준강간)	형법 297조 (299조) 징역3년↑ (상습1/2가중)	아청 7조1항 (4항) 무기, 징역5년↑	성폭 7조1항 (4항) 무기, 징역10년↑	성폭 6조1항 (4항) 무기, 징역7년↑	성폭 5조1항 (3항) 징역7년↑
② 유사강간 (준유사강간)	형법 297조의 2 (제299조) 징역2년↑ (상습1/2가중)	아청 7조2항 (4항) 징역5년↑	성폭 7조2항 (4항) 징역7년↑	성폭 6조2항 (4항) 징역5년↑	
③ 의제강간 ④ 의제유사강간		**13~16세** 형법 305조 2항 ③징역3년↑ ④2년↑ (상습1/2가중) 가해자(19세 이상)	형법 305조 ③ 징역3년↑ ④ 2년↑ (상습1/2가중)		
⑤ 13~18세 장애인아동 간음(주체: 19세 이상)				아청 8조1항 징역3년↑	
⑥ 강제추행 (준강제추행)	형법 298조 (제299조) 징역10년↓ 1500만↓ (상습1/2가중)	아청 7조3항 (4항) 징역2년↑ 1~3000만	성폭 7조3항 (4항) 징역5년↑	성폭 6조3항 (4항) 징역3년↑ 3~5000만	성폭 5조2항 (3항) 징역5년↑

	형법 302조 (피해자: 아 동↑19세↓ or 심신미 약) 징역5년↓ (상습1/2가중)	아청 7조5항 간음: 무기, 5년↑ 유사강간: 5년↑ 추행: 징역2년↑ 1~3000만	성폭 7조5항 간음: 무기, 10년↑ 유사강간: 7년↑ 추행: 5년↑	성폭 6조5·6항 간음: 징역5년↑ 추행: 징역1년↑ 1~3000만	
⑦ 위계 위력 간음, 추행					
⑧ 의제 강제 추행		13~16세 형법 305조 2항 징역10년↓ 1500만↓ (상습1/2가중) 가해자(19세 이상)	형법 305조 징역10년↓ 1500만↓		
⑨ 장애인 아동 등 추행				아청 8조2항 징역10년↓ 1500만↓	

Ⅱ. 강 간 죄

1. 법 규정

폭행 또는 협박으로 사람을 강간한 자는 3년 이상의 유기징역에 처한다(형법 297조). 피해 대상에 따라 아동·청소년을 강간한 자는 무기징역 또는 5년 이상의 유기징역에 처한다(아청법 7조 1항). 13세 미만의 자를 강간한 자는 무기징역 또는 10년 이상의 징역에 처한다(성폭법 7조 1항). 장애인을 강간한 자는 무기징역 또는 7년 이상의 징역에 처한다(성폭법 6조 1항). 친족관계에 있는 사람을 강간한 자는 7년 이상의 유기징역에 처한다(성폭법 5조 1항).

.

☞ 성폭법상 '친족'의 범위

통상 민법상 친족의 범위는 ① 8촌 이내의 혈족, ② 4촌 이내의 인척, ③ 배우자를 일컫는다(민법 777조). 그런데 성폭법상 친족의 범위는 ① 4촌 이내의 혈족·인척, ② 동거하는 친족, ③ 사실상의 관계에 의한 친족이다(성폭법 5조 4·5항). 따라서 4촌 이내의 혈족과 인척의 경우는 동거 여부와 상관없이 친족 관계가 성립되고, 그 이외 5촌에서 8촌까지의 혈족은 동거할 경우에만 친족에 포함된다. 한편 배우자는 친족의 개념에서 배제된다. 다만 민법상 친족의 개념에 포함되지 않는 '사실상의 관계에 의한 친족'이 추가되어 있다. 따라서 예컨대 계부가 의붓딸을 강간한 경우 민법상 친족에는 해당되지 않지만, 사실상의 관계에 의한 친족에 해당되므로 성폭법상 친족관계에 의한 강간죄로 가중 처벌받게 된다.

※ 성폭법 개정과 대법원판례의 변경

가. 법 개정 과정

성폭법의 전신인 구 성폭력범죄의처벌및피해자보호등에관한법률 제7조를 살펴보면 다음과 같이 규정되어 있었다. ① 존속 등 연장의 친족이 형법 제297조의 죄를 범한 때에는 5년 이상의 유기징역에 처한다. ③ 위 제1항의 친족범위는 **"4촌 이내의 혈족"**으로 한다. ④ 제1항의 존속 또는 친족은 사실상의 관계에 의한 존속 또는 친족을 포함한다. 따라서 가해자가 이른바 의붓아버지인 경우에는 위 제3항 소정의 혈족관계가 없으므로 친족에 해당하지 아니하여 위 법률에 의하여 처벌할 수 없다고 해석되어 왔다(대법원 1996. 2. 23. 선고 95도2646 판결 참조). 하지만 위 판례에 대하여 입법취지를 망각한 판결이라는 비판이 일자, 1997. 8. 22. 성폭력범죄의처벌및피해자보호등에관한법률을 개정(법률 제5343호 1998. 1. 1. 시행)하였는데 개정법 제7조

제3항에 의하면 "친족의 범위는 4촌의 이내의 혈족과 2촌 이내의 인
척으로 제한"되나, 한편 같은 법 제7조 제4항은 "위 제1항의 친족은
사실상의 관계에 의한 친족을 포함한다"고 규정하였다. 그리고 그
뒤 다시 위 법이 개정되어 현재는 성폭법 제5조 제4항에 위와 같이
4촌 이내의 혈족과 인척, 동거하는 친족으로 친족의 범위가 확대된
것이다.

나. 법 개정의 의미

위와 같이 친족의 범위가 확대된 것은 '인척'을 추가하여 계부가
의붓딸을 상대로 저지르는 성범죄를 가중처벌하기 위한 것이다. 즉
개정법률 아래서는 이른바 계부가 의붓딸의 친모와 혼인신고를 마친
법률상의 부부관계에 있는 경우에는 계부와 의붓딸 사이가 '2촌 이내
의 인척'에 해당함이 명백하다. 따라서 계부가 의붓딸을 강간한 경우
에는 '친족관계에 의한 강간'으로 가중처벌받게 된다(대법원 2020. 11.
5. 선고 2020도10806 판결). 나아가 계부와 의붓딸의 친모 사이에 혼인
신고가 되어 있지 않다고 하더라도 사실혼 관계에 해당된다면 역시
계부와 의붓딸은 사실상의 관계에 의한 친족에 해당된다(대법원 2000.
2. 8. 선고 99도5395 판결).

▶ 대법원 2000. 2. 8. 선고 99도5395 판결

이 사건에서 원심이 인정한 바와 같이 피고인과 피해자의 생모
인 A 사이에 혼인신고가 없었다 하더라도 법률이 정한 혼인의 실질
관계는 모두 갖추어 이른바 **사실혼관계가 성립**되었다면, 피고인은 A
와 그녀의 전 남편과의 사이에서 난 딸인 피해자에 대하여 성폭법 제
7조 제5항이 규정한 "사실상의 관계에 의한 친족(2촌 이내의 인척)"에
해당하므로 피고인이 피해자를 강간한 행위에 대하여는 위 법률 제7
조 제1항이 적용된다.

2. 행위주체와 객체

가해자는 남성은 물론 여성도 가능하다. 여성이 남자를 이용하거나 남자와 공모하여 강간할 수 있기 때문이다. 피해자 역시 남성, 여성 모두 가능하다. 특히 남성에서 여성으로 성전환 한 경우3가 문제되는데, 이 역시 강간죄의 피해자가 될 수 있다고 보아야 한다. 즉 여자가 남자에게 폭행 또는 협박을 하여 성교를 할 경우에도 강간죄가 성립된다. 다만 피해자가 아동·청소년인 경우에는 무기 또는 5년 이상의 유기징역으로 가중처벌된다(아청법 7조 1항). 나아가 피해자가 13세 미만의 사람인 경우에는 무기 또는 10년 이상의 징역형으로 더욱 가중처벌된다(성폭법 7조 1항).

☞ 부부 사이에도 강간죄가 성립되나?

필자가 대학교 2학년 때의 일이다. 당시 형법각론 시간이었는데 강간죄에 대해 교수님께서 열강을 하고 계셨다. 필자는 수업 전에 본 월간지 기사에서 부부간에 강간죄가 성립되는 외국사례를 본 기억이 나서 교수님에게 "잡지에서 본 바에 따르면 외국에서는 부부간에도 강간죄가 성립되는 경우가 있다던데 우리나라에서도 마찬가지인가요?"라고 질문하였다. 교실은 잠시 정적이 감돌았고 약간 당황한듯한 교수님께서는 웃으시며 "부부간에는 성관계에 응해줘야 할 의무가 있으니 강간죄는 성립되지 않습니다"라고 답변하셨다. 그리고 그와 동시에 교실은 떠나갈 듯 웃음바다가 되었다. 물론 질문을 한 필자는 얼굴이 빨게 졌고 더 이상 아무 말을 하지 못하였다. 이 문제에 대해서는 그 동안 논란이 많았던 것도 사실인데, 대법원은 법적인 부부간이라도 사실상 파탄되어 더 이상 실질적인 부부관계가 지속되지 않는 경우에만 극히 예외적으로 강간죄를 인정해 왔다. 그런데 필자의 도발적(?) 질문이 있

---

3 소위 '트렌스젠더(transgender)'라고 일컬음.

고 약 28년이 지난 최근 대법원은 실질적인 부부간에도 강간죄가 성립
된다고 판시하였다. 즉 혼인관계가 파탄되어 실질적인 부부가 아닌 경
우는 물론 정상적인 혼인 관계라고 해도 폭행이나 협박으로 성관계를
갖게 되면 강간죄로 처벌받게 되는 것이다.

▶ **대법원 2013. 5. 16. 선고 2012도14788, 2012전도252 전원합
의체 판결**

　부부 사이에 민법상의 동거의무가 인정된다고 하더라도 거기에
폭행, 협박에 의하여 강요된 성관계를 감내할 의무가 내포되어 있다
고 할 수 없다. 혼인이 개인의 성적자기결정권에 대한 포기를 의미한
다고 할 수 없고, 성적으로 억압된 삶을 인내하는 과정일 수도 없기
때문이다. 결론적으로 헌법이 보장하는 혼인과 가족생활의 내용, 가
정에서의 성폭력에 대한 인식의 변화, 형법의 체계와 그 개정 경과,
강간죄의 보호법익과 부부의 동거의무의 내용 등에 비추어 보면, 형
법 제297조가 정한 강간죄의 객체인 '부녀'에는 법률상 처가 포함되
고, 혼인관계가 파탄된 경우뿐만 아니라 혼인관계가 실질적으로 유
지되고 있는 경우에도 남편이 반항을 불가능하게 하거나 현저히 곤
란하게 할 정도의 폭행이나 협박을 가하여 아내를 간음한 경우에는
강간죄가 성립한다고 보아야 한다. 다만 남편의 아내에 대한 폭행 또
는 협박이 피해자의 반항을 불가능하게 하거나 현저히 곤란하게 할
정도에 이른 것인지 여부는, 부부 사이의 성생활에 대한 국가의 개입
은 가정의 유지라는 관점에서 최대한 자제하여야 한다는 전제에서,
그 폭행 또는 협박의 내용과 정도가 아내의 성적 자기결정권을 본질
적으로 침해하는 정도에 이른 것인지 여부, 남편이 유형력을 행사하
게 된 경위, 혼인생활의 형태와 부부의 평소 성행, 성교 당시와 그 후
의 상황 등 모든 사정을 종합하여 신중하게 판단하여야 한다.

3. 피해자의 연령에 대한 인식

가. 문 제 점

위와 같이 강간죄나 강제추행의 경우 피해자의 연령에 따라 적용법조가 달라진다. 그렇다면 성범죄의 가해자가 피해자의 연령을 인식하거나 인식할 수 있는 경우에만 가중처벌될 것인가, 아니면 가해자의 인식여부와 상관없이 객관적으로 피해자의 연령에 따라 적용법조가 달라질 것인가가 문제이다. 이 점에 관하여 대법원은 13세 미만의 자에 대한 강간에 대해서는 행위자에게 적어도 미필적 고의라도 있어야 한다고 판단했다. 여기서 말하는 미필적 고의라 함은 범인의 입장에서 상대방이 13세 미만의 여자일 수도 있다는 가능성을 인식하면서도 이를 용인하고 강간 범행에 나아간 것을 의미한다. 그리고 대법원은 이러한 미필적 고의를 검사가 합리적 의심의 여지가 없을 정도로 입증하여야 한다고 보았다.

반면, 대법원은 아동·청소년에 대한 강간에 대해서는 피해자의 연령에 대한 인식여부와 무관하게 객관적으로 정해야 한다는 상반된 판결을 하였다.

나. 상반된 대법원판례

(1) 13세 미만의 자에 대한 강간에서 피해자 연령에 대한 인식이 필요하다고 본 사례

▶ 대법원 2012. 8. 30. 선고 2012도7377 판결

[1] 형사재판에서 공소가 제기된 범죄의 구성요건을 이루는 사실은 그것이 주관적 요건이든 객관적 요건이든 그 입증책임이 검사에게 있으므로(대법원 2010. 11. 25. 선고 2009도12132 판결 등 참조), 이 사건 법조항에서 정하는 범죄의 성립이 인정되려면, 피고인이 피해

자가 13세 미만의 여자임을 알면서 그를 강간하였다는 사실이 검사에 의하여 입증되어야 한다. 물론 피고인이 일정한 사정의 인식 여부와 같은 내심의 사실에 관하여 이를 부인하는 경우에는 이러한 주관적 요소로 되는 사실은 사물의 성질상 그 내심과 상당한 관련이 있는 간접사실 또는 정황사실을 증명하는 방법에 의하여 이를 입증할 수밖에 없고, 이 때 무엇이 상당한 관련성이 있는 간접사실에 해당할 것인가는 정상적인 경험칙에 바탕을 두고 사실의 연결상태를 합리적으로 분석·판단하는 방법에 의하여야 한다(대법원 2006. 2. 23. 선고 2005도8645 판결 등 참조). 그러나 피해자가 13세 미만의 여자라는 객관적 사실로부터 피고인이 그 사실을 알고 있었다는 점이 추단된다고 볼 만한 경험칙 기타 사실상 또는 법적 근거는 이를 어디서도 찾을 수 없다. (중략) 설사 이 사건 법조항이 원심이 이해하는 대로 신체적 또는 정신적으로 미숙한 단계인 13세 미만 미성년자의 정상적인 성적 발달을 특별히 보호하기 위한 규정이라고 하더라도, 그것이 13세 미만의 여자라는 사실에 대한 피고인의 인식에 관한 검사의 입증책임을 완화하기에 충분한 이유가 되지 아니하는 것이다. 따라서 13세 미만의 여자에 대한 강간죄에 있어서 피해자가 13세 미만이라고 하더라도 피고인이 피해자가 13세 미만인 사실을 몰랐다고 범의를 부인하는 경우에는 다른 범죄의 경우와 마찬가지로 상당한 관련성이 있는 간접사실 또는 정황사실에 의하여 그 입증 여부가 판단되어야 한다.

[2] 나아가 피고인이 이 사건 강간 범행 당시 피해자가 13세 미만인 사실을 인식하고 있었는지에 대하여 살펴본다. 원심과 제1심이 적법하게 채택한 증거에 의하면 다음과 같은 사실을 알 수 있다.

① 피해자는 만 12세 ○○중학교 1학년생으로 만 13세가 되기까지 6개월 정도 남은 상황이었다.

② 피고인은 검찰 조사에서 피해자를 밖에서 만났을 때는 어둡고 피해자가 키도 크고 해서 나이가 어린 줄 몰랐는데 모텔에서 보니까 피해자가 15살 또는 16살 정도로 어려 보였고, 피해자에게 "몇 살이냐"고 물어보니까 피해자가 "중학교 1학년이라서 14살이라고 했었습니다. 그래서 당시 우리식 나이로 14살 정도 되는 줄 알았다"고 진술하였고, 피해자 또한 수사기관에서 "피고인에게 14세라고 말하였다"고 진술하였다.

③ 종전의 우리식 나이인 연 나이 14세는 만 나이로 생일이 지나지 아니한 경우는 12세, 생일이 지난 경우는 13세에 해당하여 대상자의 생년월일을 정확히 알지 못하는 경우에는 정확한 만 나이를 알기 어렵다 할 것인데, 피고인과 피해자는 사건 당일 처음 만난 사이이었고, 피해자가 피고인에게 생년월일까지 알려준 바는 없었다.

④ 이 사건 강간 범행 발생 약 3개월 전에 이루어진 건강검사결과에 의하면 피해자는 키 약 155cm, 몸무게 약 50kg ○○중학교 1학년생으로서는 오히려 큰 편에 속하는 체격이었다.

⑤ 피고인은 당시 피해자를 데리고 모텔로 들어갔는데 모텔 관리자로부터 특별한 제지를 받은 바 없었던 것으로 보인다.

이러한 사정에 비추어 보면, 피고인이 이 사건 강간 범행 당시 피해자가 13세 미만인 사실을 미필적으로라도 인식하고 있었음이 합리적 의심의 여지없이 증명되었다고 쉽사리 단정할 수 없다.

[3] 그럼에도 원심은 위와 같이 받아들일 수 없는 법리에 기하여 그 판시와 같은 사정만으로 피고인이 피해자가 13세 미만이었음을 인식하였거나 적어도 미필적으로 인식하고서 피해자를 간음한 사실이 인정된다고 보아 13세 미만 여자 강간의 이 사건 공소사실을 유죄로 판단하였다. 이러한 원심판결 중 피고사건 부분에는 형사재판에서의 증명책임에 관한 법리를 오해하거나 논리와 경험의 법칙에 위배하여 사실

을 잘못 인정함으로써 판결에 영향을 미친 위법이 있다 할 것이다.

(2) 아동·청소년에 대한 강간죄에 있어서 가해자가 피해자의 연령에 대하여 인식하였는지 여부와 무관하게 객관적으로 판단해야 한다고 한 사례

▶ 대법원 2013. 6. 28. 선고 2013도3793 판결

아청법이 제7조에서 아동·청소년에 대한 강간과 그 미수범 등을 가중하여 처벌하는 규정을 두면서도 그와는 별도로 아동·청소년을 대상으로 하는 한 형법 제297조, 제300조 등의 죄도 '아동·청소년대상 성범죄'의 하나로 규정하고 있는 점을 비롯하여 아청법의 입법 취지와 경위 등에 비추어 살펴볼 때, 19세 미만인 아동·청소년을 대상으로 강간이나 강간미수의 범죄를 저질렀다면, 그 범죄를 저지른 자가 범행대상이 아동·청소년임을 인식하였는지 여부나 아청법 위반으로 기소되었는지 여부와 상관없이 아청법 제16조 본문이 정한 비친고죄에 해당한다고 보아야 한다.

그런데도 원심은, 피고인이 사건 당시 피해자가 19세 미만의 청소년이라는 사실을 인식하였음이 증명되지 아니하여 아청법위반(강간)죄가 아니라 강간미수죄로 의율하는 마당에는 친고죄로 보아야 한다는 이유로 공소를 기각한 제1심판결을 그대로 유지하였다. 이러한 원심의 조치에는 아청법 제16조 본문에 관한 법리를 오해하여 판결 결과에 영향을 미친 위법이 있다.

(3) 전자발찌 부착의 경우도 가해자의 인식 여부 상관없이 객관적으로 판단해야 한다는 사례

전자장치부착 등에 관한 법률(약칭: 전자장치부착법) 제5조 제1항 4호에 의하면, "검사는 19세 미만의 사람에 대하여 성폭력범죄를 저

지르고, 성폭력범죄를 다시 범할 위험성이 있다고 인정되는 사람에 대하여 전자장치를 부착하도록 하는 명령을 법원에 청구할 수 있다"고 규정되어 있다. 그런데 이 경우에도 대법원은 전자장치 부착은 보안처분적 성격이 강하여 일반 형사범에서와 같이 고의 여부가 중요하지 아니하므로 가해자의 인식여부와 상관없이 객관적으로 평가해야 한다고 판시하였다(대법원 2011. 7. 28. 선고 2011도5813 판결).

다. 판례 평석

형사범은 행위책임을 묻는 것으로서 원칙적으로 고의가 구성요건 중 하나이다. 즉 가해자에게 피해자의 연령에 대한 미필적 고의, 즉 '19세 미만일지도 모른다는 인식'은 필요하다고 보아야 하므로, 만약 그것이 인정되지 않는다면 단순 강간죄로 처벌해야 한다. 예컨대 누가 봐도 성년인 여자를 강간하였는데 그 여자가 실제로는 19세 미만이라는 우연적 결과 때문에 처벌의 경중이 달라진다면 이는 가해자의 입장에서는 매우 억울한 일이다. 따라서 그런 인식여부와 상관없이 아동·청소년에 대한 강간죄가 인정된다는 대법원판례(대법원 2013. 6. 28. 선고 2013도3793 판결)는 비판을 면할 수 없다고 생각한다. 그러므로 아청법상 강간죄도 13세 미만의 자에 대한 강간죄의 해석과 마찬가지로 적어도 가해자에게 피해자의 연령에 대한 미필적 고의(혹시 만 19세 미만일지도 모른다는 인식)라도 있어야만 성립된다고 보아야 할 것이다. 하지만 전자장치 부착명령의 경우는 형벌보다는 보안처분에 가까우므로 가해자의 인식 여부와 무관하게 판단한 대법원판례에 대해 찬성한다.

4. 장애인에 대한 강간죄에 있어 쟁점

이 죄가 성립되기 위해서는 피해자가 지적장애등급을 받은 장애인이라고 하더라도 단순한 지적장애 외에 ① 성적 자기결정권을 행사하지 못할 정도의 정신장애를 가지고 있다는 점이 증명되어야 하고, ② 가해자도 간음 당시 피해자에게 이러한 정도의 정신장애가 있음을 인식하여야 한다.

가. 성적 자기결정권 존부에 관한 판단기준

정신적 장애인에 대한 강간죄에 있어 가해자가 상대방이 장애로 인해 항거불능상태인지 여부에 관하여는 피해자의 정신적 장애의 정도뿐 아니라 피해자와 가해자의 신분을 비롯한 관계, 주변의 상황 내지 환경, 가해자의 행위 내용과 방법, 피해자의 인식과 반응의 내용 등을 종합적으로 검토해야 한다. 따라서 피해자가 사건 범행 당시의 정황 등을 구체적으로 진술하고, 범행 당시 소극적인 저항행위를 하였으며, 범행 이후에 피해 사실을 주변에 얘기하거나 가해자의 계속적인 만남요구에 거부의사를 표현했다고 해도 이러한 사정만으로 피해자에게 성적 자기결정권이 있었다고 단정할 수 없다.

▶ **대법원 2014. 2. 13. 선고 2011도6907 판결**

[1] 구 성폭력범죄의 처벌 등에 관한 특례법(2011. 11. 17. 법률 제11088호로 개정되기 전의 것, 이하 '구 성폭법'이라 한다) 제6조는 '신체적인 또는 정신적인 장애로 항거불능인 상태에 있음을 이용하여 여자를 간음하거나 사람에 대하여 추행을 한 사람은 형법 제297조(강간) 또는 제298조(강제추행)에서 정한 형으로 처벌한다'고 규정하고 있다. 위 규정에서 '신체적인 또는 정신적인 장애로 항거불능인 상태'라 함은 신체적 또는 정신적 장애 그 자체로 항거불능의 상태에 있는 경우 뿐 아니라 신체장애 또는 정신적인 장애가 주된 원인이 되어 심리적 또는 물리적으로 반항이 불가능하거나 현저히 곤란한 상태에 이른 경우를 포함하는 것으로 보아야 할 것이고, 그 중 정신적인 장애가

주된 원인이 되어 항거불능인 상태에 있었는지 여부를 판단함에 있어서는 피해자의 정신적 장애의 정도뿐 아니라 피해자와 가해자의 신분을 비롯한 관계, 주변의 상황 내지 환경, 가해자의 행위 내용과 방법, 피해자의 인식과 반응의 내용 등을 종합적으로 검토해야 할 것이다(대법원 2007. 7. 27. 선고 2005도2994 판결 참조). 나아가 장애인의 성적 자기결정권을 충실하게 보호하고자 하는 구 성폭법 제6조의 입법 취지에 비추어 보면, 위와 같은 '항거불능인 상태'에 있었는지 여부를 판단할 때에는 피해자가 정신적 장애인이라는 사정이 충분히 고려되어야 할 것이므로, 외부적으로 드러나는 피해자의 지적 능력 이외에 그 정신적 장애로 인한 사회적 지능·성숙의 정도, 이로 인한 대인관계에서의 특성이나 의사소통능력 등을 전체적으로 살펴 피해자가 그 범행 당시에 성적 자기결정권을 실질적으로 표현·행사할 수 있었는지 여부를 신중히 판단하여야 한다.

　[2] 원심은 피해자가 정신지체 장애 3급에 해당하는 여성이기는 하지만 피해자의 전체지능은 경도의 정신지체 수준에 불과한데다가, 피해자가 이 사건 범행 당시의 정황 등을 구체적으로 진술하고 있고, 범행 당시 피고인의 추행에 대하여 다리를 오므리는 등 소극적인 저항행위를 하였으며, 범행 이후에 교회 전도사에게 피해 사실을 이야기하였다거나 계속 만나자는 피고인의 거듭된 요구를 거절하는 등 그 판시와 같은 사정을 종합하면, 범행당시 정신적인 장애가 주된 원인이 되어 심리적 또는 물리적으로 반항이 불가능하거나 현저히 곤란한 항거불능의 상태에 있었다고는 보이지 않는다고 판단하여, 공소사실에 대하여 무죄를 선고한 제1심판결을 그대로 유지하였다. 그러나 원심의 위와 같은 판단은 그대로 수긍하기 어렵다.

　원심이 적법하게 채택한 증거들에 의하면, 피해자는 어릴 때부터 말이 없고 자신의 의사표현을 하지 못하는 등의 정신이상 증세를 보여 2005. 2.경(당시 28세) 병원에 내원하여 이에 대한 심리학적 검사가 실시된 사실, 이에 따르면 피해자의 전체 지능지수는 62로서 경도의 정신지체 수준에 해당하는데 그 중 언어적 표현력이나 추상적 사고능력은 다른 영역에 비하여 나은 수행을 보이는 반면, 피해자의 사회연령은 만 7세 8개월로서 사회지수는 그보다 낮은 48.94에 불과하고 의사소통능력이 매우 지체되어 있거나 사회적으로 위축되어 있으며 대인관계에서 철회 경향을 가지고 있다는 검사결과가 나온 사실, 피해자는 "피고인의 추행 당시 피고인이 무섭고 겁이 나서 이를 제지하지 못하였다. 피고인이라는 사람 자체가 무서웠으며, 몸을 만질 때 소름이 돋았다"는 취지로 진술한 사실, 피해자가 활동하던 교회의 전도사도 피해자가 평소 말이 거의 없고 사람들과 어울리지 못한다는 취지로 진술한 사실 등을 알 수 있다. 위와 같은 사실관계를 앞서 본 법리에 비추어 보면, 비록 피해자가 이 사건 범행 이후 추행의 경위에 관하여 상세히 진술하는 등 어느 정도의 지적 능력을 가진 것으로 보인다 하더라도, 피해자는 그 사회적 지능 내지 성숙도가 상당한 정도로 지체되어 대인관계 내지 의사소통에 중대한 어려움을 겪어왔으며 이 사건 범행 당시에도 이러한 정신적 장애로 인하여 피고인의 성적 요구에 대한 거부의 의사를 분명하게 표시하지 못하거나 자신의 다리를 오므리는 것 이상의 적극적인 저항행위를 할 수 없었던 것으로 볼 여지가 충분하다. 나아가 기록에서 알 수 있는 다음과 같은 사정들, 즉 피고인은 피해자를 전화로 불러낸 뒤 자신의 오토바이를 이용하여 인적이 드문 인근 공원으로 데리고 가서 그곳 벤치에 앉자마자 이 사건 추행을 시작하였던 점 및 피고인은 피해자가 다니는 교회 장애인 모임의 부장으로 활동하여 왔던 점 등을 더하여 보면, 피해자가 범행 이후에 교회 전도사에게 위 추행 피해 사실을 이야기 하였다거나 계속 만나자는 피고인의 요구를 거절하였다는 사정만으로 피해자가 이 사건 범행 당시에 성적 자기결정권을 실질적으로 표현·행사할 수 있었다고 단정할 수는 없다. 그렇다면 원심으로서는 이 사건 추행 당시 피해자의 사회적 지능·성숙의 정도, 그로 인하여 피해자의 대인관계 내지 의사소통에 미치는 영향, 범행 당시 이러한 정신적 장애로 인하여 피해자가 성적 자기결정에 관한 자신의 의사를 충분히 표시하지 못한 것인지 여부 등에 대하여 보다 면밀히 심리한 다음 '항거불능인 상태'에 있었다고 볼 수 있는지 여부를 판단하였어야 할 것임에도 단지 그 판시와 같은 사정만을 들어 무죄를 선고하였으니, 이러한 원심의 판단에는 구 성폭법 제6조가 정하는 '항거불능'의 판단 기준 내지 범위에 대한 법리를 오해하여 필요한 심리를 다하지 아니한 위법이 있다.

나. 가해자에게 간음 당시 피해자의 정신적 장애에 대한 인식필요

이 죄가 성립되기 위해서는 가해자가 간음 당시 피해자에게 성적 자기결정권을 행사하지 못할 정도의 정신장애가 있다는 점을 인식하여야 한다.

▶ **대법원 2013. 4. 11. 선고 2012도12714 판결**

[1] 법 제6조 소정의 정신장애는 지적장애 외에 성적 자기결정권을 행사하지 못할 정도에 이르러야 하므로, 피해자가 성적 자기결정권을 행사하지 못할 정도의 정신장애를 가지고 있는지에 관하여 살펴본다. 기록 및 적법하게 채택된 증거들에 의하면 다음과 같은 사정을 알 수 있다.

① 피해자가 피고인에게 보낸 문자메시지의 내용, 피해자에 대한 경찰 제1회 진술조서와 아동피해자조사보고서의 기재를 보면, 그 표현에 다소 미숙한 면이 있기는 하지만 피해자는 성행위와 임신의 의미를 인식하고 있는 것으로 보이고, 피고인의 성관계를 전제한 것

으로 보이는 만남 제안을 여러 번 완곡하게 거절한 사실이 있다.

② 인터넷 게임 및 대학생활 또는 일상생활에 관하여 피고인과 피해자가 교환한 문자메시지의 내용과 피해자가 일산에 사는 부모를 떠나 대전에서 홀로 자취하며 특별한 보호자 없이 대학생활을 한 사실에 비추어 보면, 피해자는 일상생활에서 발생할 수 있는 여러 문제에 관하여 어느 정도 의사결정능력이 있는 것으로 보인다.

③ 피해자가 피고인에게 '자살해라'라는 문자메시지를 보낸 것을 보면, 피해자는 자살의 의미도 이해하고 있는 것으로 보인다.

④ 앞서 본 심리조사보고서는 기존의 검사방법과 상담방법에 기초한 것으로서 피고인과 피해자가 교환한 문자메시지의 내용과 피해자의 대학생활 및 독립된 일상생활의 구체적 모습이 고려되지 않고 작성된 것이고, 피해자의 성적 자기결정권의 유무에 관한 내용이 없다.

이러한 사정들을 종합해 보면, 피해자가 비록 장애등급으로 분류되는 지적장애를 가지고 있기는 하지만, 법 제6조에서 보호되는 성적 자기결정권을 행사하지 못할 정도의 정신장애를 가지고 있다고 쉽사리 단정하기가 어렵고, 달리 이러한 정도의 장애를 가지고 있다고 볼 만한 사정이나 객관적인 자료가 부족하다.

[2] 나아가 정신장애로 항거불능인 상태에 있음을 피고인이 인식하고 이를 이용하여 간음하였는지에 관하여 살펴본다. 기록 및 적법하게 채택된 증거들에 의하면 다음과 같은 사정을 알 수 있다.

① 피고인은 피해자보다 1살 어린 대학생으로서 인터넷 게임을 하다가 대전에서 홀로 자취하는 대학생이라는 피해자와 20여일 동안 약 1,000여 통의 문자메시지를 교환하였는데, 피해자와 교환한 문자메시지 내용에 피해자의 지적장애를 인식하였다고 볼 만한 내용은 없다.

② 피고인은 피해자와 음란한 내용의 문자메시지를 교환하기도 하였지만 인터넷 게임과 대학 및 일상생활에 관한 내용의 문자메시지도 자주 교환하였다.

③ 문자메시지 내용을 보면 피고인이 피해자에게 욕을 몇 번 한 적이 있지만 이는 어느 정도 익명성이 보장되는 인터넷을 통해 만난 사이에서 만연히 한 행동으로 볼 여지가 있고, 피해자도 문자메시지와 인터넷 채팅을 통해 피고인에게 '죽여버릴테니까', '자살해라', '쓰레기 같은 놈' 등의 과격한 말을 한 사실이 있다.

④ 피해자의 아파트에서 가사도우미로 일한 적이 있는 A는 제1심법정에서, 피해자의 부모가 피해자에게 장애가 있다고 말하기는 하였으나 피해자가 다른 사람들을 만날 때 그 외모나 언행에서 다른 사람들과 특별히 다른 점은 없었고, 처음 만난 사람이라도 바로 지적장애인이라고 인식할 수 있을 정도로 속칭 모자란 사람으로 보이지 않았다고 진술하였다.

⑤ 피해자는 피고인과 헤어진 후 바로 피고인에게 만나서 반가웠다며 집에 잘 들어갔는지에 관한 안부 문자메시지를 보내기도 하였다.

⑥ 피해자는 피고인이 만나서도 자신에게 욕을 하였다고 진술하기도 하였지만, 피고인은 그러한 사실이 없다고 일관되게 주장하고 있고, 피해자도 제1심법정에서, 피고인과 성관계를 할 때나 성관계를 하기 직전에 피고인이 욕을 한 사실이 없다고 진술하였으며, 달리 구체적으로 어느 시기에 욕을 하였는지에 관한 명확한 진술은 없는 것으로 볼 때, 피고인이 피해자와 만나서 욕을 하였다고 인정하기는 어렵다.

이러한 사정들을 종합해 보면, 피해자가 정신장애로 항거불능인 상태에 있음을 피고인이 인식하고 이를 이용하여 간음하였다는 점이 합리적 의심을 배제할 수 있을 정도로 증명되었다고 보기 어렵다.

그렇다면 피해자가 법 제6조에서 말하는 '정신적인 장애로 항거 불능의 상태'에 있었다고 단정하기 어렵고, 나아가 피고인이 이를 인식하고 이를 이용하여 간음하였다고 단정하기도 어렵다. 그럼에도 원심은 피해자의 정신상태 등에 관하여 더 심리하지 아니한 채 이 사건 공소사실을 유죄로 판단하였는바, 이러한 원심판단에는 심리를 다하지 아니함으로써 법 제6조 소정의 항거불능에 관한 법리 등을 오해하여 판결 결과에 영향을 미친 잘못이 있다.

5. 강간죄에 있어 폭행·협박의 정도는?

강간죄가 성립되려면 폭행·협박으로 상대방을 겁을 주어 성기를 삽입하는 행위를 해야 한다. 그런데 여기서 폭행·협박이라 함은 반드시 **상대방의 반항을** 불가능하게 할 정도를 요하지 않고, **현저히 곤란하게 할 정도**면 충분하다. 한편 마취제·수면제 등을 사용하거나 최면술을 걸어도 여기서 폭행에 해당된다. 다만 그 폭행·협박이 피해자의 항거를 불가능하게 하거나 현저히 곤란하게 할 정도의 것이었는지 여부는 그 폭행·협박의 내용과 정도는 물론, 유형력을 행사하게 된 경위, 피해자와의 관계, 성교 당시와 그 후의 정황 등 모든 사정을 종합하여 판단하여야 한다(대법원 2007. 1. 25. 선고 2006도5979 판결 등 참조). 이렇듯 폭행·협박을 하여 상대방의 반항을 현저히 곤란하게 하였는지 여부가 강간죄의 성부를 결정함에 중요한 쟁점인데, 실무상 당사자의 주장이 첨예하게 대립되는 경우가 많다. 관련 판례를 보면서 어느 경우에 강간죄의 성립이 인정되고, 어느 경우 부인되는가를 살펴보자.

※ 사례별 연구

가. 강간죄가 인정된 사례

(1) 폭행 없이 오직 협박만으로 피해자의 항거를 현저히 곤란하게 할 정도에 이른 것으로 보아 강간 및 강제추행죄를 인정한 사례

▶ 대법원 2007. 1. 25. 선고 2006도5979 판결

[1] 가해자가 폭행을 수반함이 없이 오직 협박만을 수단으로 피해자를 간음 또는 추행한 경우에도 그 협박의 정도가 피해자의 항거를 불가능하게 하거나 현저히 곤란하게 할 정도의 것(강간죄)이거나 또는 피해자의 항거를 곤란하게 할 정도의 것(강제추행죄)이면 강간죄 또는 강제추행죄가 성립하고, 협박과 간음 또는 추행 사이에 시간적 간격이 있더라도 협박에 의하여 간음 또는 추행이 이루어진 것으로 인정될 수 있다면 달리 볼 것은 아니다.

[2] 유부녀인 피해자에 대하여 혼인외 성관계 사실을 폭로하겠다는 등의 내용으로 협박하여 피해자를 간음 또는 추행한 경우에 있어서 그 협박이 강간죄와 강제추행죄에 해당하는 폭행의 정도의 것이었는지 여부에 관하여는, 일반적으로 혼인한 여성에 대하여 정조의 가치를 특히 중시하는 우리 사회의 현실이나 형법상 간통죄로 처벌하는 조항이 있는 사정 등을 감안할 때 혼인외 성관계 사실의 폭로 자체가 여성의 명예손상, 가족관계의 파탄, 경제적 생활기반의 상실 등 생활상의 이익에 막대한 영향을 미칠 수 있고 경우에 따라서는 간통죄로 처벌받는 신체상의 불이익이 초래될 수도 있으며, 나아가 폭로의 상대방이나 범위 및 방법(예를 들면 인터넷 공개, 가족들에 대한 공개, 자녀들의 학교에 대한 공개 등)에 따라서는 그 심리적 압박의 정도가 심각할 수 있으므로, 단순히 협박의 내용만으로 그 정도를 단정할 수

는 없고, 그 밖에도 협박의 경위, 가해자 및 피해자의 신분이나 사회적 지위, 피해자와의 관계, 간음 또는 추행 당시와 그 후의 정황, 그 협박이 피해자에게 미칠 수 있는 심리적 압박의 내용과 정도 등 모든 사정을 종합하여 신중하게 판단하여야 한다.

[3] 유부녀인 피해자에 대하여 혼인 외 성관계 사실을 폭로하겠다는 등의 내용으로 협박하여 피해자를 간음 또는 추행한 사안에서 위와 같은 협박이 피해자를 단순히 외포시킨 정도를 넘어 적어도 피해자의 항거를 현저히 곤란하게 할 정도의 것이었다고 보기에 충분하므로 강간죄 및 강제추행죄가 성립된다.

(2) 나이 어린 피해자에게 "한 명하고 할 것이냐 여러 명하고 할 것이냐"고 겁을 줘서 성관계한 것이 강간죄에 해당되는 협박으로 인정된다고 한 사례

▶ 대법원 2000. 8. 18. 선고 2000도1914 판결

원심이 인용한 제1심판결 명시의 증거들을 기록에 비추어 검토하여 보면, 피고인이 피해자를 원심 판시 여관방으로 유인한 다음 방문을 걸어 잠근 후 피해자에게 성교할 것을 요구하였으나 피해자가 이를 거부하자 "옆방에 내 친구들이 많이 있다. 소리 지르면 다 들을 것이다. 조용히 해라. 한 명하고 할 것이냐? 여러 명하고 할 것이냐?"라고 말하면서 성행위를 요구한 사실이 인정되는바, 이러한 사실과 피해자의 연령이 어린 점, 다른 사람의 출입이 곤란한 심야의 여관방에 피고인과 피해자 단둘이 있는 상황인 점 등 기록에 나타난 모든 사정을 종합하면 피고인이 피해자의 항거를 현저히 곤란하게 할 정도의 유형력을 행사한 사실은 충분히 인정된다고 보아야 할 것이므로, 피고인의 성폭력범죄의처벌및피해자보호등에관한법률위반

범죄사실에 대하여 범죄의 증명이 있다고 한 제1심판결을 그대로 유지한 원심판결에 상고이유로 주장하는 강간죄에 있어서의 폭행, 협박에 관한 법리오해의 위법이 있다고 할 수 없다.

(3) 강간죄 폭행·협박, 간음행위보다 반드시 선행돼야 하는 것 아님(기습강간 사례)

▶ **대법원 2019. 2. 28. 선고 2018도20835 판결**

[공소사실의 요지]

피고인은 2017. 3. 12. 14:30경 위 마사지 숍 내의 마사지실에서, 손님으로 온 피해자 D(여, 40세, 가명)에게 전신 아로마 마사지를 하던 중 피해자를 강간하기로 마음먹고, 허리를 풀기 위하여는 엉덩이 쪽까지 풀어야 한다며 피해자의 바지와 팬티를 발목까지 벗기고, 피해자의 엉덩이를 마사지 하다가 '사타구니 쪽의 기를 풀어준다.'며 사타구니를 만지면서 갑자기 피해자의 음부에 손가락을 넣었다가 빼고, 이어 마사지 침대에 올라가 갑자기 피고인의 성기를 피해자의 음부에 삽입하여 피해자를 강간하였다.

[법원의 판단]

[1] 강간죄에서의 폭행·협박과 간음 사이에는 인과관계가 있어야 하나, 폭행·협박이 반드시 간음행위보다 선행되어야 하는 것은 아니다(대법원 2017. 10. 12. 선고 2016도16948, 2016전도156 판결). 또한 사후적으로 보아 피해자가 성교 전에 범행 현장을 벗어날 수 있었다거나 피해자가 사력을 다하여 반항하지 않았다는 사정만으로 가해자의 폭행·협박이 피해자의 항거를 현저히 곤란하게 할 정도에 이르지 않았다고 섣불리 단정하여서는 안 된다(대법원 2012. 7. 12. 선고 2012도4031 판결).

[2] 살피건대, 피해자의 진술에 의하면, 피고인은 밀폐된 마사지실 공간 안에서 마사지 침대에 엎드려 누워 있던 피해자를 마사지 하다가 갑자기 피해자의 바지와 팬티를 벗기고 피해자의 아랫배 부분에 손을 넣어 피해자의 엉덩이를 확 들어 올려 피고인의 성기를 피해자의 음부에 삽입하였고, 이때 피고인이 뒤쪽에서 팔로 증인의 아랫배와 골반 부분을 꽉 세게 잡고 있었던 사실을 알 수 있는바, 이러한 사실관계를 앞서 본 법리에 비추어 보면, 피고인의 행위는 피해자의 의사에 반하여 기습적으로 피해자가 움직이지 못하도록 반항을 억압하면서 자신의 성기를 피해자의 음부에 삽입하고 간음행위를 한 것으로서, 비록 간음행위를 시작하기 전 피고인이 피해자에게 어떠한 유형력을 행사하지는 않았다 하더라도 간음행위와 거의 동시 또는 그 직후에 피해자를 항거할 수 없거나 현저히 곤란하도록 제압하여 성교행위에 이른 것이므로, 이는 강간죄에 있어서의 폭행에 해당한다.

(4) 피해자의 의사에 반하는 유형력의 행사를 하였다면 강간죄에 있어 폭행·협박의 실행의 착수가 있다고 보아 강간미수죄가 성립된다고 판시한 사례

▶ **대법원 2000. 6. 9. 선고 2000도1253 판결**

[1] 원심판결 이유에 의하면, 원심은 검사 작성의 피해자에 대한 진술조서 중 "피고인이 피해자의 옆에 누워 '재연이는 어머니 말을 잘 들어 이쁘다'고 말하면서 피해자의 팔을 잡아 일어나지 못하게 한 다음 갑자기 입술을 빨고, 계속하여 저항하는 피해자에게 '○○대학생이니까 괜찮다'고 하면서 피해자의 유방과 엉덩이를 만지고 피해자의 팬티를 벗기려고 하여 피해자가 이를 뿌리치고 동생 방으로 건

너갔으며, 당시 피고인이 집에 들어올 때부터 얼굴이 빨갛고 혀가 꼬였고 걸음걸이도 비틀거려 매우 취한 것으로 보였고, 피해자의 가슴과 엉덩이를 만질 때에는 술주정하는 것으로 생각하였으며, 힘없이 흐느적거리며 만졌기 때문에 피해자가 마음대로 할 수 있었다고 생각하였고, 갑자기 팬티를 벗기려고 하여 너무 놀래 뿌리치고 동생 방으로 건너갔으며, 위와 같은 일이 있었던 이후에도 피고인은 아무 일이 없었던 것처럼 행동하였고 피해자를 포옹한 적이 여러 번 있었다"는 피해자의 진술에 비추어 보면, 피고인은 당시 피해자를 간음할 의사로 피해자의 반항을 억압할 정도의 유형력을 행사하였다고는 볼 수 없고, 오히려 피고인은 술에 만취하여 그러한 정도의 유형력을 행사할 상태에 있지 아니한 사실만이 인정될 뿐이며, 나아가 공소사실에 부합하는 듯한 피해자의 경찰 및 법정에서의 진술은 위 진술기재에 비추어 믿지 아니하고 달리 공소사실에 부합하는 증거가 없다고 하여, 피고인에 대한 강간미수의 공소사실은 범죄의 증명이 없는 경우에 해당한다고 판단하고 있다.

　[2] (중략) 강간죄는 부녀를 간음하기 위하여 피해자의 항거를 불능하게 하거나 현저히 곤란하게 할 정도의 폭행 또는 협박을 개시한 때에 그 실행의 착수가 있다고 보아야 할 것이고, 실제로 그와 같은 폭행 또는 협박에 의하여 피해자의 항거가 불능하게 되거나 현저히 곤란하게 되어야만 실행의 착수가 있다고 볼 것은 아니다(대법원 1991. 4. 9. 선고 91도288 판결 참조). 그런데 원심이 인정한 사실관계에 의하더라도, 피고인은 침대에서 일어나 나가려는 피해자의 팔을 낚아채어 일어나지 못하게 하고, 갑자기 입술을 빨고 계속하여 저항하는 피해자의 유방과 엉덩이를 만지면서 피해자의 팬티를 벗기려고 하였다는 것인바, 위와 같은 사실관계라면 피고인은 피해자의 의사에 반하여 피해자의 반항을 억압하거나 현저하게 곤란하게 할 정도

의 유형력의 행사를 개시하였다고 보아야 할 것이고, 당시 피고인이 술에 많이 취하여 있어 피해자가 마음대로 할 수 있었다고 생각하였다거나 피해자가 피고인을 뿌리치고 동생 방으로 건너갔다고 하더라도 이러한 사정은 피고인이 술에 취하여 실제로 피해자의 항거를 불능하게 하거나 현저히 곤란하게 하지 못하여 강간죄의 **실행행위를 종료하지 못한 것**에 불과한 것이지, 피고인이 강간죄의 **실행에 착수**하였다고 판단하는 데 장애가 되는 것은 아니다. 그럼에도 불구하고, 원심이 피고인이 술에 만취되어 피해자의 항거를 불능하게 하거나 현저히 곤란하게 할 정도의 유형력을 행사하였다고 볼 수 없다고 하여 강간미수의 공소사실이 범죄의 증명이 없는 경우에 해당한다고 판단한 것은 강간죄의 실행의 착수에 관한 법리를 오해함으로써 판결에 영향을 미친 위법을 저지른 것이라고 하지 않을 수 없다.

나. 강간죄가 부인된 사례

(1) 피해자가 가해자와 평소 성관계를 하던 사이이고 강간당한 이후에도 계속적으로 가해자와 연락을 취하고 가해자의 차에 동승하는 행동을 하는 등 행동을 한 경우 강간죄에 대해 무죄가 선고된 사례

▶ 대법원 2010. 11. 11. 선고 2010도9633 판결

(중략) 이와 같이 일정 기간 동안에 발생한 일련의 피해자의 강간 피해 주장에 대하여 이미 대부분의 피해 주장에 대하여는 그에 부합하는 피해자 진술의 신빙성을 부정하여 강간죄의 성립을 부정할 경우에 원심의 판단처럼 그 중 일부의 강간 피해 사실에 대하여만 피해자의 진술을 믿어 강간죄의 성립을 긍정하려면, 그와 같이 피해자 진술의 신빙성을 달리 볼 수 있는 특별한 사정이 인정되어야 할 것이다. 그런데 앞서 본 바에 의하면, 피해자는 2009. 10. 24. 이후부터

2009. 10. 31.까지도 그 이전과 같이 피고인을 계속 만나면서 일상적
인 연락을 취하였고, 피해자가 피고인으로부터 강간을 당하였다고
주장한 직후에 피고인이 운전하는 승용차에 동승함과 아울러 피고인
이 구입한 고속버스 승차권을 이용하는 등, 강간이라는 범행을 한 자
와 그 피해자 사이에서는 쉽게 발생하기 어려운 행동을 취한 사정 등
에 비추어 볼 때, 원심 판시와 같은 사정만으로는 위 2009. 10. 28.자
와 2009. 10. 29.자 피고인과 피해자 사이의 성관계만은 강간죄가 성
립한다고 판단할 만한 특별한 사정이 있다고 보기는 어렵다고 할 것
이다. 그리고 피해자가 이 부분 공소사실과 같이 피고인으로부터 협
박이나 폭행을 당하였다고 할지라도, 그 협박의 내용과 폭행의 정도,
그러한 협박 등을 행사하게 된 경위, 앞서 본 피고인과 피해자의 관
계, 피해자의 신분이나 사회적 지위 및 피고인과 피해자의 성관계
전·후의 정황 등에 비추어 위와 같은 협박 등이 피해자의 의사에
반하는 정도를 넘어 피해자의 항거를 불가능하게 하거나 현저히 곤
란하게 할 정도에 이른 것으로 단정할 수 있는지에 대하여도 의문이
든다.

(2) 피고인과 피해자가 전화로 사귀어 오면서 음담패설을 주고
받을 정도까지 되었고 사건 당시의 정황으로 보아 피해자가 충분히
구호요청을 할 수 있음에도 하지 아니한 점으로 보아 강간죄에서 요
구되는 폭행·협박이 있었다고 보기 어려워 강간죄 부인된 사례

▶ 대법원 1991. 5. 28. 선고 91도546 판결

[1] 원심이 인용한 제1심판결이 채용한 증거들과 피고인 및 피해
자의 원심공판기일에서의 각 진술을 기록과 대조하여 검토하여 보면,
피고인과 피해자의 경찰 이래 원심공판정에 이르기까지의 각 진술만

이 공소사실을 유죄로 인정할 수 있는 직접증거일 뿐, 나머지 증거들은 모두 정황증거에 지나지 않는 것임을 알 수 있는바, 피해자는 대체로 공소사실에 부합되는 진술을 하고 있고 피고인은 이와 반대로 피해자와의 합의에 의하여 성교를 하였거나 하려고 한 것이라고 공소사실을 부인하고 있어서, 전체적으로는 피고인과 피해자의 진술이 상반되지만, 적어도 다음과 같은 사실들에 관하여는 피고인과 피해자의 진술이 서로 일치하고 있음이 명백하다.

즉, 피고인과 피해자가 전화를 통하여 사귀어 오면서 서로 반말을 하는 사이가 되었고 마지막에는 음담패설을 주고받을 정도까지 된 사실(수사기록 105면 내지 107면, 공판기록 40면, 47면, 323면), 피고인이 당초 1990. 3. 21. 11:40경 피해자의 집으로 가서, 현관에서 가장 가까운 곳에 있던 방으로 피해자를 데리고 들어가 치마를 벗기려고 하면서 간음을 시도하였는데, 그 방에는 피해자의 죽은 시어머니를 위한 제청이 설치되어 있어서 피해자가 "여기는 제청방이니 이런 곳에서 이런 짓 하면 벌 받는다"고 말하여 <u>장소를 안방으로 옮기게 된 사실</u>(수사기록 90면, 공판기록 115면, 116면, 271면, 327면), <u>피고인과 피해자가 제청방을 나온 후 피해자의 시아버지로부터 걸려온 전화를 피해자가 받았으나 적극적으로 구원을 요청하지 아니한 사실</u>(수사기록 109면, 공판기록 117면, 118면, 328면, 329면, 다만 전화를 받은 시각에 관하여, 피해자는 제청방에서 나와 1차 성관계를 하기 전이라고 진술하고, 피고인은 1차 성관계를 한 후라고 진술하고 있으나, 피고인이 피해자의 치마를 벗기려고 하는 등 간음할 의도를 드러낸 후임에는 차이가 없다), <u>같은 일시에 행하여진 1, 2차 성관계 전에 발기되지 않고 있는 피고인의 성기를 피해자의 손으로 만져 발기시킨 사실</u>(수사기록 90면, 111면, 공판기록 328면, 다만 피고인은 피해자가 자발적으로 이와 같은 행동을 하였다고 진술함에 대하여, 피해자는 피고인이 피해자를 협박하여 강제로 피고인의 성기를 만지게 하였다고 진술하고 있다), 피해자가 1차 성관계 후 자신의 나신을 찍은 피고인의 사진기를 어항 속에 빠뜨린 사실(수사기록 112면, 공판기록 62면, 103면, 119면, 330면) 등이다.

[2] 강간죄에 있어서의 폭행 또는 협박은 피해자의 반항을 현저히 곤란하게 할 정도의 것이어야 하는바, 위에서 본 바와 같이 피고인과 피해자의 진술이 서로 일치하는 사실들에 나타난 상황으로 미루어 본다면, 피고인이 위 (1)항 공소사실과 같이 <u>1990. 3. 21. 11:40경 피해자에 대하여 폭행 또는 협박을 가하였다고 하더라도, 그 폭행 또는 협박이 **피해자의 반항을 현저히 곤란하게 할 정도**에까지 이른 것이라고 보기는 어렵다.</u>

(3) 피해자가 피고인과 여관에 순순히 따라 들어갔고, 성관계 이후에 여관 종업원에게 아무일 없다는 식으로 말한 여러 정황 등으로 보아 피해자의 진술을 믿기 어려워 강간죄 무죄가 선고된 사례

▶ **대법원 2001. 10. 30. 선고 2001도4462 판결**

[1] 피해자는 피고인과 만나게 된 과정에 대하여, 사건 당일 21:00경 피씨(pc)방에서 피고인과 인터넷 채팅을 하였는데, 영어회화를 가르쳐 준다고 하여 배울 욕심에 피고인이 가르쳐 준 핸드폰 전화로 연락을 하여 같은 날 22:00경 피해자가 지정한 신사동 소재 커피숍에서 피고인을 만났다. 피고인과 같이 여관에 가게 된 과정에 대하여, 피고인과 커피숍에서 만나 20분간 이야기를 한 후, 피고인이 노래방에 가자고 하여 따라 나섰는데, 피고인이 어떤 건물 앞에 이르러 자신의 숙소라며 숙소에 짐과 책, 그리고 노래방 갈 돈이 있는데 가지고 나와야 되니까 잠시 올라갔다 나오자고 하여 여관인 줄 모르고 의심 없이 6층으로 엘리베이터를 타고 올라갔고, 피고인이 6층 카운터에 있는 아줌마에게 갖다 오더니 자신의 손을 잡고 계단을 통하여

8층 806호실로 데려갔다. 그 때 자신은 엘리베이터 옆 거울을 보면서 머리손질을 하고 있어서 아줌마와 무슨 대화를 하였는지는 몰랐으며, 별다른 의심은 하지 않았다. 여관방에 들어가고 나서의 행적에 대하여, 방안에 들어가 피고인의 연락으로 종업원이 갖고 온 담배를 피우면서 살펴보니 숙소 같지 않아 그만 가자고 일어섰더니, 피고인이 갑자기 태도를 돌변하여 머리채를 잡아 당겨 침대에 밀어 넣더니 몸으로 가슴을 짓누르고 주먹으로 머리를 때리는 등으로 반항을 못하게 한 후 1회 강간하고 나서, 씻으라고 하여 화장실에 가서 양치질만 하고 있으니, 피고인이 자신을 다시 침대로 끌고 가서 다시 강간을 하였고, 다시 씻으라고 하여 화장실에 들어가 샤워를 하고 있는데 (이 부분은 검찰에서는 물만 틀어 놓고 울고 있었다고 진술하다가, 제1심 및 원심 법정에서는 샤워를 하고 있었다는 취지로 진술하여 그 진술이 일치하지 않고 있다), 전화벨소리가 울리는데도 피고인이 받는 기색이 없어 이상하여 나와 보니 피고인은 보이지 않아 전화를 받았더니, 종업원이 "같이 있던 남자가 밖으로 급히 뛰어 나갔는데 별일 없느냐"라고 물어 창피한 마음에 "괜찮아요"라고 대답한 후, 그 곳을 벗어나려고 옷을 입으려고 하는데 탁자 위에 자신의 지갑이 열린 채로 있고, 현금 23만원이 없어졌다는 취지로 진술하고 있다.

[2] 그러나 피해자의 진술은 일관성이 없거나, 강간당한 피해자의 행동으로 보기 어려운 점이 있고, 객관적인 사실관계와도 어긋나는 등으로 그대로 믿기 어렵다. (1) 우선 피고인이 채팅에서 만난 모르는 남자를 영어회화를 배울 욕심에 밤늦은 시간에 바로 만났다거나, 노래방에 같이 가면서 짐과 책 등을 가지러 숙소에 들어갔다 오자는 피고인 말을 믿고 의심 없이 따라 들어갔다는 점도 납득하기 어렵거니와, 앞서 본 실황조사서의 기재와 같이 조금만 주의를 기울이면 여관임을 누구나 알 수 있는 객관적 상황에 비추어 볼 때, 처음

만나는 남자의 숙소에 들어가면서 아무런 주의도 기울이지 않았으므
로 여관인 줄을 모르고 방안에까지 따라 들어갔다는 피해자의 진술
은 도저히 납득할 수 없다. (2) 방안에서의 행적에 대하여서도, 피해
자 스스로 피고인의 연락으로 종업원이 갖고 온 담배를 나누어 핀 사
실을 인정하고 있고, 피고인이 주먹으로 자신의 머리를 때린 시기에
관하여 옷을 벗기기 전에 때렸다고 진술하기도 하고, 바지를 벗긴 후
혹은 상·하의를 모두 벗긴 후 때렸다고도 하여 그 진술의 일관성이
없으며, 피해자의 주장과 같이 주먹으로 머리를 심하게 구타당하고,
가슴을 짓눌리는 등으로 소리를 지르거나 도움을 청하지 못할 정도
로 폭행을 당하였다면 머리나 가슴부위 등에 상당한 정도의 상해를
입을 만한데 아무런 상해진단서도 제출하지 못하고 있고, 다만 사건
직후 경찰에서는 머리가 조금 아프고 왼쪽 손목이 긁혔고, 손목이 아
프다고 진술하다가, 원심에서는 그 이튿날 멍은 없었고 노랗게 된 상
태였다고 진술하고 있으나, 상해부위의 사진 등 이를 입증할 만한 자
료를 제출하지 못하고 있다. (3) 또한, 피해자가 성관계를 맺은 뒤
화장실에서 샤워를 하고 있다가, 전화벨이 울리는 바람에 피고인이
먼저 여관을 나갔음을 확인하고서도 안부를 묻는 종업원의 전화에
오히려 괜찮다고 하였다는 피해자의 행동이나 태도는 강간당한 후의
것으로는 전혀 어울리지 않고, 만일 피해자의 주장과 같이 심하게 구
타를 당하고 강간까지 당하였다면 당연히 도움을 청하였을 법한 데
도 피해자는 그러한 행동을 취하지 않았다. (4) 그 후 피해자는 돈이
없어진 것을 확인한 후, 종업원에게 돈이 없어졌다는 이야기만 하였
고, 구원요청을 한 장○○에게도 강간당한 사실은 말하지 않고 피고
인이 돈을 가져갔다는 이야기만 하였다고 진술하고 있는 반면에, 장
○○은 돈을 잃어버렸다는 이야기는 듣지 못하고 강간당하였다는 취
지의 전화를 받고 여관에 달려 왔다고 진술하여 그 진술이 일치하지
않고 있다.

(4) '오빠 이건 강간이야'라는 말에 성행위 중단·사과했다면 강간 안됨

군대에서 외박 나와 옛 연인을 강간한 혐의로 기소된 남자에 대해 1심과 2심 모두 실형이 선고되었는데 최근 대법원에서 무죄 취지로 파기 환송된 사건이 있었다. 대법원 판결의 요지는 술을 마신 뒤 모텔에 함께 들어간 옛 연인이 성관계 중에 '오빠 이건 강간이야'라는 말에 즉시 성행위를 멈추고 사과했다면 강간으로 볼 수 없다는 것인데, 그 외 여러 가지 정황에 비춰 강간죄에서 요구하는 폭행·협박이 인정되지 않는다는 것이다. 피고인은 묵시적 동의하에 화간을 했다고 주장하였고, 반면 피해자는 물리적인 힘으로 제압당해 강간을 당했다고 치열하게 다툰 사건이었다. 이 사건은 묵시적 합의하에 성관계를 했는지 여부에 관해 1, 2심 재판부와 대법원이 완전히 다른 판단을 한 것으로서 결국 화간과 강간의 구별이 얼마나 어려운가를 다시금 느끼게 되는 사례라 하겠다.

▶ 대법원 2015. 8. 27. 선고 2014도8722 판결

[1] 피고인은 이 사건 당일 새벽 두 시경 예전에 교제하던 피해자를 우연히 만나 함께 술을 마시다가 피해자의 요구로 모텔에 함께 들어갔고, 모텔 방안에서 맥주를 마시며 피해자와 대화를 하던 중 피해자를 두고 먼저 객실을 나왔는데 피해자가 피고인을 불러 다시 들어갔다. 그런데 이 점에 관해 피해자는 처음에 자신이 피고인을 다시 부른 사실을 숨기다가 1심 법정에서 피고인을 다시 부른 것은 맞는데 왜 불렀는지 모르겠다고 일관되지 아니한 진술을 하였다.

[2] 피해자의 진술에 의하더라도 피해자로부터 '오빠 이건 강간이야'라는 말을 듣자, 피고인이 곧바로 성행위를 중단하고 미안하다고 사과했다는 것이라며 그런데 피고인이 강제로 옷을 벗기고 간음

하였다고 진술하지만 성행위 과정에서 피해자를 폭행하거나 협박하지는 않았다고 말했다. 피해자의 진술과 같이 '강간'이라는 말만으로 즉시 성행위를 멈출 정도였다면, 피고인이 피해자의 (성관계 동의) 의사를 오해했을 가능성은 충분히 있다고 할 수 있지만, 피고인이 피해자의 의사에 반해 피해자를 제압하고 강제로 성교에 이르렀다고 볼 수 있을지 상당한 의문이 들며, 이에 관한 피고인의 변명을 쉽게 배척하기 어렵다. 피해자는 피고인과 모텔 객실에서 4시간가량 있었는데, 그 동안 객실 외부로 고성이나 몸싸움 소리가 들렸던 사정은 나타나 있지 않고 성행위를 중단한 후에 피해자는 휴대전화로 친구들과 '카카오톡'을 이용한 메시지를 주고받다가, 집에 데려다 주겠다는 피고인의 말에 피고인의 차를 타고 남자친구가 있는 곳으로 가 만났다.

[3] 성행위 중단 후 피해자는 피고인의 제지 없이 친구들과 자유로이 연락할 수 있는 상태였고, 모텔의 직원 등에게 도움을 요청하는 것도 가능했던 것으로 보이는데, 피해자는 도움을 요청하지 않았고, 오히려 성행위 중단 후에도 상당한 시간을 모텔 객실에서 피고인과 함께 보내다 나왔고, 더욱이 피고인의 차량을 이용해 피해자가 요청하는 장소로 이동했다는 것이어서, 피해자는 피고인의 성행위에 불구하고 피고인과 함께 시간을 보내고 행동함에 대해 강한 반감이나 거부감을 가지고 있지는 않았던 것으로 보인다. 여러 사정을 종합하면, 피고인이 피해자의 반항을 억압하거나 현저히 곤란하게 할 정도의 유형력을 행사해 강간했다는 취지의 피해자의 진술은 신빙성이 의심스럽다. 그럼에도 이와 달리 원심은 피해자의 진술을 그대로 받아들여 유죄로 단정하고 말았으니, 원심의 판단은 강간죄의 성립에 관한 법리를 오해해 필요한 심리를 다하지 않는 등의 잘못으로 판결에 영향을 미친 위법이 있다.

☞ 억울한 옥살이 한 남자

필자가 검사시절 경험했던 인상 깊은 사건이 있었다. 여자와 남자는 각자의 친구들 결혼식에 참석했다가 만나 눈이 맞았다. 둘은 그 날 저녁 바로 강릉에 있는 모텔에서 성관계를 하였고, 여자는 다음날 집에 들어갔다. 여자 집에서는 난리가 났고 여자의 부모는 다 큰 딸이 외박했다고 여자를 다그쳤다. 그러자 여자는 부모의 추궁을 모면하고자 강간을 당했다고 거짓말을 하였고, 결국 부모의 강권에 못 이겨 남자를 강간죄로 고소하였다. 그런데 모텔에서 당했다고 하면 안 믿어줄 것 같으니 야산에 끌려가서 강간당했다고 허위고소를 하였고, 남자는 화간이라며 무죄를 주장했지만 구속 재판을 받아 6개월을 구치소에 수감되었다. 재판 결과 남자는 무죄를 받았는데 결정적 단서는 남자가 강릉에 있는 모텔에 숙박할 때 작성한 숙박계가 발견되었기 때문이다. 그 후 남자는 여자를 상대로 무고죄로 고소하였는데 필자가 그 사건의 수사를 담당하게 되었다. 필자의 조사 결과 여자의 고소 내용은 전부 거짓임이 드러났다. <u>여자는 남자의 차에 동승해 고속도로를 이용하여 강릉에 있는 모텔에 갔는데 톨게이트를 통과할 때, 모텔에 투숙할 때 충분히 구호 요청을 할 수도 있었는데 전혀 구호요청을 한 바가 없었다.</u> 더욱이 모텔 방 안에서의 상황에 대한 여자의 진술은 가관이었다. 여자의 말에 의하면 모텔에 들어가자마자 남자가 욕탕에 들어가 30분 정도 샤워를 했다고 했다. 필자는 여자에게 "그럼 그 사이에 왜 도망가지 않았냐"고 질문하였는데 여자는 "무서워서 침대에 앉아 30분 동안 떨고 있었다"는 황당한 답변을 하였다. 필자는 여자의 허위 고소로 억울한 옥살이를 한 남자를 위해 여자를 구속하려고 했지만, 여자는 이미 그 사이 다른 남자에게 시집가서 만삭의 몸이 되어 있었기에 하는 수 없이 무고죄로 불구속 기소하였다. 이 사례에서 알 수 있듯이 성범죄 사건 중 상당수가 상호 합의 하에 성관계를 해놓고도, 돈을 목적으로, 혹은 자신의 명예를 보호하기 위해(예컨대 유부녀가 간통해놓고 남편이 다그칠 경우 강간당했다고 거짓말하곤 함) 허위 고소하는 경

우가 많다는 것이다. 이럴 때 남자들은 당황하여 갈팡질팡하다가 덫에
걸릴 수 있으니 문제가 발생하자마자 형사전문 변호사의 도움을 받아
현명하게 대처해야 한다.

6. 실행의 착수시기

강간죄는 강간의 고의로 폭행·협박을 시작한 때에 실행의 착수
가 있다고 본다. 반드시 실제로 옷을 벗기거나 스킨십을 해야 하는
것은 아니다. 그럼 구체적으로 강간죄에 있어 실행의 착수시기는 언
제인가?

가. 실행의 착수를 인정한 사례

여자 혼자 있는 방문을 두드리고 여자가 위험을 느끼고 가까이
오면 뛰어내리겠다고 하는데도 창문으로 침입하려 한 때에는 폭행에
착수하였다고 할 수 있으므로 강간죄에 대한 실행의 착수가 있다고
본다.

▶ **대법원 1991. 4. 9. 선고 91도288 판결**

제1심판결이 증거로 채택한 고◎수의 진술(법정증언과 수사기관에
서의 진술포함) 중에 피고인이 피해자를 간음하려고 하였다는 말을 들
었다는 부분이 있고 구정을 쇠러 가족과 함께 본가에 갔던 피고인이
느닷없이 다음날 새벽 4시에 집으로 돌아와 18세 처녀가 혼자 자는
방으로 들어가려고 기도한 것은 명백한 것이므로 그 방실 침입의 목
적에 관한 합리적인 변명이 없는 이 사건에서 원심이 그 적시의 증언
에 의하여 간음 목적으로 그 방에 침입하려고 하였다고 인정한 것을
위법하다고 할 수 없으며 피고인이 여자를 간음할 목적으로 그 방문
앞에 가서 피해자가 방문을 열어 주지 않으면 부수고 들어갈 듯한 기

세로 방문을 두드리고 피해자가 위험을 느끼고 창문에 걸터앉자 가까이 오면 뛰어내리겠다고 하는데도 그 집 베란다를 통하여 창문으로 침입하려고 하였다면 강간의 수단으로서의 폭행에 착수하였다고 할 수 있으므로 피고인에게 강간의 범의가 없었다거나 아직 강간의 착수가 있었다고 할 수 없다는 상고논지도 받아들일 수 없는 것이다.

☞ 모텔방에서 목숨 걸고 뛰어내린 여자의 강간고소

필자가 검사시절 수사했던 사건이다. 노래방 카운터 여직원이 남자손님과 모텔에 들어갔다가 모텔 창밖으로 뛰어 내려 다리 골절 등 중상을 입었다. 여자는 엉금엉금 기어가서 인근에 있는 누군가의 도움으로 경찰에 신고했고, 모텔에 함께 투숙했던 남자는 강간치상죄로 구속되었다. 필자가 그 남자를 직접 조사하였는데 남자의 진술에 의하면, 자신은 여자와 30만원에 성관계 하기로 합의하에 모텔방으로 들어갔었는데, 먼저 샤워를 마치고 나오자 여자가 갑자기 자신에게 다가오지 말라고 하면서 모텔 창밖으로 뛰어내렸다는 것이다. 반면 여자의 진술에 의하면, 자신은 술에 취한 상태에서 남자에게 이끌려 모텔에 들어갔는데 정신을 차리고 보니 남자가 샤워를 마치고 나오는 것을 보고 자신을 강간하려는 것으로 생각하여 이를 모면하기 위해 기겁을 하고 창밖으로 뛰어내렸다는 것이다. 그런데 모텔방은 2층이고 여자가 뛰어내린 장소는 건축폐자재와 철근 등 예리한 물건들이 널려있어 상당히 위험한 곳으로서 잘못 뛰어내리면 생명에 위험이 있을 수도 있었다. 그래서 사실 여자의 진술에 더욱 신빙성이 있어 보였는데, 남자가 하도 간곡하게 억울함을 호소하기에 필자는 사건의 구성을 처음부터 다시 되짚어 가기로 했다. 먼저 사건의 단서는 최초 상황에서 답을 찾을 수 있다는 생각에, 여자가 뛰어내린 뒤 기어가서 신고한 장소를 알아봤는데 인근 만두집이었다. 그래서 만두집 주인아주머니와 최초로 현장에 출동한 경찰관을 조사했다. 그런데 그들 진술에서 의외의 사실이 발견된 것이다. 여자가 만두집에 기어가서는 전화를 빌려 경찰에 신고

했는데 막상 경찰이 그곳에 출동하자 여자는 경찰관에게 만두집 아주머니가 자신을 인신매매하려고 납치했다고 진술한 것이다. 결국 그 사건은 여자가 술에 취할 경우 망상에 빠지는 정신착란 증세가 있는 것으로 결론이 나서 남자를 무혐의 석방하면서 끝이 났다. 만약 만두집 주인아주머니와 최초 출동한 경찰관을 조사하지 아니하였다면 아마 그 남자는 강간죄의 실행의 착수가 인정되어 강간치상이란 중죄로 억울한 옥살이를 해야만 했을 것이다.

나. 실행의 착수를 부인한 사례

대법원은 피고인이 강간할 목적으로 피해자의 집에 침입하였다 하더라도 안방에 들어가 누워 자고 있는 피해자의 가슴과 엉덩이를 만지면서 간음을 기도하였다는 사실만으로는 강간의 수단으로 피해자에게 폭행이나 협박을 게시하였다고 하기는 어렵다고 본다.

▶ 대법원 1990. 5. 25. 선고 90도607 판결

원심판결이 유지한 제1심판결은 범죄사실 2항에서 '피고인은 1989. 7. 18. 02:50경 자기의 사촌여동생인 피해자 A(여, 18세)를 강간할 목적으로 A의 집에 담을 넘어 침입한 후 안방에 들어가 누워 자고 있던 A의 가슴과 엉덩이를 만지면서 A를 강간하려 하였으나 A가 "야"하고 크게 고함을 치자 도망감으로서 그 목적을 이루지 못하고 미수에 그쳤다고 인정한 다음 법령의 적용에서 피고인의 위 소위가 형법 제300조, 제297조 소정의 강간미수죄에 해당한다고 판시하였다. 그러나 강간죄의 실행의 착수가 있었다고 하려면 강간의 수단으로서 폭행이나 협박을 한 사실이 있어야 할 터인데 위 판시사실에 의하면 피고인이 강간할 목적으로 A의 집에 침입하였다 하더라고 안방에 들어가 누워 자고 있는 A의 가슴과 엉덩이를 만지면서 간음을 기도하였다는 사실만으로는 강간의 수단으로 A에게 폭행이나 협박을 개시하였다고 하기는 어렵다.

※ 판례평석

위와 같이 설사 강간죄에 실행의 착수가 없어 강간미수죄가 성립되지 않는다고 해도, 피고인이 잠을 자고 있는 피해자의 가슴과 엉덩이를 만지면서 간음을 시도한 것이므로 그에게 적어도 준강간죄(형법 299조)의 실행의 착수는 있다고 보아야 한다. 그런데 준강간죄나 강간죄(형법 297조)나 똑같이 법정형이 '3년 이상의 유기징역'에 처하도록 되어 있다. 따라서 위 사건이 파기 환송되더라도 검사가 공소장을 준강간미수죄로 변경할 경우 피고인이 이마저 피하기는 어렵다. 그러므로 대법원이 위 사건을 위와 같은 이유로 파기 환송할 실익이 있는지에 관하여는 의문이 든다.

7. 강간치상죄에 있어 '상해'의 의미

가. 구성요건 요소

강간치상죄는 강간 등의 죄를 범한 자가 사람을 상해하거나 상해에 이르게 함으로써 성립되는 범죄이다(형법 301조). 그런데 이 죄에서는 '상해'에 이르렀는지 여부가 중요한 구성요건 요소인데, 이 점에 관하여 대법원에서는 다음과 같이 각각 판결하였다.

나. 임신을 하게 한 경우(강간치상죄 성립 부인)

강간으로 인해 피해 여성이 임신을 한 경우 이것이 상해에 해당되는가가 쟁점인데, 대법원에서는 이를 부인하여 강간치상죄의 성립을 인정하지 아니하였다.

> ▶ 대법원 2019. 5. 10. 선고 2019도834 판결

[사실관계 및 원심판결]

피고인은 집에서 함께 술을 마시다 취하여 의식이 없는 상태로 방에 누워있던 피해자(여·27세)를 강간하였고 이로 인해 임신까지 하게 되었다. 검사는 준강간치상으로 피고인을 기소하였다. 1심은 임신 자체를 상해로 볼 수 있는지와 관련하여 피해여성이 이를 원하였는지는 고려될 수 없다고 전제한 뒤 임신에 따른 여성의 신체에 큰 변화와 불편이 생기지만 이는 임신이라는 생리적 기능의 정상적 발현으로 임신 자체를 상해로 보기 어렵고 원하지 않는 임신의 의미가 모호할 뿐 아니라 합의에 의한 성관계에 수반한 원하지 않는 임신을 상해 또는 과실치상으로 처벌하여야 하는지와 같은 문제도 발생할 수 있다고 판단했다. 또 성범죄 관련 양형기준에서 임신을 특별가중요소로 규정한 것도 임신이 상해에 해당하지 않음을 전제한 것으로 성범죄로 인한 원하지 않는 임신을 가중처벌하는 새로운 입법적 조치는 별론으로 임신 자체를 상해로 보는 것은 적절치 않다고 판시하여 준강간치상의 공소사실을 부정하고 준강간죄만을 인정하였다. 항소심 역시 1심 판단을 그대로 유지하였다.

[대법원의 판단]

원심의 판단은 형법에서 정한 상해의 의미와 헌법에서 정한 죄형법정주의 원칙에 따른 것으로서 정당하고 상고이유 주장과 같이 준강간치상죄에 있어서의 상해에 관한 법리를 오해한 잘못이 없다.

다. 약물을 먹여 의식을 잃게 한 행위(강간치상죄 성립)

대법원은, 수면제를 몰래 탄 커피를 건네 상대방 의식을 잃게 한 뒤 강간을 했다면 단순 강간죄가 아니라 강간치상죄가 성립한다고 보았다. 즉 피해자가 잠이 들게 한 것도 신체기능의 일시적 장애를

초래한 것으로 강간치상죄의 구성요건인 '상해'에 해당한다는 것이다.

▶ 대법원 2017. 7. 11. 선고 2015도3939 판결

강간치상죄에서 상해는 피해자의 건강상태가 불량하게 변경되고 생리적 기능이나 생활기능에 장애가 초래되는 것을 말하는 것으로 육체적 기능뿐만 아니라 정신적 기능에 장애가 생기는 경우도 포함된다. 이는 객관적, 일률적으로 판단할 것이 아니라 피해자의 연령, 성별, 체격 등 신체·정신상의 구체적 상태를 기준으로 판단하여야 한다(대법원 2003. 9. 26. 선고 2003도4606 판결; 대법원 2011. 12. 8. 선고 2011도7928 판결 등 참조).

수면제 등 약물을 투약하여 피해자를 일시적으로 수면 또는 의식불명 상태에 이르게 한 경우에 약물로 인하여 피해자의 건강상태가 나쁘게 변경되고 생활기능에 장애가 초래되었다면 이는 상해에 해당한다. 피해자가 자연적으로 의식을 회복하거나 후유증이나 외부적으로 드러난 상처가 없더라도 마찬가지이다. 이때 피해자에게 상해가 발생하였는지는 피해자의 연령, 성별, 체격 등 신체·정신상의 구체적인 상태, 약물의 종류·용량·효과 등 약물의 작용에 영향을 미칠 수 있는 여러 요소에 기초하여 약물 투약으로 피해자에게 발생한 의식장애나 기억장애 등 신체·정신상 변화의 내용이나 정도를 종합적으로 고려하여 판단하여야 한다.

8. 다른 죄와의 경합 관계

강간죄가 성립되면 폭행·협박죄, 강요죄는 이에 포함되는 법조경합관계이므로 별도로 처벌받지 아니한다. 하지만 예컨대, 피고인이 피해자가 자동차에서 내릴 수 없는 상태를 이용하여 강간하려고 결

의하고, 주행 중인 자동차에서 탈출불가능하게 하여 외포케 하고 50
킬로미터를 운행하여, 여관 앞까지 강제로 연행하여 강간하려다 미
수에 그친 경우 위 협박은 감금죄의 실행의 착수임과 동시에 강간미
수죄의 실행의 착수라고 할 것이다. 이것은 감금과 강간미수의 두 행
위가 시간적, 장소적으로 중복될 뿐 아니라 감금행위 그 자체가 강간
의 수단인 협박행위를 이루고 있는 경우로서 <u>감금과 강간미수죄는
일개의 행위에 의하여 실현된 경우로서 형법 제40조의 상상적 경합
범에 해당된다</u>(대법원 1983. 4. 26. 선고 83도323 판결).

Ⅲ. 유사강간죄

1. 법 규정

폭행 또는 협박으로 사람에 대하여 구강, 항문 등 신체(성기는 제
외)의 내부에 성기를 넣거나 성기, 항문에 손가락 등 신체(성기는 제
외)의 일부 또는 도구를 넣는 행위를 한 사람은 2년 이상의 유기징역
에 처한다(형법 297조의 2). 아동·청소년에 대해 유사강간죄를 범한
경우에는 5년 이상의 유기징역에 처한다(아청법 7조 2항). 나아가 13세
미만의 사람에게 유사강간죄를 범한 경우에는 7년 이상의 유기징역
형으로 더욱 가중 처벌된다(성폭법 7조 2항). 장애인에게 유사강간죄를
범한 경우에는 5년 이상의 유기징역에 처한다(성폭법 6조 2항). 다만
친족관계 있는 사람을 유사강간한 자에 대한 가중처벌규정이 없는데
입법상 미비로 보인다.

2. 2012. 12. 18. 신설

유사강간죄는 원래는 강제추행죄로 처벌하던 행위 중 무거운 것,
즉 성교행위와 다름없을 정도로 침해의 강도가 높고 성적 수치심이

강하게 되는 행위에 관해 특별히 강간죄에 준하게 처벌하려는 의도
에서 만들어졌다. 이는 강간죄와 강제추행죄의 중간 영역에 해당되
는 범죄이다.

3. 행위태양

유사강간죄는 구강성교(oral sex)와 항문성교(anal sex)를 주된 대
상으로 삼고 있으므로, 타인으로 하여금 자신의 성기를 빨게 하거나
타인의 항문에 자신의 성기를 넣는 행위는 유사강간죄가 성립된다.
또한 타인의 성기나 항문에 손가락이나 발가락 등 신체의 일부를 넣
거나 도구[4] 등을 넣는 것도 처벌대상에 포함된다. 하지만 따라서 타
인의 입 안에 손가락, 발가락, 혹은 성기구 같은 도구를 넣는 행위는
강제추행죄는 성립될지 몰라도 유사강간죄에는 해당되지 않는다.

통상 유사강간죄가 성립되려면 폭행이나 협박이 먼저 이뤄지지
만 기습적인 유사강간죄도 성립될 수 있다. 예컨대 마사지사가 손님
을 마사지 하다가 손님의 성기나 항문에 갑자기 손가락을 집어넣은
경우가 이에 해당된다(대법원 2016. 12. 15. 선고 2016도14099 판결).

☞ 남자 찜질방에서 벌어진 '똥침' 사건

> 필자가 변호사로서 최근에 변론했던 사건으로 요지는 이렇다. 40대의
> 중년의 남성 피고인이 새벽에 남성용 찜질방에 들어가 잠을 청했다.
> 그런데 당시 피고인의 옆에 60대 후반의 피해자인 노신사가 같이 잠을
> 자고 있었는데, 피해자는 잠을 자던 중 항문이 따끔해서 잠을 깼고, 일
> 어나 보니 피고인이 옆에서 옷을 다 벗은 채로 앉아있었던 것이다. 피
> 해자는 화가 머리끝까지 치밀어 피고인을 끌고 카운터로 내려와 "피고

---

4 도구는 반드시 여성용 자위기구(dildo)와 같은 남자성기 모양으로 생긴 것만 의
  미하는 것은 아니므로, 오이나 가지 등의 과일, 목재, 플라스틱, 금속 등으로 만
  들어진 어떤 모양의 기구도 이에 해당될 수 있다.

인이 피해자의 항문에 손가락을 넣었다"라는 내용으로 경찰에 신고하였다. 결국 피고인은 징역형밖에 없는 유사강간죄로 기소되었는데, 문제는 피고인은 집행유예 결격자로서 죄가 인정될 경우에는 무조건 실형을 살아야 하는 딱한 입장이었다. 이런 사안이 예전 같으면 강제추행죄로 기소되어 합의만 하면 공소 기각되고, 설사 합의가 안 되어도 벌금형이 가능했는데, 이제는 유사강간죄가 신설되면서 징역형밖에 없기 때문에 문제였다. 필자는 피고인을 변호하면서 두 가지 전략을 세웠는데 첫째는 당시 피고인은 잠을 자다가 잠결에 비몽사몽간에 행한 행위로서 심신상실 상태였다는 주장이고, 둘째는 피고인이 피해자의 항문을 만진 것은 사실이나 손가락을 항문 안에 집어넣었다고 단정하기는 힘들다는 주장이었다. 하지만 성폭법 제20조에 의하면 '성범죄사건의 경우 법원에서 음주 또는 약물로 인한 심신장애를 인정하지 않을 수 있다'는 규정까지 있다. 그래서 필자는 첫 번째 주장, 즉 심신상실 상태로 무죄라는 주장은 사실 어지간해서는 법원에서 받아들이지 않는다는 사실을 잘 알고 있었다. 필자는 하는 수 없이 두 번째 방어전략, 즉 피고인의 손가락이 피해자의 항문 안에 들어갔는지 여부를 밝히는 데 주력하기로 했다. 왜냐하면 만약 피고인의 손가락이 피해자의 항문에 삽입된 것이 아니라면 유사강간죄가 아닌 강제추행죄로 의율될 수 있으며, 그 경우 벌금형이 있어 집행유예 결격자인 피고인이 실형을 면할 수 있기 때문이었다. 필자는 수사기록을 면밀히 검토한 결과, 다행히 경찰에서의 피해자에 대한 조서 내용 중 "직접 보지는 못했는데 <u>항문이 얼얼한 것으로 보아 저 사람의 손가락이 제 항문에 삽입된 것 같습니다</u>"라고 자신 없이 추측성 진술을 한 사실을 발견하였다. 그래서 피해자를 증인 신청하여 법정에서 사실관계를 신문하였는데, 피해자는 법정에서 "자신은 항문이 따끔해서 잠에서 깨었는데 당시에는 피고인이 옷을 벗고 있고, 피해자의 반바지가 무릎아래까지 내려가 있어 흥분한 상태에서 피고인이 손가락을 항문에 넣은 것으로 신고하였지만 정확하게 삽입되었는지는 모르겠다"라고 증언한 것이다. 필자는 피해자의 증언을 토대로 유사강간죄에 대해 무죄를 강력하게 주장하였다.

> 검찰에서는 고민 끝에 "피고인이 손가락으로 피해자의 항문 주위를 찔
> 렀다"라고 강제추행죄로 공소장을 변경하였고, 결국 법원에서 피고인
> 에 대해 강제추행죄로 벌금형이 선고되었다. 이와 같이 유사강간죄가
> 신설되면서 손가락이 항문 안에 조금이라도 들어갔는지 여부에 따라,
> 징역형과 벌금형의 갈림길에 놓이게 되었다.

Ⅳ. 강제추행죄

1. 법 규정

폭행 또는 협박으로 사람에 대하여 추행을 한 자는 10년 이하의
징역 또는 1천 500만원 이하의 벌금에 처한다(형법 298조). 피해자가
아동·청소년의 경우 2년 이상의 유기징역 또는 1천만원 이상 3천만
원 이하의 벌금에 처한다(아청법 7조 3항). 피해자가 13세 미만의 사람
일 경우에는 5년 이상의 유기징역에 처한다[5](성폭법 7조 3항). 피해자
가 장애인일 경우에는 3년 이상의 유기징역 또는 3천만원 이상 5천
만원 이하의 벌금에 처한다(성폭법 6조 3항). 피해자가 친족관계에 있
는 사람의 경우 5년 이상의 유기징역에 처한다(성폭법 5조 2항).

2. 강제추행 행위

강제추행은 상대방의 의사에 반하여 그에게 성적 수치심이나 혐
오감을 불러일으킬 수 있는 성적 가해행위로서 강간이나 유사강간을
제외한 행위를 의미한다. 대법원은 "강제추행죄에 있어 추행이란 일
반인에게 성적 수치심이나 혐오감을 일으키고 선량한 성적 도덕관념
에 반하는 행위인 것만으로는 부족하고 그 행위의 상대방인 피해자

---

5 예전에는 법정형에 벌금형이 있었는데 2020. 5. 19. 성폭법이 개정되면서 현재는
   징역형으로만 처벌된다. 따라서 어린 아이가 귀엽다고 함부로 신체를 만졌다가
   는 이 규정으로 엄벌에 처해지니 각별히 조심해야 한다.

의 성적 자기결정의 자유를 침해하는 것이어야 한다"라고 판시하고
있다(대법원 2012. 7. 26. 선고 2011도8805 판결). 예컨대 상대방의 성기,
엉덩이, 유방, 허벅지 등을 만지는 행위, 속옷을 벗기는 행위, 강제로
키스를 하는 행위 등이 대표적 사례이다. 하지만 최근의 대법원판결
을 살펴보면, 갈수록 강제추행죄에 있어 피해 대상 신체부위를 폭넓
게 해석하는 경향이다. 피해자의 성적자유를 침해하는지 여부는 피
해자의 의사, 성별, 연령, 행위자와 피해자의 이전부터의 관계, 행위
에 이르게 된 경위, 구체적 행위태양, 주위의 객관적 상황과 그 시대
의 성적 도덕관념 등을 종합적으로 고려하여 신중히 결정되어야 한
다(대법원 2002. 4. 26. 선고 2001도2417 판결 등 참조). 그 결과 아래 '사례
별 연구'에서 살펴보는 바와 같이 손등을 만지거나 헤드록을 하는 행
위도 경우에 따라서는 강제추행죄가 성립된다.

3. 폭행·협박의 정도

강제추행죄가 성립되려면 강간죄와 마찬가지로 폭행·협박이 있
어야 하는데 폭행·협박의 정도는 강간죄와 같이 상대방의 항거를 불
가능하게 하거나 현저히 곤란하게 할 정도를 요구하지는 않지만, 항
거를 곤란하게 할 정도일 것은 요한다. 결국 강간죄와의 차이점은 항
거를 '현저히' 곤란하게 할 정도냐 아니면 단순히 항거를 곤란하게
할 정도냐의 정도의 차이라고 할 수 있다. 특히 이러한 차이점은 후
술하는 '기습추행'을 인정해야 할 필요가 있을 때 더욱 부각된다. 대
법원은 강제추행죄에 있어 폭행·협박의 정도에 관하여 "강제추행죄
는 폭행 또는 협박을 가하여 사람을 추행함으로써 성립하는 것으로
서 그 폭행 또는 협박이 항거를 곤란하게 할 정도일 것을 요한다. 그
리고 그 폭행 등이 피해자의 항거를 곤란하게 할 정도의 것이었는지
여부는 그 폭행 등의 내용과 정도는 물론, 유형력을 행사하게 된 경
위, 피해자와의 관계, 추행 당시와 그 후의 정황 등 모든 사정을 종합

하여 판단하여야 한다"라고 판시하고 있다(대법원 2012. 7. 26. 선고 2011도8805 판결).

4. 기습추행

가. 기습추행의 뜻

강제추행죄에 있어 폭행행위 자체가 바로 추행이 되는 경우도 있다. 이를 '기습추행'이라고 부른다. 예컨대 지나가는 여자를 뒤따라가서 갑자기 여자를 뒤에서 끌어안거나 유방을 만지는 행위, 허리를 숙인 자세에 있는 사람의 뒤에서 갑자기 뽕침을 놓는 행위 등은 당연히 이에 해당된다. 그 외에도 법원에서 판결에 의해 인정되는 기습추행의 행위태양을 살펴보면 다음과 같다. △피해자의 옷 위로 엉덩이나 가슴을 쓰다듬는 행위 △옆자리에 앉은 피해자의 허벅지를 갑자기 쓰다듬는 행위 △피해자의 의사에 반해 어깨를 주무르는 행위 △교사가 여중생의 얼굴에 자신의 얼굴을 들이밀면서 비비는 행위 △여중생의 귀를 쓸어 만지는 행위.

이러한 행위들은 폭행행위 자체가 추행행위에 해당되어 강제추행죄로 처벌받게 된다. 왜냐하면 피해자는 기습추행 행위에 대비하거나 항거할 시간적 틈도 없이 당하기 때문이다. 그래서 이 경우에는 폭행행위의 대소강약을 불문하고 바로 강제추행죄가 성립된다.

(1) 기습추행이 인정된 사례

노래방에서 노래를 부르면서 놀다가 피해자를 뒤에서 끌어안고 유방을 만진 경우 기습추행으로 강제추행죄가 성립된다.

▶ 대법원 2002. 4. 26. 선고 2001도2417 판결

[1] 강제추행죄는 상대방에 대하여 폭행 또는 협박을 가하여 항

거를 곤란하게 한 뒤에 추행행위를 하는 경우뿐만 아니라 폭행행위 자체가 추행행위라고 인정되는 경우도 포함되는 것이며, 이 경우에 있어서의 폭행은 반드시 상대방의 의사를 억압할 정도의 것임을 요하지 않고 상대방의 의사에 반하는 유형력의 행사가 있는 이상 그 힘의 대소강약을 불문한다고 할 것이다(대법원 1992. 2. 28. 선고 91도3182 판결; 1994. 8. 23. 선고 94도630 판결 등 참조).

[2] 원심이 인정한 바에 의하면, 피고인은 피고인의 처가 경영하는 식당의 지하실에서 종업원들인 피해자(35세의 유부녀) 및 홍◎숙과 노래를 부르며 놀던 중 홍◎숙이 노래를 부르는 동안 피해자를 뒤에서 껴안고 부루스를 추면서 피해자의 유방을 만졌다는 것인바, 위 인정 사실과 더불어 기록상 인정되는 피고인과 피해자의 관계, 위 행위에 이르게 된 경위와 당시의 상황 등을 고려하여 보면, 피고인의 위 행위가 순간적인 행위에 불과하더라도 피해자의 의사에 반하여 행하여진 유형력의 행사에 해당하고 피해자의 성적 자유를 침해할 뿐만 아니라 일반인의 입장에서도 추행행위라고 평가될 수 있는 것으로서, 앞서 설시한 법리에 따르면 폭행행위 자체가 추행행위라고 인정되어 강제추행죄가 성립될 수 있는 경우이며, 나아가 추행행위의 행태와 당시의 정황 등에 비추어 볼 때 피고인의 범의도 넉넉히 인정할 수 있다.

(2) 기습추행이 인정되지 않은 사례

골프장에서 함께 근무하는 여직원의 쇄골 바로 아래 가슴 부분을 손가락으로 한 번 찌르고 그녀의 어깻죽지 부분을 손으로 한 번 만진 경우 쇄골은 상대방의 허락 없이 만질 수 있는 부분은 아니더라도 젖가슴과 같이 성적으로 민감한 부분은 아니므로 성희롱에는 해당될지언정 강제추행죄는 성립되지 않는다.

▶ 대구지방법원 2012. 6. 8. 선고 2011고합686 판결[6]

골프장 직원인 피고인이 골프장 내 골프용품 매장에서 근무하는 여직원 A의 쇄골 바로 아래 가슴 부분을 손가락으로 한 번 찌르고 A의 어깻죽지 부분을 손으로 한 번 만져 강제추행하였다는 내용으로 기소된 사안에서, 피고인이 만진 A의 어깻죽지 부분은 일반적으로 이성 간에도 부탁, 격려 등의 의미로 접촉 가능한 부분이고, 피고인이 찌른 부분은 젖가슴보다는 쇄골에 더 가까워 상대방의 허락 없이 만질 수 있는 부분은 아니더라도 젖가슴과 같이 성적으로 민감한 부분은 아니며, 피고인의 행위는 1초도 안 되는 극히 짧은 순간 이루어져 A가 성적 수치심을 느끼기보다는 당황하였을 가능성이 더 높고, A가 피고인의 행위로 인해 내심 불쾌감을 느꼈더라도 외부적으로 특별한 변화 없이 웃는 인상을 지으며 피고인과 대화를 이어가고 자기 업무를 계속한 점 등 제반 사정을 종합할 때, 피고인의 행위로 인해 A에 대한 민사상 손해배상책임이 발생하는 것은 별론으로 하고, 그러한 행위가 객관적으로 일반인에게 성적 수치심이나 혐오감을 일으키게 하고 선량한 성적 도덕관념에 반하는 행위로서 피해자의 성적 자유(성적 자기결정권)를 폭력적으로 침해한 행위태양에까지 이른 것으로 평가하기 어렵고, 피고인에게 강제추행의 고의가 있었다고 인정하기 부족하다 할 것이며, 달리 피고인이 강제추행의 의사로 공소사실 기재와 같은 강제추행의 행위태양으로 평가하기에 충분한 행위를 한 것이라고 인정할 만한 다른 증거가 없다. 그렇다면 피고인에 대한 공소사실은 범죄의 증명이 없는 경우에 해당하므로 형사소송법 제325조 후단에 의하여 무죄를 선고한다.

---

6 이 판례는 상급심까지 가지 못한 채 종결된 사건인데, 최근 대법원의 경향을 보면 만약 대법원까지 상고가 되어 판단을 받았더라면 유죄가 인정되었을지도 모른다.

나. 기습추행의 실행의 착수

기습추행의 경우 강제추행죄가 성립되려면 실행의 착수는 언제 성립되는가가 문제이다. 왜냐하면 기습추행의 경우는 추행행위 자체가 폭행행위이므로 폭행과 추행행위 사이에 시간적 간격이 없기 때문이다. 그런데 형법에서는 강제추행죄의 미수범도 처벌하므로 기습추행에 있어 실행의 착수시점이 매우 중요한 쟁점이 될 수 있다. 만약 기습추행의 경우 실행의 착수를 실질적으로 신체에 접촉한 시점으로 엄격하게 해석한다면 사실상 미수범이 성립될 수가 없다. 왜냐하면 기습적으로 신체에 접촉하는 순간 바로 강제추행의 기수에 이르기 때문이다. 이 점에 관하여 최근 대법원에서는 길을 가던 여고생을 뒤따라가 껴안으려고 양손을 높이 든 순간 피해자가 소리를 질러 남자가 멈춰 서 신체접촉이 없었더라도 강제추행미수죄에 해당한다고 판결하였다. 결국 기습추행의 경우는 실행의 착수시기를 신체접촉을 실제로 한 시점이 아니라 신체접촉을 하려고 '시도'하는 순간을 보아야 한다.

▶ 대법원 2015. 9. 10. 선고 2015도6980, 2015모2524(보호관찰명령)

피고인과 피해자의 관계, 피해자의 연령과 의사, 위 행위에 이르게 된 경위와 당시의 상황, 위 행위 후의 피해자의 반응 및 위 행위가 피해자에게 미친 영향 등을 고려하여 보면, 피고인은 피해자를 추행하기 위하여 뒤따라간 것으로 보이므로 추행의 고의를 충분히 인정할 수 있고, 피고인이 피해자에게 가까이 접근하여 갑자기 뒤에서 피해자를 껴안는 행위는 일반인에게 성적 수치심이나 혐오감을 일으키게 하고 선량한 성적 도덕관념에 반하는 행위로서 피해자의 성적 자유를 침해하는 행위라 할 것이어서 그 자체로 이른바 '기습추행' 행위로 볼 수 있으므로, 실제로 피고인의 팔이 피해자의 몸에 닿지는 않았다 하더라도 위와 같이 양팔을 높이 들어 갑자기 뒤에서 피해자를 껴안으려는 행위는 피해자의 의사에 반하는 유형력의 행사로서 폭행행위에 해당하고, 그때에 이른바 '기습추행'에 관한 실행의 착수가 있다고 볼 수 있다. 그런데 마침 피해자가 뒤돌아보면서 "왜 이러세요?"라고 소리치는 바람에 피해자의 몸을 껴안는 추행의 결과에 이르지 못하고 미수에 그친 것이므로, 피고인의 위와 같은 행위는 아동·청소년에 대한 강제추행미수죄에 해당한다고 봄이 타당하다.

그럼에도 이와 달리 원심은, 이 사건에서 그 행위 자체로 피해자에 대한 추행행위에 해당하는 폭행행위가 존재하지 아니하여 이른바 '기습추행'에 해당하지 않고, 피고인의 위와 같은 행위만으로는 피해자의 항거를 곤란하게 하는 정도의 폭행이나 협박이라고 보기 어려워 강제추행의 실행의 착수가 있었다고 볼 수 없다고 인정하여, 이 사건 공소사실 중 아동·청소년에 대한 강제추행미수죄인 아청법 위반 부분에 대하여 유죄로 인정한 제1심 판결을 파기하고 무죄로 판단하였다.

따라서 이러한 원심의 판단에는 이른바 '기습추행' 및 그 실행의 착수 등에 관한 법리를 오해하거나 논리와 경험의 법칙에 반하여 자유심증주의의 한계를 벗어나 판단을 그르침으로써 판결에 영향을 미친 위법이 있다.

다. 기습추행의 성립요건

이른바 '기습추행'이 되기 위해서는 추행행위 자체가 상대방에 대한 유형력의 행사라고 볼 수 있는 폭행행위에 해당하고, 이러한 추행행위와 폭행행위가 동시에 피해자의 부주의 등을 틈타 기습적으로 실현된 것이라고 평가될 수 있어야 한다. '피해자의 부주의 등을 틈타 기습적으로 실현되었는지 여부'를 판단함에 있어서는 피해자가 추행행위를 예상할 수 없는 것이었는지를 기본으로 하여 추행행위자와 피해자의 지위나 관계, 추행행위가 이루어진 장소 등 외부적·객관적 정황상 피해자가 압박감이나 두려움을 느꼈는지 여부 등도 함께 고려하여야 한다. 그런데 최근 하급심 판례이기는 하나 피해자가 예상할 수 있는 추행임에도 적극적으로 제지하지 아니하였고, 당시 상황으로 피해자가 압박감이나 두려움 등이 없었던 것으로 보여 강제추행에 대해 무죄가 선고된 사례가 있다(서울서부지방법원 2015. 8. 12. 선고 2015고합53). 사건의 내용을 살펴보면 다음과 같다. 피고인은 (1) 2014. 7. 19. 07:00경 자신의 집 안방에서 잠을 자려고 하는 처제 A(25세)의 음부 등을 만지고, (2) 같은 날 10:00경 피고인을 피하여 다른 방으로 옮겨 그곳 2층 침대 위에서 잠을 자려고 하는 A에게 이불을 덮어주는 척하면서 옷 위로 A의 엉덩이와 골반을 만졌다는 것이다. 피고인은 위 두 개의 행위에 대해 강제추행죄로 기소되었는데 재판부는 안방에서 한 최초 추행부분[(1) 범죄사실]에 대해서는 유죄를 인정했지만, 다른 방으로 건너간 A를 따라가 이불을 덮어주며 다시 추행한 혐의[(2) 범죄사실]에 대해서는 무죄를 선고했다. 재판부는 판결문에서 ① A는 자신이 누워있는 방으로 따라 들어온 피고인이 계속 추행할 수 있을 것이라고 충분히 예상 가능했는데도 추행을 적극적으로 제지하지 않고 잠을 자는 시늉을 한 점, ② 피고인은 A가 잠들지 않은 기색을 보이자 바로 행동을 멈춘 점, ③ A가 피고인에게 "신경 쓰지 말고 나가라"고 말한 점, ④ 피고인의 위와 같은 행위 이후에도 A는 피고인의 집에 계속 머무른 점 등을 보아 피고인의 행위가 A의 부주의 등을 틈타 기습적으로 실현된 것으로 볼 수 없으므로 강제추행이 성립하지 않는다고 판단한 것이다. 재판부는 "강제추행이 '폭행 또는 협박으로 사람에 대해 추행한 자'라고 규정돼 있는 이상 기습추행이 강제추행이 되기 위해서는 추행행위 자체가 폭행행위에 해당해야 하고, 폭행·추행행위가 피해자의 부주의를 틈타 기습적으로 실현된 것이라고 평가할 수 있어야 하는데 당시 상황을 보면 A

가 피고인의 추행으로 당혹감 등을 넘어 압박감이나 두려움까지 느
끼지는 않았던 것으로 보인다"고 설명했다.

위 하급심판례에 의하면 기습추행이 성립하려면 피해자가 예상
할 수 없는 상태라는 조건이 아주 중요하므로, 만약 피해자가 충분히
예견하면서 이를 제지하지 않았다면 묵시적인 추인으로 볼 수도 있
다는 것이다. 하지만 때로는 피해자가 가해자의 추행행위를 예견할
수 있다고 해도 수치심 때문에 정신적 압박감을 받아 제지하지 못하
는 경우(예컨대 지하철에서 성추행 당할 때 창피하거나 당황해서 혹은 실수로
접촉한 것인지 몰라 즉시 제지 못하는 경우)도 있으므로 기습추행죄의 성
부에 대해 여러 가지 상황을 종합적으로 판단해야 한다. 다만 위 하
급심 판례는 향후 기습추행 사건의 성부를 판단함에 있어 중요한 지
표가 될 수 있을 것으로 보인다.

5. 강제추행의 주관적 동기나 목적

강제추행을 범하는 사람에게 성욕을 자극·흥분·만족시키려는
주관적 동기나 목적이 필요한가? 대법원판례는 이와 관련된 사건에
서 위와 같은 주관적 동기나 목적은 필요 없다고 부인한다. 사건의
내용은, 여자가 남자의 머리채를 잡아 폭행을 가하자, 그 남자가 화
가 나서 이에 대한 보복의 의미에서 피해 여성의 입술, 귀, 유두, 가
슴을 입으로 깨물은 것이다. 위 사안에 관해 대법원은 비록 가해 남
자에게 성욕을 자극·흥분·만족시키려는 주관적 동기나 목적이 없
이 단지 먼저 폭행을 당한 것에 대해 화가 나서 보복의 의미밖에 없
었다고 해도 객관적으로 이러한 행위는 피해 여성의 성적 수치심이
나 혐오감을 일으키게 하고 선량한 성적 도덕관념에 반하는 행위에
해당하고, 그로 인하여 피해 여성의 성적 자유를 침해하였다고 봄이
타당하다고 보아 강제추행죄에 대해 유죄로 판결하였다.

▶ 대법원 2013. 9. 26. 선고 2013도5856 판결

(중략) 강제추행죄의 성립에 필요한 주관적 구성요건으로 성욕을 자극·흥분·만족시키려는 주관적 동기나 목적이 있어야 하는 것은 아니다(대법원 2006. 1. 13. 선고 2005도6791 판결 등 참조). 원심판결 및 원심이 적법하게 조사한 증거 등에 의하면, 피고인은 경찰 이래 원심에 이르기까지 피해자의 입술, 귀, 유두, 가슴, 어깨 부위를 깨물었음을 인정하는 점, 피해자가 엎어져서 피고인의 머리를 잡아당기는 상황에서 피고인은 감정이 폭발하여 이성적으로 지배할 수 없는 상태에 이르러 그와 같은 행위에 이르렀다고 진술하고 있는 점, 피해자의 진술에 일부 과장이 있기는 하지만 일관되게 피고인이 자신에게 키스를 하려다가 입술을 깨물고, 가슴을 물었다는 내용의 진술을 하고 있고, 피해자는 이와 같은 피고인의 행위가 자신의 성적 자유를 침해하였다고 생각하여 피고인을 고소하였다고 볼 수 있는 점 등의 사정을 알 수 있다. 사정이 이와 같다면, 피고인의 행위는, 비록 피해자가 피고인의 머리채를 잡아 폭행을 가하자 이에 대한 보복의 의미에서 한 행위로서 성욕을 자극·흥분·만족시키려는 주관적 동기나 목적이 없었다고 하더라도, 객관적으로 여성인 피해자의 입술, 귀, 유두, 가슴을 입으로 깨무는 등의 행위는 일반적이고도 평균적인 사람으로 하여금 성적 수치심이나 혐오감을 일으키게 하고 선량한 성적 도덕관념에 반하는 행위에 해당하고, 그로 인하여 피해자의 성적 자유를 침해하였다고 봄이 타당하다 할 것이므로, 위 법률 조항에서 말하는 '추행'에 해당한다고 평가할 수 있다. 나아가 추행행위의 행태와 당시의 정황 등에 비추어 볼 때 피고인의 범의도 인정할 수 있다. 그렇다면 이 사건 공소사실 중 피고인이 피해자로 하여금 반항하지 못하게 한 후 반항하는 피해자의 입술과 귀, 유두와 가슴 및 어깨 부위를 깨무는 방법으로 추행하였다는 부분에 관하여 원심이 그 판시와 같

은 사유를 들어 피고인의 행위가 추행에 이르렀다고 보기 어렵고 또한 당시 피고인에게 피해자를 추행한다는 의사가 있었다고 보기 어렵다는 이유로 이 부분 공소사실에 대하여 무죄라고 판단한 것은 앞서 본 '추행'에 관한 법리를 오해하여 판결에 영향을 미친 위법이 있다고 할 것이다.

6. 피해자의 즉각적 거부의사 여부

기습추행은 상대가 전혀 예상치 못한 상황에서 급작스럽게 추행을 하는 행위라 사전에 상대의 의사를 예측하기가 매우 어렵다. 그 결과 추행후의 상대방의 추인 여부가 피해자의 의사를 추단하는 좋은 자료가 된다. 그런데 대법원은 이 점에 관하여 <u>기습추행 당시 피해자가 항의하거나 반발하는 등 거부의사를 즉각 밝히지 않은 경우에도 강제추행죄가 성립된다</u>고 판시하였다.

> ▶ 대법원 2020. 3. 26. 선고 2019도15994 판결

(중략) 피해자가 피고인에게 즉시 거부의사를 밝히지 않았다고 하지만, 반대로 피해자가 피고인의 행위에 대하여 명시적으로 동의한 바도 없었음이 분명하고, 피고인의 신체접촉에 대해 피해자가 묵시적으로 동의하였다거나 그 의사에 반하지 않았다고 볼 만한 근거 역시 찾아볼 수 없기 때문이다. 나아가 이 사건 당시 피고인의 행위에 대하여 적극적으로 항의하지 아니한 이유에 관하여, 피해자는 경찰 조사 시 '수치스러웠다. 이런 적이 한 번도 없어서 어떻게 해야 할지 몰랐다'고, 검찰 조사 시 '짜증이 나고 성적으로 수치심이 들었다. 피고인은 회사 대표이고 피해자는 그 밑에서 일하는 직원이라서 적극적으로 항의하지 못했다'고 각 진술하였다. 이처럼 당시는 다른 직원들도 함께 회식을 하고 나서 노래방에서 여흥을 즐기던 분위기였

기에 피해자가 즉시 거부의사를 밝히지 않았다고 하여, 피고인의 행
위에 동의하였다거나 피해자의 의사에 반하지 아니하였다고 쉽게 단
정하여서는 아니 된다.

7. 사례별 연구

가. 러브샷을 강요하는 행위도 신체접촉이 있으면 강제추행죄 성립

▶ 대법원 2008. 3. 13. 선고 2007도10050 판결

강제추행죄는 상대방에 대하여 항거를 곤란하게 할 정도의 폭행
또는 협박을 가하여 추행행위를 하는 경우에 성립하고, 이 경우의
'추행'은 객관적으로 일반인에게 성적 수치심이나 혐오감을 일으키게
하고 선량한 성적 도덕관념에 반하는 행위로서 피해자의 성적 자유
를 침해하는 것이라고 할 것인데, 이에 해당하는지 여부는 피해자의
의사, 성별, 연령, 행위자와 피해자의 이전부터의 관계, 그 행위에 이
르게 된 경위, 구체적 행위태양, 주위의 객관적 상황과 그 시대의 성
적 도덕관념 등을 종합적으로 고려하여 결정되어야 한다(대법원 2007.
1. 25. 선고 2006도5979 판결 및 2002. 4. 26. 선고 2001도2417 판결 등 참조).
원심이 그 설시 증거를 종합하여, 피고인이 이 사건 당일 A 컨트리클
럽 회장 공소외인 등과 골프를 친 후 위 컨트리클럽 내 식당에서 식
사를 하면서 그곳에서 근무 중인 여종업원인 피해자들에게 함께 술
을 마실 것을 요구하였다가 피해자들로부터 거절당하였음에도 불구
하고, 위 컨트리클럽의 회장인 위 공소외인과의 친분관계를 내세워
피해자들에게 어떠한 신분상의 불이익을 가할 것처럼 협박하여 피해
자들로 하여금 목 뒤로 팔을 감아 돌림으로써 **얼굴이나 상체가 밀착
되어 서로 포옹하는 것과 같은 신체접촉이 있게 되는** 이른바 러브샷
의 방법으로 술을 마시게 한 사실을 인정한 다음, 피고인과 피해자들
의 관계, 성별, 연령 및 위 러브샷에 이르게 된 경위나 그 과정에서

나타난 피해자들의 의사 등에 비추어 볼 때 강제추행죄의 구성요건
인 '강제추행'에 해당하고, 이 때 피해자들의 유효한 승낙이 있었다
고 볼 수 없다고 판단하였다. 원심의 그와 같은 사실인정 및 판단은
위에 본 법리와 사실심 법관의 합리적인 자유심증에 따른 것으로서
기록에 비추어 정당하고, 거기에 상고이유의 주장과 같은 채증법칙
위배, 심리미진 또는 강제추행에 관한 법리오해 등의 위법이 없다.

나. 상관이 10초 가량 여군 손등 문지른 것은 강제추행죄 성립
군 상급자가 하급자인 여성의 손등을 10초간 문지른 것은 업무
상 위력에 의한 추행에 해당한다.

▶ **대법원 2020. 12. 20. 선고 2020도11186 판결**

피고인이 피해자의 손등을 양손으로 잡고 양 엄지손가락으로 문
지르는 방법으로 피해자의 신체를 접촉한 경위 및 태양, 그 시간이
약 10초가량 지속된 점 등을 고려하면, 원심판단과 같이 피고인이 피
해자에게 단지 그림을 지우라는 의미에서 한 행동으로 보기는 어렵
고, 성적인 동기가 내포되어 있는 행동으로 추행의 고의를 인정할 수
있다. 피해자는 여성 부하직원이고, 피고인은 35세의 남성으로 피해
자의 업무상 지휘·감독자였던 점, 피해자는 원심에서 '이 사건 이전
에 피고인의 성희롱적 언동 등이 많아 힘들었다'는 취지로 진술한
점, 이 사건 당시 사무실에 피고인과 피해자 둘만 있었던 점, 피고인
이 성적인 의도 이외에 공소사실 기재와 같은 행위를 할 별다른 동기
를 찾을 수 없는 점 등을 고려하면, 피고인의 행위는 피해자의 의사
에 반하여 이루어진 것일 뿐만 아니라 피해자의 성적 자유를 침해하
는 유형력의 행사에 해당하고, 일반인에게도 성적 수치심이나 혐오
감을 일으키게 할 수 있는 추행행위로 볼 수 있다.

다. 직장 상사가 여직원에게 "모텔가자"며 강제로 손목 잡아끌었 다면 강제추행 성립

통상적으로 성적인 의도 없이 손목을 잡은 경우는 강제추행죄가 성립되지 않는다. 만약 피해여성이 그로 인해 성적 수치감을 느꼈다 고 해도 성희롱에 해당될 수 있을 뿐이다. 하지만 직장상사가 "모텔 에 가자"며 성적의도를 갖고 직장 후배인 여성의 손목을 잡아끌었다 면 이는 피해자의 성적 자유를 침해하는 유형력의 행사에 해당하고, 폭행행위 자체가 추행행위에 해당되는 기습추행죄가 성립된다.

▶ 대법원 2020. 7. 23. 선고 2019도15421 판결

[공소사실의 요지]

피고인은 2017. 7. 6. 00:01경 서울 강서구 마곡동 지하철 5호선 발산역 부근 편의점 맞은 편 골목길에서 직원 회식을 마친 후 같은 회사 경리 직원인 피해자(여, 28세)와 단둘이 남게 되자 피해자에게 모텔에 같이 가자고 하였고, 이에 피해자가 거절하였음에도 "모텔에 함께 가고 싶다, 모텔에 같이 안 갈 이유가 뭐가 있냐?"는 등의 말을 하며 강제로 피해자의 손목을 잡아끌어 피해자를 추행하였다는 것 이다.

[원심의 판단]

원심은 판시와 같은 이유로, 피고인이 피해자에게 모텔에 가자 며 피해자의 손목을 잡아끌었던 사실은 인정되지만, 이를 성희롱 언 동으로 볼 수 있을지언정 강제추행의 '추행'에 해당한다고 보기는 어 렵다고 판단하였다.

[대법원의 판단]

[1] 피고인이 모텔에 가자고 하면서 피해자의 손목을 잡아끈 행 위에는 이미 성적인 동기가 내포되어 있어 추행의 고의가 인정되고,

더 나아가 피해자를 쓰다듬거나 피해자를 안으려고 하는 등의 행위
가 있어야만 성적으로 의미가 있는 행동이라고 볼 수 없다. <u>피고인이
접촉한 피해자의 특정 신체부위만을 기준으로 성적 수치심이나 혐오
감을 일으키는지 여부가 구별되는 것은 아니다.</u>

　　[2] 피해자는 회사에 입사한 지 약 3개월 된 신입사원(1990년생)
이고, 피고인은 피해자와 같은 부서에 근무하는 직장 상사(1978년생)
인 점, 피고인은 피해자를 포함한 동료직원들과 함께 밤늦게 회식을
마친 후 피해자와 단둘이 남게 되자 모텔에 가고 싶다면서 피해자의
손목을 잡아끄는 행위를 한 점 등을 고려하면, 피고인의 행위는 피해
자의 의사에 반하여 이루어진 것일 뿐만 아니라 피해자의 성적 자유
를 침해하는 유형력의 행사에 해당하고, 일반인에게도 성적 수치심
이나 혐오감을 일으키게 할 수 있는 추행행위로 볼 수 있다.

라. 피고인이 피해자의 얼굴을 손가락으로 꼬집은 행위도 강제추행

▶ 서울고등법원 2014. 5. 1. 선고 2014노53 판결

　　피해자는 지적장애 3등급의 장애인으로서 남편이 있고, 아이를
키우고 있는 여성이고, 피해자의 남편과 달리 피해자는 피고인과 특
별한 친분이 있다고 보기는 어렵다. 피고인은 이 사건 범행 당일 오
전에도 피해자와 그녀의 남편이 함께 있는 자리에서 "너희는 부부관
계를 하루에 세 번이나 하냐, 그거 많이 하면 말라 죽는다"는 등의
말을 하였고, 평소에도 피해자와 그 남편에게 쉽게 용인되기 어려운
성적 수치심을 유발하는 내용의 언행을 일삼아 왔다. 이 사건 범행
장소는 불특정다수인이 오가는 장소 내부이고, 피해자는 자신의 남
편이 가까이 있는 곳에서 범행을 당한 점, <u>사회 통념상 여성의 볼을</u>

만지는 행위는 성적인 의미를 내포하는 경우가 많다고 할 것인데 나아가 엄지와 검지의 두 손가락을 이용하여 여성의 볼을 움켜쥔 후 잡아당겼다면 성적인 의미의 행위를 폭력적인 방법으로 표출한 것으로서 이를 당하는 여성은 물론 일반인에게 성적 수치심이나 혐오감을 일으키게 하는 행위라고 판단되는 점, 피해자가 수사기관에서 "기분이 찝찝하다. 무섭다"라고 진술하였던 것은 피해자의 지적장애 정도에 비추어 볼 때 위와 같은 단어로 자신이 느꼈던 성적 수치심을 표현한 것으로 보이는 점을 종합하면, 피해자는 평소 피고인의 부적절한 언행에 성적 수치심을 느끼고 있었던 것으로 보이는데, 피고인의 행위는 성적 수치심이나 혐오감을 일으키게 하고 선량한 성적 도덕관념에 반하고, 피해자의 성적 자유를 침해하는 '추행행위'에 해당한다고 보는 것이 타당하다.

마. 직장상사가 여직원의 의사에 반해 어깨를 주무른 행위도 업무상 위력에 의한 추행죄 성립

▶ 대법원 2004. 4. 16. 선고 2004도52 판결

[공소사실의 요지와 원심의 판단]

이 사건에 공소사실 중 2002. 4. 중순경 피고인이 피해자의 어깨를 주물러 추행하였다는 점에 관한 요지는 "피고인은 2001. 9.경부터 A 주식회사 서울지사의 영업부 대리로 근무하던 자로서, 2002. 3.경부터 부하 여직원인 피해자(여, 22세)에게 자신의 어깨를 주무르게 한 후 이를 거절하면 큰소리로 화를 내 피해자로 하여금 이를 거절할 수 없도록 하였고, 피고인이 위 회사 회장 B와 대표이사 C의 조카인 관계로 위 회사 관계자들이 피고인을 제지하지 않아 계속하여 피해자로 하여금 피고인의 어깨를 주무르게 하여 오던 중, 2002. 4. 중순경 A 주식회사 서울지사의 영업부 사무실에서 자신의 어깨를 주무르라

는 요구를 피해자가 거절하자 피해자의 등 뒤로 가 "이렇게 하는 거야"라고 말하면서 양손으로 피해자의 어깨를 주물러 업무상 위력에 의하여 피해자를 추행한 것이다"라고 함에 있고, 이에 대하여 원심은, 피고인이 이 사건 이전에도 피해자나 그 동료 여직원인 D에게 어깨를 주물러 달라고 한 적이 있고 그에 따라 피해자나 D가 피고인의 어깨를 주물러 준 적도 있는 점, 위 행위 시에도 피고인이 피해자에게 어깨를 주물러 달라고 하였다가 피해자가 거절하자 피고인이 피해자의 어깨를 주물렀으며 이러한 행위가 비록 피해자의 의사에는 반할 수 있으나 그 당시에는 적극적으로 반항을 하지는 않았고 나중에 피고인이 피해자에게 상해를 가한 행위 때문에 이러한 행위도 비로소 문제삼게 된 경위, 어깨를 주무른 장소가 공개된 사무실인 점 등의 사정과 이 시대의 성적 도덕관념 및 피고인의 위 행위가 통상 일반인에게 성적 수치와 혐오의 감정을 일으킬 정도인지 여부 등을 종합적으로 고려할 때, 피고인의 위 행위는 도덕적으로 비난받을 여지가 있음은 별론으로 하고, 적어도 성폭법 제11조 제1항의 '추행'에 해당한다고 보기 어렵다는 이유로 이 부분 공소사실에 대하여 유죄를 선고한 제1심판결을 파기하고 무죄를 선고하였다.

[대법원의 판단]

그러나 대법원의 판단은 원심과 달랐다.

'추행'이라 함은 객관적으로 일반인에게 성적 수치심이나 혐오감을 일으키게 하고 선량한 성적 도덕관념에 반하는 행위로서 피해자의 성적 자유를 침해하는 것이라고 할 것이고, 이에 해당하는지 여부는 피해자의 의사, 성별, 연령, 행위자와 피해자의 이전부터의 관계, 그 행위에 이르게 된 경위, 구체적 행위태양, 주위의 객관적 상황과 그 시대의 성적 도덕관념 등을 종합적으로 고려하여 신중히 결정되어야 할 것이다(대법원 2002. 4. 26. 2001도2417 판결; 2002. 8. 23. 선고

2002도2860 판결 등 참조). 그런데 기록에 의하면, 피고인은 30대 초반의 가정을 가진 남성인 데 반해 피해자는 20대 초반의 미혼 여성인 사실, 피고인과 피해자가 함께 근무하는 A 주식회사의 서울지사는 같은 계열 회사인 E 주식회사의 서울지사와 40평 가량 되는 사무실을 공동으로 사용하고 있었는데, 두 회사 직원은 전부 합하여 10여 명 정도로서 피해자와 D는 각각 A 주식회사와 E 주식회사 서울지사의 유일한 여직원인 사실, 피고인의 직장 상사들도 피고인이 A 주식회사의 회장 및 대표이사의 조카라는 점 때문에 그가 동료나 부하직원들에게 함부로 대하거나 피해자로 하여금 피고인의 어깨를 주무르게 하는 것을 제지하지 못하였고, 피해자도 이러한 사정 때문에 어깨를 주물러 달라는 직장 상사인 피고인의 요구를 거절하지 못한 채 어쩔 수 없이 여러 차례 이에 응하여 준 사실, 피고인은 2002. 4. 중순경 평소와 마찬가지로 피해자에게 어깨를 주물러 달라고 요구하였으나 거절당하자 곧바로 등 뒤로 가 양손으로 피해자의 어깨를 서너 번 주무르다가 피해자의 반발로 이를 그만 둔 사실, 피해자는 수사기관에서 피고인의 어깨를 주무르는 것에 대하여 평소 수치스럽게 생각하여 왔었는데 피고인이 등 뒤에서 자신의 어깨를 주물렀을 때에는 온 몸에 소름이 돋고 피고인에 대하여 혐오감마저 느꼈다고 진술한 사실(수사기록 제2책 제2권 제160면), 피고인은 그 뒤인 2002. 4.경 및 같은 해 5. 11. 두 차례에 걸쳐 A 주식회사의 서울지사 사무실에서 피해자를 갑자기 껴안았고(원심은 이 부분 공소사실에 대하여는 성폭법 제11조 제1항의 업무상 위력에 의한 추행으로 유죄를 인정하였고 이에 대하여 피고인이 상고를 하지 아니하여 그대로 확정되었다), 이러한 일들이 겹치자 피해자는 A 주식회사에 사직서를 제출한 사실 등을 알 수 있다.

　여성에 대한 추행에 있어 신체 부위에 따라 본질적인 차이가 있다고 볼 수는 없다 할 것인데, 위에서 본 사실관계에 의하면 피고인의 어깨를 주무르는 것에 대하여 평소 수치스럽게 생각하여 오던 피해자에 대하여 그 의사에 명백히 반하여 그의 어깨를 주무르고 이로 인하여 피해자로 하여금 소름이 끼치도록 혐오감을 느끼게 하였고, 이어 나중에는 피해자를 껴안기까지 한 일련의 행위에서 드러난 피고인의 추행 성행을 앞서 본 추행에 관한 법리에 비추어 볼 때 이는 20대 초반의 미혼 여성인 피해자의 성적 자유를 침해할 뿐만 아니라 일반인의 입장에서도 도덕적 비난을 넘어 추행행위라고 평가할 만한 것이라 할 것이고, 나아가 추행행위의 행태와 당시의 경위 등에 비추어 볼 때 피고인의 범의나 업무상 위력이 행사된 점 또한 넉넉히 인정할 수 있다. 그럼에도 불구하고, 원심은 그 판시와 같은 납득하기 어려운 이유만으로 피고인의 행위가 '추행'에 해당한다고 보기 어렵다고 하여 이 부분 공소사실에 대하여 유죄를 인정한 제1심판결을 파기하고 무죄를 선고하고 말았으니, 거기에는 성폭법 제11조 제1항에서의 '추행'의 법리를 오해하여 판결 결과에 영향이 미친 위법이 있다고 할 것이다.

※ 판례평석

위 사안은 앞서 기습추행 파트에서 설명한 여자의 쇄골부위를 손가락으로 순간적으로 찌른 것이 강제추행죄에 해당되지 않는다는 판례(대구지법 2012. 6. 8. 선고 2011고합686)와 비교된다. 즉 여자의 어깨를 주무른 행위와 쇄골을 찌른 행위는 언뜻 보면 그 부위가 그다지 차이가 없어 보인다. 그런데 대법원은 강제추행죄에 있어 추행이라 함은 객관적으로 일반인에게 성적 수치심이나 혐오감을 일으키게 하고 선량한 성적 도덕관념에 반하는 행위로서 피해자의 성적 자유를 침해하는 것이라고 정의하고 있다. 두 사안을 비교해 볼 때, 쇄골부위 찌른 사안은 성적인 의미가 없었고 시간도 아주 짧아 추행의 범의가 인정되지 않는데 반해, 직장상사가 부하 여직원의 어깨를 주무른 사안은 자신의 우월적 지위를 이용하여 장기간 계속적으로 행해졌고,

그것 말고도 기습적으로 피해 여성을 포옹까지 한 행위 등을 종합적으로 파악하여 성적 의미가 있어 가해 남성에게 추행의 고의가 인정된다고 판단한 것이다. 결국 위 두 사안을 비교해 볼 때 <u>법원은 추행 여부를 판단함에 있어 단순히 접촉한 신체 부위만을 보는 것이 아니라, 당시 여러 상황을 종합적으로 판단한다는 것</u>을 알 수 있다. 이런 의미에서 두 판례 모두 구체적 타당성이 있다고 생각된다.

바. 여직원을 헤드록 한 행위는 강제추행 성립

▶ 대법원 2020. 12. 24. 선고 2020도7981 판결

[공소사실]

피고인은 2018. 5. 3. 18:45경 서울 강남구 '○○○' 음식점에서 자신이 대표이사로 있는 회사의 직원인 피해자(여, 27세) 등과 함께 회식을 하며 피해자의 결혼 여부 등에 관하여 이야기하던 중 갑자기 왼팔로 피해자의 머리를 감싸고 피고인의 가슴 쪽으로 끌어당겨 피해자의 머리가 피고인의 가슴에 닿게 하고 주먹으로 피해자의 머리를 2회쳤다. 이후 피고인은 다른 대화를 하던 중 "이 년을 어떻게 해야 계속 붙잡을 수 있지. 머리끄댕이를 잡고 붙잡아야 되나."라고 하면서 갑자기 손가락이 피해자의 두피에 닿도록 양손으로 피해자의 머리카락을 잡고 흔들고, 이후 갑자기 피해자의 어깨를 수회 치며 피해자를 강제로 추행하였다.

[원심의 판단]

1심은 B씨가 경찰 조사에서 "불쾌하고 성적 수치심이 들었다"고 진술한 점, 회식에 참여한 동석자가 "이러면 미투다. 그만하라"라고 A씨를 말린 점 등을 근거로 피고인의 행위가 강제추행죄에 해당된다고 판단했다. 하지만 2심은 A씨의 행동으로 B씨의 인격권이 침해당

했을 수는 있지만, 추행으로는 볼 수 없다며 무죄를 선고했다. 먼저 회식 장소가 공개 장소였고 두 사람이 연봉 협상이나 근무 여건에 대해 대화를 했을 뿐 A씨의 성적인 언동이 없었다는 점에서 A씨의 헤드록을 성적 수치심을 일으키는 행위로 단정할 수는 없다는 것이다. A씨가 접촉한 B씨의 머리나 어깨를 사회 통념상 성과 관련된 특정 신체 부위로 보기 어렵다는 지적도 했다. 재판부는 "B씨가 수치심과 모욕감을 느꼈을 수는 있지만, 성적 자유를 침해하는 강제추행죄의 추행에 해당한다고 보기는 어렵다"고 판시했다.

[대법원의 판단]

[1] 이 사건 당시 피고인은 만 52세의 기혼 남성이고, 피해자는 만 26세의 미혼 여성이며, 피고인과 피해자는 회사의 대표와 직원의 관계였다.

[2] 당시 동석했던 거래처 대표가 피해자 및 다른 여직원에게 "결혼을 했냐."고 묻자 피고인은 "얘네는 내가 이혼하면 나랑 결혼하려고 결혼 안하고 있다."라는 취지로 말하였고, 피해자와 다른 여직원은 며칠 후 피고인으로부터 사과를 받는 자리에서 피고인의 위 말을 지적하며 "행동뿐 아니라 그런 마인드에 대해 사과를 받고 싶다. 무의식에 반영된 피고인의 의식이라고 생각한다."라는 취지로 말하였다.

[3] 피고인은 위와 같은 말과 욕설 등을 하며 공소사실 기재와 같이 갑자기 왼팔로 피해자의 목과 머리를 감싸 안고 피고인의 가슴 쪽으로 끌어당겨 피해자의 머리가 피고인의 가슴에 닿게 하는 등의 행위를 하였고, 이후에도 계속적으로 욕설을 하며 피해자의 머리카락을 잡고 흔들고 어깨를 수회 치는 등 행위를 하였다.

[4] 피고인의 위와 같은 행동에 대하여 거래처 대표는 "이러면

미투다. 그만하라."고 하며 말렸고, 이후에도 피고인의 행동이 계속되자 피해자가 결국 그 자리에서 울음을 터뜨려 회식 자리가 마무리되었다.

[5] 당시 상황과 감정에 대하여 피해자는 "저의 목을 헤드락 걸듯 안고 품에 넣고 머리를 주먹으로 두 번 쳤다.", "저를 확 끌어당겨서 안았기 때문에 머리가 분명히 가슴에 닿았다.", "대표의 가슴에 제 머리가 닿을 때나, 손으로 제 머리를 잡을 때 손가락으로 제 두피를 만지는 것이 느껴져 소름끼쳤다.", "성적 수치심과 모욕감을 느꼈다.", "모멸감에 수치스럽고 불쾌했다. 머리채 잡을 때 손끝이 느껴졌다. 너무 불쾌했다."라고 진술하였다.

위와 같은 사실을 앞서 본 법리에 비추어 살펴보면, 피고인의 행동은 다음과 같은 점에서 <u>객관적으로 일반인에게 성적 수치심이나 혐오감을 일으키게 하고 선량한 성적 도덕관념에 반하는 행위에 해당하고, 그로 인하여 피해자의 성적 자유를 침해하였다고 봄이 타당하다.</u> 따라서 피고인의 행위는 강제추행죄에서 말하는 '추행'에 해당한다고 평가할 수 있다. 피고인과 피해자의 성별, 연령, 관계 등에 비추어 피고인의 행동은 선량한 성적도덕관념에 반하는 행위임이 분명하고, 폭행과 추행이 동시에 이루어지는 기습추행의 경우 공개된 장소이고 동석한 사람들이 있었다는 점은 추행 여부 판단의 중요한 고려요소가 된다고 보기 어렵다.

[6] 여성에 대한 추행에 있어 신체부위에 따라 본질적 차이가 있다고 볼 수 없을 뿐 아니라(대법원 2004. 4. 16. 선고 2004도52 판결), 피고인의 첫 번째 행위로 인하여 <u>피고인의 팔과 피해자의 목 부분이 접촉되었고 피해자의 머리가 피고인의 가슴에 닿았는바, 그 접촉부위 및 방법에 비추어 객관적으로 일반인에게 성적 수치심을 일으키게 할 수 있는 행위이다.</u>

사. '공공장소에서 성기노출 행위'는 강제추행죄 불성립

강제추행죄에 있어 추행은 통상은 어느 정도 신체적 접촉을 동반해야 성립된다. 따라서 공중장소에서 자신의 성기를 노출시켜 상대방에게 보여주는 행위는 공연음란죄7는 될 수 있을지 몰라도 강제추행죄는 성립되지 않는다.

▶ 대법원 2012. 7. 26. 선고 2011도8805 판결

[1] 건전한 성풍속이라는 일반적인 사회적 법익을 보호하려는 목적을 가진 형법 제245조의 공연음란죄에서 정하는 '음란한 행위'(또는 이른바 과다노출에 관한 경범죄처벌법 제1조 제41호에서 정하는 행위)가 특정한 사람을 상대로 행하여졌다고 해서 반드시 그 사람에 대하여 '추행'이 된다고 말할 수 없고, 무엇보다도 문제의 행위가 피해자의 성적 자유를 침해하는 것으로 평가될 수 있어야 한다. 그리고 이에 해당하는지 여부는 피해자의 의사·성별·연령, 행위자와 피해자의 관계, 그 행위에 이르게 된 경위, 구체적 행위태양, 주위의 객관적 상황 등을 종합적으로 고려하여 정하여진다.

[2] 피고인이 피해자 A(여, 48세)에게 욕설을 하면서 자신의 바지를 벗어 성기를 보여주는 방법으로 강제추행하였다는 내용으로 기소된 사안에서, A의 성별·연령, 행위에 이르게 된 경위, A에 대한 어떠한 신체 접촉도 없었던 점, 행위장소가 사람 및 차량의 왕래가 빈번한 도로로서 공중에게 공개된 곳인 점, 피고인이 한 욕설은 성적인 성질을 가지지 아니하는 것으로서 '추행'과 관련이 없는 점, A가 자신의 성적 결정의 자유를 침해당하였다고 볼 만한 사정이 없는 점 등 제반 사정을 고려할 때, 단순히 피고인이 바지를 벗어 자신의 성기를

---

7 '여고 앞의 바바리맨'처럼 피해자가 18세 미만의 아동일 경우에는 제9장 성희롱 파트에서 설명하는 바와 같이 아동복지법위반으로 가중 처벌된다.

보여준 것만으로는 폭행 또는 협박으로 '추행'을 하였다고 볼 수 없는데도, 이와 달리 보아 유죄를 인정한 원심판결에 강제추행죄의 추행에 관한 법리오해의 위법이 있다.

아. '밀폐장소에서의 성기노출'은 강제추행죄 성립

이 경우는 신체적 접촉이 없어도 예외적으로 밀폐된 공간의 경우 피해자가 성적결정의 자유를 침해당한 것으로 본다. 예컨대 아파트 엘리베이터 안에서 13세 미만의 어린 여자아이와 단둘이 있는 상황에서 성기를 꺼내 잡고 흔들다가 피해자 쪽으로 다가가는 행위는 위력에 의한 13세 미만자에 대한 강제추행죄(성폭법 7조 5항)가 성립된다.

▶ 대법원 2013. 1. 16. 선고 2011도7164, 2011전도124 판결

피고인이 아파트 엘리베이터 내에 13세 미만인 A(여, 11세)와 단둘이 탄 다음 A를 향하여 성기를 꺼내어 잡고 여러 방향으로 움직이다가 이를 보고 놀란 A 쪽으로 가까이 다가감으로써 위력으로 A를 추행하였다고 하여 성폭력범죄의 처벌 등에 관한 특례법 위반으로 기소된 사안에서, 피고인은 나이 어린 A를 범행 대상으로 삼아, 의도적으로 협소하고 폐쇄적인 엘리베이터 내 공간을 이용하여 A가 도움을 청할 수 없고 즉시 도피할 수도 없는 상황을 만들어 범행을 한 점 등 제반 사정에 비추어 볼 때, 비록 피고인이 A의 신체에 직접적인 접촉을 하지 아니하였고 엘리베이터가 멈춘 후 A가 위 상황에서 바로 벗어날 수 있었다고 하더라도, 피고인의 행위는 A의 성적 자유의사를 제압하기에 충분한 세력에 의하여 추행행위에 나아간 것으로서 위력에 의한 추행에 해당한다고 보아야 하는데도, 이와 달리 본 원심판결에 위력에 의한 추행에 관한 법리오해의 위법이 있다

이 사안에 있어 원심은 피고인이 유형력을 행사하지 않았다거나 피해자의 신체에 직접적인 접촉을 하지 않았다는 등의 사정을 들어 위력에 의한 추행으로 보기에 부족하다고 판단하였다가 대법원에서 파기된 것이다. 원심은 아마 앞서 설명한 공공장소에서의 성기노출 판례(대법원 2012. 7. 26. 선고 2011도8805 판결)의 취지를 따라 신체적 접촉이 없는 성기노출은 강제추행죄에 있어 추행행위로 볼 수 없다고 판단한 것으로 보인다. 하지만 이 사안의 경우 ① 피해자가 만 11세의 어린 여자인 점, ② 엘리베이터 안이라는 밀폐된 공간인 점, ③ 피고인이 놀란 피해자에게 의도적으로 가까이 접근해서 위력을 행사한 점 등이 참작되어 대법원에서 원심을 깨고 '위력에 의한 13세 미만자 강제추행죄'를 인정한 것이다.

자. 강제추행범의 혀를 절단한 행위가 정당방위

강제로 키스를 하려는 범인의 혀를 깨물어 절단한 행위가 정당방위인가 과잉방위인가 문제된다. 사례는 범인들이 공동으로 새벽에 혼자 귀가중인 여자를 어두운 골목길로 끌고 들어가 음부를 만지고 반항하는 그녀의 옆구리를 무릎으로 차고, 강제로 키스를 하면서 혀를 집어넣었는데, 피해 여성이 범인의 혀를 깨물어 절단케 한 사안이다. 이 사안에서 대법원은 "피해 여성이 자신의 신체에 대한 현재의 부당한 침해에서 벗어나려고 한 행위로서, 그 행위에 이르게 된 경위와 그 목적 및 수단, 행위자의 의사 등 제반사정에 비추어 위법성이 결여된 행위이므로 무죄이다."라고 선고함으로써 피해 여성의 정당방위를 인정하였다(대법원 1989. 8. 8. 선고 89도358 판결).

V. 준강간·준강제추행죄

1. 법 규정

사람의 심신상실 또는 항거불능의 상태를 이용하여 간음 또는 추행을 한 자는 제297조, 제297조의2 및 제298조의 예에 의한다(형법 299조). 결국 강간죄나 강제추행죄와 처벌규정은 같다. 차이점은 강간·강제추행죄가 폭행 또는 협박으로 상대방의 항거를 불능 내지 곤란하게 해 놓고 범행한 것인데 반해, 준강간·준강제추행죄는 사람의 심신상실 또는 항거불능의 상태를 이용한다는 점에서 다르다. 즉 전자는 범인이 작위적으로 상대방을 항거불능 등의 상태를 만든 경우이고, 후자는 상대방이 다른 원인으로 심신상실 또는 항거불능의 상태에 놓인 것을 이용하여 범행을 한다는 점에서 차이가 있다.

2. 심신상실·항거불능이란?

준강간(강제추행)죄에 있어 심신상실이란 수면 중인 사람, 일시 의식을 잃고 있는 사람 등 판단능력을 상실한 사람을 뜻한다. 술에 만취되었거나, 수면제를 복용하여 깊이 잠이 든 경우가 대표적인 예이다. 그런데 유명연예인 K씨 사건에서 피해자가 완전히 만취한 것은 아니나 몽롱한 상태, 즉 비몽사몽간인 경우에 관하여도 심신상실에 해당되는지가 문제된 바 있다. K씨의 변명에 의하면, 자신이 피해자를 추행할 무렵 피해자가 지인에게 메시지를 보낸 점을 고려할 때, 범행 당시 피해자가 항거불능 상태에 있었는지에 대하여는 충분한 입증이 되었다고 볼 수 없다고 주장했다. 이러한 상태까지 심신상실로 보는 것은 유추해석금지의 원칙에 반한다는 것이다. 하지만 대법원은 피해자가 잠결에 보낸 메시지는 매우 짧은 답문 형태에 불과하여, 잠이 들기 직전이나 잠에서 일시적으로 깨어난 몽롱한 상태에서 보낼 수 있는 메시지로 보이는 점, 피해자가 잠에서 깨어나 항거가 가능한 상태에 있었다면, 피고인의 행위에 즉각 대응하였을 것으로 보임에도, 피해자가 피고인의 행위에 대응하지 못하다가 추행을 당한 후에서야 피고인을 피하여 침대에서 내려온 점을 종합하여 보면, 피고인의 추행행위 당시 피해자가 술에 취한 채 잠이 들어 항거불능 상태에 있었다고 봐야 한다고 준강제추행죄에 대한 유죄판결을 하였다(대법원 2020. 11. 5. 선고 2020도8669 판결). 결국 대법원은 이렇듯 피해자가 비몽사몽의 상태라고 해도 준강제추행죄에 있어 심심상실의 상태로 볼 수 있다고 해석한 것이다.

한편, 항거불능이라 함은 피해자가 행위자의 성적 요구를 심리적 또는 신체적으로 절대적으로 혹은 현저하게 거절할 수 없는 상태에 처한 경우를 말한다. 먼저 심리적으로 항거불능한 예로는 이미 다른 사람에 의해 수회 강간당해 자포자기 상태에 있는 여자, 자살을 하려고 모든 의욕을 상실한 채 누워있는 사람, 심한 정신적 충격을 받아 제정신이 아닌 사람 등이 이에 해당된다.[8] 신체적으로 항거불능한 예로는, 이미 결박되어 있어 저항하지 못하는 경우, 큰 부상을 입어 저항하지 못하는 경우, 기력이 상실되어 기진맥진되어 저항하지 못하는 경우 등이 이에 해당된다. 대법원은 술에 취한 상태에서 성폭행을 당한 미성년자를 또다시 간음한 군인에게 유죄 취지의 판결을 내렸다. 이 군인은 합의에 의한 성관계라고 주장했지만, 대법원은 정황상 피해자의 성적 자기결정권을 침해한 '준강간'이라고 판단했다.

---

8 의사가 치료를 가장하거나 사이비교주가 종교의식을 빙자하여 상대방이 간음 당한다는 사실을 알지 못하게 한 경우도 심리적 항거불능 상태로 준강간죄로 처벌해야 한다는 견해도 있다(이재상, 형법각론, 박영사). 하지만 이것들은 후술하는 위계에 의한 미성년자 간음죄(형법 302조) 또는 업무상 위계에 의한 간음죄(형법 303조 1항)에 있어 '위계'에 해당된다고 보아야 한다(서울고등법원 2001. 9. 4. 선고 2001노1601 판결 참조).

▶ 대법원 2020. 11. 12. 선고 2020도9667 판결

[공소사실의 요지]

피고인은 2014년 7월 1일 오전 2시경부터 오전 3시경까지 경기 양평읍에 있는 C의 이복누나 집에서 C, S, 피해자와 함께 술을 마시다가, 같은 날 오전 4시경 화장실에서 술에 만취했으며 C로부터 준강간을 당해 알몸으로 쭈그려 앉아 있던 피해자를 화장실 바닥에 눕혀 1회 간음했다. 이로써 피고인은 아동·청소년인 피해자에 대하여 심신상실 또는 항거불능의 상태를 이용해 강간했다.

[원심의 판단]

피고인은 피해자와 합의하에 성행위를 하였다고 주장하면서 공소사실을 부인했다. 원심(고등군사법원 2020. 7. 2. 선고 2020노20 판결)은, 군검사가 제출한 증거들만으로는 피고인이 심신상실 또는 항거불능의 상태에 있는 피해자를 간음하여 피해자의 성적 자기결정권을 침해하였다고 보기 어렵다고 판단, 피고인에 대하여 무죄를 선고한 제1심판결을 그대로 유지했다.

원심은, 피고인의 간음행위 이후에 피고인과 피해자가 화장실에서 함께 나와 안방에 들어가 누운 상태로 이야기를 나누거나, 피고인과 S가 피해자를 집까지 데려다주고, 피고인과 피해자가 아파트 엘리베이터를 같이 타고 올라가 피해자의 현관문 앞에서 키스를 한 점, 그 이후에 피해자가 피고인에게 '어찌됐든 당신은 말리지 않았고, 나는 원치 않는 성관계를 당한 성폭행 피해자가 되었네요' 등의 문자를 보낸 점 등에 비추어, 피해자를 성폭행한 사람은 C이지만 서로 좋아하는 사이임에도 이를 말리지 않은 피고인을 책망하는 것일 뿐, 피해자 스스로 피고인에게 성폭행을 당했다고 생각하지 않는 것으로 보인다는 사정 등을 무죄의 근거로 들고 있다. 원심은, 피해자가 '피고인이 피해자를 간음하기 직전의 상황과 간음 중의 상황'은 명확히 기

억하면서도 '간음이 어떻게 시작되었는지의 상황'만 유독 기억하지 못하는 것은 합리적으로 납득하기 어렵다고 판단한 제1심판결을 인용했다.

[대법원의 판단]

대법원은 당시 고등학생이던 <u>피해자가 술을 먹고 구토하는 등으로 상당히 취한 상태였고 C로부터 준강간을 당한 직후라는 점 등을 고려하면</u>, 피해자가 피고인의 간음행위가 어떻게 시작되었는지의 상황을 일부 기억하지 못한다고 하더라도 경험칙에 비추어 피해자의 진술이 비합리적이거나 진술 자체로 모순된다고 볼 수 없다고 봤다. 피고인은 화장실에 갔다가 옷을 입고 있는 피해자를 발견하고 괜찮은지 물어 보고 동의를 얻어 성행위를 했고, 당시 C가 피해자에게 간음행위를 한 사실을 알지 못했다고 주장했다. 그러나 대법원은 <u>피해자가 술에 취한 상태에서 C의 간음행위로 이미 항거불능 상태에 있음을 알면서 피고인이 간음행위를 했고 이로 인해 피해자의 성적 자기결정권이 침해되었다</u>고 보인다고 했다.

3. 범인이 적극적으로 심신상실이나 항거불능의 상태를 야기한 경우는?

예컨대 의사가 처음부터 환자를 강간할 마음을 먹고 마취를 하거나, 수면제를 먹인 후 강간한 경우, 혹은 최면술을 잘 하는 사람이 피해자에게 최면을 걸어 강간한 경우에는 준강간죄가 아닌 강간죄가 적용된다. 만약 잠자는 여자를 간음하려고 옷을 벗기던 중 여자가 깨어나자 폭행을 하여 강간한 경우에는 강간죄 1죄가 성립되나, 이미 준강간을 한 뒤 여자가 깨어나 반항을 하자 폭행을 하여 재차 강간한 경우라면 준강간과 강간죄의 실체적 경합범이 성립된다.

4. 실무상 문제가 많이 되는 사례

사실 최근에 성범죄 사건 중 가장 많이 문제가 되는 것이 준강간
죄이다. 특히 잘 아는 사이에서 술을 먹은 뒤 성관계를 했다가 나중
에 문제가 되는 경우가 종종 있다. 더욱이 둘이 약간 썸을 타는 사이
라든지, 과거 성관계를 했던 사이인 경우 등 어느 정도 애정라인에
놓인 경우에 남자와 여자의 생각이 동상이몽(同床異夢)인 경우가 많
다. 그 결과 남자는 여자가 동의한 것으로 생각하고 성관계를 맺었다
가 나중에 준강간죄로 고소당해 형사문제로 발전하곤 한다. 준강간
죄로 고소가 될 경우에 죄의 성립여부를 결정하는 가장 큰 쟁점은
'성관계 당시 여자가 정신이 있었는가, 그리고 성관계에 동의를 하였
는가' 등인데 사실 극히 주관적인 부분이라 앞뒤 정황으로 판단할 수
밖에 없다. 그래서 흔히 수사단계에서는 당일 만남이 성사된 경위,
성관계를 한 장소에 이른 과정, 성관계 당시의 상황, 성관계가 끝난
뒤의 정황, 그 뒤의 쌍방의 문자메시지, 여자가 고소에 이른 경위와
시기 등을 살펴본다. 특히 최근에는 모텔 주변이나 입구에는 CCTV
가 설치되어 있는 경우가 많으므로 그 동영상 자료를 빨리 확보해야
만 한다.9 모텔에 들어갈 당시 여자의 행동을 자세히 살펴보면 어느
정도 정신이 있었는가를 바로 알 수 있기 때문이다. 필자가 변호했던
사건들 중에는 여자가 남자와 술을 같이 먹고 함께 멀쩡하게 모텔에
들어가 성관계를 맺고는 나중에 술에 취해 기억이 전혀 나지 않는다
면서 남자를 준강간죄로 허위 고소한 사례도 많았다. 한편 모텔 부근
의 CCTV 앞에서는 만취상태로 남자에게 부축당해 들어가 놓고는 막
상 모텔 안에서는 여자가 남자 위에 올라타 성관계를 하였음에도 나
중에 전혀 기억나지 않는다면서 고소하는 사례도 있다.10 문제는 모

---

9 통상 CCTV의 보관기간이 1-2달밖에 안되므로 지체하다가 확보하지 못할 확률
이 높다.

텔 안에서의 일은 아무런 증거가 없고, CCTV상 동영상을 보면 꼼짝없이 남자가 술에 만취된 여자를 모텔에 데리고 가 항거불능의 상태를 이용해 간음을 한 것으로 보인다. 이러한 경우 사실 남자가 무죄를 입증한다는 것이 아주 어렵게 된다. 이 때 남자 입장에서는 침착하게 대처해야 하는데, 절대로 불안한 마음에 섣부른 사과를 해선 안 된다. 그러한 사과문구가 나중에 본인에게 결정적으로 불리한 증거로 사용될 수 있기 때문이다. 이런 상황에 처할 경우에는 혼자서 고민하지 말고 변호사의 도움을 받아 대처하는 것이 좋다.11

5. 사례별 연구

가. 피해자가 '필름 끊긴 상태'에서 남자와 성관계를 해도 성관계 당시 피해자에게 의식이 있었다고 볼 여지가 있다면 무죄(블랙아웃 사례)

이 사안은 그동안 법원이 여자의 진술과 기억에 의존하여 준강간의 성부를 결정해온 종래의 태도12에 제동을 건 중요한 판례이다. 법원은 피해자가 술에 취한 상태에서 비이성적인 행동을 하였고 당시 상황이 전혀 기억나지 않는다는 사정만으로 피고인이 피해자가 심신상실 또는 항거불능 상태에 있음을 인식하고서 이를 이용하여,

---

10 때로는 모텔 앞 CCTV를 의식해서 의도적으로 술에 만취된 것처럼 연기하는 꽃뱀들도 많다.
11 후술하는 '제5장 성범죄에 관한 수사절차 및 대처방안' 참조.
12 피고인이 준강간으로 기소된 사건에서, 피해여성이 모텔에서 성관계를 할 때 술에 취해 기억이 나진 않지만 자신이 남자 위에 올라타 성행위를 한 장면이 순간 순간 기억난다고 말하였음에도 재판부는 그러한 기억은 비몽사몽간에 떠오른 일시적 기억에 불과하므로 여자는 당시 항거불능 상태에 있음이 명확하다고 유죄 판결을 한 사례도 있었다. 하지만 이러한 판단 기준은 온전히 여자의 입장에서만 판단한 것으로서 찬성할 수 없다. 남자의 입장에서는 여자가 아무리 성행위 당시 술에 취해 있다고 해도 스스로 올라타서 성행위를 하였다면 성행위에 묵시적으로 동의한 것으로 판단할 수밖에 없을 것이므로 이 경우 준강간의 고의가 있다고 볼 수 없기 때문이다.

즉 준강간의 고의를 가지고 피해자를 간음하였다고 단정할 수 없다고 보았다. 왜냐하면 이런 경우 피해자가 성관계를 할 때는 의식이 있었지만 나중에 이를 기억해 내지 못할 수 있기 때문이다(black out 상태). 이번 판결은 그동안 애매해서 논란이 끊이지 않았던 준강간죄의 판단기준을 제시한 것이다. 즉 이 판결로 인해 피해자의 항거불능 상태를 평가함에 있어, 피해자의 주관적인 의사나 기억보다는 객관적으로 드러난 피해자의 행동을 기준으로 평가해야 한다는 원칙이 확립될 것으로 기대된다. 준강간죄 역시 고의범이므로 그 고의를 평가함에 있어, 행위자인 피고인의 입장에서 봐야지, 피해자의 입장에서 볼 수 없다는 점에서 이번 판결은 매우 타당성이 있는 판결이라고 생각한다.

▶ 대법원 2015. 5. 29. 선고 2015도1984 판결

[공소사실의 요지]

가. 준강간의 점

피고인은 2014. 1. 4. 22:00경 서울 강남구 C에 있는 D에서 피해자 E(여, 23세)가 술에 만취하여 의식을 차리지 못하고 있는 것을 보고서 피해자를 간음하기로 마음먹고, 같은 날 23:10경 서울 관악구 F에 있는 G 모텔(이하 '이 사건 모텔'이라 한다) 301호실로 피해자를 데리고 가 침대에 눕힌 다음 옷을 벗기고 피해자의 음부에 피고인의 성기를 삽입하여 간음하였다. 이로써 피고인은 피해자의 항거불능 또는 심신상실 상태를 이용하여 피해자를 간음하였다.

나. 강간미수의 점

피고인은 계속하여 피해자를 화장실로 데려가 욕조 안에 넣었다가 피해자가 정신이든 후 구토를 하다가 힘이 없어 다시 침대 위에 눕자 그 옆에 누웠다. 피해자가 집에 가고 싶다고 이야기하자, 피고

인은 피해자에게 "너 못 가! 집에 가면 강제로 해 버릴거야"라고 말을 하면서 갑자기 피해자의 몸 위로 올라가 손으로 두 팔을 잡아 움직이지 못하게 한 다음, 피해자의 입, 목과 가슴에 키스를 하고 피해자의 손을 가져다 피고인의 성기를 만지게 하는 등 반항을 억압하여 강간하려 하였으나, 피해자가 완강히 거부하는 바람에 그 뜻을 이루지 못하였다.

[항소심(서울고등법원 2015. 1. 30. 선고 2014노3517 판결)**의 판단]**

가. 준강간의 점

[1] 형법 제299조에서 말하는 준강간죄는 사람의 심신상실이나 항거불능의 상태를 이용하여 간음함으로써 성립하는 범죄로서, 이에 해당하기 위하여는 객관적 구성요건요소로 피해자의 '심신상실 또는 항거불능의 상태'가 필요한 것은 물론이고, 나아가 <u>주관적 구성요건요소로서 피고인에게 위와 같은 피해자의 상태에 대한 인식 및 이를 이용하여 간음한다는 고의도 인정되어야 한다.</u>

[2] 이 사건 모텔 객실 301호에서 피해자와 한차례 성관계를 가진 사실은 피고인도 인정하고 있다. 또한 원심 및 당심이 적법하게 채택·조사한 증거들에 의하면, ① 피해자는 이 사건 당일 지인인 J와 함께 D에서 소주 6병을 나누어 마신 후, 위 D를 나올 무렵 그 부근에서 행인들에게 노래방 전단지를 나눠주는 등의 호객행위를 하고 있던 피고인을 처음 만나게 된 사실, ② 피해자는 D에서도 몸을 제대로 가누지 못하여 테이블에서 넘어지고, 술집 주인의 도움을 받아 화장실에 다녀오는 등 이미 술에 많이 취한 상태였으며, 피고인, J와 함께 간 노래방에서도 몇 차례 구토를 하고, 피고인과 함께 모텔로 이동하는 택시 안에서도 구토를 하였으며, 택시에서 내려서는 비틀거리며 걷거나 모텔 입구 바닥에 주저앉는 등 이 사건 모텔에 들어갈 당시에도 여전히 술에 취해 있는 상태였던 사실을 인정할 수 있으며,

피해자는 수사기관에서부터 원심 법정에 이르기까지 'D에서 소주를 5병째 주문한 것까지는 기억하나, 그 이후 술집에서 나와 노래방에 갔다가 모텔까지 가게 된 상황, 모텔에서의 성관계에 관하여 전혀 기억나지 않으며, 정신이 들었을 때 자신은 이 사건 모텔 객실의 물이 든 욕조에 나체로 누워 있고, 나체 상태인 피고인이 옆에서 서있었다'고 진술하고 있다.

[3] 위 인정사실 및 피해자의 진술에 비추어 보면, 피해자가 이미 술에 취한 상태에서 처음 만난 피고인과 불과 1시간여 만에 모텔에 들어가 합의 하에 성관계를 갖는다는 것은 상식적으로 쉽게 이해하기 어려운 것은 사실이다. 그러나 원심 및 당심이 적법하게 채택·조사한 증거들에 의하여 인정되는 다음과 같은 사정들을 종합하여 보면, 피해자가 이 사건 당시 심신상실 또는 항거불능상태에 있었다고 단정하기 어렵고, 피해자가 술에 취한 상태에서 비이성적인 행동을 하였고 당시 상황이 전혀 기억나지 않는다는 사정만으로 피고인이 피해자가 심신상실 또는 항거불능 상태에 있음을 인식하고서 이를 이용하여 즉 준강간의 고의를 가지고 피해자를 간음하였다는 사실이 합리적 의심을 할 여지가 없을 정도로 증명이 되었다고 볼 수 없으며, 달리 이를 인정할 증거가 없다.

① D, 피고인과 피해자가 함께 갔던 노래방, 이 사건 모텔 내외부에 설치된 CCTV의 사진 및 영상에 의하면, D에서 나온 피해자가 피고인과 함께 걸어가는 모습, 피고인이 모텔 카운터에서 숙박비를 계산하는 동안 피해자가 스스로 피고인의 목을 끌어안고 서 있었으며, 이 사건 모텔 객실에도 스스로 걸어 들어가는 등의 모습이 확인되는바, 비록 피해자가 술에 많이 취하기는 하였으나 피해자가 정신을 잃었다거나 심신상실 또는 항거불능의 상태에 이르렀다고 단정할 만한 장면은 없음에도 피해자는 D에서 나와 노래방에 갔다가 모텔까

지 가게 된 상황조차도 전혀 기억나지 않는다고 진술하고 있다.

② 피해자는 자신이 이 사건 모텔 객실의 욕조에 나체로 누워 있고, 옆에는 나체 상태의 피고인이 서 있었던 장면부터 기억이 난다고 진술하고 있는데, 피고인이 술에 취하여 심신상실 또는 항거불능 상태에 있는 피해자를 데리고 성인 남성의 무릎 이상 높이의 욕조를 넘어가 피해자를 욕조 안에 눕히는 것이 용이해 보이지 않을 뿐 아니라, 피해자의 심신상실 또는 항거불능 상태를 이용하여 피해자를 침대에서 간음한 피고인이 굳이 피해자를 욕조로 데리고 들어갈 마땅한 이유를 찾기 어려운 점 등에 비추어 보면 피해자가 위 욕조 안으로 스스로 걸어 들어갔을 가능성도 적지 않다. 이와 같이 피해자가 의식이 있는 상태에서 스스로 행동한 부분도 기억하지 못할 가능성이 있다는 점에서 피해자가 의식이 있는 상태에서 성관계에 응하였다는 취지의 피고인의 일관된 변소가 거짓이라고 단정하기 어렵다.

③ 피해자가 피고인과의 성관계를 비롯한 술에 취한 당시의 상황이 전혀 기억나지 않는다고 하더라도, 이는 피고인과의 성관계 등의 행동이 피해자가 의식이 있을 때 이루어졌음에도 나중에 기억해 내지 못하는 것으로, 주취에 따른 일시적 기억상실증인 블랙아웃(black out, 알코올이 임시 기억 저장소인 해마세포의 활동을 저하시켜 정보의 입력과 해석에 악영향을 주지만, 뇌의 다른 부분은 정상적 활동을 하는 현상) 증상일 가능성을 배제할 수 없다.

나. 강간미수의 점

앞서 본 법리에 비추어, 원심 및 당심이 적법하게 채택·조사한 증거들에 의하여 인정되는 다음과 같은 사정들 즉, ① 앞서 본 바와 같이 강간미수 범행 직전의 성관계가 피해자가 의식이 있는 상태에서 합의 하에 이루어졌을 가능성을 배제할 수 없고, 욕조에서 나온 피고인과 피해자가 옷을 벗은 채로 침대에 누워 피고인이 팔베개를 해주며 대화를 나눈 사실은 피해자도 인정하고 있는바, 이러한 상황 하에서 피고인으로서는 다시 성관계를 시도하는 것이 피해자의 의사에 반하는 것이라고 생각하지 못하였을 수 있는 점, ② 피해자가 거부의 의사를 밝히자 피고인은 피해자의 몸 위로 올라타 키스를 하는 등의 성관계 시도를 스스로 중단하였으며, 이후 다른 폭행·협박을 시도하였다고 볼만한 뚜렷한 사정은 보이지 않는 점, ③ 피고인이 이 사건 모텔 객실에서 피해자에게 약을 보여주며 위협하고 피해자가 나가지 못하도록 옷을 물에 적셨다는 취지의 피해자의 진술은 피해자가 당시 낯선 남자와의 성관계 사실에 대한 당혹감, 후회, 거부감 등으로 인하여 피고인의 행동 및 정황 등에 대하여 다소 왜곡되고 과장되게 인식한 것으로 볼 여지가 있어 이 부분에 대한 피해자의 진술을 그대로 믿기는 어려운 점, ④ 피해자는 이 사건 모텔에서 나오면서 모텔직원에게 도움을 요청하지 않았고, 피고인이 벗어주는 겉옷을 받아 입고 피고인과 함께 택시를 타고 자신의 집 근처까지 가기도 하였으며, 피고인이 가르쳐 준 은행 계좌로 송금인을 'I'로 표시하여 돈을 송금하기도 하였는데, 이는 직전에 자신을 강간하려고 폭행·협박을 한 사람에게 통상적으로 취할 수 있는 태도라고 보기는 어렵고, 오히려 직전 상황이 피해자에게 그다지 위협적인 상황이 아니었음을 반증하는 것으로 볼 수 있는 점, ⑤ 피고인은 피해자와 이 사건 모텔을 나와 자신의 겉옷을 벗어 피해자에게 입혀 주었으며, 피해자와 함께 택시를 타고 피해자를 집 근처로 데려다 준 후 다시 위 모텔 객실로 돌아와 잠을 자는 등 피해자를 상당히 배려하는 모습을 보였는바, 피해자를 강간하려고 하였던 사람의 행동으로 보기엔 상당히 이례적인 점, ⑥ 피고인은 자신의 인적사항이 쉽게 드러날 수 있는 은행계좌 및 휴대전화 번호를 피해자에게 알려준 점 등을 종합하여 보면, 검사가 제출한 증거들만으로는 피고인이 피해자의 반항을 억압하여 강간하려는 범의를 가지고 피해자와 성관계를 시도한 것이라는 점이 합리적 의심의 여지 없이 증명되었다고 보기 어렵고, 달리 이를 인정할 증거가 없다.

다. 결론

앞서 본 바와 같이 피해자가 이 사건 준강간 범행 당시 심신상실 또는 항거불능상태에 있었고, 피고인이 위와 같은 피해자의 상태를 인식하고 이를 이용하여 피해자를 간음하였으며, 다시 피고인이 피해자의 반항을 억압하여 강간하려 하였다는 점이 합리적 의심의 여지 없이 증명되었다고 보기 어렵다. 그 밖에 검사가 제출한 증거들만으로는 이 사건 각 공소사실을 인정하기에 부족하고 달리 이를 인정할 만한 증거가 없으므로, 피고인의 사실오인 주장은 이유 있다.

그렇다면 피고인의 항소는 이유 있으므로 이 사건 각 공소사실은 범죄의 증명이 없는 경우에 해당하므로 형사소송법 제325조 후단에 의하여 무죄를 선고한다.

[대법원의 판단]

원심은 그 판시와 같은 이유를 들어 이 사건 공소사실에 대하여 범죄의 증명이 없다는 이유로 유죄로 판단한 제1심판결을 파기하고 무죄를 선고하였다. 원심판결 이유를 증거에 의하여 살펴보아도, 원심의 위와 같은 판단에 공판중심주의와 직접심리주의를 위반하거나 논리와 경험의 법칙을 위반하여 사실을 오인한 잘못이 없다. 따라서 검사의 상고를 기각한다.

나. 술에 취한 것으로 생각하고 실제로 술에 취하지 않은 사람과 성교행위를 하였을 경우 준강간죄의 '불능미수죄'가 성립함

▶ 대법원 2019. 3. 28. 선고 2018도16002 전원합의체 판결

[공소사실의 요지]

군인신분의 피고인은 자신의 집에서 자신의 처 그리고 피해자와 함께 술을 마시다가 다음 날 새벽 처가 먼저 잠이 들고 피해자도 안방으로 들어가자 피해자를 따라 방에 들어갔다. 그 후 피해자가 실제로는 반항이 불가능할 정도로 술에 취하지 아니하여 준강간의 대상이 될 수 없음에도 만취되어 항거불능상태에 있는 것으로 오인하고 피해자를 1회 간음하였다.

[소송경과 및 판결요지]

[1] 군검찰은 피고인을 준강간죄로 기소했는데 재판 과정에서 피해자가 여러 정황에 비추어 술에 취하지 않은 상태였다는 점이 확인되었다. 이에 피고인은 피해자가 실제로는 심신상실 또는 항거불능 상태에 있지 않았으므로 성적 자기결정권을 침해하지 않았다는 이유로 무죄를 주장하였다.

[2] 이에 대해 대법원은 피고인이 피해자가 심신상실 또는 항거불능의 상태에 있다고 인식하고 그러한 상태를 이용하여 간음할 의사로 피해자를 간음하였지만 피해자가 실제로는 심신상실 또는 항거불능의 상태에 있지 않은 경우, 실행의 수단 또는 대상의 착오로 인해 준강간죄의 결과의 발생이 불가능한 것으로 판단했다. 그리고 피고인이 행위 당시 인식한 사정을 놓고 일반인이 객관적으로 판단하여 보았을 때 준강간의 결과가 발생할 위험성은 있었으므로 준강간죄의 불능미수가 성립한다고 판시하였다.

형법 제27조는 "실행의 수단 또는 대상의 착오로 인하여 결과의 발생이 불가능하더라도 위험성이 있는 때에는 처벌한다. 단 형을 감경 또는 면제할 수 있다."고 규정하고 있는바, 위 대법원 판결은 이 조문을 사례에 적용한 것이다. 즉 이 사안은 실행의 수단 또는 대상의 착오로 인해 준강간의 '결과발생이 객관적으로 불가능'하면서 동시에 '위험성'이 인정되므로 불능미수 법리로 해결한 것이다.

VI. 미성년자 의제강간·강제추행죄

1. 법 규정

13세 미만의 사람(만12세 364일까지 해당됨)에 대하여 간음 또는 추행을 한 자는 제297조, 제297조의 2, 제298조, 제301조 또는 제301조의 2의 예에 의한다(형법 305조). 13세 미만의 사람에 대해 간음, 추행을 한 경우에는 폭행·협박을 하지 않더라도 강간죄, 유사강간죄, 강제추행죄로 처벌한다. 이 범죄에 관하여는 공소시효도 배제된다(성폭법 21조 3항 1호). 만약 13세 미만의 사람에 대해 폭행·협박을 하여 간음하거나 추행한 경우에는 이 죄가 아니라 성폭법 7조 제1항 혹은 3항이 각 적용되어 가중처벌된다.

한편 13세 이상 16세 미만의 사람에 대하여 간음 또는 추행을 한 19세 이상의 자는 보통의 강간죄 내지 강제추행죄와 동일하게 처벌한다(형법 305조 2항).

2019. 7. 16.부터 시행되는 아청법에 의하면 13세 이상 16세 미만인 아동·청소년을 피해자의 '궁박(窮迫)한 상태를 이용하여' 간음 혹은 추행한 경우에만 처벌하도록 규정되어 있었다(동법 8조의 2 1·2항). 그런데 2020. 5. 19. 형법개정을 통해 이를 더욱 강화해 궁박한 상태

제1장 성범죄 개관 87

여부와 상관없이 19세 이상의 자가 13세 이상 16세 미만의 사람을 간음 혹은 추행한 경우에는 모두 처벌되도록 변경된 것이다. 향후 아청법 규정 역시 형법조문과 같이 '궁박한 상태를 이용하여' 문구가 삭제될 것으로 보인다.

2. 피해자가 성관계에 승낙해도 형사처벌

13세 미만의 사람은 통상 성적으로 자기결정을 할 능력이 없거나 현저히 떨어진다. 따라서 이러한 연소자들이 성욕의 대상이나 도구로 전락되는 것을 막기 위해 이러한 사람의 경우는 설사 성관계에 동의했다고 해도 강간죄 등과 같이 형사처벌을 하는 것이다. 이 경우는 가해자가 미성년자라고 해도 죄가 성립되는데 지장이 없다. 예컨대 15세의 남자가 12세의 여자와 성관계를 하면 설사 여자가 동의를 했다고 해도 남자는 13세 미만 의제강간죄로 처벌된다.

한편, 13세 이상 16세 미만의 사람이 성행위에 동의를 해도 상대방이 19세 이상인 경우는 강간죄 등과 같이 형사처벌된다. 하지만 상대방이 19세 미만인 경우, 즉 비슷한 또래의 13세 이상의 미성년자들끼리 성관계를 한 경우에는 처벌대상에서 제외된다.

3. 주관적 범의

이 죄가 성립되려면 상대방이 피해자가 13세 미만의 연소자라는 사실을 알거나 예상할 수 있었을 경우에 성립된다.[13] 즉 13세 미만의 연소자라는 사실을 정확히 몰랐다고 해도 13세 미만일 가능성을 충분히 예견할 수 있었다면 미필적 고의가 인정되어 처벌된다. 예컨대, '혹시 만 12세 정도 되지 않았을까?' 하는 의심만으로도 미필적 고의

---

13 앞서 설명한 '제1장 Ⅱ. 3. 피해자의 연령에 대한 인식'에서 인용한 판례(대법원 2012. 8. 30. 선고 2012도7377 판결) 참조.

가 있다고 본다. 그런데 실무상 가해자는 피해자가 13세 미만인 사실
을 전혀 몰랐다고 부인하는 경우가 많다. 이럴 경우에는 여러 가지
정황 증거로 판단해서 가해자의 입장에서 피해자가 연소자라는 점을
충분히 예상할 수 있었는지 여부를 객관적으로 결정하게 된다. 그럼
나아가 가해자에게 성욕을 자극·흥분·만족시키려는 주관적 동기나
목적까지 있어야 하는가? 판례는 이를 부인하고 있다. 따라서 초등학
교 4학년 담임교사(남자)가 교실에서 자신이 담당하는 반의 남학생의
성기를 만진 행위는 비록 교육적인 의도에서 비롯된 것이라 하여도
교육방법으로서는 적정성을 갖추고 있다고 볼 수 없고, 그로 인하여
정신적·육체적으로 미숙한 피해자의 심리적 성장 및 성적 정체성의
형성에 부정적 영향을 미쳤으며, 현재의 사회환경과 성적 가치기준·
도덕관념에 부합되지 아니하므로 형법 제305조(미성년자의제강제추행
죄)에서 말하는 '추행'에 해당한다(대법원 2006. 1. 13. 선고 2005도6791
판결).

Ⅶ. 위계·위력에 의한 미성년자·심신미약자 간음·추행죄

1. 법 규정

미성년자 또는 심신미약자에 대하여 위계 또는 위력으로써 간음
또는 추행을 한 자는 5년 이하의 징역에 처한다(형법 302조). 다만 특
별법인 아청법에 의해 피해자가 19세 미만의 아동·청소년인 경우에
는 아청법 제7조 제5항이 우선 적용되어 간음의 경우 무기징역 또는
5년 이상의 징역에, 유사강간의 경우 5년 이상의 유기징역에, 추행의
경우는 2년 이상의 유기징역 또는 1천만원 이상 3천만원 이하의 벌
금에 각 처한다. 결국 법체계상으로 보면 피해자가 19세 미만 중 아
청법상 아동·청소년이 아닌 자(19세가 되는 해의 1월 1일을 맞은 자~만

18세 364일인 자)인 경우에만 형법 제302조가 적용되는 것이다. 피해자가 13세 미만의 경우에는 성폭법이 적용되어 더욱 가중처벌된다. 간음의 경우에는 무기징역 또는 10년 이상의 징역에, 유사강간의 경우는 7년 이상의 유기징역에, 추행의 경우는 5년 이상의 유기징역[14]에 각 처한다(성폭법 7조 5항).

※ 아청법상 가중처벌 규정의 문제점

위와 같이 위계 또는 위력에 의한 미성년자 간음·강제추행에 관한 아청법상 가중처벌규정은 두 가지 문제가 있다.

① 첫째, **위계 또는 위력으로 미성년자를 간음한 경우**에는 형법 제302조를 적용하면 법정형이 5년 이하의 징역인데 반해, 아청법을 적용하면 무기징역 또는 5년 이상의 징역에 처해진다. 위와 같이 피해자가 19세 미만의 미성년자 중 19세가 되는 해의 1월 1일을 맞았는지 여부에 의해 적용 법조가 차이가 나게 되는데 실질적으로 같은 미성년자인데 몇 달 차이로 인해 위와 같이 극단적으로 법정형이 차이가 나는 것은 이해할 수 없다.[15] 결국 검사가 어느 조항을 적용하는가에 따라 자의적으로 피고인에 대한 법정형을 결정할 수 있어 명확성의 원칙 및 평등원칙에 반한다고 생각한다.

② 둘째, **위계 또는 위력으로 미성년자를 추행한 경우** 형법(302조)을 적용하면 5년 이하의 징역형에 처하도록 되어 있는데 반해, 아청법(7조 5항)을 적용하면 2년 이상의 유기징역에 처하게 되므로 분명 가중 처벌되는 듯하다. 하지만 반면 아청법을 적용하면 형법에 없는

---

14 예전에는 법정형에 벌금형이 있었는데 2020. 5. 19. 성폭법이 개정되면서 현재는 징역형으로만 처벌된다.

15 입법론적으로 아청법상 아동·청소년의 개념을 아동복지법상 아동인 '18세 미만의 자'와 똑같이 정하거나, 나아가 앞서 언급한 바와 같이 성범죄의 피해자 연령을 아예 17세 미만의 아동과 19세 미만의 미성년자로 양분하는 것이 간명하다고 생각한다(제1장 Ⅰ. 3. 참조).

벌금형(1천만~3천만원)을 선택할 수 있게 되므로 사실상 피고인에게 유리하게 된다. 위계나 위력으로 미성년자를 추행한 경우 통상 징역 5년 이상이 선고될 가능성이 희박한 점을 참작해 볼 때 사실상 아청법에 의해 감경된 것이나 다름없다. 따라서 이것 역시 입법론적으로 문제가 있다고 본다.

2. 행위의 객체

이 죄의 피해자는 미성년자 또는 심신미약자이다. 19세 미만의 미성년자라도 혼인을 하면 성년자로 본다(민법 826조의 2). 이를 '성년의제'라고 하는데, 만약 만 18세의 여자가 혼인했을 경우에는 성년으로 보므로 이 법의 적용을 받지 않게 된다. 심신미약자라 함은 성년이라고 해도 정신기능의 장애로 정상적인 성적 자기결정 능력이 부족한 사람을 말한다. 형법 제10조의 심신미약과 반드시 그 의미를 같이하는 것은 아니다.16

3. 행위의 종류
가. 위 계

위계라 함은 상대방을 착오에 빠뜨려 정상적인 성적 의사결정을 그르치게 하는 경우를 말한다. 행위자가 간음의 목적으로 상대방에게 오인·착각·부지를 일으키고 상대방의 그러한 심적 상태를 이용하여 간음의 목적을 달성하는 것을 말한다. 예컨대 치료나 종교의식을 빙자하여 상대방이 간음당한다는 사실을 알지 못하게 하거나 착오를 일으키는 경우가 이에 해당된다.17 종래에는 여기서 말하는 오인·착각·부지는 간음행위 자체에 대한 것임을 요하므로 간음행위

16 이재상, 형법각론, 박영사.
17 반면 예컨대 단지 사이비종교집단의 교주가 자신을 추앙하는 여신도의 심리적인 호감을 이용하여 간음한 경우에는 위계에 의한 간음죄가 성립되지 아니할 수 있다.

자체와 직접적인 관련성이 인정되지 않는 다른 조건에 관한 오인·착각·부지는 해당되지 아니한다고 보아왔다. 그래서 ① 피고인이 미성년 피해자에게 남자를 소개시켜 준다고 거짓말을 하여 여관으로 유인하여 간음한 경우(대법원 2002. 7. 12. 선고 2002도2029 판결), ② 피고인이 피해자에게 정신장애가 있음을 알면서 인터넷쪽지를 이용하여 피해자를 피고인의 집으로 유인한 후 성교행위와 제모행위를 함으로써 장애인인 피해자를 간음하고 추행한 경우(대법원 2014. 9. 4. 선고 2014도8423, 2014전도151 병합판결), ③ 화대를 줄 의사가 없으면서 속이고 청소년과 성교행위를 한 경우(대법원 2001. 12. 24. 선고 2001도5074 판결)에는 모두 위계에 의한 미성년자 간음죄가 성립되지 않는다고 하였다.

하지만 아동·청소년이 외관상 성적 결정 또는 동의로 보이는 언동을 하였더라도, 그것이 타인의 기망이나 왜곡된 신뢰관계의 이용에 의한 것이라면 이를 아동·청소년의 온전한 성적 자기결정권의 행사에 의한 것이라고 평가하기 어렵다는 법조계와 학계의 비판이 일자, 대법원은 아동·청소년에 대한 보호를 더욱 강화하기 위해 최근 대법원 전원합의체(대법원 2020. 8. 27. 선고 2015도9436 판결)에 의해 다음과 같이 변경되었다. 사안은 인터넷상에서 자신을 미성년자로 속여 피해여성(14세)과 사귄 후 피해자에게 자기 선배와 성교해 달라고 부탁한 후 자신이 마치 그 선배인 것처럼 속여 피해자와 성교를 한 경우인데 이러한 경우도 '위계에 의한 미성년자 간음죄'가 성립된다고 본 것이다. 이 판결로 이에 반하는 종전의 위 대법원판결들은 모두 폐기되었다.

▶ 대법원 2020. 8. 27. 선고 2015도9436 전원합의체 판결

[공소사실의 요지]

36세의 남성인 피고인은 2014년 7월 중순경 스마트폰 채팅 애플리케이션을 통하여 알게 된 14세의 여성인 피해자에게 다른 사람의 사진을 마치 자신의 사진인 것처럼 가장하여 전송하면서 자신을 '고등학교 2학년생인 A(가상의 인물)'라고 거짓으로 소개하고 채팅을 통해 피해자와 사귀기로 하였다.

피고인은 2014년 8월 초순경 피해자에게 "사실은 나(A)를 좋아해서 스토킹하는 여성이 있는데 나에게 집착을 해서 너무 힘들다. 죽고 싶다. 우리 그냥 헤어질까"라고 거짓말하면서 "스토킹하는 여성을 떼어내려면 나의 선배와 성관계를 하고 그 장면을 촬영하여 스토킹 여성에게 보내주면 된다"는 취지로 이야기하였다. 피해자는 피고인과 헤어지는 것이 두려워 피고인의 제안을 승낙하였고 피고인은 마치 자신이 A의 선배인 것처럼 행세하며 피해자를 간음하였다.

[대법원 전원합의체 판례: 종전의 판례 변경]

[1] '위계'라 함은 행위자의 행위목적을 달성하기 위하여 피해자에게 오인·착각·부지를 일으키게 하여 이를 이용하는 것을 말한다. 행위자가 간음의 목적으로 피해자에게 오인·착각·부지를 일으키고 피해자의 그러한 심적 상태를 이용하여 간음의 목적을 달성하였다면 위계와 간음행위 사이의 인과관계를 인정할 수 있고 따라서 위계에 의한 간음죄가 성립한다. 왜곡된 성적 결정에 기초하여 성행위를 하였다면 왜곡이 발생한 지점이 성행위 그 자체인지 성행위에 이르게 된 동기인지는 성적 자기결정권에 대한 침해가 발생한 것은 마찬가지라는 점에서 핵심적인 부분이라고 하기 어렵다. 피해자가 오인·착각·부지에 빠지게 되는 대상은 간음행위 자체일 수도 있고 간음행위에 이르게 된 동기이거나 간음행위와 결부된 금전적·비금전적 대가

와 같은 요소일 수도 있다.

[2] 피고인이 스마트폰 채팅 애플리케이션을 통하여 알게 된 14세의 피해자에게 자신을 '고등학교 2학년인 A'라고 거짓으로 소개하고 채팅을 통해 교제하던 중 자신을 스토킹하는 여성 때문에 힘들다며 그 여성을 떼어내려면 자신의 선배와 성관계를 하여야 한다는 취지로 피해자에게 이야기하고, 피고인과 헤어지는 것이 두려워 피고인의 제안을 승낙한 피해자를 마치 자신이 A의 선배인 것처럼 행세하여 간음한 사안에서, 14세에 불과한 아동·청소년인 피해자는 36세 피고인에게 속아 자신이 A의 선배와 성관계를 하는 것만이 A를 스토킹하는 여성을 떼어내고 A와 연인관계를 지속할 수 있는 방법이라고 오인하여 A의 선배로 가장한 피고인과 성관계를 하였고, 피해자가 위와 같은 오인에 빠지지 않았다면 피고인과의 성행위에 응하지 않았을 것인데, 피해자가 오인한 상황은 피해자가 피고인과의 성행위를 결심하게 된 중요한 동기가 된 것으로 보이고, 이를 자발적이고 진지한 성적 자기결정권의 행사에 따른 것이라고 보기 어렵다는 이유로, 피고인은 간음의 목적으로 피해자에게 오인, 착각, 부지를 일으키고 피해자의 그러한 심적 상태를 이용하여 피해자를 간음한 것이므로 이러한 피고인의 간음행위는 위계에 의한 것이라고 평가할 수 있음에도 이와 달리 본 원심판결에 위계에 의한 간음죄에 관한 법리오해의 위법이 있다.

나. 위 력

위력이라 함은 사람의 의사를 제압할 수 있는 힘으로서 폭행·협박은 물론 지위·권세를 이용하여 상대방의 의사를 제압하는 일체의 행위를 말한다. 예컨대, 미성년자에게 순수하게 채무변제를 요구하는 것이 아니라 채무변제와 이를 대신한 성교행위 중에서 선택을 강요

하였다면, 채무변제 여력이 없는 피해자에게 성교행위를 강요하는
것과 같아 성교행위를 결심하게 할 중요한 동기가 될 수 있다. 따라
서 이런 행위는 미성년자 위력간음죄에 있어 '위력'에 해당한다(대법
원 2020. 10. 29. 선고 2020도4015 판결).

　그러나 여기서 폭행·협박은 강간죄 또는 강제추행죄의 폭행·
협박에 이르지 않을 것을 요한다. 왜냐하면 폭행·협박이 상대방의
항거를 불능하게 하거나 현저히 곤란하게 할 정도에 이르면 이 죄가
아니라 더 무거운 강간죄 또는 강제추행죄로 의율되기 때문이다.

▶ 대법원 2007. 8. 23. 선고 2007도4818 판결

　[1] 여자 청소년은 성인에 비하여 정신적, 육체적으로 성숙되지
아니한 상태에 있어, 여자 청소년에 대하여는 형법상의 강간죄가 요
구하는 정도의 폭행·협박을 사용하지 않고 위계 또는 위력만으로도
간음죄를 범할 수 있고, 실제 그러한 범죄가 빈번하게 발생하고 있으
며, 실무상 여자 청소년에 대한 간음죄의 구체적인 사안에 있어서 그
간음의 수단이 형법상의 강간죄가 요구하는 정도의 폭행·협박인지,
위계 또는 위력에 불과한지를 구분하기가 쉽지 아니하므로, 위계 또
는 위력을 사용하여 여자 청소년을 간음한 자를 여자 청소년을 강간
한 자와 동일하게 처벌하여야 할 형사정책적인 필요성이 있는 점, 위
계 또는 위력이란 그 범위가 매우 넓기 때문에 강간죄가 요구하는 정
도의 폭행, 협박에 비하여 그 피해가 상대적으로 경미하고 불법의 정
도도 낮은 경우가 많지만, 구체적인 사안에 따라서는 강간죄가 요구
하는 정도의 폭행, 협박이 사용된 경우보다 죄질이 나쁘고 중대한 경
우도 있을 수 있고, 위계 또는 위력에 의한 간음죄라 하여도 범행의
동기와 범행 당시의 정황 및 보호법익에 대한 침해의 정도 등을 고려
할 때 강간죄보다 무겁게 처벌하거나 동일하게 처벌하여야 할 필요
가 있는 경우도 실무상 흔히 있어 위계 또는 위력에 의한 간음죄를

강간죄에 비하여 가볍게 처벌하는 것이 구체적인 경우에 있어서 오히려 불균형인 처벌결과를 가져올 염려가 없지 않은 점 등을 종합하여 보면, 위계 또는 위력을 사용하여 여자 청소년을 간음한 자에 대한 비난가능성의 정도가 여자 청소년을 강간한 자에 비하여 반드시 가볍다고 단정할 수 없으므로, 청소년의 성보호에 관한 법률 제10조 제4항이 위계 또는 위력을 사용하여 여자 청소년을 간음한 자에 대한 법정형을 여자 청소년을 강간한 자에 대한 법정형과 동일하게 정하였다고 하여 이를 두고 형벌체계상의 균형을 잃은 자의적인 입법이라고 할 수는 없다.

[2] 청소년의 성보호에 관한 법률 위반(청소년 강간 등)죄에 있어서의 '위력'이란 피해자의 자유의사를 제압하기에 충분한 세력을 말하고 유형적이든 무형적이든 묻지 않으므로, 폭행·협박뿐 아니라 행위자의 사회적·경제적·정치적인 지위나 권세를 이용하는 것도 가능하며, '위력'으로써 간음하였는지 여부는 행사한 유형력의 내용과 정도 내지 이용한 행위자의 지위나 권세의 종류, 피해자의 연령, 행위자와 피해자의 이전부터의 관계, 그 행위에 이르게 된 경위, 구체적인 행위 태양, 범행 당시의 정황 등 제반 사정을 종합적으로 고려하여 판단하여야 한다(대법원 2005. 7. 29. 선고 2004도5868 판결 참조).

위 판례의 실제 사례를 살펴보면 다음과 같다. 피해자는 2006. 11. 26.경 피고인에게 컴퓨터 수리를 의뢰하여 피고인을 처음 알게 되어 몇 차례 문자메시지를 주고받으면서 친해졌다. 이후 피고인은 2006. 11. 29. 19:10경 피해자의 몇 차례 거절에도 불구하고 피해자 집 앞까지 승용차를 몰고 왔으니 한번만 만나자고 하였는데 피해자는 피고인이 베푼 호의도 있고 해서 그냥 이야기만 할 생각으로 피고인 승용차 조수석에 탔다. 피고인은 승용차를 지나다니는 행인이나 차들도 거의 없는 한적한 곳으로 몰고 가 세우더니 피해자에게 키스를 하려 하였다. 이때 피해자가 고개를 돌리며 싫다고 하자 피고인은 피해자의 손목을 잡고 인상을 쓰면서 "가만히 있어"라고 겁을 주면서 손으로 피해자의 머리를 잡고 자기 쪽으로 돌려 키스하였다. 그 후 피고인은 10분 정도 운전하여 주변에 집도 보이지 않고 비닐하우스만 보이는 더 한적한 곳으로 차를 몰고 가 세운 후 조수석을 젖혀 피해자를 눕히고 키스하면서 웃옷을 벗기려 하였다. 이에 피해자는 "싫다"라고 소리치며 피고인의 어깨를 밀쳤다. 그런데도 다시 피고인이 피해자의 바지를 벗기려 하자, 피해자는 손으로 바지를 잡으면서 "하지 마라", "안돼 이러지 마요"라고 하며 반항하였다. 피고인은 "괜찮다 가만히 있어 조용히 해"라고 하며 인상을 쓰면서 힘으로 피해자의 몸을 눌러가며 피해자의 옷을 벗기고 성교하였다. 위 사안에 대해 법원은 ① 피고인은 반항하는 피해자의 머리를 잡고 강제로 키스한 후 더욱 한적한 곳으로 차를 몰고 가 세운 후 강제로 피해자의 옷을 벗기면서 "가만히 있어 조용히 해"라고 하며 인상을 쓰고 힘으로 피해자의 몸을 눌러 성교하는 등 유형력을 행사하였고, ② 피고인은 키 175㎝, 몸무게 79㎏ 건장한 체격으로 피고인이 몸으로 피해자를 쉽게 제압할 수 있었던 것으로 보이는 점, ③ 피해를 당한 장소가 지나가던 행인과 차들이 드문 장소로서 피해자가 피고인으로부터 벗어나 주변의 도움 받기를 기대하기 어려웠던 점, ④ 성경험이 없는 17세의 피해자가 범행 3일 전에 컴퓨터 수리를 하며 처음 알게 된 피고인과 갑자기 성교에 응할 이유가 없는 점, ⑤ 피해자가 위와 같은 피해를 당한 직후 피고인을 수사기관에 강간죄로 고소한 점 등을 종합하면 <u>피고인은 피해자의 자유의사를 제압하기에 충분한 정도로 위력에 의해 피해자를 간음하였다고 봄이 상당하다고 판단한 것이다.</u>

Ⅷ. 업무상 위력 등에 의한 간음죄(강제추행죄)

1. 법 규정

가. 피보호·감독자 간음죄(강제추행죄)

업무, 고용 기타 관계로 인하여 자기의 보호 또는 감독을 받는 사람에 대하여 위계 또는 위력으로써 간음한 자는 7년 이하의 징역 또는 3천만원 이하의 벌금에 처한다(형법 303조 1항). 그리고 추행한 자는 3년 이하의 징역 또는 1천500만원 이하의 벌금에 처한다(성폭법 10조 1항).

행위객체는 업무·고용 기타 관계로 자기의 보호감독을 받는 19세 이상의 사람이다. 만약 19세 미만의 청소년일 경우에는 아청법 제7조 제5항이 우선 적용되기 때문이다.

나. 피구금자 간음죄(강제추행죄)

법률에 의하여 구금된 사람을 감호하는 자가 그 사람을 간음한 때에는 10년 이하의 징역에 처한다(형법 303조 2항). 그리고 추행한 자는 5년 이하의 징역 또는 2천만원 이하의 벌금에 처한다(성폭법 10조 2항). 통상 행위주체는 검찰, 경찰공무원, 교정직 공무원, 보도직 공무원[18]이 주가 되지만, 특별형사사법관리에 해당하는 소년·마약·환경보호·공안·보호관찰·세무 등의 직무에 종사하는 공무원도 그 직무와 관련하여 일시 피구금된 사람을 감호하는 지위에 있을 경우 이 죄의 주체가 될 수 있다.[19]

---

18 보도직공무원은 소년원이나 소년감별소에서 보호 소년의 교육이나 기술 훈련 등 교정활동과 생활지도 등을 통해 그들의 사회복귀에 도움을 주고 있는 공무원이다.
19 김일수·서보학 공저, 새로쓴 형법각론, 박영사.

2. 사례별 연구

가. 피보호·감독자 간음죄 중 <u>기타 관계로 인하여</u> 자기의 보호 또
   는 감독을 받는 사람에는 직접 고용관계에 있지 않아도 <u>사실
   상의 보호 감독을 받는 상황</u>에 있는 부녀도 포함된다.

▶ **대법원 1976. 2. 1O. 선고 74도1519 판결**

업무상 위력등에 의한 간음에 대하여 원심판결 이유에 의하면
「위 미장원은 피고인의 처인 임▼자가 그의 자금으로 개설하여 스스
로 경영하는 것으로서 박@녀도 임▼자가 고용하는 사람이고 피고인
은 그 근처에서 번개전업사라는 상호로 전기용품상회를 별도로 경영
하고 있는데 다만 피고인의 처가 피고인의 집의 살림살이를 하면서
미장원을 경영하고 이미 장원 또한 개업한지가 얼마되지 않아 박@녀
만을 고용하였으므로 피고인이 그 처를 도와 피고인의 처가 취사관
계로 미장원을 비운 경우 단지 미장원 청소를 하여 주고 손님이 오는
경우 살림집에 연락하여 주는 등 잡일을 거들어 주고 있었을 뿐인 사
실을 인정할 수 있는바 이것만으로는 피고인이 박@녀를 보호 감독하
는 지위에 있다고 보기 어렵다 하고 증거능력이 없는 사법경찰관 사
무취급이 작성한 피고인에 대한 피의자 신문조서의 일부기재 이외에
달리 박@녀가 피고인의 보호감독을 받고 있었다고 인정할 만한 증거
가 없다」는 이유로 피고인은 피해자 박@녀(21세)에 대해서 보호 감독
하는 지위에 있다고 하기에는 어렵다고 판시하였다. 그러나 <u>형법 제
303조 규정의 업무고용 기타 관계로 인하여 자기의 보호 또는 감독
을 받는 부녀라 함에 있어서의 기타 관계로 자기의 보호 또는 감독을
받는 부녀라 함에는 사실상의 보호 또는 감독을 받는 상황에 있는 부
녀인 경우도 이에 포함되는 것으로 보는 것이 우리의 일반사회통념</u>

이나 실정 그리고 동 법조를 신설하여 동 법조규정상황하에 있는 부
녀의 애정의 자유가 부당하게 침해되는 것을 보호하려는 법의 정신
에 비추어 타당하다 할 것인바 기록을 검토 종합해 보면 피고인은 동
미장원 여주인 임▼자의 남편으로서 매일같이 동 미장원에 수시로
출입하고 있을 뿐 아니라 청소는 물론 동 미장원을 지켜주고 한편 손
님이 오면 살림집으로 연락을 해주는 등 그의 처를 도와주고 있는 사
실 및 피해자 박@녀는 피고인을 "주인 아저씨" "주인남자"라고 부르
면서 직접 간접의 지시에 따르고 있었다는 사정 등이 시인될 수 있다
할 것이니 비록 피고인이 직접 피해자 박@녀를 동 미장원의 종업원
으로 고용한 것은 아니라 하더라도 자기의 처가 경영하는 미장원에
매일같이 출입하면서 미장원 일을 돕고 있었다면 동 미장원 종업원
인 박@녀는 피고인을 주인으로 대접하고 또 그렇게 대접하는 것이
우리의 일반사회실정이라 할 것이고 또한 피고인도 따라서 동 미장
원 종업원인 피해자 박@녀에 대하여 남다른 정의로서 처우에 왔다고
보는 것이 또한 우리의 인지상정이라 할 수 있을 것이므로 이 사건에
서 사정이 그와 같다면 피고인은 박@녀에 대하여 사실상 자기의 보
호 또는 감독을 받는 상황에 있는 부녀의 경우에 해당된다고 못볼 바
아님에도 불구하고 피고인은 피해자 박@녀에 대해서 보호 감독하는
지위에 있다고 보기 어렵다 하였음은 우리의 사회실정으로 보아서
채증법칙에 위배한 판단을 하였거나 아니면 형법 제303조 규정의 법
리를 오해한 위법이 있다 할 것이다.

나. 사업주가 '구직자'를 추행해도 업무상 위력으로 봐야 한다.

▶ 대법원 2020. 7. 9. 선고 2020도5646 판결

[공소사실 요지]
편의점 업주인 피고인이 아르바이트 구인 광고를 보고 연락한 A

를 채용을 빌미로 불러내 면접을 한 후 자신의 집으로 유인하여 A의 성기를 만지고, A에게 피고인의 성기를 만지게 하였다고 하여 성폭법 제10조(업무상위력등에 의한 추행) 위반으로 기소된 사안.

[대법원의 판단]

'업무, 고용이나 그 밖의 관계로 인하여 자기의 보호, 감독을 받는 사람'에는 직장 안에서 보호 또는 감독을 받거나 사실상 보호 또는 감독을 받는 상황에 있는 사람뿐만 아니라 <u>채용 절차에서 영향력의 범위 안에 있는 사람도 포함된다.</u>

그리고 '위력'이란 피해자의 자유의사를 제압하기에 충분한 힘을 말하고, 유형적이든 무형적이든 묻지 않고 폭행·협박뿐만 아니라 사회적·경제적·정치적인 지위나 권세를 이용하는 것도 가능하며, 현실적으로 피해자의 자유의사가 제압될 필요는 없다. 위력으로써 추행하였는지는 행사한 유형력의 내용과 정도, 행위자의 지위나 권세의 종류, 피해자의 연령, 행위자와 피해자의 관계, 그 행위에 이르게 된 경위, 구체적인 행위 모습, 범행 당시의 정황 등 여러 사정을 종합적으로 고려하여 판단하여야 한다.

따라서 피고인이 채용 권한을 가지고 있는 지위를 이용하여 A의 자유의사를 제압하여 A를 추행하였다.

다. 피해자의 승낙이 있어도 피구금자간음죄가 성립되나?

피구금자간음죄는 폭행·협박이나 위계·위력 등의 수단을 필요로 하지 않으므로 설사 피해자가 성관계에 동의했다고 해도 성립된다. 피구금자는 공포 또는 심리적 압박감 때문에 폭행·협박 또는 위계나 위력의 수단에 의하지 않아도 성적 자유가 침해될 수 있음을 고려하여 법률이 특별한 보호·감독관계를 규정한 것이기 때문이다.[20]

---

20 이재상, 형법각론, 박영사.

IX. 강간 등 예비 음모죄

1. 법 규정

강간, 유사강간 등의 죄, 특수강도강간 등의 죄, 아동·청소년에 대한 강간·강제추행등의 죄를 범할 목적으로 예비·음모한 사람은 3년 이하의 징역에 처한다(형법 제305조의 3, 성폭법 15조의 2, 아청법 7조의 2).

2. 예비, 음모

예비란 범죄실현을 위한 준비행위로서 아직 실행의 착수에 이르지 않은 일체의 행위를 말한다. 예비는 범죄를 실행하기 위한 조건을 실행하는 것이므로, 단순한 행위계획만으로는 부족하고, 적어도 의도한 행위를 객관화할 것을 요한다. 따라서 범죄실행을 위한 실제로 준비행위를 하는 등 객관적으로 명확하게 드러나야 하며, 단순한 범죄계획을 외부에 나타내거나 혼자서 속으로 생각하는 정도로는 부족하다. 방법에는 제한이 없어 범죄실현을 위하여 물적 혹은 인적인 준비행위 모두 예비가 된다. 예컨대 범행도구를 구입하고 범행장소를 물색, 답사하거나(물적 예비), 혹은 사전에 알리바이를 조작하기 위해 대인접촉을 하거나 장물을 처분할 사람을 확보하는 것도 예비에 해당된다(인적 예비).

한편 음모라 함은 일정한 범죄를 실행할 목적으로 2인 이상이 합의를 이루는 것을 말한다. 따라서 합의를 이루지 않는 이상 단순한 범죄의사의 표명이나 교환만으로는 음모라 할 수 없다.[21]

---

21 이재상, 형법총론, 박영사.

3. 제도의 취지

형법은 범죄의 음모 또는 예비행위가 실행의 착수에 이르지 아니한 때에는 법률에 특별한 규정이 없는 한 벌하지 아니한다고 규정하여(28조) 예비·음모를 원칙적으로 처벌하지 아니한다. 하지만 최근 성범죄가 조직적이며 흉포해지는 추세로 인해 성범죄를 미연에 방지해 원천적으로 이를 차단하기 위해 이 조항이 신설된 것이다.

제 2 장

■ ■ ■ ■ ■

특별법상 성범죄 규정

제 2 장 특별법상 성범죄 규정

I. 머 리 말

앞서 살펴본 바와 같이 강간, 유사강간, 강제추행, 위계 위력 간음 등의 죄에 대해서는 피해자가 아동·청소년이거나 13세 미만의 어린 사람의 경우에는 가중 처벌하도록 되어 있다. 성폭법은 나아가 공중 밀집 장소에서의 추행죄(11조), 성적 목적을 위한 다중이용장소 침입행위(12조), 통신매체를 이용한 음란행위(13조), 카메라 등을 이용한 촬영(14조), 허위영상물 등의 반포등(14조의 2), 촬영물등을 이용한 협박·강요(14조의 3) 및 위 범죄들에 대한 미수범(15조)과 예비·음모(15조의 2) 등에 관하여 특별규정을 두고 있다. 이는 기존의 형사처벌 규정으로 처벌하기 애매하거나 미흡한 부분을 특별법에 의해 보완한 것이다.

II. 공중 밀집 장소에서의 추행

1. 법 규정(성폭법 11조)

대중교통수단, 공연·집회 장소, 그 밖에 공중(公衆)이 밀집하는 장소에서 사람을 추행한 사람은 3년 이하의 징역 또는 3천만원 이하의 벌금에 처한다.

2. 규정상 문제점

이 조항은 지하철, 버스 등의 대중교통수단이나 사람이 혼잡한 장소에서 자신의 성적 만족을 얻기 위해 타인의 신체를 추행하는 범죄이다. 흔히 말하는 '지하철 성추행'이 이에 해당된다. 그런데 이 특별규정이 형법에 규정된 강제추행죄와는 어떤 관계일까? 형법상 강제추행죄는 폭행·협박으로 상대방의 항거를 곤란하게 하여 추행하는 경우에 성립되는 범죄인데 나아가 폭행행위 자체가 추행행위라고 인정되는 소위 '기습추행'도 이에 포함된다. 이 경우에 있어서의 폭행은 반드시 상대방의 의사를 억압할 정도의 것임을 요하지 않고 상대방의 의사에 반하는 유형력의 행사가 있는 이상 그 힘의 대소강약을 불문한다(대법원 2002. 4. 26. 선고 2001도2417 판결 참조). 예컨대 노래방에서 놀다가 갑자기 뒤에서 끌어안아 유방을 만지는 경우 기습추행에 해당된다.[1] 그런데 만약 지하철에서 그런 행위를 했다면 성폭법 제11조에 의해 처벌받게 될 가능성이 높다. 문제는 형량인데 강제추행죄가 10년 이하의 징역 또는 1,500만원 이하의 벌금인데 반해, 성폭법 제11조는 3년 이하의 징역 또는 3천만원 이하의 벌금에 처하도록 되어 있다. 결국 지하철 성추행범들에게 오히려 은전을 베푼 결과가 된다. 이러한 법의 불균형으로 인해 공중 밀집 장소에서의 추행죄의 성립요건을 실무상 강제추행죄보다 완화해서 해석하는 경향도 있다. 하지만 공중 밀집 장소에서의 추행죄 역시 아래에서 보는 바와 같이 고의범만 처벌하는 것이므로 달리 볼 것은 아니다. 따라서 이러한 행위에 대해 강제추행죄로 의율할 수 있음에도 굳이 위와 같은 특별법을 만들어 형을 가볍게 규정한 것은 이해할 수 없는 입법이다.

---

1 제1장 Ⅳ. 4. 기습추행 참조.

3. 고의범만 처벌됨

지하철에서의 강제추행 역시 고의범이므로 과실로 인해 추행하게 된 경우는 처벌할 수 없다. 물론 여기서 고의라 함은 미필적 고의도 포함된다. 따라서 예컨대 지하철 안에서 앞에 서 있는 여자의 엉덩이 뒤편에 손을 대고 있다가 지하철이 흔들릴 경우 여자의 엉덩이가 손에 닿도록 유도하는 것도 미필적 고의에 해당될 수 있다. 반면 인파에 떠밀리거나 또는 인파 속에서 하차하려고 사람들 사이를 비집고 나가다가 앞에 있는 여자의 유방을 실수로 만지게 된 경우에는 과실에 의한 행위로서 처벌대상이 되지 않는다. 다만 이 경우에 상대방이 이를 추행으로 오인하여 신고할 수도 있다. 이럴 경우 가장 난감한 상황인데, 침착하게 자신의 상황을 설명하면서 정중히 사과하고 용서를 구해야 한다.

4. 지하철 수사대

요즘은 이러한 대중교통수단에서의 성추행 사건이 만연되어 있어 경찰에서는 지하철 수사대가 현장에서 현행범으로 체포하고 있다. 지하철 수사대에서 범인을 검거할 당시 주로 보는 관점은 지하철을 바로 타지 않고 여러 차를 보내면서 목표를 물색하는 사람, 주위를 두리번거리면서 탐색하는 사람, 특정한 대상을 좇아서 지하철을 타는 사람 등이다. 이러한 사람들이 포착될 경우 지하철 수사대는 그 사람을 집중적으로 관찰하다가 추행을 하는 순간 현행범으로 바로 체포한다. 물론 범행현장을 녹화하기도 하므로 어설픈 변명은 통하지 않는다.

Ⅲ. 성적 목적을 위한 다중이용장소 침입

1. 법 규정(성폭법 12조)

자기의 성적 욕망을 만족시킬 목적으로 화장실, 목욕장·목욕실 또는 발한실(發汗室), 모유수유시설, 탈의실 등 불특정 다수가 이용하는 다중이용장소에 침입하거나 같은 장소에서 퇴거의 요구를 받고 응하지 아니하는 사람은 1년 이하의 징역 또는 1천만원 이하의 벌금에 처한다.

불특정다수가 이용하는 다중이용 장소이면 되고 예전처럼 법률에 의해 설립된 장소일 필요는 없다.

종래에는 '공중화장실 등에 관한 법률'에 따른 화장실 혹은 '공중위생관리법'상 목욕장으로 범행 장소를 매우 제한적으로 규정하였다. 그런데 주점 화장실에 침입하여 피해자가 용변을 보는 모습을 엿보았다고 하더라도 그 화장실이 '공중화장실 등에 관한 법률'에 따른 공중화장실에 해당하지 않는다는 이유로 법원에서 무죄가 선고되었다. 이러한 입법적 미비점을 보완하기 위해 2017. 12. 12. 성폭법 조문을 '불특정다수가 이용하는 다중이용장소'라는 포괄적 개념으로 바꾼 것이다.

2. 목 적 범

본죄는 자기의 성적 욕망을 만족시킬 목적으로 공공장소에 침입하거나 퇴거의 요구를 받고도 불응하는 경우 성립되는 범죄로서 목적범에 해당된다. 따라서 그러한 목적 없이 침입한 경우라면 본죄가 성립되지 않는다. 통상적으로 가해 남성이 여자가 용변 보는 것을 훔쳐볼 목적으로 여자화장실에 침입할 경우에 성립되는 경우가 많다.

만약 카메라나 그 밖의 기계장치로 촬영까지 한 경우에는 후술하는 성폭법 제14조(카메라 등을 이용한 촬영죄)와 실체적 경합범이 된다.

Ⅳ. 통신매체를 이용한 음란행위

1. 법 규정(성폭법 13조)

자기 또는 다른 사람의 성적 욕망을 유발하거나 만족시킬 목적으로 전화, 우편, 컴퓨터, 그 밖의 통신매체를 통하여 성적 수치심이나 혐오감을 일으키는 말, 음향, 글, 그림, 영상 또는 물건을 상대방에게 도달하게 한 사람은 2년 이하의 징역 또는 2천만원 이하의 벌금에 처한다.[2]

2. 상대방에게 '도달하게 한다'는 의미

이 죄에서 '도달하게 한다'는 의미는 상대방이 성적 수치심을 일으키는 그림 등을 직접 접하는 경우뿐만 아니라, 상대방이 실제로 이를 인식할 수 있는 상태에 두는 것도 포함된다. 따라서 나체 사진 저장된 웹페이지 링크를 보내도 이 죄에 해당된다.

▶ 대법원 2017. 6. 8. 선고 2016도21389 판결

[공소사실의 요지]

피고인은 피해자와 식당을 동업하면서 알게 되었는데, 2013. 10. 16. 18:20경 피해자와 성관계를 하면서 찍은 피해자의 나체 사진 2장

---

2 한편 성적수치심을 일으킬 정도는 아니라고 해도 음란한 부호·문언·음향·화상 또는 영상을 전기통신을 이용하여 배포·판매·임대하거나 공공연하게 전시하는 내용의 정보를 유통한 경우에는 1년 이하의 징역 또는 1천만원 이하의 벌금에 처한다(정보통신망 이용촉진 및 정보보호 등에 관한 법률 74조 1항 2호, 44조의 7 1항 1호).

이 저장돼 있는 드롭박스 어플리케이션에 접속할 수 있는 인터넷 주
소 링크를 카카오톡 메신저로 피해자에게 전송하였다. 이로써 피고
인은 자기의 성적 욕망을 유발하거나 만족시킬 목적으로 통신매체를
통하여 성적 수치심이나 혐오감을 일으키는 그림을 상대방에게 도달
하게 하였다.

[대법원의 판단]

성폭력범죄의 처벌 등에 관한 특례법 제13조에서 '성적 수치심
이나 혐오감을 일으키는 말, 음향, 글, 그림, 영상 또는 물건(이하 '성
적 수치심을 일으키는 그림 등'이라 한다)을 상대방에게 도달하게 한다'는
것은 '상대방이 성적 수치심을 일으키는 그림 등을 직접 접하는 경우
뿐만 아니라 상대방이 실제로 이를 인식할 수 있는 상태에 두는 것'
을 의미한다. 따라서 행위자의 의사와 그 내용, 웹페이지의 성격과
사용된 링크기술의 구체적인 방식 등 모든 사정을 종합하여 볼 때 상
대방에게 성적 수치심을 일으키는 그림 등이 담겨 있는 웹페이지 등
에 대한 인터넷 링크(internet link)를 보내는 행위를 통해 그와 같은
그림 등이 상대방에 의하여 인식될 수 있는 상태에 놓이고 실질에 있
어서 이를 직접 전달하는 것과 다를 바 없다고 평가되고, 이에 따라
상대방이 이러한 링크를 이용하여 별다른 제한 없이 성적 수치심을
일으키는 그림 등에 바로 접할 수 있는 상태가 실제로 조성되었다면,
그러한 행위는 전체로 보아 성적 수치심을 일으키는 그림 등을 상대
방에게 도달하게 한다는 구성요건을 충족한다(대법원 2017. 6. 8. 선고
2016도21389 판결).

3. '통신매체'를 통해 도달해야 함

이 죄에서 말하는 통신매체라 함은 '전화, 우편, 컴퓨터나 그 밖
에 일반적으로 통신매체라고 인식되는 수단'을 통칭한다. 반드시 이

러한 통신매체를 통하여 성적 수치심이나 혐오감을 일으키는 말, 음향, 글, 그림, 영상 또는 물건을 상대방에게 도달하게 해야 하므로, 이러한 통신매체 수단을 이용하지 아니한 채 직접 상대방에게 말, 글, 물건 등을 도달하게 하는 행위는 이 죄에 해당되지 아니한다. 따라서 피고인이 성적 수치심 등을 일으키는 내용의 편지를 작성한 다음 이를 옆집에 사는 피해자의 주거지 출입문에 끼워 넣었다고 해도 이 죄로 처벌할 수 없다(대법원 2016. 3. 10. 선고 2015도17847 판결). 죄형법정주의는 국가형벌권의 자의적인 행사로부터 개인의 자유와 권리를 보호하기 위하여 범죄와 형벌을 법률로 정할 것을 요구한다. 그러한 취지에 비추어 보면 형벌법규의 해석은 엄격하여야 하고, 명문의 형벌법규의 의미를 피고인에게 불리한 방향으로 지나치게 확장해석하거나 유추해석하는 것은 죄형법정주의의 원칙에 어긋나는 것으로서 허용되지 아니한다(대법원 2013. 11. 28. 선고 2012도4230 판결). 이런 의미에서 통신매체의 개념을 엄격히 해석한 위 대법원판결은 매우 타당하다 생각된다.

4. 목 적 범

본죄는 자기 또는 다른 사람의 성적 욕망을 유발하거나 만족시킬 목적으로 범하는 경우에 성립되는 범죄로서 목적범에 해당된다. 따라서 그러한 목적 없이 행한 경우라면 본죄가 성립되지 않는다.

5. 고객센터 등 전화상담 성희롱 문제

이 죄가 흔히 문제되는 경우는 행정기관 콜센터나 기업 등의 고객센터에 전화해서 여성 상담원들에게 막말과 성희롱을 일삼는 경우이다. 금융권은 폭언을 일삼는 '악성 고객'을 수사기관에 적극 고발하는 등 강경하게 대응하고 있고, 고용노동부 역시 콜센터에 전화를 걸어 여직원을 성희롱한 민원인에 대하여 강경하게 형사 고발하고

있다. 고용노동부의 경우 전화상담사에 대한 성희롱은 단 1회, 욕
설·협박은 3차례 이상인 경우 법적 조치를 취하도록 한 악성민원시
스템을 가동했다. 한편 법원도 이러한 범죄에 대해 엄단 기류를 보이
고 있다. 요즘 법원의 경향은 통상 막말 등으로 업무방해로 기소되는
경우 대체로 벌금형을 내리지만, 횟수가 잦고 성희롱과 욕설을 일삼
는 등 범행 정도가 심하면 징역형을 선고하기도 한다.

하나의 예로, 회사원인 P씨(50)는 2013년 12월 모 통신업체 고객
센터의 여성 상담원에게 여성의 성기를 지칭하는 단어를 포함한 욕
설을 수차례 되풀이했다. 이런 식으로 1년여 동안 이 고객센터의 여
성 상담원들에게 무려 9천 982 차례나 욕설이나 성희롱 성격의 말을
반복한 혐의로 기소되었는데 성폭법위반(통신매체이용 음란)죄와 업무
방해죄가 적용됐다. 법원은 2014년 10월 P씨에게 징역 1년 6개월을
선고했다. 한편 서울시 120 다산콜센터는 성추행·폭언·장난전화를
막으려고 성희롱은 1회, 폭언·욕설·협박은 3회 때 고발 조치하는
정책을 도입해 악성 민원인을 줄이는 성과를 낸 바 있다. 금융감독원
도 은행연합회와 생명·손해보험협회, 여신금융협회, 금융투자협회,
저축은행중앙회 등 6대 금융업권 협회와 공동으로 악성 민원인 대응
태스크포스를 발족, 고객을 직접 응대하는 금융회사 여직원에게 욕
설이나 성희롱을 일삼는 고객은 형사고발하는 등 강경하게 대응하기
로 했다.[3] 한편 산업안전보건법 제41조(고객의 폭언 등으로 인한 건강장
해 예방조치)에 따라 고객과 콜센터 직원과의 통화 내용은 녹음되는
바, 이는 통신매체를 이용한 음란행위를 방지하는데 도움이 될 것으
로 보인다.

3 2015년 8월 15일 연합뉴스.

V. 불법촬영죄

1. 카메라 등을 이용한 촬영죄

가. 법 규정

(1) 촬영행위

카메라나 그 밖에 이와 유사한 기능을 갖춘 기계장치를 이용하여 성적 욕망 또는 수치심을 유발할 수 있는 사람의 신체를 촬영대상자의 의사에 반하여 촬영한 자는 7년 이하의 징역 또는 5천만원 이하의 벌금에 처한다(성폭법 14조 1항). 예컨대 촬영대상자가 잠든 틈을 타서 몰래 나체 사진을 찍었다면 이 죄에 해당된다. 설사 평소 여자친구가 나체사진을 찍는 것에 동의한 적이 있다고 해도, '촬영 당시'에 동의한 바가 없다면 이 죄에 해당된다. 왜냐하면 평소 동의했다고 해도 언제든지 자신의 신체를 촬영하는 것에 동의했다거나, 잠들어 있는 상태에서 나체 사진을 촬영하는 것에 대해서까지 묵시적으로 동의하였다고 볼 수 없기 때문이다(대법원 2020. 7. 23. 선고 2020도6285 판결). 또한 촬영물의 얼굴부분을 가려서 누구인지 식별이 되지 않아도 이 죄의 성립에 영향이 없다.

(2) 반포 등 행위

촬영물 또는 복제물(복제물의 복제물을 포함)을 반포·판매·임대·제공 또는 공공연하게 전시·상영한 자는 7년 이하의 징역 또는 5천만원 이하의 벌금에 처한다(동조 2항 전단). 촬영 당시에는 촬영대상자의 의사에 반하지 아니한 경우(자신의 신체를 직접 촬영한 경우를 포함)에도 사후에 그 촬영물 또는 복제물을 촬영대상자의 의사에 반하여 반포 등을 한 자도 위와 같이 처벌된다(동조 2항 후단). 따라서 설사 자의에 의해 스스로 자신을 신체를 촬영한 촬영물이라도 촬영당사자의 의사에 반하여 이를 반포 등을 하는 경우도 처벌된다.

나아가 영리를 목적으로 촬영대상자의 의사에 반하여 정보통신망[4]을 이용하여 반포 등을 한 자는 3년 이상의 유기징역에 처한다(동조 3항). 그리고 위와 같은 불법 촬영물 또는 복제물을 소지·구입·저장 또는 시청한 자는 3년 이하의 징역 또는 3천만원 이하의 벌금에 처한다(동조 4항).

(3) 촬영물 등을 이용한 협박·강요(성폭법 14조의 3)

성적 욕망 또는 수치심을 유발할 수 있는 촬영물 또는 복제물(복제물의 복제물을 포함)을 이용하여 사람을 협박한 자는 1년 이상의 유기징역에 처한다(1항). 이런 협박으로 사람의 권리행사를 방해하거나 의무 없는 일을 하게 한 자는 3년 이상의 유기징역에 처한다(2항). 상습으로 이러한 죄들을 범한 경우에는 그 죄에 정한 형의 2분의 1까지 가중한다(3항).

나. 미수범 처벌

이 죄의 미수범을 처벌하므로(동법 15조) 실행의 착수시기를 언제로 볼 것인가가 중요하다. 여기서 '촬영'이란 필름이자 저장장치에 피사체에 대한 영상정보를 입력하는 행위이므로, 실행의 착수가 인정되려면 촬영대상이 특정돼 카메라 등 기계장치의 렌즈를 통해 피사체에 초점을 맞추는 등 기계장치에 영상정보를 입력하기 위한 구체적이고 직접적인 행위가 개시되어야 한다. 따라서 피고인이 동영상촬영 시작 버튼이나 사진 촬영 버튼을 누르지 않았더라도, 피해자를 촬영대상으로 특정해 휴대폰의 카메라 앱을 열어 '성적 욕망 또는

---

4 정보통신망"이란 전기통신사업법 제2조 제2호에 따른 전기통신설비를 이용하거나 전기통신설비와 컴퓨터 및 컴퓨터의 이용기술을 활용하여 정보를 수집·가공·저장·검색·송신 또는 수신하는 정보통신체제를 말한다.

수치심을 유발할 수 있는 피해자의 신체'를 <u>기계장치의 화면에 담은</u> <u>이상</u> 피해자의 신체 촬영을 위한 구체적이고 직접적인 행위를 개시해 실행의 착수에 나아간 것으로 봐야 한다(서울중앙지방법원 2018. 7. 12. 선고 2018고단688 판결).

다. 촬영대상

예전 성폭법에 의하면 '다른 사람'의 '신체'를 촬영하거나 그 촬영물을 반포 등을 하였을 경우에만 처벌되었다. 그 결과 예컨대, 인터넷 화상채팅을 하는 도중 피해여성(14세)이 스스로 자기 신체 은밀한 부위를 비춘 것을 상대방이 저장하였다고 해도, 촬영한 대상은 그녀의 신체 이미지가 담긴 영상일 뿐, 그녀의 신체 그 자체는 아니라는 이유로 카메라 이용 촬영죄에 해당되지 않아 무죄가 선고되었다(대법원 2013. 6. 27. 선고 2013도4279 판결).

하지만 현행법에 의하면 촬영대상에 '사람의 신체'로만 되어 있을 뿐이므로 그의 의사에 반해 촬영하였다면 위 죄가 성립된다. 그리고 설사 촬영당시에는 피해자가 자신의 신체 촬영에 동의했다고 해도 나중에 그의 의사에 반해 이를 유포한 경우도 처벌된다. 나아가 원본이 아닌 촬영물의 '복제물'과 그 복제물을 다시 복제한 것도 모두 처벌대상이 된다. 따라서 개정법에 따라 향후 종전의 판례는 모두 변경될 것으로 예상된다.

라. 행위태양 중 '반포'와 '제공'의 차이

이 죄의 행위태양 중 '반포'는 불특정 또는 다수인에게 무상으로 교부하는 것을 말한다. 하지만 설사 특정한 1인 또는 소수의 사람에게 교부했다고 해도, 그것이 계속적·반복적으로 전달하여 종국적으로 불특정 또는 다수인에게 반포하려는 의사를 가지고 있다면 여기서 말하는 '반포'에 해당할 수 있다.

한편, '반포'와 별도로 열거된 '제공'은 '반포'에 이르지 아니하는 무상 교부 행위를 말한다. 즉 '반포'할 의사 없이 특정한 1인 또는 소수의 사람에게 무상으로 교부하는 것은 '제공'에 해당한다(대법원 2016. 12. 27. 선고 2016도16676 판결). 다만 촬영의 대상이 된 피해자 본인은 '제공'의 상대방에 포함되지 않는다. 따라서 피고인이 카메라를 이용하여 성적 욕망 또는 수치심을 유발할 수 있는 피해자의 신체를 피해자의 의사에 반하여 촬영한 후, 그 사진 중 한 장을 피해자의 휴대전화로 전송한 행위는 이 죄에서 말하는 '제공' 행위에 해당되지 않는다(대법원 2018. 8. 1. 선고 2018도1481 판결).

2. 허위영상물 등의 반포등(성폭법 14조의 2)

반포 등을 할 목적으로 사람의 얼굴·신체 또는 음성을 대상으로 한 촬영물·영상물 또는 음성물을 영상물 등의 대상자의 의사에 반하여 성적 욕망 또는 수치심을 유발할 수 있는 형태로 편집·합성 또는 가공한 자는 5년 이하의 징역 또는 5천만원 이하의 벌금에 처한다(1항).

그리고 이 편집물·합성물·가공물 또는 복제물(복제물의 복제물을 포함)을 반포등을 한 자 또는 위 편집 등을 할 당시에는 영상물 등의 대상자의 의사에 반하지 아니한 경우에도 사후에 그 편집물은 또는 복제물을 영상물 등의 대상자의 의사에 반하여 반포등을 한 자는 5년 이하의 징역 또는 5천만원 이하의 벌금에 처한다(2항). 나아가 영리를 목적으로 영상물 등의 대상자의 의사에 반하여 정보통신망을 이용하여 제2항의 죄를 범한 자는 7년 이하의 징역에 처한다(3항). 이는 특정 인물의 신체 등을 대상으로 한 영상물 등을 성적 욕망 또는 수치심을 유발할 수 있는 형태로 편집하는 '딥페이크(deepfake)' 등으로 인한 피해가 증가함에 따라 이를 처벌하기 위해 신설된 규정이다.

☞ 딥페이크의 의미 및 사용용도

> 딥페이크라 함은 '딥 러닝(deep learning)'과 '가짜(fake)'의 혼성어로
> 서, 인공지능을 기반으로 한 이미지 합성기술을 뜻한다. 과거의 합성
> 방식은 머리 외곽선을 통째로 따서 원래의 사진에 가져다 붙여서 누가
> 봐도 가짜라는 것이 표가 났었다. 하지만 딥페이크로 합성할 경우 원
> 본의 안면윤곽 안쪽부분(눈코입과 피부톤)만 영화의 CG처리처럼 정교
> 하게 합성하는 기술이어서 육안으로 가짜임을 구분하기가 매우 어렵
> 다. 이러한 정교한 기능 때문에 딥페이크는 유명인의 가짜 섹스 동영
> 상이나 가짜 리벤지 포르노 등을 만드는데 사용되기도 한다.

3. 처벌 수위

흔히 '지하철 몰카'라고 부르는 범죄가 불법촬영죄에 해당된다. 지하철이나 버스 등 대중이 모인 곳 혹은 육교 밑 등에서 단순히 짧은 치마를 입은 여자의 허벅지나 치마 속을 촬영한 사안의 경우, 불과 4~5년 전만 해도 초범이면 통상 100만원에서 500만원 사이의 벌금형과 아울러 수십 시간의 성폭력 치료프로그램의 이수명령을 받는 데 그쳤다. 그런데 최근의 법원의 동향을 살펴보면, 벌금을 선고하는 비중이 갈수록 줄어들고, 오히려 징역형을 선고하는 추세가 늘고 있다.5 2014년만 해도 벌금형의 비율이 73.1%에 달해 대다수를 점했고 징역형 선고는 19.5%에 불과했다. 특히 벌금형 선고 비율은 매년 감소해 2015년 64.6%, 2016년 62%, 2017년 56.9%를 각각 기록했고,

---

5 몇 해 전 세상을 떠들썩하게 했던 '워터파크 몰카 사건'의 경우, 여성의 나체 전신을 촬영하였고 영리목적인 점 등을 감안하여 범인이 구속되었고 재판결과 4년 6월의 중형이 선고되었다. 또한 택시 안에 카메라 장비를 설치하고 여성 승객들의 은밀한 신체부위를 몰래 촬영한 택시기사(동종범죄로 집행유예 전과 있음)에게 법원은 징역 1년에 80시간의 성폭력 치료프로그램 이수를 명령했다. 아울러 개인신상정보를 2년간 공개·고지한다고 명했다.

2018년에는 처음으로 50% 이하로 떨어졌다. 반면 동년도 기준으로 징역형의 선고비율이 49.1%로서 거의 절반에 육박하고 있다.[6]

특히 집이나 숙소, 화장실 등 사생활이 보장돼야 하는 폐쇄된 공간에서의 촬영과 동영상 또는 무음 촬영, 성적으로 민감한 부위에 대한 촬영, 스파이 캠 등 특수 카메라를 이용한 범행은 가중처벌된다. 또한 사회적 약자인 미성년자와 장애인, 배신성이 강한 지인, 피해자 5명 이상에 대한 무차별 범행 역시 가중처벌된다. 2021. 1. 1.부터 시행되는 디지털 성범죄 양형기준에 따르면, 카메라 등 이용 촬영죄의 기본형 징역 8월~2년이고, 감경해도 징역 4월~10월로 되어 있으므로 향후 징역형의 선고가 더 확대될 것으로 보인다.

4. 사례별 연구

가. 무릎 위 허벅다리 부분을 촬영한 것도 이 죄에 해당됨

▶ **대법원 2008. 9. 25. 선고 2008도7007 판결**

[1] 카메라 기타 이와 유사한 기능을 갖춘 기계장치를 이용하여 성적 욕망 또는 수치심을 유발할 수 있는 타인의 신체를 그 의사에 반하여 촬영하는 행위를 처벌하는 성폭력범죄의 처벌 및 피해자보호 등에 관한 법률 제14조의2 제1항은 인격체인 피해자의 성적 자유 및 함부로 촬영당하지 않을 자유를 보호하기 위한 것이다. 촬영한 부위가 '성적 욕망 또는 수치심을 유발할 수 있는 타인의 신체'에 해당하는지 여부는 객관적으로 피해자와 같은 성별, 연령대의 일반적이고도 평균적인 사람들의 입장에서 성적 욕망 또는 수치심을 유발할 수 있는 신체에 해당되는지 여부를 고려함과 아울러, 당해 피해자의 옷차림, 노출의 정도 등은 물론, 촬영자의 의도와 촬영에 이르게 된 경

---

6 "법원, '몰카범죄' 처벌 강화 추세, 징역형 선고비율 50% 육박" 제목의 법률신문 기사(2019. 6. 5.자).

위, 촬영 장소와 촬영 각도 및 촬영 거리, 촬영된 원판의 이미지, 특정 신체 부위의 부각 여부 등을 종합적으로 고려하여 구체적·개별적·상대적으로 결정하여야 한다.

[2] 야간에 버스 안에서 휴대폰 카메라로 옆 좌석에 앉은 여성(18세)의 치마 밑으로 드러난 허벅다리 부분을 촬영한 사안에서, 그 촬영 부위가 성폭력범죄의 처벌 및 피해자보호 등에 관한 법률 제14조의2 제1항의 '성적 욕망 또는 수치심을 유발할 수 있는 타인의 신체'에 해당한다.

나. 버스 안에서 '레깅스 바지'를 입은 피해자의 엉덩이 부위를 약 8초 동안 피해자 몰래 동영상 촬영한 경우도 이 죄에 해당됨

▶ 대법원 2020. 12. 24. 선고 2019도16258 판결

[공소사실의 요지]

피고인은 2018. 5. 9. 22:50경 피고인의 ○○ ○○○ 휴대전화기의 카메라 촬영 기능을 이용하여 레깅스 바지를 입고 피고인과 같은 버스에 승차하고 있던 피해자의 엉덩이 부위 등 하반신을 약 8초 동안 피해자 몰래 동영상 촬영하였다(이하 '이 사건 동영상'이라 한다). 이로써 피고인은 성적 욕망 또는 수치심을 유발할 수 있는 피해자의 신체를 그 의사에 반하여 촬영하였다.

[대법원의 판단]

[1] 촬영한 대상이 '성적 욕망 또는 수치심을 유발할 수 있는 다른 사람의 신체'에 해당하는지는 객관적으로 피해자와 같은 성별, 연령대의 일반적이고 평균적인 사람들의 관점에서 성적 욕망 또는 수치심을 유발할 수 있는 신체에 해당하는지를 고려함과 아울러, 피해자의 옷차림, 노출의 정도 등은 물론, 촬영자의 의도와 촬영에 이르

게 된 경위, 촬영 장소와 촬영 각도 및 촬영 거리, 촬영된 원판의 이미지, 특정 신체 부위의 부각 여부 등을 종합적으로 고려하여 구체적·개별적·상대적으로 결정하여야 한다(대법원 2008. 9. 25. 선고 2008도7007 판결 등 참조).

한편, 이와 같이 '성적 욕망 또는 수치심을 유발할 수 있는 신체'란 특정한 신체의 부분으로 일률적으로 결정되는 것이 아니고 촬영의 맥락과 촬영의 결과물을 고려하여 그와 같이 촬영을 하거나 촬영을 당하였을 때 '성적 욕망 또는 수치심을 유발할 수 있는 경우'를 의미한다. 따라서 피해자가 공개된 장소에서 자신의 의사에 의하여 드러낸 신체 부분이라고 하더라도 이를 촬영하거나 촬영 당하였을 때에는 성적 욕망 또는 수치심이 유발될 수 있으므로 카메라등이용촬영죄의 대상이 되지 않는다고 섣불리 단정하여서는 아니 된다.

[2] 피고인은 피해자의 몸매가 예뻐 보여 이 사건 동영상을 촬영하였다고 진술하였다. 그러나 이 사건 동영상이 피해자의 전체적인 몸매가 아름답게 드러날 수 있는 구도를 취하지 않고, 레깅스를 입은 피해자의 하반신을 위주로 촬영되었다. 이러한 점에서 피고인이 '심미감의 충족'을 위하여 이 사건 동영상을 촬영하였다고 보이지는 않는다.

레깅스가 일상복으로 활용된다거나, 피해자가 레깅스를 입고 대중교통을 이용하였다는 사정은 레깅스를 입은 피해자의 모습이 타인의 성적 욕망의 대상이 될 수 없는 타당한 이유가 될 수는 없다.

피해자가 자신의 개성을 표현하거나 생활의 편의를 위해 공개된 장소에서 자신의 의사에 의하여 드러낸 신체 부분이라고 하더라도 이를 본인의 의사에 반하여 함부로 촬영 당하는 맥락에서는 성적 수치심이 유발될 가능성이 있다. 또한 통상 일반인의 시야에 드러나도록 한 신체 부분은 일정한 시간 동안만 관찰될 수 있고, 관찰자의 기억에는 한계가 있으며, 기억을 그대로 전달하는 것이 가능하지 않지만, 그 모습이 촬영되는 경우 고정성과 연속성, 확대 등 변형가능성, 전파가능성 등에 의하여 성적 욕망이나 수치심을 유발하고 나아가 인격권을 더욱 중대하게 침해할 가능성이 커진다. 사진에 비해 동영상이 촬영된 경우에는 더욱 그러하다.

[3] 위와 같은 촬영의 대상, 촬영 결과물, 촬영의 방식 등 피해자가 촬영을 당한 맥락, 피해자의 반응에 비추어 보면, 피해자와 같은 성별, 연령대의 일반적이고 평균적인 사람들의 관점에서도 피고인의 행위가 성적 수치심을 유발할 수 있는 신체를 촬영한 경우에 해당하는 것으로 인정된다.

그럼에도 원심은 이 사건 동영상에 촬영된 피해자의 신체가 '성적 욕망 또는 수치심을 유발할 수 있는 타인의 신체'에 해당하지 않는다고 보아 이 사건 공소사실을 무죄로 판단하였다. 이러한 원심의 판단에는 구 성폭법 제14조 제1항의 성립에 관한 법리를 오해하여 판결에 영향을 미친 위법이 있다. 이 점을 지적하는 상고이유의 주장은 이유 있다.

☞ 국토교통부에서 알려주는 전철 내 성폭력대처 및 예방요령

① 전철 계단의 경사가 가파르고 에스컬레이터가 긴 곳에서는 가방을 뒤로 매거나 손에 들고 있는 책 등을 뒤쪽으로 합니다. 최근 늘고 있는 '전철 몰카' 피해를 보면 급경사의 계단이나 에스컬레이터가 긴 곳에서 자주 발생하고 있습니다.
② 가벼운 신체 접촉이라도 현장에서 즉시 불쾌한 반응을 보이거나 큰 소리로 주위의 도움을 요청해야 합니다. 피해여성들이 불안감이나 수치심 때문에 반응을 보이지 않는다면 범인들은 이런 약점을 악용해 더욱 과감한 범행을 저지를 수 있습니다.
③ 혼잡한 전철에서는 가급적 제일 앞쪽이나 뒤쪽 칸을 이용하면 도움

이 됩니다. 성추행범들은 자신들의 범행이 발각될 경우 도주할 수 있는 상황을 염두해 놓고 있기 때문에 첫번째 칸이나 맨 뒤칸에서는 한쪽으로만 이동할 수 있어 범행장소로는 적합하지 않고 양쪽 끝칸에는 승무원의 도움을 바로 받을 수 있어서 범인을 검거하는데 도움이 됩니다.

④ 휴대전화를 이용한 문자메시지를 적극 활용합니다. 만약 성추행범을 보거나 자신이 피해를 당했을 경우에는 휴대전화를 꺼내 전동차 칸번호나 이동방향을 함께 112나 철도범죄신고전화 1588−7722로 연락주시면 신고접수가 됩니다(예를 들어 1호선 인천방향 어디역 통과 중 000객차번호에서 검정색 점퍼착용 30대 남자 성추행범 도와주세요). 저희 철도경찰은 코레일측에 확인해 해당 전동차의 위치를 쉽게 확인해 범인을 검거할 수 있습니다.

⑤ 낯선 남성이 자신의 뒤쪽으로 다가오거나 혼잡한 지하철 내에서는 등을 보이기보다는 45도 각도를 위치해 서면 좋습니다. 마주보는 자세보다는 옆으로 자세를 조금만 바꿔서 이동하더라도 범인은 범행을 쉽게 포기합니다. 발을 움직이기 어려울 경우에는 어깨만 조금 틀어줘도 범죄예방에는 큰 도움이 됩니다.

Ⅵ. 아동 · 청소년성착취물의 제작 · 배포 등

1. 법 규정(아청법 11조)

아동 · 청소년성착취물7을 제작 · 수입 또는 수출한 자는 무기징

---

7 종전에는 아동 · 청소년이용음란물이란 용어를 사용하였는데 성 착취물을 공유하는 텔레그램 대화방인 n번방사건이 터진 뒤 2020. 6. 2. 법 개정을 하여 용어를 변경한 것이다. 개정사유는, 아동 · 청소년을 대상으로 하는 음란물은 그 자체로 아동 · 청소년에 대한 성착취 및 성학대를 의미하는 것임에도 불구하고, 막연히 아동 · 청소년을 '이용'하는 음란물의 의미로 가볍게 해석되는 경향이 있어, '아동 · 청소년이용음란물'을 '아동 · 청소년성착취물'이라는 용어로 변경함으로써 아동청소년이용음란물이 '성착취 · 성학대'를 의미하는 것임을 명확히 하려고 한 것이다.

역 또는 5년 이상의 유기징역에 처한다(1항). 영리를 목적으로 이를 판매·대여·배포·제공하거나 이를 목적으로 소지·운반하거나 공연히 전시 또는 상영한 자는 5년 이하의 징역에 처한다(2항). 이를 배포·제공하거나 이를 목적으로 광고·소개하거나 공연히 전시 또는 상영한 자는 3년 이상의 징역에 처한다(3항). 이를 제작할 것이라는 정황을 알면서 아동·청소년을 아동·청소년성착취물의 제작자에게 알선한 자는 3년 이상의 징역에 처한다(4항). 아동·청소년성착취물을 구입하거나 아동·청소년성착취물임을 알면서 이를 소지·시청한 자는 1년 이상의 징역에 처한다(5항). 제1항의 미수범은 처벌한다(6항).

2. 아동·청소년성착취물의 뜻

'아동·청소년성착취물'이란 아동·청소년 또는 아동·청소년으로 명백하게 인식될 수 있는 사람이나 표현물이 등장하여 △ 성교행위, △ 구강·항문 등 신체의 일부나 도구를 이용한 유사 성교 행위, △ 신체의 전부 또는 일부를 접촉·노출하는 행위로서 일반인의 성적 수치심이나 혐오감을 일으키는 행위, △ 자위행위 중 어느 하나에 해당하는 행위를 하거나, 그 밖의 성적 행위를 하는 내용을 표현하는 것으로서 필름·비디오물·게임물 또는 컴퓨터나 그 밖의 통신매체를 통한 화상·영상 등의 형태로 된 것을 말한다(동법 2조 5호).

3. 아동·청소년으로 명백하게 인식될 수 있는 사람이나 표현물의 의미

가. 법 개정

구 아청법 제2조 제5호의 아동·청소년성착취물 정의 규정 중 '아동·청소년으로 인식될 수 있는 사람이나 표현물'이라는 문언이 다소 모호한 측면이 있고, 일선 수사기관의 자의적 판정으로 뜻하지 않게 처벌의 범위가 지나치게 넓어질 우려가 있었다. 이에 그 의미를 분명히 하기 위해서 2012. 12. 18. 법률 제11572호로 구 아청법을 개정하면서 '명백하게'라는 문구를 추가하여 '아동·청소년으로 명백하게 인식될 수 있는 사람이나 표현물'이라고 규정하게 된 것이다.

나. 아동·청소년으로 명백하게 인식될 수 있는 사람이 등장하여 성교행위 등을 해야 함

(1) 아동·청소년으로 '명백하게 인식'되어야 함

아동·청소년으로 인식될 수 있는 사람이 등장하는 '아동·청소년성착취물'이라고 하기 위해서는 주된 내용이 아동·청소년의 성교행위 등을 표현하는 것이어야 할 뿐만 아니라, 등장인물의 외모나 신체발육 상태, 영상물의 출처나 제작 경위, 등장인물의 신원 등에 대하여 주어진 여러 정보 등을 종합적으로 고려하여 사회 평균인의 시각에서 객관적으로 관찰할 때 외관상 의심의 여지 없이 **명백하게 아동·청소년으로 인식되는 경우**라야 한다. 단지 등장인물이 다소 어려 보인다는 사정만으로 쉽사리 '아동·청소년으로 인식될 수 있는 사람이 등장하는 아동·청소년성착취물'이라고 단정해서는 아니 된다(대법원 2014. 9. 24. 선고 2013도4503 판결).

※대법원판례 비교

> ▶ **아동·청소년 코스프레 한 동영상이지만 죄가 성립되지 않는다고 부인된 사례(대법원 2014. 9. 26. 선고 2013도12607 판결)**

원심 판시 이 사건 동영상의 파일명은 'Japan school girl.mpg'이고, 이 사건 동영상 중 일부를 캡처한 사진들에는 **교복으로 보이는 옷을 입은 여성**이 자신의 성기를 만지고 있는 모습 등이 나타나 있으나, 다른 한편 위 사진 속에 등장하는 여성의 외모나 신체발육 상태 등에 비추어 위 여성을 아청법에서 정한 아동·청소년으로 단정하기는 어려워 보인다. 이러한 사실관계를 앞서 본 법리에 비추어 살펴보면, 이 사건 동영상에 명백하게 아동·청소년으로 인식될 수 있는 사람이 등장한다고 보기 어려우므로, 이 사건 동영상을 아동·청소년이용음란물에 해당한다고 단정할 수 없다.

▶ 만화 동영상이라도 아동·청소년에 해당됨이 전후 맥락으로 보아 명백하여 죄가 인정된 사례(대법원 2019. 5. 30. 선고 2015도 863 판결)

피고인 A가 피고인 회사를 통하여 운영한 인터넷 웹하드 사이트인 '○○○○○○'에 피고인 B가 게시한 만화 동영상에 등장하는 표현물의 외관이 19세 미만으로 보이고, 극중 설정에서도 아동·청소년에 해당하는 표현물이 등장하여 성교 행위를 하는 점 등의 여러 사정을 종합하면, 이 사건 만화 동영상은 아청법에서 정한 아동·청소년성착취물에 해당한다. 피고인 B는 이 사건 만화 동영상이 아동·청소년성착취물에 해당한다는 사실을 알면서 게시하였고, 피고인 A는 인터넷 웹하드 사이트를 운영하면서 이 사건 만화 동영상을 비롯한 아동·청소년성착취물이 게시될 가능성이 있음을 알면서도 이를 용인하였다.

(2) '아동·청소년의 성교행위 등'이 표현되어야 함

아동·청소년이 등장하였다고 해도 아동·청소년의 성교행위 등이 포함된 것이 아닌 한 위 죄에 해당되지 않는다. 사건의 개요를 설명하면 다음과 같다. 피고인은 평택시에서 사진관을 운영하던 중 2012. 3. 1. 14:00경 증명사진을 찍으러 찾아온 아동·청소년인 피해자(여, 15세)를 의자에 앉도록 한 다음 카메라가 피해자를 향하도록 한 후 촬영 타이머를 맞춘 상태에서 피해자가 앉아 있는 의자 바로 뒤쪽 옆으로 가서 자신의 트레이닝복 하의를 내리고 성기를 노출하여 자신이 피해자의 뒤에서 성기를 노출하고 있는 장면을 촬영하여 아동·청소년이용음란물인 사진 파일을 제작한 것을 비롯하여 124회에 걸쳐 사진 파일을, 25회에 걸쳐 동영상 파일을 제작하였다. 이로써 피고인은 위와 같이 149회에 걸쳐 아동·청소년이용음란물을 제작하였다고 기소된 사안이다. 이 사안에서 대법원은 비록 위 사진 및 동영상 파일에 아동·청소년이 등장하나 그 아동·청소년이 직접 성교행위 등을 한 것은 아니므로 위 규정으로 처벌할 수 없다고 무죄를 선고하였다.

▶ **대법원 2013. 9. 12. 선고 2013도502 판결**

　　형벌법규의 해석은 엄격하여야 하고, 명문규정의 의미를 피고인에게 불리한 방향으로 지나치게 확장해석하거나 유추해석하는 것은 죄형법정주의의 원칙에 어긋나는 것으로서 허용되지 아니한다(대법원 2009. 12. 10. 선고 2009도3053 판결 등 참조). 구 아동·청소년의 성보호에 관한 법률(2011. 9. 15. 법률 제11047호로 개정되기 전의 것) 제2조 제5호와 구 아동·청소년의 성보호에 관한 법률(2012. 12. 18. 법률 제11572호로 전부 개정되기 전의 것) 제2조 제5호는, '아동·청소년'이나 '아동·청소년 또는 아동·청소년으로 인식될 수 있는 사람이나 표현물'이 등장하여 제4호의 어느 하나에 해당하는 행위를 하거나 그 밖의 성적 행위를 하는 내용을 표현하는 것으로서 필름·비디오물·게임물 또는 컴퓨터나 그 밖의 통신매체를 통한 화상·영상 등의 형태로 된 것을 '아동·청소년이용음란물'로 정의하면서, 위 법률들 제8조 제1항에서 '아동·청소년이용음란물'을 제작·수입 또는 수출한 자에 대하여 '5년 이상의 유기징역'에 처하도록 규정하고 있다. 한편 위 법률들 제2조 제4호는 아동·청소년 등에게 대가를 제공하거나 약속하고 같은 호 각 목의 어느 하나에 해당하는 행위를 아동·청소년을 대상으로 하거나 아동·청소년으로 하여금 하게 하는 것을 '아동·청소

년의 성을 사는 행위'로 규정하면서, 그 각 목에 '성교 행위', '구강·
항문 등 신체의 일부나 도구를 이용한 유사 성교 행위', '신체의 전부
또는 일부를 접촉·노출하는 행위로서 일반인의 성적 수치심이나 혐
오감을 일으키는 행위', '자위행위'를 규정하고 있다. 앞서 본 법리와
위와 같은 관련 규정들의 문언 및 법정형 그 밖에 위 규정들의 연혁
등에 비추어 보면, 구 아동·청소년의 성보호에 관한 법률들 제2조
제5호에서 말하는 '아동·청소년이용음란물'은 '아동·청소년'이나
'아동·청소년 또는 아동·청소년으로 인식될 수 있는 사람이나 표현
물'이 등장하여 그 아동·청소년 등이 제2조 제4호 각 목의 행위나
그 밖의 성적 행위를 하거나 하는 것과 같다고 평가될 수 있는 내용
을 표현하는 것이어야 한다.

원심이 같은 취지에서 피고인이 제작한 필름 또는 동영상이 위
법률들에서 정한 '아동·청소년이용음란물'에 해당하지 아니한다고
판단하여 이 사건 공소사실 중 피고인이 아동·청소년의 성보호에 관
한 법률 위반(음란물제작·배포등)죄를 저질렀다는 점에 대하여 무죄를
선고한 것은 정당하고, 거기에 상고이유의 주장과 같이 '아동·청소
년이용음란물'에 관한 법리를 오해한 위법이 없다.

다. 아동·청소년으로 명백하게 인식될 수 있는 '표현물'의 뜻

위 처벌 대상 속에 실제 아동·청소년이 등장하는 것이 아니라
아동·청소년을 이미지화한 그림, 만화, 애니메이션, 컴퓨터그래픽
등 '가상의 아동·청소년 음란물'도 포함되는가가 문제이다. 그런데
법 개정 과정을 살펴보면 여기서 '표현물'에는 실제 사람이 등장하지
않는 가상의 음란물도 포함된다고 보아야 한다. 앞서 본 대법원판결
(대법원 2019. 5. 30. 선고 2015도863 판결)도 같은 취지이다. 즉 만화 동
영상에 등장하는 표현물의 외관이 19세 미만으로 보이고, 극중 설정
에서도 아동·청소년에 해당하는 표현물이 등장하여 성교 행위를 하

였다면 그 만화 동영상은 아동·청소년성착취물에 해당한다.

☞ 법 개정 과정

> 원래 2011. 9. 15. 아동청소년성보호법 개정으로(법률 제11047호) 가
> 상의 아동·청소년이용음란물에 대한 규제가 시작되었는바, 당시 입법
> 경위를 보면 "표현물"과 관련해서는 단순히 아동·청소년을 이미지화
> 한 그림이나 만화 등이 아니라, 컴퓨터그래픽 또는 그 밖의 기술로 마
> 치 실제 아동·청소년이 등장한 것과 마찬가지로 보이는 표현물 내지
> 실제 아동·청소년의 사진을 기술적으로 합성한 표현물을 예정했던 것
> 으로 보인다.8 그런데 법 시행 이후 "아동·청소년으로 인식될 수 있는
> 표현물"에 실제 아동·청소년으로 인식될 가능성이 없는 그림, 만화
> 등으로 표현된 아동·청소년의 이미지도 포함되는 것인지 불명확하고,
> 만약 이러한 표현물도 포함된다면 그 규율범위가 지나치게 광범위하다
> 는 비판이 일자, 관련 조항에 대한 개정 논의가 시작되었다. 그러한 개
> 정 논의에서는 "표현물"에 그림이나 만화도 포함될 수 있다는 입장과
> 실제 아동·청소년의 사진을 이용하거나 실제 아동·청소년이 등장한
> 것으로 오인할 수 있는 표현물로 제한하여야 한다는 반대 입장이 대립
> 하다가, 그림, 만화 등이 더 자극적일 수 있기 때문에 "표현물"이라고
> 정하되 규제 대상의 광범성으로 인한 문제는 법 집행기관이 구체적 사
> 안을 해결함에 있어 판단할 수 있다고 보고, '명백성' 요건만을 추가하
> 게 되었다.9

---

8 윤석용 의원이 대표발의한 아동·청소년성보호법 일부개정 법률안 검토보고서
  (2011. 4. 여성가족위원회 수석전문위원).
9 아동·청소년성보호법개정안(법률 제11572호)에 대한 국회 아동·여성대상성폭
  력대책특별위원회회의록(법안심사소위원회) 및 제311회 국회(정기회) 아동·여
  성대상성폭력대책특별위원회 회의록 참조.

4. 아동·청소년성착취물 '제공'의 의미

가. 머 리 말

위 규정의 행위태양 중 다른 것들은 해석상 크게 논란의 여지가 없다. 다만 아동·청소년성착취물을 '제공'한 경우가 특히 문제가 된다. 예컨대 무상으로(즉, 영리목적 없이) 친구 한 명에게 아동·청소년성착취물을 전달한 경우도 여기서 말하는 '제공'에 해당되는지가 쟁점이다.

나. 법 개정

종전의 아청법(법률 제11048호) 제8조에 의하면 다음과 같이 규정되어 있었다. 먼저 **영리를 목적으로** 아동·청소년이용음란물을 판매·대여·배포하거나 이를 목적으로 소지·운반하거나 공연히 전시 또는 상영한 자는 7년 이하의 징역에 처한다(2항). 다음으로 (영리 목적이 아니더라도) 아동·청소년이용음란물을 **배포**하거나 공연히 전시 또는 상영한 자는 3년 이하의 징역 또는 2천만원 이하의 벌금에 처한다(4항). 그런데 2012. 12. 18. 개정된 아청법(법률 제11572호, 시행 2013. 6. 19.) 제11조 제3항에 의하면 "아동·청소년이용음란물을 **배포·제공**하거나 공연히 전시 또는 상영한 자는 7년 이하의 징역 또는 5천만원 이하의 벌금에 처한다"라고 구성요건이 바뀌었다.

다. 법 개정의 의미

이와 같은 법 개정의 차이점은 무엇인가? 영리목적이 아닌 경우, 종래에 없던 '제공'이 행위 태양 중 하나로 추가된 것이다. 다시 말해 '배포'뿐만 아니라 '단순 제공'의 경우에도 이제는 처벌대상이 된 것이다. 이에 따라 기존에는 무상 교부행위의 경우 불특정 다수인에 대한 '배포'만 처벌했으나, 2013. 6. 19. 이후에는 <u>아동·청소년성착취</u>

물을 특정한 1인에게 전달하는 제공행위도 처벌이 가능한 것이다. 결국 아동·청소년성착취물을 카톡으로 친구에게 전달한 것도 여기서 말하는 '제공'에 해당되어 처벌될 수 있다.

5. 제작 방법

'제작' 방법에 특별한 제한은 없다. 가해자가 피해자에게 겁을 주어 휴대폰의 카메라를 통하여 촬영되는 영상이 전송되는 영상통화를 피고인에게 걸게 한 후 아동·청소년으로 하여금 음란한 영상물을 스스로 촬영하게 한 다음, 가해자의 휴대폰으로 전송되어 온 영상통화 파일을 저장하는 방법도 제작방법의 하나이다(서울북부지방법원 2011. 11. 11. 선고 2011고합116 판결). 이 경우 피해자의 휴대폰 주기억장치에 입력되는 순간 아동·청소년성착취물의 제작의 기수에 이른다. 대법원도 같은 취지의 판결을 하였다.

▶ **대법원 2018. 9. 13. 선고 2018도9340 판결**

[1] 피고인이 직접 아동·청소년의 면전에서 촬영행위를 하지 않았더라도 아동·청소년성착취물을 만드는 것을 기획하고 타인으로 하여금 촬영행위를 하게 하거나 만드는 과정에서 구체적인 지시를 하였다면, 특별한 사정이 없는 한 아동·청소년성착취물 '제작'에 해당한다. 이러한 촬영을 마쳐 재생이 가능한 형태로 저장이 된 때에 제작은 기수에 이르고 반드시 피고인이 그와 같이 제작된 아동·청소년성착취물을 재생하거나 피고인의 기기로 재생할 수 있는 상태에 이르러야만 하는 것은 아니다. 이러한 법리는 피고인이 아동·청소년으로 하여금 스스로 자신을 대상으로 하는 음란물을 촬영하게 한 경우에도 마찬가지이다.

[2] 원심판결 이유에 따르면, 피고인이 카카오톡 메신저를 이용

하여 피해자에게 돈을 주겠다고 말한 다음 피해자로 하여금 피해자의 스마트폰에 부착된 카메라로 피해자를 대상으로 한 자위행위 등 음란행위 장면을 촬영하도록 지시하였고, 그에 따라 피해자가 자신의 스마트폰에 부착된 카메라로 음란행위 장면을 촬영한 사실을 알 수 있다. 원심은, 그와 같이 촬영된 영상정보가 피해자의 스마트폰 주기억장치에 입력되는 순간 아동·청소년이용음란물의 제작을 마쳤다고 판단하였다. 원심판결 이유를 위에서 본 법리와 적법하게 채택된 증거에 비추어 살펴보면, 원심의 판단은 정당하다.

6. 아동·청소년의 동의를 받거나 사적 소지 목적으로 제작한 경우

아동·청소년이 촬영에 동의한 경우나 유포할 생각 없이 단지 사적인 소지 목적으로 제작한 경우도 처벌대상이 된다(2018. 9. 13. 선고 2018도9340 판결; 대법원 2015. 2. 12. 선고 2014도11501 판결).

▶ 대법원 2015. 2. 12. 선고 2014도11501 판결

구 아동·청소년의 성보호에 관한 법률(2012. 12. 18. 법률 제11572호로 전부 개정되기 전의 것, 이하 '구 아청법'이라 한다)은 제2조 제5호, 제4호에 '아동·청소년이용음란물'의 의미에 관한 별도의 규정을 두면서도, 제8조 제1항에서 아동·청소년이용음란물을 제작하는 등의 행위를 처벌하도록 규정하고 있을 뿐 범죄성립의 요건으로 제작 등의 의도나 음란물이 아동·청소년의 의사에 반하여 촬영되었는지 여부 등을 부가하고 있지 아니하다. 여기에다가 아동·청소년을 대상으로 성적 행위를 한 자를 엄중하게 처벌함으로써 성적 학대나 착취로부터 아동·청소년을 보호하는 한편 아동·청소년이 책임 있고 건강한 사회구성원으로 성장할 수 있도록 하려는 구 아청법의 입법 목적과 취지, 정신적으로 미성숙하고 충동적이며 경제적으로도 독립적이지

못한 아동·청소년의 특성, 아동·청소년이용음란물은 직접 피해자인 아동·청소년에게는 치유하기 어려운 정신적 상처를 안겨줄 뿐 아니라, 이를 시청하는 사람들에게까지 성에 대한 왜곡된 인식과 비정상적 가치관을 조장하므로 이를 제작 단계에서부터 원천적으로 차단함으로써 아동·청소년을 성적 대상으로 보는 데서 비롯되는 잠재적 성범죄로부터 아동·청소년을 보호할 필요가 있는 점, 인터넷 등 정보통신매체의 발달로 인하여 음란물이 일단 제작되면 제작 후 사정의 변경에 따라, 또는 제작자의 의도와 관계없이 언제라도 무분별하고 무차별적으로 유통에 제공될 가능성을 배제할 수 없는 점 등을 더하여 보면, 제작한 영상물이 객관적으로 아동·청소년이 등장하여 성적 행위를 하는 내용을 표현한 영상물에 해당하는 한 대상이 된 **아동·청소년의 동의하에 촬영**한 것이라거나 **사적인 소지·보관을 1차적 목적으로 제작한 것**이라고 하여 구 아청법 제8조 제1항의 '아동·청소년이용음란물'에 해당하지 아니한다거나 이를 '제작'한 것이 아니라고 할 수 없다.

제 3 장

성범죄 · 성매매 양형기준

제 3 장 성범죄·성매매 양형기준[1]

I. 일반 성범죄

1. 적용대상 범죄

성범죄의 양형기준은 강간(형법 297조), 유사강간(형법 297조의2), 강제추행(형법 298조), 준강간, 준유사강간, 준강제추행(형법 299조), 강간 등 상해·치상(형법 301조), 강간 등 치사(형법 301조의2), 미성년자의제강간/유사강간/강제추행 등(형법 305조), 상습범(형법 305조의2), 강도강간(형법 339조), 주거침입강간/유사강간/강제추행 등(성폭법 3조 1항), 특수강도강간/유사강간/강제추행 등(성폭법 3조 2항), 특수강간/강제추행 등(성폭법 4조), 친족관계에 의한 강간/강제추행 등(성폭법 5조), 장애인에 대한 강간/유사강간/강제추행 등(성폭법 6조), 13세 미만미성년자에 대한 강간/유사강간/강제추행 등(성폭법 7조), 강간 등 상해·치상(성폭법 8조), 강간 등 치사(성폭법 9조 2항·3항), 청소년에 대한 강간/유사강간/강제추행 등(아청법 7조), 장애인 청소년에 대한 간음 등(아청법 8조), 강간 등 상해·치상(아청법 9조), 강간 등 치사(아청법 10조 2항), 신고의무자의 성범죄(아청법 18조), 특정범죄가중법(이하 "특가법"으로 약칭)상 강도강간 재범(특가법 5조의 5), 군인 등 강간(군형법 92조), 군인 등 유사강간(군형법 92조의 2), 군인 등 강제추행(군형

---

[1] 대법원양형위원회, 2020. 7. 1. 시행.

법 92조의 3), 군인 등 준강간, 준유사강간, 준강제추행(군형법 92조의 4), 군인 등 강간 등 상해 · 치상(군형법 92조의 7), 군인 등 강간 등 치사(군형법 92조의 8)의 죄를 저지른 성인(19세 이상) 피고인에 대하여 적용한다.

2. 형종 및 형량의 기준

가. 일반적 기준

(1) 강간죄(13세 이상 대상)

유형	구 분	감 경	기 본	가 중
1	일반강간	1년 6월－3년	2년 6월－5년	4년－7년
2	친족관계에 의한 강간/주거침입 등 강간/특수강간	3년－5년 6월	5년－8년	6년－9년
3	강도강간	5년－9년	8년－12년	10년－15년

- 성년 유사강간은 1유형에 포섭하되, 형량범위의 상한과 하한을 2/3로 감경
- 청소년 강간/유사강간(위계 · 위력간음/유사성교 포함)은 2유형에 포섭
- 특정강력범죄의 처벌에 관한 특례법(이하 "특강"으로 약칭)(누범)에 해당하는 경우에는 형량범위의 상한과 하한을 1.5배 가중
- 강도강간죄의 특가법(누범)에 해당하는 경우에는 형량범위의 상한과 하한을 1.5배 가중

구 분		감 경 요 소	가 중 요 소
특별양형인자	행위		◦가학적 · 변태적 침해행위 또는 극도의 성적 수치심 증대 ◦다수 피해자 대상 계속적 · 반복적 범행 ◦범행에 취약한 피해자 ◦성폭법 제3조 제2항이 규정하는 특수강도범인 경우(3유형)

			◦친족관계인 사람의 주거침입 등 강간 또는 특수강간 범행인 경우 ◦윤간(2, 3유형) ◦임신 ◦피지휘자에 대한 교사
	행위자/ 기타	◦농아자 ◦심신미약(본인 책임 없음) ◦자수 ◦처벌불원	◦특가(누범)·특강(누범)에 해당하지 않는 동종 누범 ◦신고의무자 또는 보호시설 등 종사자의 범행 ◦상습범인 경우
일 반 양 형 인 자	행위	◦소극 가담 ◦타인의 강압이나 위협 등에 의한 범행가담	◦계획적 범행 ◦동일 기회 수회 간음 ◦비난 동기 ◦심신장애 상태를 야기하여 강간한 경우 ◦친족관계인 사람의 범행인 경우 ◦청소년에 대한 범행인 경우
	행위자/ 기타	◦상당 금액 공탁 ◦진지한 반성 ◦형사처벌 전력 없음	◦인적 신뢰관계 이용 ◦특가(누범)·특강(누범)에 해당하지 않는 이종 누범, 누범에 해당하지 않는 동종 및 폭력 실형 전과(집행종료 후 10년 미만) ◦합의 시도 중 피해 야기(피해자 등에 대한 강요죄가 성립하는 경우는 제외)

- 음주 또는 약물로 인한 만취상태에서 성범죄를 범한 경우에는 다음과 같은 구분에 따른다(강제추행죄, 장애인대상 성범죄, 13세 미만 대상 성범죄, 군형법상 성범죄, 상해의 결과가 발생한 경우, 사망의 결과가 발생한 경우에도 동일하게 적용).

  ① 범행의 고의로 또는 범행 수행을 예견하거나 범행 후 면책 사유로 삼기 위하여 자의로 음주 또는 약물로 인하여 만취 상태에 빠진 경우에는 피고인이 범행 당시 심신미약 상태에 있었는지 여부와 상관없이 만취상태를 일반가중인자로 반영한다.

  ② 범행의 고의가 없었고, 범행 수행을 예견하지 못하였으나,

과거의 경험, 당시의 신체 상태나 정황 등에 비추어 음주 또는 약물로 인하여 만취상태에 빠지면 타인에게 해악을 미칠 소질(가능성)이 있는 경우에는 피고인이 범행 당시 심신미약 상태에 있었는지 여부와 상관없이 만취상태를 감경인자로 반영하지 아니한다.

③ ①, ②에 해당하지 않더라도 범행 당시 심신미약 상태에 이르지 않은 경우에는 만취상태를 감경인자로 반영하지 아니한다.

(2) 강제추행죄(13세 이상 대상)

유형	구 분	감 경	기 본	가 중
1	일반강제추행	-1년	6월-2년	1년 6월-3년
2	친족관계에 의한 강제추행/주거침입 등 강제추행/특수강제추행	1년 6월-3년	2년 6월-5년	4년-7년
3	특수강도강제추행	5년-8년	7년-11년	9년-13년

• 청소년 강제추행(위계 · 위력추행 포함)은 2유형에 포섭하되, 형량범위의 상한과 하한을 2/3로 감경
• 특강(누범)에 해당하는 경우에는 형량범위의 상한과 하한을 1.5배 가중

구 분		감 경 요 소	가 중 요 소
특별양형인자	행위	○유형력의 행사가 현저히 약한 경우 ○추행의 정도가 약한 경우	○가학적 · 변태적 침해행위 또는 극도의 성적 수치심 증대 ○다수 피해자 대상 계속적 · 반복적 범행 ○범행에 취약한 피해자 ○친족관계인 사람의 주거침입 등 강제추행 또는 특수강제 범행인 경우 ○피지휘자에 대한 교사
	행위자/	○농아자	○특강(누범)에 해당하지 않는 동종 누범

	기타	◦심신미약(본인 책임 없음) ◦자수 ◦처벌불원	◦신고의무자 또는 보호시설 등 종사자의 범행 ◦상습범인 경우
일 반 양 형 인 자	행위	◦소극 가담 ◦타인의 강압이나 위협 등에 의한 범행가담	◦계획적 범행 ◦비난 동기 ◦심신장애 상태를 야기하여 강제추행한 경우 ◦친족관계인 사람의 범행인 경우 ◦청소년에 대한 범행인 경우
	행위자/ 기타	◦상당 금액 공탁 ◦진지한 반성 ◦형사처벌 전력 없음	◦인적 신뢰관계 이용 ◦특강(누범)에 해당하지 않는 이종 누범, 누범에 해당하지 않는 동종 및 폭력 실형 전과 (집행종료 후 10년 미만) ◦합의 시도 중 피해 야기(피해자 등에 대한 강요죄가 성립하는 경우는 제외)

(3) 장애인(13세 이상) 대상 성범죄

유형	구 분	감 경	기 본	가 중
1	의제추행	10월	8월−2년	1년 6월−3년
2	의제간음/강제추행	1년 6월−3년	2년 6월−5년	4년−6년
3	유사강간	2년 6월−5년	4년−7년	6년−9년
4	강간	4년−7년	6년−9년	8년−12년

- 위계·위력추행은 2유형(다만, 형량범위의 상한과 하한을 1/2로 감경)에, 위계·위력유사성교는 3유형에, 위계·위력간음은 4유형에 포섭
- 강도강간(특수강도강간 포함), 특수강도강제추행(특수강도유사강간 포함)의 경우에는 강간죄(13세 이상 대상), 강제추행죄(13세 이상 대상) 형량기준을 적용{장애인(13세 이상) 대상 성범죄의 양형인자표를 사용}
- 특강(누범)에 해당하는 경우에는 형량범위의 상한과 하한을 1.5배 가중

구 분		감 경 요 소	가 중 요 소
특별양형인자	행위	◦추행의 정도가 약한 경우(1, 2유형)	◦가학적 · 변태적 침해행위 또는 극도의 성적 수치심 증대 ◦다수 피해자 대상 계속적 · 반복적 범행 ◦성폭법 제3조 제2항이 규정하는 특수강도범인 경우(4유형) ◦윤간(2, 4유형) ◦임신(2, 4유형) ◦피지휘자에 대한 교사
	행위자/기타	◦농아자 ◦심신미약(본인 책임 없음) ◦자수 ◦처벌불원	◦특강(누범)에 해당하지 않는 동종 누범 ◦신고의무자 또는 보호시설 등 종사자의 범행 ◦상습범인 경우
일반양형인자	행위	◦소극 가담 ◦타인의 강압이나 위협 등에 의한 범행가담	◦계획적 범행 ◦동일 기회 수회 간음(2, 4유형) ◦비난 동기 ◦성폭법 제3조 제1항, 제4조 또는 제5조가 규정하는 형태의 범행인 경우 ◦심신장애 상태를 야기하여 범행한 경우
	행위자/기타	◦상당 금액 공탁 ◦진지한 반성 ◦형사처벌 전력 없음	◦인적 신뢰관계 이용 ◦특강(누범)에 해당하지 않는 이종 누범, 누범에 해당하지 않는 동종 및 폭력 실형 전과 (집행종료 후 10년 미만) ◦합의 시도 중 피해 야기(피해자 등에 대한 강요죄가 성립하는 경우는 제외)

(4) 13세 미만 대상 성범죄

유형	구 분	감 경	기 본	가 중
1	의제강제추행	−10월	8월−2년	1년 6월−3년
2	의제강간	1년 6월−3년	2년 6월−5년	4년−6년
3	강제추행	2년 6월−5년	4년−7년	6년−9년
4	유사강간	4년−7년	6년−9년	8년−12년
5	강간	6년−9년	8년−12년	11년−15년

- 의제유사강간은 2유형에 포섭하되, 형량범위의 상한과 하한을 2/3로 감경
- 위계·위력추행은 3유형에, 위계·위력유사성교는 4유형에, 위계·위력 간음은 5유형에 포섭
- 특수강도강제추행(특수강도유사강간 포함)의 경우에는 강제추행죄(13세 이상 대상) 형량기준을 적용(13세 미만 대상 성범죄의 양형인자표를 사용)
- 특강(누범)에 해당하는 경우에는 형량범위의 상한과 하한을 1.5배 가중

구 분		감 경 요 소	가 중 요 소
특별양형인자	행위	◦추행의 정도가 약한 경우(1, 3유형)	◦가학적·변태적 침해행위 또는 극도의 성적 수치심 증대 ◦다수 피해자 대상 계속적·반복적 범행 ◦특별보호장소에서의 범행 ◦성폭법 제3조 제2항이 규정하는 특수강도범인 경우(5유형) ◦윤간(2, 5유형) ◦임신(2, 5유형) ◦피지휘자에 대한 교사
	행위자/기타	◦농아자 ◦심신미약(본인 책임 없음) ◦자수 ◦처벌불원	◦특강(누범)에 해당하지 않는 동종 누범 ◦신고의무자 또는 보호시설 등 종사자의 범행 ◦상습범인 경우
일반양형인자	행위	◦소극 가담 ◦타인의 강압이나 위협 등에 의한 범행가담	◦계획적 범행 ◦동일 기회 수회 간음(2, 5유형) ◦비난 동기 ◦성폭법 제3조 제1항, 제4조 또는 제5조가 규정하는 형태의 범행인 경우 ◦심신장애 상태를 야기하여 범행한 경우
	행위자/기타	◦상당 금액 공탁 ◦진지한 반성	◦인적 신뢰관계 이용 ◦특강(누범)에 해당하지 않는 이종 누범, 누범

| | ◦형사처벌 전력 없음 | 에 해당하지 않는 동종 및 폭력 실형 전과
(집행종료 후 10년 미만)
◦합의 시도 중 피해 야기(피해자 등에 대한
강요죄가 성립하는 경우는 제외) |

(5) 군형법상 성범죄

유형	구　분	감　경	기　본	가　중
1	군인등강제추행	6월-1년 4월	10월-2년 6월	2년-4년
2	군인등유사강간	1년 6월-3년	2년 6월-5년	4년-7년
3	군인등강간	2년 6월-5년	4년-7년	6년-9년

• 특강(누범)에 해당하는 경우에는 형량범위의 상한과 하한을 1.5
  배 가중

구　분		감 경 요 소	가 중 요 소
특별양형인자	행위	◦유형력의 행사가 현저히 약한 경우(1유형) ◦추행의 정도가 약한 경우(1유형)	◦가학적·변태적 침해행위 또는 극도의 성적 수치심 증대 ◦다수 피해자 대상 계속적·반복적 범행 ◦상관의 지위를 적극적으로 이용하거나 범행에 취약한 피해자에 대한 범행 ◦임신(3유형) ◦피지휘자에 대한 교사
	행위자/기타	◦농아자 ◦심신미약(본인 책임 없음) ◦자수 ◦처벌불원	◦특정강력범죄(누범)에 해당하지 않는 동종 누범 ◦상습범인 경우
일반양형인자	행위	◦소극 가담 ◦타인의 강압이나 위협 등에 의한 범행가담	◦계획적 범행 ◦동일 기회 수회 간음(3유형) ◦비난 동기 ◦심신장애 상태를 야기하여 강간한 경우
	행위자/기타	◦상당 금액 공탁 ◦진지한 반성 ◦형사처벌 전력 없음	◦인적 신뢰관계 이용 ◦특정강력범죄(누범)에 해당하지 않는 이종 누범, 누범에 해당하지 않는 동종 및 폭력 실형전과(집행 종료 후 10년 미만)

| | | | ∘합의 시도 중 피해 야기(피해자 등에 대한 강요죄가 성립하는 경우는 제외) |

나. 상해의 결과가 발생한 경우
(1) 13세 이상 대상 상해/치상

유형	구 분	감 경	기 본	가 중
1	일반강제추행	2년 6월−4년	3년−5년	4년 −6년
2	일반강간	2년 6월−5년	4년−7년	6년−9년
3	친족관계에 의한 강제추행	3년 6월−6년	5년−8년	7년−10년
4	친족관계에 의한 강간	4년−7년	6년−9년	8년−12년
5	주거침입 등 강제추행/특수강제추행	5년−8년	7년−11년	10년−14년
6	주거침입 등 강간/특수강간	6년−9년	8년−13년	12년−16년

- 청소년 강제추행(위계·위력추행 포함), 성년 유사강간은 2유형에 포섭
- 청소년 강간(위계·위력간음 포함), 청소년 유사강간(위계·위력유사성교 포함)은 3유형에 포섭
- 특강(누범)에 해당하는 경우에는 형량범위의 상한과 하한을 1.5배 가중
- 양형인자는, 강간죄(13세 이상 대상), 강제추행죄(13세 이상 대상)의 양형인자표 중 특별감경인자에 "상해 결과가 발생하였으나 기본범죄가 미수인 경우"와 "경미한 상해"를, 특별가중인자에 "중한 상해"를 각 추가하여 해당 유형별로 사용
- 강도강간(특수강도강간 포함)으로 인하여 상해의 결과가 발생한 경우는 6유형에, 특수강도강제추행으로 인하여 상해의 결과가 발생한 경우는 5유형에 각 포섭. 위 경우, 그 양형인자표(강간죄, 강제추행죄의 양형인자표)의 특별가중인 자에 "중한 상해"를,

일반가중인자에 "중한 상해 아닌 상해"를 각 추가하여 사용

(2) 장애인(13세 이상) 또는 13세 미만 대상 상해/치상

유형	구 분	감 경	기 본	가 중
1	의제강간추행	2년 6월－4년	3년－5년 6월	5년－8년
2	의제강간	2년 6월－5년	4년－7년	6년－9년
3	강제추행	5년－8년	7년－11년	10년－14년
4	유사강간	5년－9년	8년－12년	11년－15년
5	강간	6년－10년	9년－14년	13년 이상, 무기

- 의제유사강간은 2유형에, 위계·위력추행은 3유형에, 위계·위력 유사성교는 4유형에, 위계·위력간음은 5유형에 포섭
- 특강(누범)에 해당하는 경우에는 형량범위의 상한과 하한을 1.5배 가중
- 양형인자는 장애인(13세 이상) 대상 성범죄, 13세 미만 대상 성범죄의 양형인자표 중 특별감경인자에 "상해 결과가 발생하였으나 기본범죄가 미수인 경우"와 "경미한 상해"를, 특별가중인자에 "중한 상해"를 각 추가하여 해당 유형별로 사용
- 강도강간(특수강도강간 포함)으로 인하여 상해의 결과가 발생한 경우는 5유형에, 특수강도강제추행으로 인하여 상해의 결과가 발생한 경우는 3유형에, 특수강도 유사강간으로 인하여 상해의 결과가 발생한 경우는 4유형에 각 포섭. 위 경우, 그 양형인자표{장애인(13세 이상) 대상 성범죄, 13세 미만 대상 성범죄의 양형인자표}의 특별가중인자에 "중한 상해"를, 일반가중인자에 "중한 상해 아닌 상해"를 각 추가하여 사용

(3) 군형법상 성범죄

유형	구 분	감 경	기 본	가 중
1	군인등강제추행	2년 6월−5년	4년−7년	6년−9년
2	군인등유사강간/ 군인등강간	3년 6월−6년	5년−8년	7년−10년

- 특강(누범)에 해당하는 경우에는 형량범위의 상한과 하한을 1.5배 가중
- 양형인자는 군형법상 성범죄의 양형인자표 중 특별감경인자에 "상해 결과가 발생하였으나 기본범죄가 미수인 경우"와 "경미한 상해"를, 특별가중인자에 "중한 상해"를 각 추가하여 해당 유형별로 사용

다. 사망의 결과가 발생한 경우

구 분	감 경	기 본	가 중
강간치사/유사강간치사/ 강제추행치사	9년−12년	11년−14년	13년 이상, 무기

- 특강(누범)에 해당하는 경우에는 형량범위의 상한과 하한을 1.5배 가중

구 분		감 경 요 소	가 중 요 소
특별양형인자	행위	∘사망의 결과가 피고인의 직접적인 행위로 인하지 않은 경우	∘범행에 취약한 피해자 ∘피지휘자에 대한 교사
	행위자/기타	∘농아자 ∘심신미약(본인 책임 없음) ∘자수 ∘처벌불원(피해회복을 위한 진지한 노력 포함)	∘반성 없음(범행의 단순 부인은 제외) ∘특강(누범)에 해당하지 않는 동종 누범

일 반 양 형 인 자	행위	◦기본행위가 강제추행인 경우 ◦소극 가담	
	행위자/ 기타	◦범행 후 구호 후송 ◦상당 금액 공탁 ◦진지한 반성	◦특강(누범)에 해당하지 않는 이종 누범, 누범에 해당하지 않는 동종 및 폭력 실 형 전과(집행종료 후 10년 미만)

3. 실제 판결문의 예

서울중앙지방법원
판   결

사건번호   2018고합 1234 아동·청소년의성보호에관한법률위반(강제추행)등
피 고 인   홍 길 동
검   사   이 몽 룡
변 호 인   변 사 또
판결선고   2019. 4. 12.

주   문

피고인을 징역 1년 6월에 처한다.

다만, 이 판결 확정일부터 3년간 위 형의 집행을 유예한다.

피고인에 대하여 80시간의 성폭력 치료강의 수강 및 120시간의 사회봉사를
명한다.

피고인에 대하여 아동·청소년 관련기관 등에 5년간 취업제한을 명한다.

이   유

범죄사실

　　피고인은 남원골 고등학교 유도부 코치이고, 피해자 성춘향(여,16세)은
피고인의 지도를 받는 위 학교 유도부 학생이다.

　　가. 아동·청소년의성보호에관한법률위반(준강제추행)

(1) 피고인은 2018. 1. 초순 22:00경 경기 양평군 소재 리조트 알 수 없는 호실 내에서 피해자가 누워있는 것을 보고 잠이 든 것으로 알고 피해자의 상의 속으로 손을 넣어 피해자의 가슴을 1회 만졌다.

(2) 피고인은 2018. 1. 중순 22:00경 경기 양평군 A호텔 알 수 없는 호실 내에서 피해자가 누워있는 것을 보고 잠이 든 것으로 알고 손으로 피해자의 가슴과 엉덩이를 만지고, 팬티 속에 손을 넣어 피해자의 음부를 만졌다.

이로써 피고인은 2회에 걸쳐 아동·청소년인 피해자가 잠을 자고 있어 심신상실 상태에 빠진 것으로 알고 이를 이용하여 피해자를 추행하려고 하였으나 사실 피해자가 잠에서 깨어 있어 미수에 그쳤다.

나. 아동·청소년의성보호에관한법률위반(강제추행)

피고인은 2018. 7.~8.경 서울 서초동 소재 실내체육관에서 피해자와 유도기술인 '굳히기' 훈련을 하던 중, 도복의 깃을 잡는 척하며 도복 안으로 손을 넣어 갑자기 피해자의 가슴을 1회 만졌다.

이로써 피고인은 아동·청소년인 피해자를 강제로 추행하였다

증거의 요지

1. 피고인의 법정진술
1. 피해자 진술서(사본)
1. 속기록(피해자 진술)
1. 내사보고(증거목록 순번 8, 첨부자료 포함)

법령의 적용

1. 범죄사실에 대한 해당법조 및 형의 선택

각 아동·청소년의 성보호에 관한 법률 제7조 제6항, 제4항, 제3항, 형법 제299조(아동·청소년 준강제추행 미수의 점, 징역형 선택), 아동·청소년의 성보호에 관한 법률 제7조 제3항, 형법 제298조(아동·청소년 강제추행의 점, 징역형 선택)

1. 경합범가중

형법 제37조 전단, 제38조 제1항 제2호, 제50조[죄질이 가장 무거운 아

동·청소년의성보호에관한법률위반(강제추행)죄에 정한 형에 경합범가중]
1. 작량감경

형법 제53조, 제55조 제1항 제3호(아래 양형의 이유 중 유리한 정상 참작)
1. 수강명령 및 사회봉사명령

아동·청소년의 성보호에 관한 법률 제21조 제2항 본문, 제4항
1. 공개명령, 고지명령의 면제

아동·청소년의 성보호에 관한 법률 제49조 제1항 단서, 제50조 제1항
단서(피고인이 이 사건 범행 이전에 성폭력 범죄로 처벌받은 전력이 없어 피
고인에게 성폭력의 습벽이나 재범의 위험성이 있다고 단정하기 어렵다. 그
밖에 공개명령 및 고지명령으로 인하여 피고인이 입을 불이익과 예상되는
부작용 및 피고인의 연령, 직업, 가정환경, 사회적 유대관계와 이 사건 범행
의 동기, 수단과 결과 등 제반 사정을 종합하면, 피고인의 신상정보를 공개
및 고지하여서는 아니 될 특별한 사정이 있다고 판단된다.)
1. 취업제한명령

가. 2018. 7. 16. 이전 범행에 대하여 : 아동·청소년의 성보호에 관한
법률 부칙(2018. 1. 16. 법률 제15352호) 제3조, 구 아동·청소년의 성보호에
관한 법률(2018. 3. 13. 법률 제15452호로 개정되기 전의 것) 제56조 제1항
본문

나. 2018. 7. 17. 이후 범행에 대하여 : 구 아동·청소년의 성보호에 관한
법률(2018. 3. 13. 법률 제15452호로 개정되기 전의 것) 제56조 제1항 본문

양형의 이유
1. 법률상 처단형의 범위 : 징역 1년~22년 6월
2. 양형기준에 따른 권고형의 범위

가. 아동·청소년의성보호에관한법률위반(강제추행)

[유형의 결정]

– 성범죄 > 01. 일반적 기준 > 나. 강제추행죄(13세 이상 대상) >
[제2유형] 친족 관계에 의한 강제추행/주거침입등 강제추행/특수강

제추행

※ 청소년 강제추행은 2유형에 포섭하되, 형량범위의 상한과 하한을 2/3
로 감경

[특별양형인자]

– 가중요소 : 신고의무자 또는 보호시설 등 종사자의 범행

[권고영역 및 권고형의 범위]

– 가중영역, 징역 2년 8월~4년 8월

[일반양형인자]

– 감경요소 : 형사처벌 전력 없음

– 가중요소 : 청소년에 대한 범행인 경우

나. 각 아동·청소년의성보호에관한법률위반(준강제추행)죄 : 미수범으
로 양형기준 미설정

다. 다수범죄 처리기준에 따른 최종 권고형 : 징역 2년 8월 이상(양형기
준이 설정된 범죄와 그렇지 않은 범죄가 형법 제37조 전단 경합범 관계에 있
으므로, 그 권고형의 하한만 따른다.)

3. 선고형의 결정 : 징역 1년 6월(집행유예 3년)

　이 사건 각 범행은 유도부 코치로서 피해자를 지도하고 보호해야 할 지
위에 있는 피고인이 오히려 피해자를 준강제추행하려다 미수에 그치고, 훈
련도중 강제추행한 것으로서 피고인의 지위, 피해자와의 관계, 범행 경위 및
내용 등에 비추어 죄질이 매우 좋지 않다. 추행의 정도가 비교적 중하고 피
고인의 범행으로 인하여 성적 정체성과 가치관을 형성해 가는 과정에 있던
어린 나이의 피해자가 상당한 정신적 충격을 받았을 것으로 보인다. 이러한
점을 고려하면 피고인을 엄벌할 필요성이 있다.

　다만, 피고인이 이 사건 범행을 인정하고 있다. 피고인이 피해자와 합의
하여 피해자가 피고인에 대한 처벌을 원하지 않고 있다. 피고인이 현재는 코
치직을 그만 둔 것으로 보인다. 피고인은 아무런 형사처벌 전력이 없는 초범
이다. 피고인에게는 부양해야 할 아내와 어린 자녀가 있다. 피고인의 지인,
가족들이 피고인에 대한 선도를 약속하며 선처를 탄원하는 등 사회적 유대

관계가 분명한 것으로 보인다. 이와 같은 유리한 정상을 참작하고, 그 밖에 피고인의 연령, 성행, 환경, 범행의 동기 및 수단과 방법 등 양형의 조건이 되는 여러 사정을 종합적으로 고려하여 양형기준에 따른 권고형의 하한을 일탈하여 주문과 같이 형을 정한다.

신상정보 등록 및 제출의무

피고인에 대한 유죄판결이 확정되는 경우, 피고인은 성폭력범죄의 처벌 등에 관한 특례법 제42조 제1항에 의한 신상정보 등록대상자가 되므로, 같은 법 제43조에 따라 관할기관에 신상정보를 제출할 의무가 있다.

재판장 판사 장동건 판사 이정재 판사 송혜교

Ⅱ. 디지털 성범죄

1. 적용대상 범죄

아청법 제11조 제1 내지 5항, 7항(아동·청소년성착취물의 제작·배포 등), 성폭법 제13조(통신매체를 이용한 음란행위), 제14조(카메라 등을 이용한 촬영), 제14조의 2(허위영상물 등의 반포 등), 제14조의 3(촬영물 등을 이용한 협박·강요) 각 항에 해당하는 범죄를 저지른 성인(19세 이상) 피고인에 대하여 적용한다.

2. 형종 및 형량의 기준

가. 아동·청소년성착취물

유형	구 분	감 경	기 본	가 중
1	제작 등	2년 6월-6년	5년-9년	7년-13년
2	영리 등 목적 판매 등	2년 6월-5년	4년-8년	6년-12년
3	배포 등	1년 6월-4년	2년 6월-6년	4년-8년
4	아동·청소년 알선	1년 6월-4년	2년 6월-6년	4년-8년
5	구입 등	6월-1년 4월	10월-2년	1년 6월-3년

• 상습범에 해당하는 경우에는 형량 범위의 상한과 하한을 1.5배 가중(1유형)

구 분		감 경 요 소	가 중 요 소
특별양형인자	행위	∘범행가담에 특히 참작할 사유가 있는 경우	∘범행수법이 매우 불량한 경우 ∘비난할 만한 범행동기 ∘불특정 또는 다수의 피해자를 대상으로 하거나 상당한 기간에 걸쳐 반복적으로 범행한 경우 ∘범행에 취약한 피해자 ∘피해자에게 심각한 피해를 야기한 경우 ∘피지휘자에 대한 교사
	행위자/ 기타	∘농아자 ∘심신미약(본인 책임 없음) ∘자수, 내부고발 또는 조직적 범행의 전모에 관하여 완전하고 자발적인 개시 ∘피해확산방지를 위한 실질적인 조치	∘신고의무자 또는 보호시설 등 종사자의 범행 ∘동종 누범(성범죄, 성매매범죄 포함)
일반양형인	행위	∘소극 가담	∘취득한 이익이 다액인 경우(2유형)
	행위자/ 기타	∘처벌불원 ∘진지한 반성 ∘형사처벌 전력 없음	∘인적 신뢰관계 이용 ∘이종 누범, 누범에 해당하지 않는 동종 금고형의 집행유예 이상 전과(성범죄, 성

자	◦일반적 수사 협조	매매범죄 포함, 집행 종료 후 10년 미만) ◦합의 시도 중 피해 야기(피해자 등에 대한 강요죄가 성립하는 경우는 제외)

- 음주 또는 약물로 인한 만취상태에서 아동 · 청소년성착취물 제작 · 배포 등 범죄를 범한 경우에는 다음과 같은 구분에 따른다 (카메라등이용촬영, 허위영상물 등의 반포 등, 촬영물 등을 이용한 협박 · 강요, 통신매체이용음란의 경우에도 동일하게 적용).

  ① 범행의 고의로 또는 범행 수행을 예견하거나 범행 후 면책사유로 삼기 위하여 자의로 음주 또는 약물로 인하여 만취상태에 빠진 경우에는 피고인이 범행 당시 심신미약 상태에 있었는지 여부와 상관없이 만취상태를 일반가중인자로 반영한다.

  ② 범행의 고의가 없었고, 범행 수행을 예견하지 못하였으나, 과거의 경험, 당시의 신체 상태나 정황 등에 비추어 음주 또는 약물로 인하여 만취상태에 빠지면 타인에게 해악을 미칠 소질(가능성)이 있는 경우에는 피고인이 범행 당시 심신미약 상태에 있었는지 여부와 상관없이 만취상태를 감경인자로 반영하지 아니한다.

  ③ ①, ②에 해당하지 않더라도 범행 당시 심신미약 상태에 이르지 않은 경우에는 만취상태를 감경인자로 반영하지 아니한다.

나. 카메라등이용촬영

유형	구 분	감 경	기 본	가 중
1	촬영	4월−10월	8월−2년	1년−3년
2	반포 등	4월−1년 4월	1년−2년 6월	1년 6월−4년
3	영리 목적 반포 등	1년 6월−4년	2년 6월−6년	4년−8년
4	소지 등	−8월	6월−1년	10월−2년

• 상습범에 해당하는 경우에는 형량 범위의 상한과 하한을 1.5배
가중(4유형 제외)

구 분		감 경 요 소	가 중 요 소
특별양형인자	행위	◦범행가담에 특히 참작할 사유가 있는 경우 ◦촬영물의 내용을 쉽게 파악할 수 없거나 이에 준하는 경우	◦범행수법이 매우 불량한 경우 ◦비난할 만한 범행동기 ◦불특정 또는 다수의 피해자를 대상으로 하거나 상당한 기간에 걸쳐 반복적으로 범행한 경우 ◦범행에 취약한 피해자 ◦피해자에게 심각한 피해를 야기한 경우 ◦피지휘자에 대한 교사
	행위자/기타	◦농아자 ◦심신미약(본인 책임 없음) ◦자수, 내부고발 또는 조직적 범행의 전모에 관하여 완전하고 자발적인 개시 ◦처벌불원 ◦피해확산방지를 위한 실질적인 조치	◦동종 누범(성범죄, 성매매범죄 포함)
일반양형인자	행위	◦소극 가담	◦취득한 이익이 다액인 경우(3유형)
	행위자/기타	◦진지한 반성 ◦형사처벌 전력 없음 ◦일반적 수사 협조	◦이종 누범, 누범에 해당하지 않는 동종 금고형의 집행유예 이상 전과(성범죄, 성매매범죄 포함, 집행 종료 후 10년 미만) ◦합의 시도 중 피해 야기(피해자 등에 대한 강요죄가 성립하는 경우는 제외)

다. 허위영상물 등의 반포 등

유형	구 분	감 경	기 본	가 중
1	편집 등	−8월	6월−1년6월	10월−2년6월
2	반포 등	−8월	6월−1년6월	10월−2년6월
3	영리 목적 반포 등	4월−1년4월	1년−2년6월	1년6월−4년

• 상습범에 해당하는 경우에는 형량 범위의 상한과 하한을 1.5배

가중

구 분		감 경 요 소	가 중 요 소
특별양형인자	행위	◦범행가담에 특히 참작할 사유가 있는 경우 ◦편집물, 합성물, 가공물, 복제물의 내용을 쉽게 파악할 수 없거나 이에 준하는 경우	◦범행수법이 매우 불량한 경우 ◦비난할 만한 범행동기 ◦불특정 또는 다수의 피해자를 대상으로 하거나 상당한 기간에 걸쳐 반복적으로 범행한 경우 ◦범행에 취약한 피해자 ◦피해자에게 심각한 피해를 야기한 경우 ◦피지휘자에 대한 교사
	행위자/기타	◦농아자 ◦심신미약(본인 책임 없음) ◦자수, 내부고발 또는 조직적 범행의 전모에 관하여 완전하고 자발적인 개시 ◦처벌불원 ◦피해확산방지를 위한 실질적인 조치	◦동종 누범(성범죄, 성매매범죄 포함)
일반양형인자	행위	◦소극 가담	◦취득한 이익이 다액인 경우(3유형)
	행위자/기타	◦진지한 반성 ◦형사처벌 전력 없음 ◦일반적 수사 협조	◦이종 누범, 누범에 해당하지 않는 동종 금고형의 집행유예 이상 전과(성범죄, 성매매범죄 포함, 집행 종료후 10년 미만) ◦합의 시도 중 피해 야기(피해자 등에 대한 강요죄가 성립하는 경우는 제외)

라. 촬영물 등을 이용한 협박 · 강요

유형	구 분	감 경	기 본	가 중
1	협박	9월−1년 6월	1년−3년	2년−4년
2	강요	1년 6월−4년	3년−6년	5년−8년

• 상습범에 해당하는 경우에는 형량 범위의 상한과 하한을 1.5배 가중

구 분		감 경 요 소	가 중 요 소
특별양형인자	행위	∘범행가담에 특히 참작할 사유가 있는 경우 ∘협박·강요의 정도가 경미한 경우	∘비난할 만한 범행동기 ∘불특정 또는 다수의 피해자를 대상으로 하거나 상당한 기간에 걸쳐 반복적으로 범행한 경우 ∘범행에 취약한 피해자 ∘피해자에게 심각한 피해를 야기한 경우 ∘피지휘자에 대한 교사
	행위자/기타	∘농아자 ∘심신미약(본인 책임 없음) ∘자수 ∘처벌불원	∘동종 누범(성범죄, 성매매범죄 포함)
일반양형인자	행위	∘소극 가담	∘2인 이상이 공동하여 범행한 경우 ∘계획적인 범행
	행위자/기타	∘진지한 반성 ∘형사처벌 전력 없음	∘이종 누범, 누범에 해당하지 않는 동종 금고형의 집행유예 이상 전과(성범죄, 성매매범죄 포함, 집행 종료후 10년 미만) ∘합의 시도 중 피해 야기(피해자 등에 대한 강요죄가 성립하는 경우는 제외)

마. 통신매체이용음란

유형	구 분	감 경	기 본	가 중
	통신매체이용음란	−6월	4월−10월	8월−1년 6월

구 분		감 경 요 소	가 중 요 소
특별양형인자	행위	∘범행가담에 특히 참작할 사유가 있는 경우 ∘실제 피해가 경미한 경우	∘불특정 또는 다수의 피해자를 대상으로 하거나 상당한 기간에 걸쳐 반복적으로 범행한 경우 ∘범행에 취약한 피해자 ∘피해자에게 심각한 피해를 야기한 경우 ∘피지휘자에 대한 교사
	행위자/기타	∘농아자 ∘심신미약(본인 책임 없음) ∘자수 ∘처벌불원	∘동종 누범(성범죄, 성매매범죄 포함)

일 반 양 형 인 자	행위	◦소극 가담	
	행위자/ 기타	◦진지한 반성 ◦형사처벌 전력 없음	◦이종 누범, 누범에 해당하지 않는 동종 금고형의 집행유예 이상 전과(성범죄, 성 매매범죄 포함, 집행 종료 후 10년 미만) ◦합의 시도 중 피해 야기(피해자 등에 대 한 강요죄가 성립하는 경우는 제외)

Ⅲ. 성매매

1. 적용대상 범죄

성매매처벌법 제18조 제1항 제1호 내지 제3호, 제2항, 제19조 제 1항, 제2항, 아청법 제13조 제1항, 제14조 제1항 내지 제3항, 제15조 제1항 내지 제3항에 해당하는 범죄를 저지른 성인(19세 이상) 피고인 에 대하여 적용한다.

2. 형종 및 형량의 기준

가. 19세 이상 대상 성매매범죄

(1) 성을 파는 행위 강요 등

유형	구 분	감 경	기 본	가 중
1	성을 파는 행위 강요 등	4월-1년	8월-2년	1년 6월-3년
2	대가수수 등에 의한 성을 파는 행위 강요 등	6월-1년 6월	10월-2년 6월	2년-5년

구 분		감 경 요 소	가 중 요 소
특 별 양	행위	◦유형력의 행사가 현저히 약하거나 위계의 정도가 경미한 경우	◦가학적 · 변태적 침해행위 또는 극도의 성적 수치심 증대 ◦피해자의 신체 또는 정신에 심각한

형인자		◦범행가담에 특히 참작할 사유가 있는 경우	피해를 야기한 경우 ◦피지휘자에 대한 교사
	행위자/ 기타	◦농아자 ◦심신미약(본인 책임 없음) ◦자수 또는 내부 고발 ◦처벌불원	◦동종 누범(성범죄 포함)
일반양형인자	행위	◦소극 가담 ◦요구 · 약속에 그치거나 실제 이득액이 경미한 경우(2유형 중 대가 취득의 경우)	◦비난 동기 ◦수수한 금품이나 이익이 다액인 경우(2유형 중 대가 취득의 경우)
	행위자/ 기타	◦진지한 반성 ◦형사처벌 전력 없음	◦인적 신뢰관계 이용 ◦이종 누범, 누범에 해당하지 않는 동종 및 폭력 실형전과(성범죄 포함, 집행종료 후 10년 미만)

(2) 성매매 알선 등

유형	구 분	감 경	기 본	가 중
1	성매매 알선 등	−6월	4월−10월	8월−1년 6월
2	영업 · 대가수수 등에 의한 성매매 알선 등	−8월	6월−1년 4월	1년−3년

구 분		감 경 요 소	가 중 요 소
특별양형인자	행위	◦범행가담에 특히 참작할 사유가 있는 경우 ◦적극적 요구에 수동적으로 응한 경우	◦가학적 · 변태적 침해행위 또는 극도의 성적 수치심 증대 ◦장기간 또는 조직적 범행 ◦성을 사는 행위의 상대방의 신체적 또는 정신적 장애 상태를 이용한 경우 ◦광고행위 또는 전파성이 높은 매체를 이용한 알선 ◦피지휘자에 대한 교사
	행위자/ 기타	◦농아자 ◦심신미약(본인 책임 없음) ◦자수 또는 내부 고발	◦동종 누범(성범죄 포함)
일반	행위	◦소극 가담 ◦단기간 영업 또는 실제	◦비난 동기 ◦영업 이득이 다액인 경우(2유형)

		이득액이 경미한 경우 (2유형)	
양 형 인 자	행위자/ 기타	◦진지한 반성 ◦형사처벌 전력 없음	◦인적 신뢰관계 이용 ◦은폐 시도(2유형) ◦이종 누범, 누범에 해당하지 않는 동종 및 폭력 실형전과(성범죄 포함, 집행종료 후 10년 미만)

나. 19세 미만 대상 성매매범죄

(1) 아동·청소년의 성을 사는 행위

구 분	감 경	기 본	가 중
아동·청소년의 성을 사는 행위	6월-1년 6월	10월-2년 6월	2년-5년

구 분		감 경 요 소	가 중 요 소
특 별 양 형 인 자	행위	◦범행가담에 특히 참작할 사유가 있는 경우	◦가학적·변태적 침해행위 또는 극도의 성적 수치심 증대 ◦대상 아동·청소년의 신체 또는 정신에 심각한 피해가 야기된 경우 ◦대상 아동·청소년의 신체적 또는 정신적 장애 상태를 이용한 경우 ◦피지휘자에 대한 교사
	행위자/ 기타	◦농아자 ◦심신미약(본인 책임 없음) ◦자수 또는 내부 고발	◦동종 전과(성범죄 포함, 3년 이내 집행유예 이상)
일 반 양 형 인 자	행위	◦소극 가담 ◦적극적 유인에 의한 경우	◦대가 편취
	행위자/ 기타	◦진지한 반성 ◦형사처벌 전력 없음	◦인적 신뢰관계 이용 ◦동종 전과(성범죄 포함, 3년 초과 10년 이내 집행유예 이상) 또는 이종 누범

(2) 아동 · 청소년의 성을 사는 행위의 상대방이 되도록 강요 등

유형	구 분	감 경	기 본	가 중
1	성을 사는 행위의 상대방이 되도록 강요 등	2년 6월−5년	3년 6월−7년	5년−8년
2	대가수수 등에 의한 성을 사는 행위의 상대방이 되도록 강요 등	3년 6월−6년	4년 6월−8년	6년−10년

구 분		감 경 요 소	가 중 요 소
특별양형인자	행위	○범행가담에 특히 참작할 사유가 있는 경우	○가학적 · 변태적 침해행위 또는 극도의 성적 수치심 증대 ○대상 아동 · 청소년의 신체 또는 정신에 심각한 피해가 야기된 경우 ○대상 아동 · 청소년의 신체적 또는 정신적 장애 상태를 이용한 경우 ○피지휘자에 대한 교사
	행위자/기타	○농아자 ○심신미약(본인 책임 없음) ○자수 또는 내부 고발	○동종 누범(성범죄 포함)
일반양형인자	행위	○소극 가담 ○요구 · 약속에 그치거나 실제 이득액이 경미한 경우(2유형 중 대가 취득의 경우)	○비난 동기 ○수수한 금품이나 이익이 다액인 경우(2유형 중 대가 취득의 경우)
	행위자/기타	○진지한 반성 ○형사처벌 전력 없음 ○처벌불원	○인적 신뢰관계 이용 ○이종 누범, 누범에 해당하지 않는 동종 및 폭력 실형전과(성범죄 포함, 집행종료 후 10년 미만)

(3) 아동 · 청소년 대상 성매매 알선 등

유형	구 분	감 경	기 본	가 중
1	성을 사는 행위의 상대방이 되도록 유인 · 권유/ 영업으로 성을 사는 행위를 하도록 유인 · 권유 · 강요/ 성을 사는 행위의 장소 제공, 알선 또는 정보통신망에서 알선정	− 10월	8월−1년 6월	1년−3년

	보 제공 등			
2	영업으로 성을 사는 행위의 상대방이 되도록 유인·권유	2년 6월-5년	3년 6월-7년	5년-8년
3	영업으로 성을 사는 행위의 장소 제공, 알선 또는 정보통신망에서 알선정보 제공 등	3년 6월-6년	4년 6월-8년	6년-10년

• 아동·청소년의 성을 사는 행위를 하도록 유인·권유·강요한 경우에는 1유형에 포섭하되 권고 형량범위의 상한과 하한을 2/3로 감경한다.

구 분		감 경 요 소	가 중 요 소
특별양형인자	행위	◦범행가담에 특히 참작할 사유가 있는 경우	◦가학적·변태적 침해행위 또는 극도의 성적 수치심 증대 ◦장기간 또는 조직적 범행 ◦대상 아동·청소년의 신체적 또는 정신적 장애 상태를 이용한 경우 ◦광고행위 또는 전파성이 높은 매체를 이용한 알선 ◦피지휘자에 대한 교사
	행위자/기타	◦농아자 ◦심신미약(본인 책임 없음) ◦자수 또는 내부 고발	◦동종 누범(성범죄 포함)
일반양형인자	행위	◦소극 가담 ◦단기간 영업 또는 실제 이득액이 경미한 경우(영업 또는 업으로 하는 경우에 한함)	◦비난 동기 ◦영업 이득이 다액인 경우(영업 또는 업으로 하는 경우에 한함)
	행위자/기타	◦진지한 반성 ◦형사처벌 전력 없음	◦인적 신뢰관계 이용 ◦은폐 시도(영업 또는 업으로 하는 경우에 한함) ◦이종 누범, 누범에 해당하지 않는 동종 및 폭력 실형전과(성범죄 포함, 집행종료 후 10년 미만)

제 4 장

성범죄 재발방지를 위한 제도

제 4 장 성범죄 재발방지를 위한 제도

I. 머리말

성범죄의 재발을 방지하기 위한 제도로 크게 전자장치 부착과 성범죄자에 대한 신상정보 등록·공개·고지 제도, 아동·청소년 관련기관에 취업제한, 재범예방에 필요한 수강명령 및 성폭력치료프로그램 이수명령제도 및 화학적 거세제도가 있다.

II. 전자장치 부착 제도

1. 입법연혁

전자감시제도는 2007. 4. 27. 제정된 '특정 성폭력범죄자에 대한 위치추적 전자장치 부착에 관한 법률'을 통해 도입되었는데, 주요 내용은 일정한 요건에 해당하는 재범의 위험성이 있는 성폭력범죄자에 대해 검사의 청구와 법원의 판결에 따라 5년 이내의 기간 동안 전자장치를 부착하게 할 수 있도록 하는 것이었다. 위 법률은 공포 후 1년 6개월이 경과한 2008. 10. 28.부터 시행될 예정이었으나, 아동을 상대로 한 성폭력범죄가 연이어 발생하면서 그 대책이 시급하다는 여론이 비등하자, 국회는 2008. 6. 13. 법률을 개정하여 그 시행 시기를 2008. 9. 1.로 앞당겼다. 또 전자장치 부착기간의 상한을 5년에서

10년으로 연장하고, 법원이 전자장치의 부착명령과 함께 야간외출제한·특정장소에의 출입금지·성폭력 치료프로그램 이수 등의 준수사항을 부가할 수 있는 제도를 도입하였다(9조 1항, 9조의 2, 39조). 위 법률은 2009. 5. 8. 개정되었는데, 성폭력범죄 이외에 미성년자 대상 유괴범죄를 규율 대상에 추가하고 법률의 명칭도 '특정 범죄자에 대한 위치추적 전자장치 부착 등에 관한 법률'(이하 '전자장치부착법')로 변경하여 2009. 8. 9.부터 시행하였다(부칙 1조). 이어 2010. 4. 15. 다시 개정된 전자장치부착법은 전자장치 부착명령 대상범죄에 살인범죄를 추가하고, 전자장치의 부착기간을 법정형에 따라 "10년 이상 30년 이하", "3년 이상 20년 이하", "1년 이상 10년 이하" 등으로 세분하여 하한을 1년으로, 상한을 최장 30년으로 하였다(9조 1항). 또 부착명령의 청구기한을 항소심 변론종결시까지로 연장하고(5조 4항), 부착명령에 법원이 부가할 수 있는 준수사항에 "주거지역의 제한"을 추가하였으며(9조의 2 1항 2호의 2), 피부착자의 주거이전 및 7일 이상의 국내여행 또는 출국 시에 허가를 받도록 하였다(14조 3항). 한편 2010. 4. 15. 법 개정에 의해 2008. 9. 1. 이전에 1심판결이 선고됨으로써 부착명령의 대상이 아니었던 성폭력범죄자 중 형 집행 중이거나 집행종료·가종료·가출소·가석방·면제된 후 3년이 경과하지 않은 사람들에 대해 주거지 또는 현재지를 관할하는 지방법원에 부착명령을 청구할 수 있도록 하였다. 2012. 12. 18. 개정된 법률은 특정 범죄자에 대한 형 종료 후 보호관찰제도를 신설하여 법률의 명칭을 '특정 범죄자에 대한 보호관찰 및 전자장치 부착에 관한 법률'로 변경하는 한편, 위치추적 전자장치 부착대상 특정범죄에 강도범죄를 추가하고, 미성년자 및 장애인에 대한 성범죄의 경우 전자장치 부착명령의 청구요건을 완화하는 등의 내용을 보완하였다. 2020. 2. 4. 개정된 법률은 특정범죄 이외의 범죄로 가석방되는 사람에 대해서도 적용되도록 함으로써 출소자 관리감독의 사각지대를 해소하고, 보석 허가자의

도주 방지와 출석담보를 위하여 주거제한 등의 조치와 함께 <u>전자장</u>
<u>치 부착을 보석조건으로 부과할 수 있도록 하였고</u>, 이에 따라 법률의
명칭을 '특정 범죄자에 대한 보호관찰 및 전자장치 부착 등에 관한
법률'을 '전자장치 부착 등에 관한 법률(이하 '동법'으로 약칭)'로 바꾸
었다.

2. 제도의 취지

전자장치 부착제도는 동법에 의거하여 성폭력범죄자의 신체에
전자장치를 부착하는 것을 말한다. 동법은 특정범죄를 저지른 사람
의 재범방지를 위하여 형기를 마친 뒤에 보호관찰 등을 통하여 지도
하고 보살피며 도움으로써 건전한 사회복귀를 촉진하고 위치추적 전
자장치를 신체에 부착하게 하는 부가적인 조치를 취함으로써 특정범
죄로부터 국민을 보호함을 목적으로 한다.

3. 특정범죄의 의의

특정범죄란 성폭력범죄, 미성년자 대상 유괴범죄, 살인범죄 및
강도범죄를 말한다(동법 2조 1호). 그 중 성폭력범죄에 관하여 살펴보
면 다음의 각 죄가 이에 해당된다(동조 2호).

가. 형법 상 성폭력범죄

강간, 유사강간, 강제추행, 준강간(강제추행), 강간등 상해·치상,
강간등 살인·치사, 위계(위력)미성년자등에 대한 간음, 업무상위력등
에 의한 간음, 16세 미만의 미성년자에 대한 간음(추행), 강도강간, 해
상강도강간.

나. 성폭법 상 성폭력범죄

특수강도·강간, 특수강간, 친족관계에 의한 강간, 장애인에 대

한 강간·유사강간·강제추행, 13세 미만의 미성년자에 대한 강간(강제추행), 강간 등 상해·치상, 강간등 살인·치사, 업무상위력등에 의한 추행.

다. 아청법 상 성폭력범죄

아동·청소년에 대한 강간(강제추행등)등, 장애인인 아동·청소년에 대한 간음 등, 강간 등 상해·치상, 강간등 살인·치사.

4. 검사의 전자장치 부착명령의 청구(동법 5조)

검사는 다음 각 호의 어느 하나에 해당하고, 성폭력범죄를 다시 범할 위험성이 있다고 인정되는 사람에 대하여 전자장치를 부착하도록 하는 명령(이하 '부착명령')을 법원에 청구할 수 있다.

가. 성폭력범죄로 징역형의 실형을 선고받은 사람이 그 집행을 종료한 후 또는 집행이 면제된 후 10년 이내에 성폭력범죄를 저지른 때

나. 성폭력범죄로 이 법에 따른 전자장치를 부착받은 전력이 있는 사람이 다시 성폭력범죄를 저지른 때

다. **성폭력범죄를 2회 이상 범하여**(유죄의 확정판결을 받은 경우를 포함) **그 습벽이 인정된 때**

라. 19세 미만의 사람에 대하여 성폭력범죄를 저지른 때

마. 신체적 또는 정신적 장애가 있는 사람에 대하여 성폭력범죄를 저지른 때

※ 위 사유 중 다호의 "성폭력범죄를 2회 이상 범하여(유죄의 확정판결을 받은 경우를 포함) 그 습벽이 인정된 때"에 관하여, **소년법상 보호처분** 받은 것도 여기서 말하는 성폭력범죄를 범한 것에 포함되는가가 문제인데 판례는 이를 부인하고 있다.

▶ 대법원 2012. 3. 22. 선고 2011도15057 전원합의체 판결

'특정 범죄자에 대한 위치추적 전자장치 부착 등에 관한 법률'(이하 '전자장치부착법') 제5조 제1항 제3호는 검사가 전자장치 부착명령을 법원에 청구할 수 있는 경우 중의 하나로 '성폭력범죄를 2회 이상 범하여(유죄의 확정판결을 받은 경우를 포함한다) 그 습벽이 인정된 때'라고 규정하고 있는데, 이 규정 전단은 문언상 '유죄의 확정판결을 받은 전과사실을 포함하여 성폭력범죄를 2회 이상 범한 경우'를 의미한다고 해석된다. 따라서 피부착명령청구자가 소년법에 의한 보호처분(이하 '소년보호처분')을 받은 전력이 있다고 하더라도, 이는 유죄의 확정판결을 받은 경우에 해당하지 아니함이 명백하므로, 피부착명령청구자가 2회 이상 성폭력범죄를 범하였는지를 판단할 때 소년보호처분을 받은 전력을 고려할 것이 아니다.

5. 검사의 부착명령 청구 절차(동법 8조)

검사의 부착명령 청구서에는 ① 부착명령 청구대상자(이하 '피부착명령청구자')의 성명과 그 밖에 피부착명령청구자를 특정할 수 있는 사항(피부착명령청구자의 주민등록번호, 직업, 주거, 등록기준지), ② 청구의 원인이 되는 사실, ③ 적용 법조, ④ 피부착명령청구자의 죄명을 기재해야 한다(동조 1항). 검사가 공소 제기와 동시에 부착명령을 청구할 경우에는 공소장에 부착명령 청구의 원인이 되는 사실과 적용 법조문을 추가하여 적는 것으로 부착명령 청구서를 대신할 수 있다(동법시행령 5조 1항). 법원은 부착명령 청구가 있는 때에는 지체 없이 부착명령 청구서의 부본을 피부착명령청구자 또는 그의 변호인에게 송부하여야 한다. 이 경우 특정범죄사건에 대한 공소제기와 동시에 부착명령 청구가 있는 때에는 제1회 공판기일 5일 전까지, 특정범죄사건의 심리 중에 부착명령 청구가 있는 때에는 다음 공판기일 5일 전

까지 송부하여야 한다(동조 2항).

6. 부착명령의 판결

가. 부착기간(동법 9조)

법원은 부착명령 청구가 이유 있다고 인정하는 때에는 다음 각 호에 따른 기간의 범위 내에서 부착기간을 정하여 판결로 부착명령을 선고하여야 한다. 다만, 19세 미만의 사람에 대하여 특정범죄를 저지른 경우에는 부착기간 하한을 다음 각 호에 따른 부착기간 하한의 2배로 한다(1항).

> 가. 법정형의 상한이 사형 또는 무기징역인 특정범죄 : 10년 이상 30년 이하
> 나. 법정형 중 징역형의 하한이 3년 이상의 유기징역인 특정범죄(위 가.항에 해당하는 특정범죄 제외) : 3년 이상 20년 이하
> 다. 법정형 중 징역형의 하한이 3년 미만의 유기징역인 특정범죄(위 가, 나항에 해당하는 특정범죄 제외) : 1년 이상 10년 이하

여러 개의 특정범죄에 대하여 동시에 부착명령을 선고할 때에는 법정형이 가장 중한 죄의 부착기간 상한의 2분의 1까지 가중하되, 각 죄의 부착기간의 상한을 합산한 기간을 초과할 수 없다. 다만, 하나의 행위가 여러 특정범죄에 해당하는 경우에는 가장 중한 죄의 부착기간을 부착기간으로 한다(2항). 부착명령을 선고받은 사람은 부착기간 동안 보호관찰 등에 관한 법률에 따른 보호관찰을 받는다(3항). 부착명령 청구사건의 판결은 특정범죄사건의 판결과 동시에 선고하여야 한다(5항). 부착명령 선고의 판결이유에는 요건으로 되는 사실, 증거의 요지 및 적용 법조를 명시하여야 한다(6항).

나. **준수사항**(동법 9조의 2 1항)

법원은 부착명령을 선고하는 경우 부착기간의 범위에서 준수기간을 정하여 다음 각 호의 준수사항 중 하나 이상을 부과할 수 있다. 다만, 특정범죄 치료 프로그램의 이수의 준수사항은 500시간의 범위에서 그 기간을 정하여야 한다.

① 야간, 아동·청소년의 통학시간 등 특정 시간대의 외출제한

② 어린이 보호구역 등 특정지역·장소에의 출입금지 및 접근금지

③ 주거지역의 제한

④ 피해자 등 특정인에의 접근금지

⑤ 특정범죄 치료 프로그램의 이수

⑥ 마약 등 중독성 있는 물질의 사용금지

⑦ 그 밖에 부착명령을 선고받는 사람의 재범방지와 성행교정을 위하여 필요한 사항

다. **미성년자에 대한 특례**(동조 3항)

법원은 19세 미만의 사람에 대해서 성폭력범죄를 저지른 사람에 대해서 부착명령을 선고하는 경우에는 ① 야간, 아동·청소년의 통학시간 등 특정 시간대의 외출제한 및 ④ 피해자 등 특정인에의 접근금지를 포함하여 준수사항을 부과하여야 한다. ①호의 준수사항을 부과하여서는 아니 될 특별한 사정이 있다고 판단하는 경우에는 그러하지 아니하다.

7. **부착명령의 기각**(동법 9조 4항)

법원은 다음 각 호의 어느 하나에 해당하는 때에는 판결로 부착명령 청구를 기각하여야 한다.

가. 부착명령 청구가 이유 없다고 인정하는 때

나. 특정범죄사건에 대하여 무죄(심신상실을 이유로 치료감호가 선고

된 경우는 제외) · 면소 · 공소기각의 판결 또는 결정을 선고하는 때

　다. 특정범죄사건에 대하여 벌금형을 선고하는 때

　라. 특정범죄사건에 대하여 <u>선고유예 또는 집행유예를 선고하는</u>
<u>때</u>(다만 아래에서 보는 바와 같이 '보호관찰부 집행유예'의 경우는 예외)

8. 보호관찰부 집행유예 관련 부착명령

가. 의   의

위와 같이 특정범죄사건(성폭력범죄, 미성년자 대상 유괴범죄, 살인범
죄 및 강도범죄)에 대해 집행유예를 선고할 때는 부착명령을 기각하여
야 하나, 보호관찰을 명할 경우에는 예외이다. 법원은 특정범죄를 범
한 자에 대하여 형의 집행을 유예하면서 보호관찰을 받을 것을 명할
때에는 보호관찰기간의 범위 내에서 기간을 정하여 준수사항의 이행
여부 확인 등을 위하여 전자장치를 부착할 것을 명할 수 있다(동법 28
조 1항).

나. 부착명령에 관한 법원의 재량 및 독립상소 대상 아님

이러한 보호관찰부 집행유예 선고와 동시에 부착명령을 선고할
경우 이는 불가분적 관계이므로 <u>전자장치 부착명령에 대해 독립하여</u>
<u>상소할 수 없고</u>, 이 경우 전자장치 부착명령 여부와 그 기간 등은 법
원의 재량에 속한다. 따라서 보호관찰부 집행유예를 선고하면서 전
자장치 부착명령을 발하지 아니하여도 위법하지 않다. 반면 법원에
서 최종적으로 보호관찰부 집행유예가 아닌 단순 집행유예를 선고할
경우에는 반드시 검사의 전자장치 부착명령을 기각하여야 한다.

▶ **대법원 2012. 8. 30. 선고 2011도14257, 2011전도233 판결**

특정 범죄자에 대한 위치추적 전자장치 부착 등에 관한 법률(이

하 '법'이라 한다) 제4장에서는 '형의 집행유예와 부착명령'에 관하여 규정하고 있는데, 그 장에 포함된 법 제28조 제1항에서 정한 부착명령은 법원이 형의 집행을 유예하면서 보호관찰을 받을 것을 명하는 때에만 가능한 것으로서, 법 제2장에서 정하고 있는 '징역형 종료 이후의 부착명령'과는 성질과 요건이 다르다. 또한 법 제4장의 부착명령에 관하여는 법 제31조가 부착명령 '청구사건'의 판결에 대한 상소에 관한 규정들인 법 제9조 제8항과 제9항은 준용하지 아니하고 있는 점, 보호관찰부 집행유예의 경우 보호관찰명령 부분만에 대한 일부상소는 허용되지 않는 점 등에 비추어 볼 때, <u>위와 같은 부착명령은 보호관찰부 집행유예와 서로 불가분의 관계에 있는 것으로서 독립하여 상소의 대상이 될 수 없다.</u> 위와 같은 여러 사정을 종합하여 보면, 특정 범죄자에 대하여 집행유예를 선고할 경우에 보호관찰을 받을 것을 함께 명할지 여부 및 구체적인 준수사항의 내용, 나아가 법 제28조 제1항에 따라 전자장치의 부착을 명할지 여부 및 그 기간 등에 대한 법원의 판단은 그 전제가 되는 집행유예의 선고와 일체를 이루는 것으로서, 보호관찰명령이나 부착명령이 관련 법령에서 정하고 있는 요건에 위반한 것이 아닌 한, 형의 집행유예를 선고하는 것과 마찬가지로 법원의 재량사항에 속한다고 보는 것이 타당하다.

따라서 <u>원심이 피고인에 대하여 보호관찰부 집행유예를 선고하면서 전자장치의 부착을 명하지 아니한 것이 위법하다는 취지의 검사의 이 사건 상고이유의 주장은, 위와 같은 법규정 및 법리에 비추어 적법한 상고이유가 될 수 없다.</u>

다. 현역 군인에 대한 집행유예 선고시 부착명령할 수 없음

현역 군인인 성폭력범죄 피고인에게 집행유예를 선고하는 경우 보호관찰 등에 관한 법률 제56조[1]가 규정한 군법 적용 대상자에 대

---

1 군사법원법 제2조 제1항 각 호의 어느 하나에 해당하는 사람에게는 이 법을 적

한 특례 규정상 보호관찰을 받을 것을 명할 수 없다. 따라서 보호관찰의 부과를 전제로 한 위치추적 전자장치의 부착명령 역시 명할 수 없다.

▶ 대법원 2012. 2. 23. 선고 2011도8124 판결

　　[1] 보호관찰 등에 관한 법률(이하 '보호관찰법') 제56조는 군사법원법 제2조 제1항 각 호의 어느 하나에 해당하는 사람에게는 보호관찰법을 적용하지 아니한다고 규정하고, 제64조 제1항에서 사회봉사·수강명령 대상자에 대하여는 제56조의 규정을 준용하도록 함으로써 현역 군인 등 이른바 군법 적용 대상자에 대한 특례 조항을 두고 있는데, 군법 적용 대상자에 대한 지휘관들의 지휘권 보장 등 군대라는 부분사회의 특수성을 고려할 필요가 있는 점, 군법 적용 대상자에 대하여는 보호관찰 등의 집행이 현실적으로 곤란하고 이러한 정책적 고려가 입법 과정에서 반영된 것으로 보이는 점 등 보호관찰 등에 관한 현행 법체제 및 규정 내용을 종합적으로 검토하면, <u>위 특례 조항은 군법 적용 대상자에 대하여는 보호관찰법이 정하고 있는 보호관찰, 사회봉사, 수강명령의 실시 내지 집행에 관한 규정을 적용할 수 없음은 물론 보호관찰, 사회봉사, 수강명령 자체를 명할 수 없다는 의미로 해석된다.</u>

　　[2] 특정 범죄자에 대한 위치추적 전자장치 부착 등에 관한 법률 제28조 제1항은 "법원은 특정범죄를 범한 자에 대하여 형의 집행을 유예하면서 보호관찰을 받을 것을 명할 때에는 보호관찰기간의 범위 내에서 기간을 정하여 준수사항의 이행 여부 확인 등을 위하여 전자장치를 부착할 것을 명할 수 있다"고 규정하고 있고, 제9조 제4항 제4호는 "법원은 특정범죄사건에 대하여 선고유예 또는 집행유예를 선

─────────────────

용하지 아니한다.

고하는 때(제28조 제1항에 따라 전자장치 부착을 명하는 때를 제외)에는 판결로 부착명령 청구를 기각하여야 한다"고 규정하고 있으며, 제12조 제1항은 "부착명령은 검사의 지휘를 받아 보호관찰관이 집행한다"고 규정하고 있으므로, <u>법원이 특정범죄를 범한 자에 대하여 형의 집행을 유예하는 경우에는 보호관찰을 받을 것을 명하는 때에만 전자장치를 부착할 것을 명할 수 있다.</u>

[3] <u>현역 군인인 성폭력범죄 피고인에게 집행유예를 선고하는 경우 보호관찰 등에 관한 법률 제56조가 정한 군법 적용 대상자에 대한 특례 규정상 보호관찰을 받을 것을 명할 수 없어 보호관찰의 부과를 전제로 한 위치추적 전자장치의 부착명령 역시 명할 수 없는데도, 원심이 피고인에 대하여 전자장치의 부착을 명한 것은 위법하다.</u>

9. 부착명령의 집행

가. 실형선고부 부착명령(동법 13조)

부착명령은 특정범죄사건에 대한 형의 집행이 종료되거나 면제·가석방되는 날 또는 치료감호의 집행이 종료·가종료되는 날 <u>석방 직전에</u> 피부착명령자의 신체에 전자장치를 보호관찰관이 부착[2]함으로써 집행한다. 다만, 다음의 경우에는 각 호의 구분에 따라 집행한다(1항).

① 부착명령의 원인이 된 특정범죄사건이 아닌 다른 범죄사건으로 형이나 치료감호의 집행이 계속될 경우에는 부착명령의 원인이 된 특정범죄사건이 아닌 다른 범죄사건에 대한 형의 집행이 종료되거나 면제·가석방 되는 날 또는 치료감호의 집행이 종료·가종료 되는 날부터 집행한다.

② 피부착명령자가 부착명령 판결 확정 시 석방된 상태이고 미

---

2 전자장치를 통상 발목에 부착하므로 '전자발찌'라고 표현하기도 한다.

결구금일수 산입 등의 사유로 이미 형의 집행이 종료된 경우에는 부착명령 판결 확정일부터 부착명령을 집행한다.

부착명령의 집행은 신체의 완전성을 해하지 아니하는 범위 내에서 이루어져야 한다(4항). 부착명령이 여러 개인 경우 확정된 순서에 따라 집행한다(5항). 다만 만 19세 미만의 자에 대하여 부착명령을 선고한 때에는 19세에 이르기까지 이 법에 따른 전자장치를 부착할 수 없다(동법 4조).

나. 보호관찰부 집행유예 관련 부착명령(동법 29조)

보호관찰부 집행유예 선고와 동시에 명하는 부착명령은 전자장치 부착을 명하는 법원의 판결이 확정된 때부터 집행한다(1항). 부착명령의 집행 중 보호관찰 준수사항 위반으로 유치허가장의 집행을 받아 유치된 때에는 부착명령 집행이 정지된다. 이 경우 검사가 보호관찰소의 장의 집행유예 취소신청을 기각한 날 또는 법원이 검사의 집행유예취소청구를 기각한 날부터 그 잔여기간을 집행한다(2항).

다. 피부착자의 의무(동법 14조)

피부착자는 전자장치의 부착기간 중 전자장치를 신체에서 임의로 분리·손상, 전파 방해 또는 수신자료의 변조, 그 밖의 방법으로 그 효용을 해하여서는 아니 된다(1항). 이 경우 피부착자는 전자장치의 부착기간 중 전자장치의 효용 유지를 위하여 다음 각 호의 사항을 준수하여야 한다(동법시행령 11조).

① 전자장치의 기능이 정상적으로 유지될 수 있도록 전자장치를 충전, 휴대 또는 관리할 것

② 전자장치가 정상적으로 작동하지 아니하는 경우 지체 없이 그 사실을 보호관찰관에게 알릴 것

③ 전자장치의 기능 유지를 위한 보호관찰관의 정당한 지시에

따를 것

피부착자는 특정범죄사건에 대한 형의 집행이 종료되거나 면제·가석방되는 날부터 10일 이내에 주거지를 관할하는 보호관찰소에 출석하여 신상정보3 등을 서면으로 신고하여야 한다(2항). <u>피부착자는 주거를 이전하거나 7일 이상의 국내여행을 하거나 출국할 때에는 미리 보호관찰관의 허가를 받아야 한다</u>(3항).

10. 부착명령의 집행 정지와 잔여기간 집행

가. 부착명령 집행 정지 사유(동법 13조 6항)

다음 각 호의 사유가 발생될 경우에는 부착명령의 집행을 정지한다. 보호관찰관은 부착명령의 집행이 정지되면 지체 없이 전자장치를 분리하여 회수하여야 한다. 이 경우 부착명령의 집행기간은 신체에서 부착장치를 분리한 때부터 정지된다(동법시행령 8조 1항).

① 부착명령의 집행 중 다른 죄를 범하여 구속영장의 집행을 받아 구금된 때

② 부착명령의 집행 중 다른 죄를 범하여 금고 이상의 형의 집행을 받게 된 때

③ 가석방 또는 가종료된 자에 대하여 전자장치 부착기간 동안 가석방 또는 가종료가 취소되거나 실효된 때

④ 전자장치 부착집행 중 보호관찰 준수사항 위반으로 유치허가장의 집행을 받아 유치된 때(동법 24조 3항)

나. 잔여기간에 대한 집행(동법 13조 8항)

다음 각 호의 사유가 발생하면 잔여기간에 대한 부착명령을 재집행한다. 보호관찰관은 아래의 부착명령의 잔여기간 집행사유가 발

---

3 성명, 주민번호, 주소지, 연락처, 사진, 죄명 및 판결·결정 내용, 전자장치 부착기간(연장된 경우에는 그 연장된 기간), 직업 등(동법 시행령 15조의 2 1항).

생한 경우 다시 전자장치를 부착하여야 한다. 이 경우 부착명령의 집
행기간은 신체에 부착장치를 부착한 때부터 진행한다(동법시행령 8조
3항).

① 다른 죄를 범해 구속영장의 집행으로 구금된 경우에는 구금
이 해제되거나 금고 이상의 형의 집행을 받지 아니하게 확정된 때부
터 그 잔여기간을 집행한다.

② 다른 죄로 금고 이상의 형의 집행을 받게 된 경우 그 형의 집
행이 종료되거나 면제된 후 또는 가석방된 때부터 그 잔여기간을 집
행한다.

③ 가석방 또는 가종료가 취소되거나 실효된 경우에는 그 형이나
치료감호의 집행이 종료되거나 면제된 후 그 잔여기간을 집행한다.

④ 전자장치 부착집행 중 보호관찰 준수사항 위반으로 유치허가
장의 집행을 받아 유치되어 부착집행이 정지된 경우에는 심사위원회
가 보호관찰소의 장의 가석방 취소신청을 기각한 날 또는 법무부장
관이 심사위원회의 허가신청을 불허한 날부터 그 잔여기간을 집행한
다(동법 24조 3항).

11. 부착명령의 임시해제(동법 17조)

가. 신청권자(1항)

보호관찰소의 장 또는 피부착자 및 그 법정대리인은 해당 보호
관찰소를 관할하는 심사위원회에 부착명령의 임시해제를 신청할 수
있다.

나. 신청절차

(1) 신청할 수 있는 기간(2항)

부착명령 임시해제신청은 부착명령의 집행이 개시된 날부터 3개
월이 경과한 후에 하여야 한다. 신청이 기각된 경우에는 기각된 날부

터 3개월이 경과한 후에 다시 신청할 수 있다.

(2) 신청방법(3항)

부착명령 임시해제 신청을 할 때에는 신청서에 임시해제의 심사에 참고가 될 자료를 첨부하여 제출하여야 한다. 부착명령의 임시해제 신청은 보호관찰심사위원회4(이하 '심사위원회')에 서면으로 하여야 한다(동법시행령 16조 1항).

(3) 임시해제 심사 및 결정(동법 18조)

심사위원회는 임시해제를 심사할 때에는 피부착자의 인격, 생활태도, 부착명령 이행상황 및 재범의 위험성에 대하여 보호관찰관 등 전문가의 의견을 고려하여야 한다(1항). 심사위원회는 임시해제의 심사를 위하여 필요한 때에는 보호관찰소의 장으로 하여금 필요한 사항을 조사하게 하거나 피부착자나 그 밖의 관계인을 직접 소환·심문 또는 조사할 수 있다(2항). 위 요구를 받은 보호관찰소의 장은 필요한 사항을 조사하여 심사위원회에 통보하여야 한다(3항). <u>심사위원회는 피부착자가 부착명령이 계속 집행될 필요가 없을 정도로 개선되어 재범의 위험성이 없다고 인정하는 때에는 부착명령의 임시해제를 결정할 수 있다.</u> 이 경우 피부착자로 하여금 주거이전 상황 등을 보호관찰소의 장에게 정기적으로 보고하도록 할 수 있다(4항). 심사위원회는 부착명령의 임시해제를 하지 아니하기로 결정한 때에는 결정서에 그 이유를 명시하여야 한다(5항). 부착명령이 임시해제된 경우에는 보호관찰과 피부착자의 준수사항 및 아동·청소년에 대한 성범죄로 보호관찰을 받은 것 역시 임시해제된 것으로 본다. 다만, 심사위원회에서 보호관찰 또는 준수사항 부과가 필요하다고 결정한 경우에

---

4 보호관찰에 관한 사항을 심사·결정하기 위하여 법무부장관 소속으로 보호관찰 심사위원회를 둔다.

는 그러하지 아니하다(6항).

다. 임시해제의 취소(동법 19조)

보호관찰소의 장은 부착명령이 임시해제된 자가 특정범죄를 저지르거나 주거이전 상황 등의 보고에 불응하는 등 재범의 위험성이 있다고 판단되는 때에는 심사위원회에 임시해제의 취소를 신청할 수 있다. 이 경우 심사위원회는 임시해제된 자의 재범의 위험성이 현저하다고 인정될 때에는 임시해제를 취소하여야 한다(1항). 임시해제가 취소된 자는 잔여 부착명령기간 동안 전자장치를 부착하여야 한다. 이 경우 임시해제기간은 부착명령기간에 산입하지 아니한다(2항).

12. 부착명령 집행의 종료

실형 선고와 함께 하는 부착명령은 ① 부착명령기간이 경과한 때, ② 부착명령과 함께 선고한 형이 사면되어 그 선고의 효력을 상실하게 된 때, ③ 부착명령이 임시해제된 자가 그 임시해제가 취소됨이 없이 잔여 부착명령기간을 경과한 때 그 집행이 종료된다(동법 20조). 한편 보호관찰부 집행유예 선고와 함께 하는 부착명령은 ① 부착명령기간이 경과한 때, ② 집행유예가 실효 또는 취소된 때, ③ 집행유예된 형이 사면되어 형의 선고의 효력을 상실하게 된 때 그 집행이 종료된다(동법 30조).

13. 부착명령의 시효(동법 21조)

피부착명령자는 그 판결이 확정된 후 집행을 받지 아니하고 함께 선고된 특정범죄사건의 형의 시효가 완성되면 그 집행이 면제된다(1항). 다만 부착명령의 시효는 피부착명령자를 체포함으로써 중단된다(2항).

14. 가석방과 전자장치 부착

부착명령 판결을 선고받지 아니한 특정 범죄자로서 형의 집행 중 가석방되어 보호관찰을 받게 되는 자는 준수사항 이행 여부 확인 등을 위하여 가석방기간 동안 전자장치를 부착하여야 한다. 이 경우 석방 직전에 부착한다. 다만, 심사위원회가 전자장치 부착이 필요하지 아니하다고 결정한 경우에는 그러하지 아니하다(동법 22조 1항).

Ⅲ. 신상정보 등록

1. 신상정보 등록대상자

가. 등록대상 범죄(성폭법 42조 1항 본문)

강간, 유사강간, 강제추행, 준강간, 준강제추행, 위 각 죄의 미수범, 강간 등 상해·치상, 강간 등 살인·치사, 위계 위력에 의한 미성년자 등에 대한 간음, 업무상위력 등에 의한 강간·강제추행, 13세 미만의 미성년자 의제강간 및 추행, 강도강간, 특수강도강간, 특수강간, 친족관계에 의한 강간·강제추행, 장애인에 대한 강간·강제추행, 13세 미만에 대한 강간·유사강간·강제추행·준강간·준강제추행, 강간등 상해·치상, 강단등 살인·치사, 업무상 위력 등에 의한 추행, 공중밀집장소에서의 추행, 성적목적을 위한 공공장소 침입행위, 통신매체를 이용한 음란행위, 카메라 등을 이용한 촬영, 허위영상물등의 반포등, 촬영물 등을 이용한 협박·강요죄 및 위 죄의 각 미수범, 아동에게 음란한 행위를 시키거나 이를 매개하는 행위 또는 아동에게 성적 수치심을 주는 성희롱 등의 성적 학대행위(아동복지법 17조 2호)로 유죄판결이나 약식명령이 확정된 자 또는 신상정보 공개명령이 확정된 자는 신상정보 등록대상자가 된다.

나. 예외사유(성폭법 42조 1항 단서)

다음의 범죄로 벌금형을 선고받은 자는 등록대상 범죄에서 제외된다.

① 성적목적을 위한 공공장소 침입행위(동법 12조).

② 통신매체를 이용한 음란행위(동법 13조).

③ 아동·청소년성착취물 배포·제공·광고·소개·전시·상영(아청법 11조 3항).

④ 아동·청소년성착취물 구입·소지·시청(동조 5항).

위 범죄들은 모두 직접적인 간음·추행행위가 없는 비접촉 성범죄인데, 주의할 점은 '카메라 등을 이용한 촬영'의 경우는 비접촉 성범죄임에도 불구하고 예외사유에 해당되지 않기 때문에 벌금형을 선고받아도 등록대상 범죄가 되는 것이다. 이러한 법 개정의 배경에는 헌법재판소의 결정이 큰 영향을 미쳤다. 헌법재판소는 2016. 3. 31. 통신매체를 이용한 음란행위로 유죄판결이 확정된 자는 무조건 신상정보 등록대상자가 된다고 규정한 성폭법(2012. 12. 18. 법률 제11556호)에 관하여는 '침해의 최소성 원칙'에 위배된다며 위헌결정을 한 바 있다(2015헌마688). 이러한 헌법재판소의 위헌결정에 따라 위와 같이 벌금형을 선고받은 경우 예외사유로 등록대상에서 제외하는 취지로 법 개정을 한 것이다. 반면 헌법재판소는 2020. 10.20. 신상정보 등록대상 범죄에 '카메라 등을 이용한 촬영'을 포함시킨 성폭법 제42조 1항에 관하여 합헌결정을 하였다(2018헌마1067).

2. 법원의 고지의무(성폭법 42조)

법원은 등록대상 성범죄로 유죄판결을 선고하거나 약식명령을 고지하는 경우에는 등록대상자라는 사실과 신상정보 제출 의무가 있음을 등록대상자에게 알려 주어야 한다(2항). 위 통지는 판결을 선고하는 때에는 구두 또는 서면으로 하고, 약식명령을 고지하는 때에는 통지사항이 기재된 서면을 송달하는 방법으로 한다(3항). 법원은 판결이나 약식명령이 확정된 날부터 14일 이내에 판결문(법원이 등록기간을 달리 정한 경우에는 그 사실을 포함) 또는 약식명령 등본을 법무부장관에게 송달하여야 한다(4항).

3. 신상정보의 제출 의무(성폭법 43조 1항)

등록대상자는 위 판결이 확정된 날부터 30일 이내에 다음 각 호의 기본신상정보를 자신의 주소지를 관할하는 경찰관서의 장(이하 '관할경찰관서의 장')에게 제출하여야 한다. 다만, 등록대상자가 교정시설 또는 치료감호시설에 수용된 경우에는 그 교정시설의 장 또는 치료감호시설의 장(이하 '교정시설등의 장')에게 기본신상정보를 제출함으로써 이를 갈음할 수 있다.

① 성명
② 주민등록번호
③ 주소 및 실제거주지
④ 직업 및 직장 등의 소재지
⑤ 연락처(전화번호, 전자우편주소를 말한다)
⑥ 신체정보(키와 몸무게)
⑦ 소유차량의 등록번호

4. 신상정보의 관리(성폭법 43조)

관할경찰관서의 장 또는 교정시설 등의 장은 등록대상자가 기본신상정보를 제출할 때에 등록대상자의 정면·좌측·우측 상반신 및 전신 컬러사진을 촬영하여 전자기록으로 저장·보관하여야 한다(2항). 등록대상자는 제출한 기본신상정보가 변경된 경우에는 그 사유와 변경내용(이하 '변경정보')을 변경사유가 발생한 날부터 20일 이내에 제출하여야 한다(3항). 등록대상자는 기본신상정보를 제출한 경우

에는 그 다음 해부터 매년 12월 31일까지 주소지를 관할하는 경찰관
서에 출석하여 경찰관서의 장으로 하여금 자신의 정면·좌측·우측
상반신 및 전신 컬러사진을 촬영하여 전자기록으로 저장·보관하도
록 하여야 한다. 다만, 교정시설 등의 장은 등록대상자가 교정시설
등에 수용된 경우에는 석방 또는 치료감호 종료 전에 등록대상자의
정면·좌측·우측 상반신 및 전신 컬러사진을 새로 촬영하여 전자기
록으로 저장·보관하여야 한다(4항).

5. 등록대상자의 신상정보 등록 등(성폭법 44조)

법무부장관은 송달받은 정보와 ① 등록대상 성범죄 경력정보,
② 성범죄 전과사실(죄명, 횟수), ③ 전자장치 부착 여부 등을 등록대
상자의 정보로 등록해야 한다(1항). 법무부장관은 등록대상자가 등록
한 정보를 정보통신망을 이용하여 열람할 수 있도록 하여야 한다. 다
만, 등록대상자가 신청하는 경우에는 등록한 정보를 등록대상자에게
통지하여야 한다(2항). 법무부장관은 등록대상자가 기본신상정보 또
는 변경정보를 정당한 사유 없이 제출하지 아니한 경우에는 신상정
보의 등록에 필요한 사항을 관계 행정기관의 장에게 조회를 요청하
여 등록할 수 있다. 이 경우 법무부장관은 등록일자를 밝혀 등록대상
자에게 신상정보를 등록한 사실 및 등록한 신상정보의 내용을 통지
하여야 한다(4항).

6. 등록정보의 관리(성폭법 45조 1항)

법무부장관은 기본신상정보를 최초로 등록한 날(이하 "최초등록
일"이라 한다)부터 다음 각 호의 구분에 따른 기간(이하 "등록기간"이라
한다) 동안 등록정보를 보존·관리하여야 한다. 다만, 법원이 경합범
에 의해 형이 선고된 경우, 그 선고형 전부를 기준으로 등록기간이
정해지는 것이 부당하다고 인정하여, 더 단기의 등록기간을 정한 경

우에는 그 기간 동안 등록정보를 보존·관리하여야 한다.

① 신상정보 등록의 원인이 된 성범죄로 사형, 무기징역·무기금고형 또는 10년 초과의 징역·금고형을 선고받은 사람: 30년

② 신상정보 등록의 원인이 된 성범죄로 3년 초과 10년 이하의 징역·금고형을 선고받은 사람: 20년

③ 신상정보 등록의 원인이 된 성범죄로 3년 이하의 징역·금고형을 선고받은 공개명령이 확정된 사람: 15년

④ 신상정보 등록의 원인이 된 성범죄로 벌금형을 선고받은 사람: 10년

> 종래에는 성범죄자의 재범위험성 등을 고려하지 아니하고 일률적으로 20년간 성범죄자의 신상정보를 등록하여 보존·관리하도록 하였는데 이에 대해서 헌법재판소가 헌법불합치 결정(2015. 7. 30. 결정 2014헌마340)을 함에 따라 그 취지를 반영하여 신상정보의 등록기간을 차등화 한 것이다.

7. 신상정보 등록면제[5](성폭법 45조의 2)

가. 면제신청

선고유예를 받은 사람의 경우 2년이 경과하여 면소로 간주되면 신상정보 등록이 면제되도록 한다(1항). 선고받은 형의 유형별 최소 등록기간이 경과하고 재범을 저지르지 아니하는 등 일정한 요건을 충족하면 등록대상자의 신청을 받아 법무부장관이 심사한 후 잔여 등록기간에 대해서는 신상정보 등록을 면제한다. 이에 따라 성폭력 범죄를 저질러 신상정보 등록대상자가 된 사람은 신상정보 등록기간(선고받은 형의 경중에 따라 30년, 20년, 15년, 10년)에 따라 정하여진 최소

---

5 신상정보 등록면제 제도를 일명 '클린 레코드' 제도라고 부른다.

등록기간(각각 20년, 15년, 10년, 7년)이 경과하고, 등록기간 중 등록대상 성범죄의 재범이 없는 등 일정한 요건을 갖춘 경우에는 법무부장관에게 신상정보 등록의 면제를 신청할 수 있다(2항).

나. 면제신청을 위한 요건(3항)

법무부장관은 등록의 면제를 신청한 등록대상자가 다음 각 호의 요건을 모두 갖춘 경우에는 신상정보 등록을 면제한다.

① 등록기간 중 등록대상 성범죄를 저질러 유죄판결이 확정된 사실이 없을 것

② 신상정보 등록의 원인이 된 성범죄로 선고받은 징역형 또는 금고형의 집행을 종료하거나 벌금을 완납하였을 것

③ 신상정보 등록의 원인이 된 성범죄로 부과 받은 다음의 명령의 집행을 모두 종료하였을 것

가. 공개명령·고지명령

나. 전자장치 부착명령

다. 약물치료명령(화학적 거세)

④ 신상정보 등록의 원인이 된 성범죄로 부과 받은 보호관찰명령, 사회봉사명령, 수강명령 또는 이수명령의 집행을 완료하였을 것

⑤ 등록기간 중 다음의 범죄를 저질러 유죄판결을 선고받아 그 판결이 확정된 사실이 없을 것

가. △정당한 사유 없이 기본신상정보를 제출하지 아니하거나 거짓으로 제출한 자 및 관할경찰관서 또는 교정시설의 장의 사진촬영에 정당한 사유 없이 응하지 아니한 경우 △이수명령을 부과받은 사람이 보호관찰소의 장 또는 교정시설의 장의 이수명령 이행에 관한 지시에 불응해 경고를 받은 후 재차 정당한 사유 없이 이수명령 이행에 관한 지시에 불응한 경우

나. △징역형 이상의 실형과 이수명령이 병과된 자가 보호관찰

소의 장 또는 교정시설의 장의 이수명령 이행에 관한 지시에 불응하여 경고를 받은 후 재차 정당한 사유 없이 이수명령 이행에 관한 지시에 불응한 경우 △벌금형과 이수명령이 병과된 자가 보호관찰소의 장의 이수명령 이행에 관한 지시에 불응하여 경고를 받은 후 재차 정당한 사유 없이 이수명령 이행에 관한 지시에 불응한 경우 △보호관찰 대상자가 제재조치를 받은 이후 재차 정당한 이유 없이 준수사항을 위반한 경우

다. △전자장치의 부착기간 중 전자장치를 신체에서 임의로 분리·손상, 전파 방해 또는 수신자료의 변조, 그 밖의 방법으로 그 효용을 해한 경우 △성폭력범죄로 위치추적 전자장치의 부착명령이 집행 중인 사람으로서 정당한 사유 없이 준수사항을 위반한 경우

라. 성폭력범죄자의 성충동 약물치료에 관한 법률에 따라 약물치료를 받아야 하는 사람이 도주하거나 정당한 사유 없이 의무나 준수사항을 위반한 경우

8. 신상정보 등록의 종료(성폭법 45조의 3)

신상정보의 등록은 등록기간이 지나거나 등록이 면제된 때에 종료된다(1항). 법무부장관은 등록이 종료된 신상정보를 즉시 폐기하여야 한다(2항). 법무부장관은 등록정보를 폐기하는 경우에는 등록대상자가 정보통신망을 이용하여 폐기된 사실을 열람할 수 있도록 하여야 한다(3항). 등록정보의 열람은 등록대상자가 형사사법포털에 접속하여 열람하는 방법으로 한다. 등록정보의 열람은 등록대상자 본인 외에는 할 수 없고, 열람할 수 있는 기간은 등록이 종료된 때부터 1년 동안이다(동법시행령 6조의 3).

Ⅳ. 신상정보 공개·고지

1. 제도의 의의

신상정보 공개·고지 제도는 성범죄자들 중 재범 우려가 있어 법원에서 신상정보 공개·고지 명령을 선고받은 이들의 얼굴과 실명, 주소 등 신상 정보를 인터넷 사이트인 '성범죄자 알림-e'를 통해 최장 10년 동안 공개하고 있다. 또한 인터넷을 통한 신상정보 공개와는 별도로 신상공개 대상자의 정보를 고지대상자가 거주하는 읍·면·동의 지역주민에게 고지하도록 명령할 수 있다. 이러한 제도를 통틀어서 신상정보 공개·고지제도라고 한다.

2. 신상정보 공개·고지제도의 입법과정 및 연혁

신상정보 공개·고지제도는 청소년을 대상으로 하는 성범죄가 심각한 사회적 문제로 등장하자, 국회에서 사회적 여론을 등에 업고 제정하기 시작하였다. 즉 청소년의 성을 사는 행위를 하는 등 성범죄를 저지르고 형이 확정된 사람에 대하여 청소년보호위원회가 범죄자의 신상을 공개할 수 있도록 하는 제도를 도입한 것이다. 이에 2000. 2. 3. 청소년의 성보호에 관한 법률(법률 제6261호)이 제정되어 2000. 7. 1.부터 시행되게 되었다. 그 후 성범죄자에 대한 신상정보 공개·고지제도는 사회적으로 뜨거운 이슈가 되는 사건이 발생할 때마다 공개의 대상, 범위, 고지여부 등의 변화가 발생하였다. 즉 2010. 1. 1. 아동청소년 대상 성범죄를 저지르고 유죄확정을 받은 범죄자에게 신상정보 공개명령이 가능하게 되었고, 2010. 2. 부산 여중생 강간 살인사건(소위 김길태 사건)이 발생하자 2010. 8. 24. 아동청소년 대상 성범죄자의 경우 범죄자의 신상정보 공개제도를 소급적용하기 시작하였다. 그리고 2011. 1. 1.부터는 아동·청소년을 대상으로 성범죄를 범한 사람에 대해 신상정보 공개를 넘어서서 고지까지 가능하도록 하였고(아청법 2010. 4. 15. 개정, 법률 제10260호), 2011. 4. 16.부터는 성인 대상 성범죄자의 경우에도 신상정보 공개뿐만 아니라 고지도 가능하도록 그 범위를 확대하기 시작한 것이다(성폭법 2010. 4. 15. 개정, 법률 제10258호). 또한 2012. 7. 경남 통영 초등생 살해사건(소위 김점덕 사건)이 발생하였고, 당시 위 살해사건의 범인이 성인대상 성범죄자였음이 밝혀지자 성인대상 성범죄자의 경우에도 신상정보를 공개·고지해야 한다는 여론이 일기 시작하여 결국 2012. 12. 18. 다시 개정된 성폭법 부칙 제7조(신상정보의 등록·공개 등에 관한 특례)에 의해 신상정보 공개·고지에 관한 규정은 공개·고지 대상 성범죄를 저질러 2008년 4월 16일부터 2011년 4월 15일 사이에 유죄판결(벌금형 제외)이 확정된 사람에 대하여도 소급 적용하도록 되었다.

3. 등록정보의 공개

가. 법 규정

등록정보의 공개 절차에 관하여는 성폭법 제47조에서 아청법 제49조를 원용하도록 하고 있다. 등록정보의 공개는 여성가족부장관이 집행한다. 법무부장관은 등록정보의 공개에 필요한 정보를 여성가족부장관에게 송부하여야 한다.

나. 법원의 등록정보 공개선고

(1) 공개대상 범죄(아청법 49조 1항 본문)

법원은 다음 각 호의 어느 하나에 해당하는 자에 대하여 판결로 공개정보를 등록기간 동안 정보통신망을 이용하여 공개하도록 하는 명령(이하 '공개명령')을 등록대상 사건의 판결과 동시에 선고하여야 한다. 등록 대상 성범죄는 아청법에서 규율하고 있는바, 대부분의 신상정보 등록대상이 이에 해당된다. 아청법에서 말하는 신상정보 공개 대상 범죄는 아래와 같다.

① 아동·청소년대상 성범죄를 저지른 자

② 강간, 유사강간, 강제추행, 준강간, 준강제추행, 미수범, 강간 등 상해·치상, 강간등 살인·치사, 미성년자등에 대한 간음, 업무상 위력등에 의한 간음, 16세 미만 미성년자에 대한 의제 강간(추행)의 죄, 강도강간(미수), 특수강도강간 등, 특수강간 등, 친족관계에 의한 강간 등, 장애인에 대한 강간·강제추행 등, 13세 미만의 미성년자에 대한 강간, 강제추행 등, 강간 등 상해·치상, 강간 등 살인·치사, 업무상 위력 등에 의한 추행, 공중 밀집 장소에서의 추행, 성적 목적을 위한 다중이용장소 침입행위, 통신매체를 이용한 음란행위, 카메라 등을 이용한 촬영, 허위영상물 등의 반포등, 촬영물 등을 이용한 협박·강요

③ 위 죄를 범하였으나 심신상실로 처벌할 수 없는 자로서 제① 호 또는 제②호의 죄를 다시 범할 위험성이 있다고 인정되는 자

'**아동·청소년대상 성범죄**'란 다음의 어느 하나에 해당하는 죄를 말한다(아청법 2조 2호).

가. ① 아동·청소년에 대한 강간·강제추행, 예비·음모 ② 장애인 인 아동·청소년에 대한 간음 등, ③ 13세 이상 16세 미만 아동·청소년에 대한 간음 등 ④ 강간 등 상해·치상, ⑤ 강간 등 살인·치사, ⑥ 아동·청소년성착취물의 제작·배포 등, ⑦ 아동·청소년 매매행위, ⑧ 아동·청소년의 성을 사는 행위 등 ⑨ 아동·청소년에 대한 강요행위 등 ⑩ 알선영업행위 등

나. 아동·청소년에 대한 ① 특수강도강간 등, ② 특수강간 등, ③ 친족관계에 의한 강간 등, ④ 장애인에 대한 강간·강제추행 등, ⑤ 13세 미만의 미성년자에 대한 강간, 강제추행 등, ⑥ 강간 등 상해·치상, ⑦ 강간 등 살인·치사, ⑧ 업무상위력 등에 의한 추행, ⑨ 공중밀집장소에서의 추행, ⑩ 성적 목적을 위한 다중이용

장소 침입행위, ⑪ 통신매체를 이용한 음란행위, ⑫ 카메라 등을 이용한 음란행위, ⑬ 허위영상물 등의 반포등, ⑭ 촬영물 등을 이용한 협박·강요

다. 아동·청소년에 대한 ① 강간, ② 유상강간, ③ 강제추행, ④ 준강간, 준강제추행, ⑤ 강간 등 상해·치상, ⑥ 강간 등 살인·치사, ⑦ 미성년자 등에 대한 간음, ⑧ 업무상위력등에 의한 간음, ⑨ 16세 미만 미성년자에 대한 간음, 추행(의제강간, 의제강제추행), ⑩ 강도강간(미수)

라. 아동·청소년에 대해 음란한 행위를 시키거나 이를 매개하는 행위 또는 아동·청소년에게 성적 수치심을 주는 성희롱 등의 성적 학대행위

(2) 예외(아청법 49조 1항 단서)

① **피고인이 아동·청소년인 경우**에는 신상정보를 공개하지 아니한다.

피고인이 아동·청소년인 경우에는 아직 인격적으로 완성되지 않은 단계라 신상정보 공개를 할 경우 받는 당사자의 충격이 성범죄 예방으로 얻어지는 사회적 이익보다 중하다고 보아 신상정보 공개를 하지 않는 것이다. 여기서 피고인이 아동·청소년인지 여부에 관한 판단시점은 언제인가? 예컨대 피고인이 범죄를 저지르고 1심 판결을 받을 때까지 만 18세로서 아청법상 아동·청소년이었다. 그래서 1심에서는 피고인에 대해 신상정보 공개결정을 하지 아니하였는데 피고인 또는 검사가 항소해서 항소심 선고 당시에는 피고인이 만 19세가 넘었다면 항소심에서도 역시 신상정보를 공개할 수 없는가? 판례는 아동·청소년인지 여부에 관한 판단시점을 사실심 선고시까지로 보고 있어 항소심선고시에 아동·청소년이 아니라면 신상정보를 공개할 수 있다(대법원 2012. 5. 24. 선고 2012도2763 판결).

② **'그 밖에 신상정보를 공개하여서는 아니 될 특별한 사정이**

있다고 판단하는 경우'에는 신상정보를 공개하지 아니하다.

그럼 피고인이 성년일 경우임에도 '신상정보를 공개하여서는 아니 될 특별한 사정이 있다고 판단하는 경우'라 함은 구체적으로 어떤 경우인가? 신상정보 공개제도가 도입될 시기에는 법의 규정이 원칙적으로 공개하고 예외적으로 공개하지 않는 구조로 되어 있었기에 거의 대부분의 성범죄자에 대해 공개결정을 하여 왔고 예외규정을 엄격하게 적용했다. 그런데 막상 그렇게 시행하다가보니 죄질이 그다지 무겁지 않는 사안까지 모두 공개가 되면서 지나치게 가혹하다는 사회적 비난이 거세졌고, 더욱이 성범죄자의 자녀가 비관해서 자살하는 사건까지 발생하게 되었다. 그래서 법원의 최근 경향은 예외적 규정을 예전보다 완화하여 지하철 몰카사건, 경미한 강제추행죄는 물론 강간죄의 경우도 죄질이 중하지 않거나, 피해자와 합의된 경우 등은 비공개하는 추세이다. 하지만 성범죄의 죄질이 극히 불량하거나, 피해자와 합의가 성립되지 않는 경우, 재범의 위험성이 강한 경우, 피해 정도가 심한 경우 등은 공개하는 경향이 많다.

▶ **대법원 2012. 1. 27. 선고 2011도14676 판결**

아동·청소년의 성보호에 관한 법률(이하 '법'이라 한다)은 제38조 제1항 본문에서 법원은 아동·청소년 대상 성폭력범죄를 저지른 자 등 그 각 호의 공개대상자에 대하여 같은 조 제3항에 기재된 성명, 나이, 주소 등 공개정보를 등록기간 동안 정보통신망을 이용하여 공개하도록 하는 명령(이하 '공개명령'이라 한다)을 아동·청소년 대상 성범죄 사건의 판결과 동시에 선고하여야 한다고 규정하고, 제38조의2 제1항 본문에서 법원은 아동·청소년 대상 성폭력범죄를 저지른 자 등 그 각 호의 고지대상자에 대하여 위 공개명령기간 동안 제3항에 따른 공개정보나 전출정보 등의 고지정보를 고지대상자가 거주하는

읍·면·동의 지역주민에게 고지하도록 하는 명령(이하 '고지명령'이라
한다)을 아동·청소년 대상 성범죄 사건의 판결과 동시에 선고하여야
한다고 규정하면서, 위 각 조문의 단서는 공개명령이나 고지명령을
선고하여야 하는 경우의 예외로서 '아동·청소년 대상 성범죄 사건에
대하여 벌금형을 선고하거나 피고인이 아동·청소년인 경우, 그 밖에
신상정보를 공개하여서는 아니될 특별한 사정이 있다고 판단하는 경
우'를 규정하고 있다. 여기에서, 공개명령과 고지명령의 예외사유의
하나로 규정된 '그 밖에 신상정보를 공개하여서는 아니될 특별한 사
정이 있다고 판단되는 경우'에 해당하는지 여부는 피고인의 연령, 직
업, 재범위험성 등 행위자의 특성, 당해 범행의 종류, 동기, 범행과
정, 결과 및 그 죄의 경중 등 범행의 특성, 공개명령 또는 고지명령으
로 인하여 피고인이 입는 불이익의 정도와 예상되는 부작용, 그로 인
해 달성할 수 있는 아동·청소년 대상 성범죄의 예방 효과 및 성범죄
로부터의 아동·청소년 보호 효과 등을 종합적으로 고려하여 판단하
여야 한다.

　　원심은, 피고인이 청소년을 대상으로 한 이 사건 강제추행상해
의 성폭력범죄를 저지른 사실은 인정되나, 피고인이 아무런 **전과도
없는 24세의 학생으로서 초범인 점**, 피고인이 이 사건 범행 직전 피
해자에게 자신의 전화번호를 피해자의 휴대전화에 입력해 주기까지
한 사정에 비추어 볼 때 이 사건 범행은 **주취 중 우발적으로** 범해진
것으로 보여 피고인에게 **성폭행의 습벽이 있다고 인정하기 어려운
점**, 피고인의 **사회적 유대관계가 분명**하고 피고인이 **깊이 반성**하고
있어 피고인에게 **재범의 위험성**이 있다고 보기 어려워 공개·고지명
령이라는 보안처분을 부과할 필요성이 크지 않은 점, 이 사건 범행에
있어 **추행의 정도가** 중하지 아니하고 **피해자도** 피고인의 처벌이나
피고인의 신상정보가 공개·고지되는 것을 원하지 아니하고 있는 점
등을 종합해 보면, 피고인에게 '신상정보를 공개하여서는 아니될 특

별한 사정'이 있다고 보아야 한다는 이유로 법이 정하고 있는 공개명
령과 고지명령을 선고하지 아니하였다. 위 법리와 기록에 비추어 살
펴보면, 위와 같은 원심의 판단은 정당하다고 수긍이 되고, 거기에
상고이유로 주장하는 바와 같은 법 제38조 제1항의 공개명령과 법
제38조의 2 제1항의 고지명령에 관한 법리오해 등의 위법이 없다.

다. 등록정보 공개기간

(1) 원칙(아청법 49조 2항)

등록정보의 공개기간은 판결이 확정된 때부터 기산한다. 공개기
간은 형의 실효 등에 관한 법률 제7조에 따른 기간을 초과하지 못한
다. 즉 3년을 초과하는 징역·금고를 선고할 경우에는 최장 10년을,
3년 이하의 징역·금고를 선고할 경우에는 최장 5년을, 벌금을 선고
할 경우에는 최장 2년을 초과하지 못한다.

(2) 제외 기간(동조 3항)

다음 각 호의 기간은 공개기간에 넣어 계산하지 아니한다.

① 공개대상자가 신상정보 공개의 원인이 된 성범죄로 교정시설
또는 치료감호시설에 수용된 기간. 이 경우 신상정보 공개의 원인이
된 성범죄와 다른 범죄가 형법 제37조(판결이 확정되지 아니한 수개의 죄
를 경합범으로 하는 경우로 한정)에 따라 경합되어 같은 법 제38조에 따
라 형이 선고된 경우에는 그 선고형 전부를 신상정보 공개의 원인이
된 성범죄로 인한 선고형으로 본다.

② 제①호에 따른 기간 이전의 기간으로서 제①호에 따른 기간
과 이어져 공개대상자가 다른 범죄로 교정시설 또는 치료감호시설에
수용된 기간.

③ 제①호에 따른 기간 이후의 기간으로서 제①호에 따른 기간
과 이어져 공개대상자가 다른 범죄로 교정시설 또는 치료감호시설에

수용된 기간.

　라. **공개하는 등록정보**(이하 '공개정보')(아청법 49조 4항, 시행령 20
　　조 1항)
　① 성명 : 한글과 한자(한자 성명이 있는 경우만 해당한다)로 표기하
되, 외국인인 경우 한글과 영문으로 표기한다.
　② 나이 : 주민등록표상의 나이. 다만, 외국인은 여권이나 외국
인등록증의 나이로 표기한다.
　③ 주소 및 실제거주지 : 다음 각 목의 구분에 따라 표기하되,
도로명주소법 제2조 제5호의 도로명 및 같은 조 제7호의 건물번호까
지 표기한다.
　　• 내국인의 경우: 주민등록법에 따라 신고한 주소와 실제 거주지
　　　주소
　　• 외국인의 경우: 출입국관리법 제32조에 따라 등록한 국내 체류
　　　지와 실제 거주지 주소
　　• 재외동포의 경우: 재외동포의 출입국과 법적 지위에 관한 법률
　　　제6조에 따라 신고한 국내거소와 실제 거주지 주소
　④ 신체정보 : 키와 몸무게를 표기하되, 키는 센티미터로, 몸무
게는 킬로그램으로 각각 표기한다.
　⑤ 사진 : 등록된 사진을 게재하는데 정면 상반신, 좌·우측 상
반신 및 전신사진을 게재한다.
　⑥ 등록대상 성범죄 요지 : 판결일자, 죄명, 선고형량 및 해당 사
건의 범죄사실 요지를 표기하되, 피해자를 알 수 있는 내용은 표기하
지 아니한다.
　⑦ 성폭력범죄 전과사실 : 등록대상 사건의 확정 판결일 이전에
유죄판결이 확정된 성폭력범죄의 죄명과 횟수를 표기한다.
　⑧ 전자장치 부착 여부 : 전자장치 부착 여부와 그 부착 기간을

표기한다.

마. 등록정보 열람(아청법시행령 21조)

누구나 전용 웹사이트인 '성범죄자 알림e(www.sexoffender.go.kr)'를 이용하여 성범죄자들에 대한 공개정보를 열람할 수 있다. 먼저 열람하려는 사람은 성명과 주민등록번호 입력, 공인인증서 등의 방법으로 실명인증을 받아야 한다. 그 후 웹사이트의 '성범죄자찾기'에 들어가면 지도로 검색하는 방법과 조건을 넣어서 검색하는 방법이 있다.

4. 등록정보의 고지

가. 법 규정(성폭법 49조)

등록정보의 고지에 관하여는 아청법 제50조 및 제51조를 적용한다(1항). 등록정보의 고지는 여성가족부장관이 집행한다(2항). 법무부장관은 등록정보의 고지에 필요한 정보를 여성가족부장관에게 송부하여야 한다(3항).

나. 법원의 등록정보 고지명령 선고(아청법 50조)

법원은 공개대상자 중 공개명령 대상 범죄에 해당하는 자[6]에 대하여 판결로 공개명령 기간 동안 후술하는 고지정보를 고지대상자에 대하여 고지하도록 하는 명령(이하 '고지명령')을 등록대상 성범죄 사건의 판결과 동시에 선고하여야 한다. 다만, 피고인이 아동·청소년인 경우, 그 밖에 신상정보를 고지하여서는 아니 될 특별한 사정이 있다고 판단하는 경우에는 그러하지 아니하다(1항). 한편 고지명령을 선고받은 자(이하 '고지대상자')는 공개명령을 선고받은 자로 본다(2항).

---

6 현행 아청법에 의하면 고지대상 범죄는 공개대상 범죄와 같다. 과거에는 공개대상 범죄 중 일부가 고지대상 범죄에 빠졌으나 2020. 5. 18. 법이 개정되면서 일치된 것이다.

다. **고지명령 기간**(아청법 50조 3항)

고지명령은 다음 각 호의 기간 내에 하여야 한다.

① 집행유예를 선고받은 고지대상자는 신상정보 최초 등록일부터 1개월 이내

② 금고 이상의 실형을 선고받은 고지대상자는 출소 후 거주할 지역에 전입한 날부터 1개월 이내

③ 고지대상자가 다른 지역으로 전출하는 경우에는 변경정보 등록일부터 1개월 이내

라. **고지정보**(아청법 50조 4항)

① 고지대상자가 이미 거주하고 있거나 전입하는 경우에는 공개정보. 다만, 주소 및 실제거주지는 상세주소를 포함한다.

② 고지대상자가 전출하는 경우에는 고지정보와 그 대상자의 전출 정보

누구든지 집행된 고지정보에 오류가 있음을 발견한 경우 여성가족부장관에게 그 정정을 요청할 수 있다(동법 51조의 2 1항).

마. **고지방법**

(1) 우편송부 및 게시판 게시 고지

여성가족부장관은 고지정보를 관할구역에 거주하는 아동·청소년의 친권자 또는 법정대리인이 있는 가구, 영유아보육법에 따른 어린이집의 원장 및 유아교육법에 따른 유치원의 장과 초·중등교육법 제2조에 따른 학교의 장, 읍·면사무소와 동 주민자치센터의 장, 학원의 설립·운영 및 과외교습에 관한 법률 제2조의 2에 따른 학교교과교습학원의 장과 아동복지법 제52조 제1항 제8호에 따른 지역아동센터 및 청소년활동 진흥법 제10조 제1호에 따른 청소년수련시설의 장에게 우편으로 송부한다(아청법 50조 5항). 여성가족부장관은 읍·면

사무소 또는 동(경계를 같이 하는 읍·면 또는 동을 포함) 주민자치센터 게시판에 30일간 게시하는 방법으로 고지명령을 집행한다(동법 51조 4항). 여성가족부장관은 고지명령의 집행 이후 관할구역에 출생신고·입양신고·전입신고가 된 아동·청소년의 친권자 또는 법정대리인이 있는 가구 및 관할구역에 설립·설치된 위 교육관련 시설의 장들로서 고지대상자의 고지정보를 우편으로 송부받지 못한 자에 대하여도 고지정보를 우편으로 송부하여야 한다(동조 5항). 여성가족부장관은 고지명령의 집행에 관한 업무 중 우편송부 및 게시판 게시 업무를 고지대상자가 실제 거주하는 읍·면사무소의 장 또는 동 주민자치센터의 장에게 위임할 수 있고, 위임을 받은 읍·면사무소의 장 또는 동 주민자치센터의 장은 우편송부 및 게시판 게시 업무를 집행하여야 한다(동조 6·7항).

(2) 이동통신단말기를 통한 고지

2020. 11. 20. 개정된 규정에 의하면, 이동통신단말장치를 통한 고지가 추가되었다(시행규칙 7조 1항 3호). 이에 따라 2021. 1. 5.부터는 카카오톡으로 모바일 고지서를 우선 송부하고, 모바일 고지서 미열람자에 한하여 우편고지서를 송부하게 된다. 모바일 고지 카카오톡 메시지를 수신한 19세 미만 아동·청소년 보호가구의 세대주는 본인인증 수단인 카카오페이에 가입한 후 고지서를 열람하면 된다. 모바일 고지를 받기 위한 별도의 신청은 필요 없다. 또한, 모바일고지서는 아동·청소년 보호가구의 세대주에게 발송되므로, 세대주 이외의 세대원은 '성범죄자알림e' 누리집(www.sexoffender.go.kr) 또는 앱에서 별도 신청을 통해 고지 내용을 확인할 수 있다.[7]

---

7 여성가족부 보도자료(2021. 1. 4.자).

V. 아동·청소년 관련기관 등에의 취업제한

1. 취업제한 대상 업종(아청법 56조 1항)

법원은 아동·청소년대상 성범죄 또는 성인대상 성범죄로 형 또는 치료감호를 선고하는 경우에는 판결(약식명령 포함)로 그 형 또는 치료감호의 전부 또는 일부의 집행을 종료하거나 집행이 유예·면제된 날(벌금형을 선고받은 경우에는 그 형이 확정된 날)부터 <u>일정기간 동안(10년 이하의 기간)</u> 다음 각 호에 따른 시설·기관 또는 사업장을 운영하거나 아동·청소년 관련기관에 취업 또는 사실상 노무를 제공할 수 없도록 하는 <u>취업제한명령을 성범죄 사건의 판결과 동시에 선고하여야 한다.</u> 다만, 재범의 위험성이 현저히 낮은 경우, 그 밖에 취업을 제한하여서는 아니 되는 특별한 사정이 있다고 판단하는 경우에는 그러하지 아니한다.

① 유치원

② 초·중·고등학교, 국제학교

③ 아동·청소년의 이용이 제한되지 아니하는 학원·교습소로서 교육부장관이 지정하는 학원·교습소 및 아동·청소년을 대상으로 하는 개인과외교습자

④ 청소년 보호·재활센터

⑤ 청소년활동시설

⑥ 청소년상담복지센터, 청소년쉼터, 학교 밖 청소년 지원센터

⑦ 어린이집

⑧ 아동복지시설

⑨ 청소년 지원시설과 성매매피해상담소

⑩ 공동주택의 관리사무소(경비업무에 종사하는 사람에 한함)

⑪ 체육시설 중 아동·청소년의 이용이 제한되지 아니하는 체육

시설로서 문화체육관광부장관이 지정하는 체육시설

⑫ 의료기관(의료인에 한함)

⑬ 인터넷컴퓨터게임시설제공업, 복합유통게임제공업

⑭ 경비업을 행하는 법인(경비업무에 직접 종사하는 사람에 한함)

⑮ 청소년활동기획업소(영리의 목적으로 청소년활동의 기획·주관·운영을 하는 사업장)

⑯ 영리의 목적으로 연기·무용·연주·가창·낭독, 그 밖의 예능과 관련한 용역을 제공하는 자 또는 제공하려는 의사를 가진 자를 위하여 훈련·지도 또는 상담을 하는 사업장

⑰ 아동·청소년의 고용 또는 출입이 허용되는 곳으로 △ 아동·청소년과 해당 시설 등의 운영자·근로자 또는 사실상 노무 제공자 사이에 업무상 또는 사실상 위력 관계가 존재하거나 존재할 개연성이 있는 시설, △ 아동·청소년이 선호하거나 자주 출입하는 시설 등으로서 해당 시설 등의 운영 과정에서 운영자·근로자 또는 사실상 노무 제공자에 의한 아동·청소년대상 성범죄의 발생이 우려되는 시설

⑱ 가정방문 등 학습교사 사업장(아동·청소년에게 직접교육서비스를 제공하는 업무에 종사하는 사람에 한함)

⑲ 장애인에 대한 특수교육기관이나 단체

⑳ 아동·청소년이 이용하는 공공시설

㉑ 아동·청소년을 대상으로 하는 교육기관

㉒ 어린이급식 관리지원센터

☞ 위헌결정에 따라 '일률적용'에서 '차등적용'으로 법 개정

종전에는 아동·청소년대상 성범죄 또는 성인대상 성범죄자에 대하여 죄질, 형량 또는 재범 위험성 등을 고려하지 아니하고 일률적으로 10년간 아동·청소년 관련기관 등에 취업 또는 사실상 노무를 제공하는

것 등을 금지하였다. 하지만 그러한 규정이 직업선택의 자유 침해 등을 이유로 헌법재판소가 위헌으로 결정(2016. 3. 31. 결정 2013헌마585)함에 따라, 위헌결정의 취지를 반영하여 2018. 1. 16. 아청법 제56조가 개정되었다. 이에 따라 법원은 성범죄로 형 또는 치료감호를 선고하면서 이와 동시에 아동·청소년 관련기관 등에의 취업제한 명령을 선고하도록 하되 그 기간을 죄의 경중 및 재범 위험성을 고려하여 차등해야 한다.

뿐만 아니라 부칙규정을 통해 종전의 규정에 따라 성범죄를 범하고 확정판결을 받은 사람 등에 대한 취업제한 기간에 대하여도 형평성을 고려하여 형의 종류 또는 형량에 따라 취업제한 기간에 차등을 두어 부과하도록 했다(부칙 4조, 5조).

2. 취업제한 기간 및 재범의 위험성 여부에 관한 판단(동조 2·3항)

위와 같은 취업제한 기간은 10년을 초과하지 못한다. 법원은 취업제한 명령을 선고하려는 경우에는 정신건강의학과 의사, 심리학자, 사회복지학자, 그 밖의 관련 전문가로부터 취업제한 명령 대상자의 재범 위험성 등에 관한 의견을 들을 수 있다.

3. 성범죄경력 조회(아청법 56조)

아동·청소년 관련기관등의 설치 또는 설립 인가·신고를 관할하는 지방자치단체의 장, 교육감 또는 교육장은 아동·청소년 관련기관등을 운영하려는 자에 대한 성범죄 경력 조회를 관계 기관의 장에게 요청하여야 한다. 다만, 아동·청소년 관련기관등을 운영하려는 자가 성범죄 경력 조회 회신서를 지방자치단체의 장, 교육감 또는 교육장에게 직접 제출한 경우에는 성범죄 경력 조회를 한 것으로 본다(4항). 아동·청소년 관련기관등의 장은 그 기관에 취업 중이거나 사

■ 아동·청소년의 성보호에 관한 법률 시행규칙 [별지 제9호의2서식] <개정 2018. 3. 21.>

성범죄 경력 조회 신청서(본인)

※ 색상이 어두운 난은 신청인이 작성하지 아니하며, [ ]에는 해당되는 곳에 √표를 합니다.

접수번호		접수일		처리기간	즉시
신청인 (대상자)	성 명(외국인의 경우 영문으로 작성)				
	주민등록번호(외국인의 경우 외국인등록번호/국적)				
운영 또는 취업정보	운영예정 또는 취업(예정)기관명		운영예정 또는 취업(예정)기관 주소		
			(전화번호:)		
	조회용도	[ ] 운영하려는 자용	[ ] 취업(예정)자용		
			(직종:)		

「아동·청소년의 성보호에 관한 법률」 제56조 및 같은 법 시행령 제25조에 따라 본인의 성범죄 경력 조회를 요청하오니 그 결과를 회신해 주시기 바랍니다.

년   월   일

신청인

[서명 또는 인, 정보통신망 이용 시 생략 가능]

_____ **경찰서장** 귀하

신청인 제출서류	1. 신분 증명서(주민등록증 또는 운전면허증 등) 사본 1부 2. 운영하려는 기관 또는 취업대상 기관이 아동·청소년 관련기관등임을 증명할 수 있는 자료 1부	수수료 없 음

유의사항

대상자가 외국인인 경우 성명(한글·영문), 외국인등록번호, 국적을 적습니다.

처리절차

신청서 작성	→	접 수	→	취업제한 해당여부 확인	→	통보
신청인		경찰서장		경찰서장		

210㎜×297㎜[백상지(80g/㎡) 또는 중질지(80g/㎡)]

실상 노무를 제공 중인 자 또는 취업하려 하거나 사실상 노무를 제공
하려는 자(이하 "취업자등"이라 함)에 대하여 성범죄의 경력을 확인하여
야 하며, 이 경우 본인의 동의를 받아 관계 기관의 장에게 성범죄의
경력 조회를 요청하여야 한다. 다만, 취업자등이 성범죄 경력 조회
회신서를 아동·청소년 관련기관등의 장에게 직접 제출한 경우에는
성범죄 경력 조회를 한 것으로 본다(5항). 성범죄 경력 조회 요청을
받은 관계 기관의 장은 성범죄 경력 조회 회신서를 발급하여야 한다
(6항).

Ⅵ. 수강명령·성폭력 치료프로그램의 이수명령제도·보호관찰

1. 선고유예 판결을 하는 경우

법원이 성폭력범죄를 범한 사람에 대하여 형의 선고를 유예하는
경우에는 1년 동안 보호관찰을 받을 것을 명할 수 있다. 다만, 성폭
력범죄를 범한 소년법 제2조에 따른 소년에 대하여 형의 선고를 유
예하는 경우에는 반드시 보호관찰을 명하여야 한다(성폭법 16조 1항).

2. 그 외 유죄판결을 하는 경우(성폭법 16조)

법원이 성폭력범죄를 범한 사람에 대하여 유죄판결(선고유예는 제
외)을 선고하거나 약식명령을 고지하는 경우에는 500시간의 범위에
서 재범예방에 필요한 수강명령 또는 성폭력 치료프로그램의 이수명
령을 병과하여야 한다. 다만, 수강명령 또는 이수명령을 부과할 수
없는 특별한 사정이 있는 경우에는 그러하지 아니하다(2항).

성폭력범죄를 범한 자에 대하여 제2항의 수강명령은 형의 집행
을 유예할 경우에 그 집행유예기간 내에서 병과하고, 이수명령은 벌
금 이상의 형을 선고하거나 약식명령을 고지할 경우에 병과한다. 다

만, 이수명령은 성폭력범죄자가 전자장치 부착 등에 관한 법률 제9조의 2 제1항 제4호에 따른 이수명령을 부과받은 경우에는 병과하지 아니한다(3항).

법원이 성폭력범죄를 범한 사람에 대하여 형의 집행을 유예하는 경우에는 제2항에 따른 수강명령 외에 그 집행유예기간 내에서 보호관찰 또는 사회봉사 중 하나 이상의 처분을 병과할 수 있다(4항).

수강명령 또는 이수명령은 형의 집행을 유예할 경우에는 그 집행유예기간 내에, 벌금형을 선고하거나 약식명령을 고지할 경우에는 형 확정일부터 6개월 이내에, 징역형 이상의 실형을 선고할 경우에는 형기 내에 각각 집행한다. 다만, 수강명령 또는 이수명령은 성폭력범죄를 범한 사람이 아청법 제21조에 따른 수강명령 또는 이수명령을 부과받은 경우에는 병과하지 아니한다(5항).

3. 수강명령 또는 이수명령의 내용(성폭법 16조 7항)

가. 일탈적 이상행동의 진단·상담

나. 성에 대한 건전한 이해를 위한 교육

다. 그 밖에 성폭력범죄를 범한 사람의 재범예방을 위하여 필요한 사항

4. 가석방의 경우(성폭법 16조 8항)

성폭력범죄를 범한 사람으로서 형의 집행 중에 가석방된 사람은 가석방기간 동안 보호관찰을 받는다. 다만, 가석방을 허가한 행정관청이 보호관찰을 할 필요가 없다고 인정한 경우에는 그러하지 아니하다.

5. 항소심에서 수강(이수)명령 추가도 불이익변경금지의 원칙 적용됨

형사소송법 제368조는 '피고인이 항소한 사건과 피고인을 위하여 항소한 사건에 대하여는 원심판결의 형보다 중한 형을 선고하지 못한다.'고 규정하고 있는데, 여기의 '형'에는 형벌은 물론 성폭력치료·수강명령과 같은 신체의 자유를 제한하는 보안처분도 포함된다. 따라서 피고인만 항소한 재판에서 법원이 성폭력치료·수강명령을 추가하는 것은 불이익변경금지 원칙에 어긋나 허용되지 않는다.

▶ 대법원 2018. 10. 4. 선고 2016도15961 판결

피고인만이 항소한 사건에 대하여는 원심판결의 형보다 중한 형을 선고하지 못한다. 원심의 형이 피고인에게 불이익하게 변경되었는지 여부에 관한 판단은 형법상형의 경중을 기준으로 하되 이를 개별적·형식적으로 고찰할 것이 아니라 주문 전체를 고려하여 피고인에게 실질적으로 불이익한지 아닌지를 보아 판단하여야 한다. 그리고 성폭력범죄의 처벌 등에 관한 특례법에 따라 병과하는 수강명령 또는 이수명령은 이른바 범죄인에 대한 사회 내 처우의 한 유형으로서 형벌 자체가 아니라 보안처분의 성격을 가지는 것이지만, 의무적강의 수강 또는 성폭력 치료프로그램의 의무적 이수를 받도록 함으로써 실질적으로는 신체적 자유를 제한하는 것이 되므로, 원심이 제1심판결에서 정한 형과 동일한 형을 선고하면서 새로 수강명령 또는 이수명령을 병과하는 것은 전체적·실질적으로 볼 때 피고인에게 불이익하게 변경한 것이므로 허용되지 않는다.

Ⅶ. 화학적 거세제도

1. 화학적 거세제도의 의의

화학적 거세제도, 즉 성충동 약물치료(이하 '약물치료')란 비정상적인 성적 충동이나 욕구를 억제하기 위한 조치로서 성도착증 환자에게 약물투여 및 심리치료 등의 방법으로 도착적인 성기능을 일정 기간 동안 약화 또는 정상화하는 치료를 말한다. 그와 같은 치료를 통해 성폭력범죄의 재범을 방지하고 사회복귀를 촉진하려는 것이다. 이는 주로 약물치료 등 화학적인 방법을 사용한다는 점에서 수술로 고환을 제거하는 '물리적 거세'와 구별된다.

2. 연   혁

우리나라의 경우 2011년 7월에 16세 미만의 사람을 대상으로 한 성범죄자에게 화학적 거세가 허용되는 '성폭력 범죄자의 성충동 약물 치료에 관한 법률'[8]이 시행되었고, 이는 대부분의 국가에서 범죄자 본의의 동의에 따라 시행되는 것과는 달리 법원의 결정에 따라 강제 시행된다. 그 후 2013. 3. 19.부터는 16세 미만으로 한정된 피해자의 연령제한이 폐지되어, 피해자의 나이와 상관없이 모든 성폭력 범죄자를 대상으로 시행하도록 변경됐다.

3. 피청구자에 대한 요건

피청구자에게 약물 치료명령을 부과하기 위해서는 다음과 같은 네 가지 요건이 충족되어야 한다(동법 4조).

---

8 이하 Ⅶ.항 안에서는 '동법'으로 약칭함.

가. 성폭력범죄를 저지른 자여야 함

성폭력범죄라 함은 다음과 같다.

① 아청법 제7조(아동·청소년에 대한 강간·강제추행 등)부터 제10조(강간 등 살인·치사)까지의 죄

② 성폭법 제3조(특수강도강간 등)부터 제13조(통신매체를 이용한 음란행위)까지의 죄 및 제15조(미수범)의 죄(제3조부터 제9조까지의 미수범만을 말함)

③ 형법 제297조(강간)·제297조의2(유사강간)·제298조(강제추행)·제299조(준강간, 준강제추행)·제300조(미수범)·제301조(강간등 상해·치상)·제301조의 2(강간등 살인·치사)·제302조(미성년자등에 대한 간음)·제303조(업무상위력등에 의한 간음)·제305조(미성년자에 대한 간음, 추행)·제339조(강도강간), 제340조(해상강도) 제3항(사람을 강간한 죄만을 말함) 및 제342조(미수범)의 죄(제339조 및 제340조 제3항 중 사람을 강간한 죄의 미수범만을 말함)

나. 성도착증 환자여야 함

'성도착증 환자'란 소아성기호증(小兒性嗜好症), 성적가학증(性的加虐症) 등 성적 성벽(性癖)이 있는 정신성적 장애인으로서 금고 이상의 형에 해당하는 성폭력범죄를 지은 자 및 정신건강의학과 전문의의 감정에 의하여 성적 이상 습벽으로 인하여 자신의 행위를 스스로 통제할 수 없다고 판명된 사람을 말한다(동법 2조 1호).

다. 성폭력범죄를 다시 범할 위험성이 있어야 함

(1) 엄격한 기준

이러한 치료명령은 원칙적으로 형 집행 종료 이후 신체에 영구적인 변화를 초래할 수도 있는 약물의 투여를 피청구자의 동의 없이 강제적으로 상당기간 실시하게 된다는 점에서 헌법이 보장하고 있는

신체의 자유와 자기결정권에 대한 가장 직접적이고 침해적인 처분에
해당한다고 볼 수 있다. 따라서 앞서 본 바와 같은 치료명령의 내용
및 특성과 최소침해성의 원칙 등을 요건으로 하는 보안처분의 성격
등에 비추어 장기간의 형 집행 및 그에 부수하여 전자장치 부착 등의
처분이 예정된 사람에 대해서는 위 형 집행 및 처분에도 불구하고 재
범의 방지와 사회복귀의 촉진 및 국민의 보호를 위한 추가적인 조치
를 취할 필요성이 인정되는 불가피한 경우에 한하여 이를 부과함이
타당하다(대법원 2014. 2. 27. 선고 2013도12301 판결).

(2) 성폭력범죄를 다시 범할 위험성의 의미

　치료명령의 요건으로 '성도착증 환자로서 성폭력범죄를 다시 범
할 위험성'이란 재범할 가능성만으로는 부족하고 피청구자가 장래에
다시 성폭력범죄를 범하여 법적 평온을 깨뜨릴 상당한 개연성을 의
미한다. 그런데 장기간의 형 집행이 예정된 사람의 경우에는 치료명
령의 선고시점과 실제 치료명령의 집행시점 사이에 상당한 시간적
간격이 있어 성충동 호르몬 감소나 노령화 등으로 성도착증이 자연
스럽게 완화되거나 치유될 가능성을 배제하기 어렵고, 피청구자의
동의 없이 강제적으로 이루어지는 치료명령 자체가 피청구자의 신체
의 자유와 자기결정권에 대한 중대한 제한이 되는 사정을 감안하여
보면, 비록 피청구자가 성도착증 환자로 진단받았다고 하더라도 그
러한 사정만으로 바로 피청구자에게 성폭력범죄에 대한 재범의 위험
성이 있다고 단정할 것이 아니라, 치료명령의 집행시점에도 여전히
약물치료가 필요할 만큼 피청구자에게 성폭력범죄를 다시 범할 위험
성이 있고 피청구자의 동의를 대체할 수 있을 정도의 상당한 필요성
이 인정되는 경우에 한하여 비로소 치료명령의 요건을 갖춘 것으로
보아야 한다. 또한 이 경우 법원이 피청구자의 '성폭력범죄를 다시 범
할 위험성'을 판단할 때에는 피청구자의 직업과 환경, 동종 범행으로

인한 처벌 전력, 당해 범행 이전의 행적, 범행의 동기, 수단, 범행 후
의 정황, 개전의 정 등과 아울러 피청구인의 정신성적 장애의 종류와
정도 및 치료 가능성, 피청구인이 치료명령의 과정에서 받을 약물치료
또는 인지행동치료 등을 자발적이고도 적극적으로 따르고자 하는 의
지, 처방 약물로 인하여 예상되는 부작용의 가능성과 정도, 예상되는
형 집행 기간과 그 종료 당시 피청구자의 연령 및 주위환경과 그 후
약물치료 등을 통하여 기대되는 재범방지 효과 등의 여러 사정을 종합
적으로 평가하여 판결 시를 기준으로 객관적으로 판단하여야 한다.

▶ 대법원 2014. 2. 27. 선고 2013도1301 판결

원심은, 피고인이 평소에 여자 아동을 대상으로 하는 음란물 등
을 보면서 여아를 상대로 성적 욕구를 해소하려는 환상을 가지고 피
해자의 언니 등과 성관계하는 것을 상상해 오다가 결국 이 사건 성폭
력범행을 저지르게 된 점, 한국 성범죄자 재범위험성 평가척도를 적
용한 결과 피고인의 성범죄 재범위험성이 13점으로 '상'수준에 해당
하고, 정신병질자 선별도구의 평가 결과 피고인의 성범죄 재범위험
성은 20점으로 '중'구간(7~24점)에서도 상위 구간에 해당하여 재범
위험성이 높다고 평가된 점, 피고인은 성도착증인 비폐쇄적 유형의
소아기호증의 성적 취향을 가지고 있으며 이 사건 성폭력범죄도 소아
기호증이 원인이 되어 저지른 점, 그 밖에 판시 성폭력범죄의 범행 동
기나 경위, 피고인의 나이, 성행 및 성에 대한 인식과 태도 등을 종합
하여 보면, 피고인에게 성도착증, 성폭력범죄 재범의 위험성이 모두
인정된다고 판단하여 피고인에 대하여 5년간 치료명령을 명한 제1심
판결을 유지하였다. 위와 같은 원심판결 이유에 더하여 원심이 적법
하게 채택한 증거들에 의하여 알 수 있는 다음과 같은 사정, 즉 피고
인의 이 사건 범행은 우발적으로 저지른 범행이라기보다 심야에 피

씨(PC)방에서 만난 피해자의 어머니로부터 피해자의 아버지가 술에 취해 잠들어 있다는 말을 듣고 평소 위치를 알고 있던 피해자의 집으로 찾아가 잠을 자고 있던 피해자를 과감하게 이불째로 들고 나와 본인만이 알고 있는 은폐된 장소로 데리고 가 **강간범행**을 저지르는 등 일련의 **범행이 상당히 계획적이고 치밀하게** 이루어진 점, 피고인은 **미성년자인 피해자**의 상태나 반항에 아랑곳하지 아니하고 자신의 성적 욕구를 충족하기 위하여 손가락으로 피해자의 성기 속에 집어넣고 흔들거나 피해자의 볼 등을 물고 심지어는 **살인의 의도로** 피해자의 목 부위를 강하게 조르는 등 **변태적이고 가학적인 행위**를 서슴지 아니하였던 점, 피고인은 이 사건 범행 이전부터 **성도착증세**는 물론 **반사회적 인격장애와 병적 도벽, 게임중독 등의 증상**을 보이면서 사회적 유대관계가 없이 생활하여 왔고, 이 사건 형기 복역 도중에 피고인의 성도착증세 등이 치료·완화되리라고 기대하기는 어려워 보이는 점, 피고인이 무기징역형을 복역한다면 이 사건 치료명령이 실제로 집행될 가능성은 없으나, 피고인이 가석방 등으로 출소할 경우를 가정할 경우 피고인은 이 사건과 같이 가학적이고 잔인한 성폭력범죄를 다시 범할 개연성이 매우 높아 치료명령에 대한 피고인의 동의를 대체할 수 있을 정도의 고도의 필요성이 있다고 인정되는 점 등을 종합해 보면, 피고인에 대하여 치료명령의 요건으로서 성폭력범죄의 재범의 위험성이 있다고 판단한 원심의 결론은 수긍할 수 있다고 할 것이다.

라. 19세 이상의 사람이어야 함

가해자는 19세 이상의 사람이어야 한다(동법 4조 1항). 남자든 여자든 불문한다. 약물치료의 경우 형 집행 종료 이후 신체에 영구적인 변화를 초래할 수도 있는 약물의 투여를 피청구자의 동의 없이 강제적으로 상당기간 실시하게 된다는 점에서 엄격하게 적용해야 하는데, 19세 미만의 미성년의 경우 아직 사리판단 능력이 미숙한 상태이므로 화학적 거세는 너무 가혹하다는 판단 하에서 19세 이상의 성년자에게만 위와 같은 약물치료 명령을 할 수 있도록 제한한 것이다.

4. 화학적 거세 집행절차

가. 검사의 청구

검사는 사람에 대하여 성폭력범죄를 저지른 성도착증 환자로서 성폭력범죄를 다시 범할 위험성이 있다고 인정되는 19세 이상의 사람에 대하여 약물치료명령(이하 '치료명령')을 법원에 청구할 수 있다(동법 4조 1항). 검사는 치료명령 청구대상자(이하 '치료명령 피청구자')에 대하여 정신건강의학과 전문의의 진단이나 감정을 받은 후 치료명령을 청구하여야 한다(동조 2항). 검사의 치료명령의 청구는 공소가 제기되거나 치료감호가 독립 청구된 성폭력범죄사건(이하 '피고사건')의 항소심 변론종결 시까지 하여야 한다(동조 3항). 피고사건에 대하여 판결의 확정 없이 공소가 제기되거나 치료감호가 독립 청구된 때부터 15년이 지나면 치료명령을 청구할 수 없다(동조 5항). 법원은 피고사건의 심리결과 치료명령을 할 필요가 있다고 인정하는 때에는 검사에게 치료명령의 청구를 요구할 수 있다(동조 4항).

나. 피명령자의 준수사항(동법 10조, 15조)

치료명령을 받은 사람은 치료기간 동안 다음과 같은 준수사항을 지켜야 한다.

① 주거지에 상주(常住)하고 생업에 종사할 것

② 범죄로 이어지기 쉬운 나쁜 습관을 버리고 선행(善行)을 하며 범죄를 저지를 염려가 있는 사람들과 교제하거나 어울리지 말 것

③ 보호관찰관의 지도·감독에 따르고 방문하면 응대할 것

④ 보호관찰관의 지시에 따라 성실히 약물치료에 응할 것

⑤ 보호관찰관의 지시에 따라 정기적으로 호르몬 수치 검사를

받을 것

⑥ 보호관찰관의 지시에 따라 인지행동 치료 등 심리치료 프로그램을 성실히 이수할 것

⑦ 치료기간 중 상쇄약물의 투약 등의 방법으로 치료의 효과를 해하여서는 아니 됨

⑧ 형의 집행이 종료되거나 면제·가석방 또는 치료감호의 집행이 종료·가종료 또는 치료위탁되는 날부터 10일 이내에 주거지를 관할하는 보호관찰소에 출석하여 서면으로 신고해야 함

⑨ 주거 이전 또는 7일 이상의 국내여행을 하거나 출국할 때에는 미리 보호관찰관의 허가를 받아야 함

다. 치료명령의 집행(동법 14조)

치료명령은 의료법에 따른 의사의 진단과 처방에 의한 약물 투여, 정신건강증진 및 정신질환자 복지서비스 지원에 관한 법률에 따른 정신보건전문요원 등 전문가에 의한 인지행동 치료 등 심리치료 프로그램의 실시 등의 방법으로 집행한다(1항). 보호관찰관은 치료명령을 받은 사람에게 치료명령을 집행하기 전에 약물치료의 효과, 부작용 및 약물치료의 방법·주기·절차 등에 관하여 충분히 설명하여야 한다(2항). 치료명령을 받은 사람이 형의 집행이 종료되거나 면제·가석방 또는 치료감호의 집행이 종료·가종료 또는 치료위탁으로 석방되는 경우 보호관찰관은 석방되기 전 2개월 이내에 치료명령을 받은 사람에게 치료명령을 집행하여야 한다(3항). 그리고 위 준수사항에도 나와 있듯이 석방 후에도 주기적으로 약물치료에 응해야 한다.

5. 치료명령의 집행면제

가. 법 규정의 신설 취지

헌법재판소는 2015. 12. 23. 동법 제8조 제1항에 따른 치료명령

의 판결조항은 치료명령 선고를 피고사건 선고와 동시에 하도록 규정하여 장기형이 선고되는 경우 치료명령 선고시점과 집행시점 사이에 상당한 시간적 격차가 있음에도 불구하고, 피치료자가 집행시점에 치료의 필요성에 이의를 제기함으로써 불필요한 치료를 막을 수 있는 절차를 두지 아니하여 과잉금지원칙에 위배된다는 이유로 헌법불합치 결정(2013헌가9)을 했다. 이에 따라 치료명령의 집행면제에 관한 규정을 마련함으로써 위헌성을 해소한 것이다.

나. 신청에 의한 집행면제(동법 8조의 2)

(1) 신청절차

징역형과 함께 치료명령을 받은 사람 및 그 법정대리인은 주거지 또는 현재지를 관할하는 지방법원(지원)에 치료명령이 집행될 필요가 없을 정도로 개선되어 성폭력범죄를 다시 범할 위험성이 없음을 이유로 치료명령의 집행면제를 신청할 수 있다(1항 본문). 이때 신청서에 치료명령의 집행 면제의 심사에 참고가 될 자료를 첨부하여 제출하여야 한다(3항).

(2) 신청기간

신청은 치료명령의 원인이 된 범죄에 대한 징역형의 집행이 종료되기 전 12개월부터 9개월까지의 기간에 하여야 한다. 다만, 치료명령의 원인이 된 범죄가 아닌 다른 범죄를 범하여 징역형의 집행이 종료되지 아니한 경우에는 그 징역형의 집행이 종료되기 전 12개월부터 9개월까지의 기간에 하여야 한다(2항).

(3) 예외사유

징역형과 함께 치료명령을 받은 사람이 치료감호의 집행 중인 경우에는 치료명령의 집행 면제를 신청할 수 없다(1항 단서).

(4) 법원의 결정

법원은 집행면제 신청을 받은 경우 징역형의 집행이 종료되기 3개월 전까지 치료명령의 집행 면제 여부를 결정하여야 한다. 법원은 이 결정을 하기 위하여 필요한 경우에는 그 법원의 소재지를 관할하는 보호관찰소의 장에게 치료명령을 받은 사람의 교정성적, 심리상태, 재범의 위험성 등 필요한 사항의 조사를 요청할 수 있다(5항). 법원은 결정을 하기 위하여 필요한 때에는 치료명령을 받은 사람에 대하여 정신건강의학과 전문의의 진단이나 감정을 받게 할 수 있다(6항).

(5) 불복 절차

징역형과 함께 치료명령을 받은 사람 및 그 법정대리인은 법원의 결정에 대하여 결정을 고지 받은 날부터 7일 이내에 항고를 할 수 있다(8항, 9항, 동법 22조 5항). 항고할 수 있는 사유는 해당 결정에 영향을 미칠 법령위반이 있거나 중대한 사실오인이 있는 경우, 처분이 현저히 부당한 경우이다(22조 5항). 항고법원의 결정에 대하여는 그 결정이 법령에 위반된 때에만 대법원에 재항고를 할 수 있다(동조 9항). 재항고의 제기기간은 항고기각 결정을 고지받은 날부터 7일로 한다(동조 10항). 항고와 재항고는 결정의 집행을 정지하는 효력이 없다(동조 11항).

다. 직권에 의한 집행면제(동법 8조의 3)

(1) 절 차

치료감호심의위원회는 피치료감호자 중 치료명령을 받은 사람에 대하여 같은 법 치료감호의 종료·가종료 또는 치료위탁 결정을 하는 경우에 치료명령의 집행이 필요하지 아니하다고 인정되면 치료명령의 집행을 면제하는 결정을 하여야 한다. 치료감호심의위원회는 결정을 하기 위하여 필요한 경우에는 치료명령을 받은 사람에 대하여 정신건강의학과 전문의의 진단이나 감정을 받게 할 수 있다.

(2) 대 상 자

피치료감호자 중 징역형과 함께 치료명령을 받은 사람의 경우 형기가 남아 있지 아니하거나 9개월 미만의 기간이 남아 있는 사람에 한정한다.

6. 치료명령의 임시해제

가. 치료명령의 임시해제 신청 등(동법 17조)

보호관찰소의 장 또는 치료명령을 받은 사람 및 그 법정대리인은 해당 보호관찰소를 관할하는 보호관찰 심사위원회에 치료명령의 임시해제를 신청할 수 있다(1항). 위 신청은 <u>치료명령의 집행이 개시된 날부터 6개월이 지난 후에 하여야 한다.</u> 신청이 기각된 경우에는 기각된 날부터 6개월이 지난 후에 다시 신청할 수 있다(2항). 임시해제의 신청을 할 때에는 신청서에 임시해제의 심사에 참고가 될 자료를 첨부하여 제출하여야 한다(3항).

나. 치료명령 임시해제의 심사 및 결정(동법 18조)

심사위원회는 임시해제를 심사할 때에는 치료명령을 받은 사람의 인격, 생활태도, 치료명령 이행상황 및 재범의 위험성에 대한 전문가의 의견 등을 고려하여야 한다(1항). 심사위원회는 임시해제의 심사를 위하여 필요한 때에는 보호관찰소의 장으로 하여금 필요한 사항을 조사하게 하거나 치료명령을 받은 사람이나 그 밖의 관계인을 직접 소환·심문 또는 조사할 수 있다(2항). 심사위원회의 요구를 받은 보호관찰소의 장은 필요한 사항을 조사하여 심사위원회에 통보하여야 한다(3항). <u>심사위원회는 치료명령을 받은 사람이 치료명령이 계속 집행될 필요가 없을 정도로 개선되어 죄를 다시 범할 위험성이</u>

없다고 인정하는 때에는 치료명령의 임시해제를 결정할 수 있다(4
항). 심사위원회는 치료명령의 임시해제를 하지 아니하기로 결정한
때에는 결정서에 그 이유를 명시하여야 한다(5항). 치료명령이 임시
해제된 경우에는 준수사항 역시 임시해제된 것으로 본다(6항).

다. 임시해제의 취소 등(동법 19조)

보호관찰소의 장은 치료명령이 임시해제된 사람이 성폭력범죄를
저지르거나 주거 이전 상황 등의 보고에 불응하는 등 재범의 위험성
이 있다고 판단되는 때에는 심사위원회에 임시해제의 취소를 신청할
수 있다. 이 경우 심사위원회는 임시해제된 사람의 재범의 위험성이
현저하다고 인정될 때에는 임시해제를 취소하여야 한다(1항). 임시해
제가 취소된 사람은 잔여 치료기간 동안 약물치료를 받아야 한다. 이
경우 임시해제기간은 치료기간에 산입하지 아니한다(2항).

7. 치료명령 집행의 종료(동법 20조)

치료명령은 ① 치료기간이 지난 때, ② 치료명령과 함께 선고한
형이 사면되어 그 선고의 효력을 상실하게 된 때, ③ 치료명령이 임
시해제된 사람이 그 임시해제가 취소됨이 없이 잔여 치료기간을 지
난 때에 그 집행이 종료된다.

8. 치료명령의 시효(동법 21조)

치료명령을 받은 사람은 그 판결이 확정된 후 집행을 받지 아니
하고 함께 선고된 피고사건의 형의 시효 또는 치료감호의 시효가 완
성되면 그 집행이 면제된다(1항). 치료명령의 시효는 치료명령을 받
은 사람을 체포함으로써 중단된다(2항).

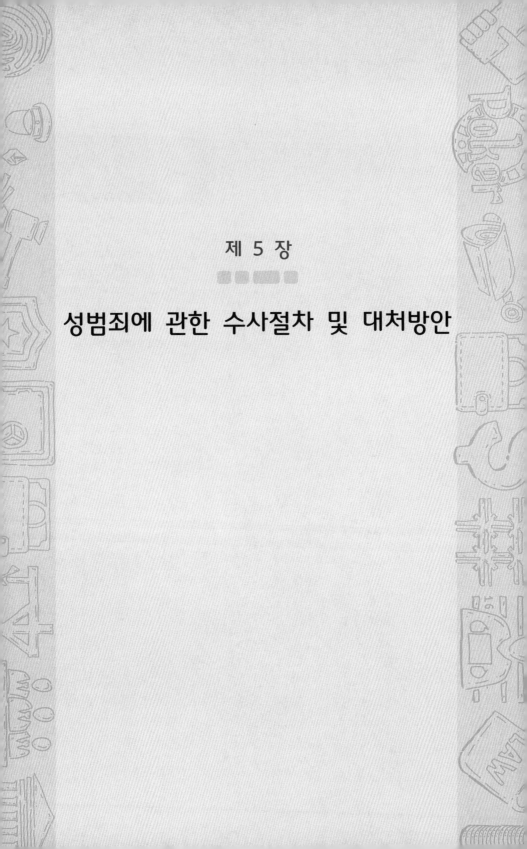

제 5 장

성범죄에 관한 수사절차 및 대처방안

제 5 장 성범죄에 관한 수사절차 및 대처방안

Ⅰ. 성범죄로 입건된 경우

1. 가족과 직장에 알려지는 것을 막을 것

성범죄로 입건된 경우, 즉 피해자의 고소가 있을 경우 가장 당황하는 것이 "가족이나 직장에 소문이 나면 어떻게 하는가?"일 것이다. 일단 이러한 사실이 소문이 나면 나중에 설사 무혐의를 받아 억울함을 풀어도 세간에서 보는 시각은 그다지 달갑지 않을 것이다. 특히 부부간의 신뢰가 깨지므로 후유증이 상당할 수도 있다. 이 경우 가장 효과적인 방법은 변호인을 빨리 선임하여 모든 서류를 변호사사무실로 송달하게 하고 모든 연락을 변호사를 통해 받는 것이다.

2. 피해자와의 직접적인 연락은 피해라

통상 성범죄로 고소되면 당황한 나머지 피해자에게 전화를 걸거나 문자메시지 등을 보내 달래려고 한다. 그러나 이것이 나중에 화근이 될 수 있다. 그러므로 섣부른 사과문자로 피해자에게 읍소하지 말고 바로 변호사 사무실에 찾아가서 변호사와 의논해서 결정하는 것이 좋다. 이 경우 변호사는 객관적인 판단을 해주고 피해자와 사이에 완충제 역할을 해줄 수 있으므로 일석이조이다.

3. 증거확보에 주력해라

만약 고소인과 상호 합의하에 성관계를 하였는데 억울하게 고소
된 경우에는 침착하게 자신에게 유리한 증거자료를 확보해야 한다.
예컨대 고소인이 먼저 만나자고 유혹한 메시지, 모텔에 들어갈 때 둘
이 팔장끼고 들어간 CCTV 화면, 성관계를 하고 고소인이 보낸 문자
메시지, 고소인이 다른 참고인과 주고받은 대화내용 등이 이에 해당
되는 대표적 증거물이 될 것이다. 만약 문자메시지를 삭제하였다면
이를 복원하여야 한다.[1]

4. 형사합의를 보는 요령

가. 변호사를 통한 합의

성범죄로 고소되면 하루빨리 합의를 보고 싶어진다. 특히 실제
로 성범죄가 맞는 경우에는 자신의 잘못을 스스로 알고 있으므로 하
루빨리 합의를 보아 구속을 면하고 싶어진다. 하지만 막상 연락하면
피해자는 감감무소식! 몸이 달아서 계속 연락하고 문자메시지를 보
내봤자 아무런 답이 없다. 더욱이 그나마 피해자의 인적사항을 모를
경우에는 전화번호를 알 수도 없다. 주소도 모르니 집에 찾아가서 사
과를 하고 싶어도 할 수가 없다. 뿐만 아니라 피해자는 피고소인에게
화가 나 있어 피고소인을 볼 기분이 아니기 때문에 직접 만나서 합의
를 본다는 것은 잘못하다가는 기름을 들고 불 속에 뛰어드는 것과 다
름없다. 직접 합의를 볼 여건이 되었다고 해도 피고소인은 다급해진
나머지 엄청난 금액으로 합의를 할 수밖에 없다. 하지만 변호사를 통
해 합의할 경우에는 피해자와의 대화가 가능하다. 피해자도 변호사
는 어느 정도 신뢰하기 때문에 직접 혹은 피해자의 부모 등 대리인과
대화가 이뤄지기 쉽다. 피해자의 연락처를 알지 못해도 변호사는 수

---

1 복원 방법은 제7장 Ⅰ. 1. 디지털 포렌식 참조.

사기관에게 합의의사를 밝혀 수사관을 통해 피해자로 하여금 연락을 하도록 유도할 수 있다. 뿐만 아니라 변호사는 대강의 합의금을 예상할 수 있으므로 상대방을 설득하기도 용이하다. 그럼 구체적으로 합의금은 어느 정도를 예상해야 할까? 물론 사안마다 천차만별이다. 하지만 통상적으로는 경미한 성범죄의 경우에는 100만원에서 300만원 정도이고, 중한 경우에는 500만원에서 수천만원에 이른다.

나. 검찰에 대한 도움 요청

(1) 형사조정신청

검찰 수사단계에서 피해자와 합의가 안 될 경우에는 검사에게 형사조정을 신청할 수 있다. 검사는 피의자와 범죄피해자(이하 '당사자') 사이에 형사분쟁을 공정하고 원만하게 해결하여 범죄피해자가 입은 피해를 실질적으로 회복하는 데 필요하다고 인정하면 당사자의 신청 또는 직권으로 수사 중인 형사사건을 형사조정에 회부할 수 있다(범죄피해자보호법 41조 1항).[2] 형사조정에 회부할 수 있는 형사사건의 구체적인 범위는 ① 차용금, 공사대금, 투자금 등 개인 간 금전거래로 인하여 발생한 분쟁으로서 사기, 횡령, 배임 등으로 고소된 재산범죄 사건, ② 개인 간의 명예훼손·모욕, 경계 침범, 지식재산권 침해, 임금체불 등 사적 분쟁에 대한 고소사건, ③ 그 외에 형사조정에 회부하는 것이 분쟁 해결에 적합하다고 판단되는 고소사건, ④ 고소사건 외에 일반 형사사건 중 제1호부터 제3호까지에 준하는 사건 등이다. 그런데 실무상 위 ③호에 의해 상당수 성범죄사건도 검사가 형사조정에 회부하곤 한다. 이 경우 조정위원회에서 가해자와 피해자 둘을 불러 합의를 종용하게 되므로 고소인과 합의가 비교적 용이

---

2 ① 피의자가 도주하거나 증거를 인멸할 염려가 있는 경우, ② 공소시효의 완성이 임박한 경우, ③ 불기소처분의 사유에 해당함이 명백한 경우(다만, 기소유예처분의 사유에 해당하는 경우는 제외)에는 형사조정에 회부할 수 없다(동법 41조 2항 단서).

하게 된다.

(2) 범죄신고자 등3 면담신청 및 신원관리카드열람신청(특정범죄

신고자등 보호법 9조 2~5항)

피의자 또는 피고인이나 그 변호인 또는 법정대리인, 배우자, 직
계친족과 형제자매는 피해자와의 합의를 위하여 필요한 경우에 검사
에게 범죄신고자 등과의 면담을 신청할 수 있다. 면담 신청을 받은
검사는 즉시 그 사실을 범죄신고자 등에게 통지하고, 범죄신고자 등
이 이를 승낙한 경우에는 검사실 등 적당한 장소에서 범죄신고자 등
이나 그 대리인과 면담을 할 수 있도록 조치할 수 있다. 뿐만 아니라
변호인이 피고인의 변호에 필요한 경우에는 그 사유를 소명(疏明)하
고 검사의 허가를 받아 신원관리카드를 열람할 수 있다(다만, 범죄신고
자 등이나 그 친족 등이 보복을 당할 우려가 있는 경우에는 열람을 허가하여서
는 아니 된다). 만약 검사가 신원관리카드 열람 또는 범죄신고자 등과
의 면담신청을 거부한 경우 변호인은 검사의 거부처분에 대하여 이
의신청을 할 수 있다. 이의신청은 그 검사가 소속된 지방검찰청검사
장(지청의 경우에는 지청장)에게 서면으로 제출하여야 한다. 이의신청을
받은 검사장 또는 지청장은 이의신청이 이유가 있다고 인정하는 경
우에는 신원관리카드의 열람을 허가하거나 범죄신고자 등이나 그 대
리인과 면담할 수 있도록 조치하여야 한다. 이와 같이 범죄신고자 등
면담신청은 수사단계 및 재판단계에서 공히 활용할 수 있는 방법이
며 피의자 자신도 직접 신청할 수 있는 권리임에 반해, 신원관리카드
열람신청은 재판단계에서 피고인의 변호인만이 사용할 수 있는 방법
이다.

---

3 '범죄신고자 등'이란 특정범죄에 관한 신고·진정(陳情)·고소·고발 등 수사 단
서의 제공, 진술 또는 증언이나 그 밖의 자료제출행위 및 범인검거를 위한 제보
또는 검거활동을 한 사람을 말한다.

다. 법원에 대한 도움 요청

위와 같이 검사에게 도움을 받아 피해자의 인적사항을 파악하거나 면담을 통해 합의를 보려 했으나 모두 허사가 된 경우는 어떻게 해야 하나? 마지막으로 법원에 양형조사를 요청할 수 있다. 법원에서는 양형의 조건에 관하여 규정한 형법 제51조의 사항은 널리 형의 양정에 관한 법원의 재량사항에 속한다고 해석되므로, 법원은 범죄의 구성요건이나 법률상 규정된 형의 가중·감면의 사유가 되는 경우를 제외하고는, 법률이 규정한 증거로서의 자격이나 증거조사방식에 구애됨이 없이 상당한 방법으로 조사하여 양형의 조건이 되는 사항을 인정할 수 있다. 나아가 형의 양정에 관한 절차는 범죄사실을 인정하는 단계와 달리 취급하여야 하므로, 당사자가 직접 수집하여 제출하기 곤란하거나 필요하다고 인정되는 경우 등에는 직권으로 양형조건에 관한 사항을 수집·조사할 수 있다. 이와 같은 취지에서, 법원이 법원조직법 제54조의 3에 의하여 심판에 필요한 자료의 수집·조사 등의 업무를 담당하는 법원 소속 조사관에게 양형의 조건이 되는 사항을 수집·조사하여 제출하게 하고, 이를 피고인에 대한 정상 관계 사실과 함께 참작하여 피고인에게 형을 선고하게 되는데 위 조사관을 '양형조사관'이라고 부른다.[4] 일단 양형조사관이 선정되어 양형조사가 들어갈 경우 양형조사관은 피해자와 연락하여 합의 여부, 피해 정도 등을 조사하게 된다. 그러므로 법원에 피해자와의 합의를 강력히 원한다는 내용을 알려 양형조사관으로 하여금 피해자와 합의를 다시 한 번 조율해보는 것이다. 만약 그럼에도 불구하고 합의가 성립되지 아니한다고 해도 법원에 진정한 사과의지를 전달하게 되므로 양형에 있어 참작될 가능성이 있다.

---

4 양형조사관 제도의 법적 근거에 관하여 검찰과 법원이 서로 대립되는 경향이 있다. 검찰은 법적 근거가 없다는 논리이고, 법원은 법원조직법에 의해 근거가 있다는 논리로 맞서고 있는데, 명확한 법적 근거와 절차에 관한 세부적인 입법을 통해 이러한 논란을 잠재워야 한다고 생각한다.

5. 형사공탁 제도 활용

가. 형사공탁제도 개관

만약 위와 같은 방법을 동원해도 피해자가 요구하는 합의금이 너무 고액이거나 아예 합의를 해줄 생각이 없는 경우에는 어떻게 해야 하나? 이 경우에는 형사공탁제도를 활용할 수 있다. 형사공탁제도는 형사합의금을 일방이 공탁하는 것인데 상대방이 수령하는지 여부와 상관없이 그 금액 상당이 지급된 것으로 취급된다.

나. 공탁금회수제한신고

그런데 형사공탁을 할 경우에는 반드시 공탁금회수제한신고서를 제출하여야 한다. 공탁금회수제한신고서라 함은 형사 사건의 변제공탁에 있어서 공탁자가 법원에서 무죄 혹은 검찰에서 불기소처분(무혐의, 죄안됨 처분[5])을 받는 경우가 아니면 공탁금을 회수하지 않겠다는 신고서를 말한다. 이것은 피고인(피의자)이 형사사건에서 형사공탁을 하고 그 공탁서를 법원(검찰)에 제출하여 선처를 받아 놓고 피해자가 그 공탁금을 찾아가기 전에 다시 그 공탁금을 회수하여 법원이나 검찰을 속이는 것을 방지하기 위함이다. 예전에는 공탁금회수제한신고서를 공탁서와 별도의 양식으로 함께 제출하였으나, 지금은 공탁서 양식 안에 회수제한신고란이 있어 여기에 이름을 적고 서명 혹은 날인하면 된다. 한편, 공탁자가 형사사건에서 무죄판결이 확정되거나, 불기소 처분을 받은 경우에는 그 증명서를 첨부하여 공탁금을 회수할 수 있다.

다. 피공탁자의 대응책

일단 형사공탁이 되면 그 사실이 피해자에게 알려지는데, 이 경우 피해자는 설사 그 공탁금이 충분하지 않다고 해도 공탁금의 '일부

---

5 '기소유예' 처분은 이에 해당되지 않는다.

수령'이라는 조건을 걸고 수령할 수 있다. 왜냐하면 이를 수령하지 않고 있다가 만약 공탁자가 위와 같이 무죄나 불기소처분을 받으면 바로 공탁금을 회수해가기 때문에 일단 수령을 하는 편이 유리하기 때문이다. 일부수령이라는 단서를 붙여서 수령할 경우 피해자는 가해자에게 그 이상의 금액을 민사상 청구할 권리가 유지되며, 형사적으로도 미합의 상태를 주장하면서 가해자에 대한 엄벌을 요구하는 탄원을 할 수도 있다.

☞ 게으른 피공탁자는 손해를 본다

필자가 몇 해 전에 맡았던 사건인데, 의뢰인은 배임죄의 피고소인이었다. 그런데 피고소인은 필자를 만나기 전에 다른 변호사를 먼저 선임하였는데 그 전임 변호사가 아무래도 검찰에서 기소될 것 같으니 일단 공탁을 하자고 권유했다고 한다. 불안한 심정의 피고소인은 급히 3천만원을 형사공탁을 하였는데 고소인은 1억원을 요구하면서 이를 수령하지 않고 있었다. 고소인도 변호사가 선임된 사건이었는데 왜 이를 수령하지 않았는지는 모르지만 현명하지 못한 처사였다. 앞서 설명한 바와 같이 일부수령이라는 단서를 걸고 공탁금을 수령한 뒤 피고소인에 대한 엄벌을 계속 요구할 수도 있었다. 아마도 고소인의 입장에서는 형사공탁금을 자신이 찾아가면 피고소인에게 유리하게 작용할 것을 우려했기 때문에 안 찾아간 것으로 보인다. 하지만 검찰에서는 고소인이 공탁금을 찾아갔는지 여부를 확인도 하지 않고 일단 공탁된 돈은 고소인에게 지불된 것으로 취급되기 때문에 고소인의 생각은 현실과 동떨어진 것이었다. 어쨌든 그 와중에 필자가 이 사건을 선임받아 기록을 자세히 검토해 보니 의뢰인의 배임죄는 법리상 문제가 있었다. 이에 필자는 무혐의에 관한 법리주장을 하는 상세한 내용의 변호인의 견서를 검찰에 제출하였고, 검찰에서 의뢰인에 대해 무혐의 결정을 하였다. 필자는 의뢰인에게 공탁법원에다 무혐의결정문을 제출하고 공탁

금을 찾을 수 있다고 알려줬고 의뢰인은 그 즉시 3천만원 전액을 찾아
갔다. 이 사건은 피공탁자(고소인)가 공탁제도에 관한 이해부족으로
인해 손해를 본 사건이었다.

라. 형사공탁제도의 문제점

문제는 이러한 형사공탁을 하려면 상대방의 이름과 주민등록번
호를 알아야 한다. 왜냐하면 공탁을 할 경우 주민등록초본을 반드시
첨부해야 하는데 상대방의 이름과 주민등록번호를 알 경우에는 법원
에서 보정명령을 받아 주민등록초본을 발부받을 수 있지만 그것을
모르면 발부받을 수가 없다. 그런데 통상 사기사건 등 재산범죄의 경
우는 상대방과 법적인 서류를 주고받으므로 피해자의 이름과 주민등
록번호를 아는 것이 어렵지 않지만, 성범죄의 경우는 사정이 다르다.
성범죄는 피해자에 대한 정보가 보안사항이므로 수사기관에서 절대
로 알려주지 않는다. 심지어는 기소된 뒤 법원에서 피해자의 진술조
서를 복사해도 인적사항에 관하여는 모두 가리고 복사해주므로 피해
자의 이름조차도 알기 힘든 실정이다. 그 결과 피해자에 대한 인적사
항을 몰라 형사공탁을 하고 싶어도 할 방법이 없게 된다. 예전에는
이러한 피해자정보가 그대로 노출되어서 형사공탁제도를 이용하기가
용이하였지만, 최근에는 피해자정보 보호로 인해 형사공탁제도의 활
용이 사실상 어려워지고 있는 실정이다.

마. 공탁법 개정

위와 같이 법조계에서 형사공탁에 대한 제도적 문제점을 지적해
오자, 2020. 12. 8. 공탁법이 개정되었는데, 그 시행 시기는 공포 후
2년이 경과한 날인 2022. 12. 9.이다.

현재는 형사공탁이 어려운 관계로 가해자가 불법적인 수단을 동
원하여 피해자의 인적사항을 알아내고 해당 피해자를 찾아가 합의를

※ 개정된 공탁법 규정(2022. 12. 9.부터 시행됨)

제5조의2(형사공탁의 특례) ① 형사사건의 피고인이 법령 등에 따라 피해자의 인적사항을 알 수 없는 경우에 그 피해자를 위하여 하는 변제공탁(이하 "형사공탁"이라 한다)은 해당 형사사건이 계속 중인 법원 소재지의 공탁소에 할 수 있다.

② 형사공탁의 공탁서에는 공탁물의 수령인(이하 이 조에서 "피공탁자"라 한다)의 인적사항을 대신하여 해당 형사사건의 재판이 계속 중인 법원(이하 이 조에서 "법원"이라 한다)과 사건번호, 사건명, 조서, 진술서, 공소장 등에 기재된 피해자를 특정할 수 있는 명칭을 기재하고, 공탁원인사실을 피해 발생시점과 채무의 성질을 특정하는 방식으로 기재할 수 있다.

③ 피공탁자에 대한 공탁통지는 공탁관이 다음 각 호의 사항을 인터넷 홈페이지 등에 공고하는 방법으로 갈음할 수 있다.

1. 공탁신청 연월일, 공탁소, 공탁번호, 공탁물, 공탁근거 법령 조항
2. 공탁물 수령·회수와 관련된 사항
3. 그 밖에 대법원규칙으로 정한 사항

④ 공탁물 수령을 위한 피공탁자 동일인 확인은 다음 각 호의 사항이 기재된 법원이나 검찰이 발급한 증명서에 의한다.

1. 사건번호
2. 공탁소, 공탁번호, 공탁물
3. 피공탁자의 성명·주민등록번호
4. 그 밖에 동일인 확인을 위하여 필요한 사항

⑤ 형사공탁의 공탁서 기재사항, 첨부하여야 할 서면, 공탁신청, 공탁공고 및 공탁물 수령·회수 절차 등 그 밖에 필요한 사항은 대법원규칙으로 정한다.

〈서식〉 　　　　　**금전 공탁서(형사사건용)**

공 탁 번 호		년 금 제　　호		년 월 일 신청	법령조항	민법487조
공 탁 자	성 명 (상호, 명칭)		피 공 탁 자	성 명 (상호, 명칭)		
	주민등록번호 (법인등록번호)			주민등록번호 (법인등록번호)		
	주 소 (본점, 주사무소)			주 소 (본점, 주사무소)		
	전화번호			전화번호		
공 탁 금 액	한글		보 관 은 행		은행	지점
	숫자					

형사사건	사건번호	경찰서　　　　년제　　　호 지방검찰청　지청　　년 형제　　호 지방법원　지원　년 고단(합) 제　　호
	사건명	

공탁원인사실	

비고(첨부서류등)	☐ 계좌납입신청 ☐ 공탁통지 우편료　　　　원
반대급부 내용 등	

위와 같이 신청합니다.　　　　　　대리인 주소
　　　　　　　　　　　　　　　　전화번호
공탁자 성명　　　　　인(서명)　　　성명　　　　　　인(서명)

회수제한 신고	**공탁자는 피공탁자의 동의가 없으면 위 형사사건에 대하여 불기소결정(단, 기소유예는 제외) 이 있거나 무죄판결이 확정될 때까지 공탁금에 대한 회수청구권을 행사하지 않겠습니다.** 공탁자 성명　　　　인(서명)　　　대리인 성명　　　　인(서명) ※ 회수신고란에 서명하지 않을 경우 "금전 공탁서(변제 등)" 양식을 사용하시기 바랍니다.

위 공탁을 수리합니다.

공탁금을　　년　월　일까지 위 보관은행의 공탁관 계좌에 납입하시기 바랍니다.

위 납입기일까지 공탁금을 납입하지 않을 때는 이 공탁 수리결정의 효력이 상실됩니다.

　　　　　　　　　　　년　　　월　　　일
　　　　　　　법원　　　지원 공탁관　　　　　(인)

(영수증) 위 공탁금이 납입되었음을 증명합니다.
　　　　　　　　　　　년　　　월　　　일
　　　　　공탁금 보관은행(공탁관)　　　　　(인)

※ 1. 서명 또는 날인을 하되, 대리인이 공탁할 때에는 대리인의 성명, 주소(자격자대리인은 사무소)를 기재하고
대리인이 서명 또는 날인하여야 합니다. 전자공탁시스템을 이용하여 공탁하는 경우에는 날인 또는 서명
은 공인인증서에 의한 전자서명 방식으로 합니다.
2. 공탁금 납입 후 은행으로부터 받은(전자공탁시스템을 이용하여 공탁하는 경우에는 전산시스템으로 출력
한) 공탁서 원본을 형사사건이 최종 계류 중인 경찰서나 검찰청 또는 법원에 제출하시기 바랍니다.
3. 공탁통지서를 발송하여야 하는 경우, 공탁금을 납입할 때 우편료(피공탁자 수 × 1회 발송)도 납부하여야
합니다(공탁신청이 수리된 후 해당 공탁사건번호로 납부하여야 하며, 미리 예납할 수 없습니다).
4. 공탁금 회수청구권은 소멸시효 완성으로 국고에 귀속될 수 있습니다.
5. 공탁서는 재발급 되지 않으므로 잘 보관하시기 바랍니다.

종용하고 협박하는 등의 문제가 발생하였다. 이에 개정법에서 형사 공탁 특례제도를 도입하여 형사사건에 있어서 피고인은 공탁서에 피해자의 인적사항 대신 사건번호 등을 기재할 수 있도록 하고, 피공탁자에 대한 공탁통지는 공탁관이 인터넷 홈페이지 등에 공고하는 방법으로 갈음할 수 있도록 한 것이다. 개정법이 시행될 경우 가해자가 피해자의 인적사항을 모르는 경우에도 공탁할 수 있게 되었다. 한편 피해자의 입장에서도 자신의 사생활을 침해받지 아니하면서 경제적 피해회복을 받을 수 있게 되었다. 물론 피해자가 공탁금에 만족하지 못할 경우 별도의 손해배상 소송을 통해 나머지 부분을 받을 수 있다.

6. 사과를 하려면 진지한 마음을 담아서

피해자에게 합의를 원할 경우에는 돈을 먼저 제시하면 안된다. 그럴 경우 피해자는 자신의 정조를 돈으로 가볍게 평가당한다고 생각해 더욱 분개한다. 그러므로 일단 진지한 마음에서 우러나오는 사과를 먼저 해야 한다. 이미 가족에게 알려진 상태라면 아내나 딸 등이 피해자를 찾아가서 같은 여자의 입장에서 진심으로 사과를 하는 것도 때로는 효과가 있다. 만약 피해자가 만나 주지 않으면 직접 편지를 써서 보내는 것도 효과적이다. 핸드폰 문자메시지보다 친필로 쓴 글은 상대방에게 더 감동과 진실성을 느끼게 하기 때문이다.

7. 주소지 관할로 이송신청

고소인이 범죄지를 관할하는 수사기관에 고소한 경우에는 피고소인의 입장에서는 자신의 주소지 관할로 이송을 신청할 수 있다. 특히 두 장소가 너무 떨어져 있는 경우 출석하는데 시간도 걸리고 변호사를 선임하고 상담하기도 불편하게 된다. 그러므로 이 경우는 자신의 주민등록지를 관할하는 곳으로 이송해달라고 이송신청서를 제출하면 된다. 이 경우 이송되는 기간 동안 어느 정도 시간도 벌면서 그

〈서식〉

사건이송요청서

고 소 인 : 성 춘 향

피고소인 : 이 몽 룡

　본인은 2020년 4월 1일에 부산 해운대경찰서에 피고소인 자격으로 출두명령을 받았습니다. 본인은 주소지가 서울시 서초구에 소재하고 있는 관계로 동 경찰서로의 출두에 있어서 과다한 경비지출 및 업무의 지장이 예상되기에 가능하다면 본인 주소지가 소재하고 있는 관할 경찰서인 서초경찰서에서 조사를 받을 수 있도록 사건 이송 요청을 허락하여 주시기 바랍니다.

첨부서류 : 주민등록등본　1통

2020 년 4　월 5　일

피고소인 : 이 몽 룡　　　 (인)

부산 해운대경찰서 (형사과 변사또 경위)　귀중

사이 대비를 할 수 있다. 또한 때로는 고소인이 자신이 친한 사람이 있는 경찰서에 고소하는 경향이 있으므로 이러한 불이익을 당하는 것을 피할 수도 있다.

8. 증거가 확실하다면 자백하는 것이 유리

만약 여러 가지 객관적인 정황상 성범죄가 명백하다면 깨끗하게 자백하고 용서를 구하는 것이 유리하다. 하지만 이것도 변호사와 상의한 후 결정하는 편이 유리하다. 왜냐하면 법에 문외한이 사람의 시각에서 보는 것과 법률전문가의 시각은 다를 수 있기 때문이다. 그리고 필요하다면 자수서를 작성해서 변호사와 함께 경찰서에 출두하는 것이 좋다. 자수는 나중에 양형에 있어 감경사유가 되는데 문제는 자백을 해야만 자수감경을 받을 수 있다.[6]

9. 검찰에서 기소유예·벌금 처분도 가능

형사 입건될 경우 무죄 아니면 재판을 받는다는 극단적 생각은 버려야 한다. 때로는 경미한 사건이거나 중한 사건이라도 피해자와의 합의, 진지한 반성, 자백 등의 요소를 갖추면 기소유예나 벌금 등으로 선처를 받을 수도 있다. 필자가 맡은 사건 중에도 의뢰인이 옛 직장 후배와 술을 마시다가 실수를 하는 바람에 강간미수죄로 고소당한 사건이 있었는데, 상담해 보니 무죄를 다툰다는 것은 힘들게 느껴졌다. 그래서 변호사사무실에서 합의를 적극적으로 도와 성사시켰고 검찰에 진지한 반성이 담긴 변호사의견서를 제출하였는데 뜻밖에 기소유예처분을 받은 적이 있었다. 또한 가벼운 추행사건이나 성매매 사건 등의 경우 기소유예나 벌금이 가능하므로 너무 걱정하지 말고 현명하게 대처하면 된다.

---

6 후술하는 제7장 Ⅲ. 1. 집행유예에서 자수감경에 대해 자세히 설명한다.

II. 성범죄로 피해를 본 경우

1. 고소는 신속하게

수사기관에서 성범죄 사건을 수사할 때 가장 먼저 보는 것이 고소한 날짜이다. 왜냐하면 성범죄 사건의 경우 통상 명백한 물증이 없이 양 당사자들의 상반된 진술 속에서 진실을 밝혀야 하는데, 고소한 시기는 아주 중요한 부분이기 때문이다. 고소인이 정말 성범죄를 당한 사람이라면 통상 바로 신고 내지 고소하거나 적어도 수일 이내 신고 내지 고소하는 것이 상식적이다. 그런데 만약 고소한 날이 수개월 뒤라면 어떨까? 물론 피고소인이 누군지 몰라서 그를 찾아서 고소하느라 늦었다면 이해할 수 있지만, 잘 아는 사이인데 그렇게 늦게 고소하는 것은 그 기간 동안 여러 가지 변수가 작용할 확률이 높아진다. 예컨대 둘이 좋아서 성관계를 했는데 그 뒤 남자의 태도가 바뀌었다든지, 화대를 받기로 하고 성관계를 했는데 남자가 화대를 차일피일 미루자 화가 나서 뒤늦게 고소하였든지, 외박한 사실을 부모님에게 추궁받자 여러 가지 거짓말을 대다가 결국 남자친구에게 강간당했다고 거짓말을 하게 되어 부모의 강권에 의해 고소하였다든지 여러 가지 상황을 생각해 볼 수 있다. 따라서 성범죄를 실제로 당했는데 늦게 고소하였다가 위와 같은 오해를 살 염려가 있으니 고소시기는 가능한 빠를수록 유리하다.

2. 해바라기센터 활용

여성가족부에서는 성폭력방지 및 피해자보호 등에 관한 법률 제18조(피해자를 위한 통합지원센터의 설치·운영)에 의거하여 성폭력 피해상담, 치료, 법률상담, 수사지원, 그 밖에 피해구제를 위한 지원업무를 종합적으로 수행하기 위하여 전국 각지에 해바라기센터를 설치

운영하고 있다. 이에 해바라기센터는 성폭력범죄의 피해자에 대해 365일 24시간 상담, 의료, 법률, 수사지원을 원스톱으로 제공하여 피해자를 돕고 있다. 특히 해바라기센터는 피해자와 가족들에 대한 심리상담은 물론, 나아가 법적으로 증거물 수집, 진술조서 작성, 무료소송지원, 재판모니터링 등을 도와주며, 의료적으로 외과 및 산부인과, 정신건강의학과 등의 치료, 성폭력증거채취 응급키트 조치 등 다양한 도움을 주고 있다.

3. 고소하기 전 변호사 상담

성범죄로 형사고소를 했다가 상대방으로부터 무고죄로 맞고소를 당하는 사례가 종종 있다. 그러므로 반드시 형사전문 변호사와 사전에 상의를 하여 무고죄의 성립 여부에 대해 세밀한 검토를 할 필요가 있다. 앞서 필자의 수사경험에서 언급했듯이 주위의 시선 때문에 섣부를 고소를 하였다가 결정적인 반대증거가 나올 경우에는 무고죄로 처벌될 수도 있다. 뿐만 아니라 성범죄로 형사고소를 하려면 피해자의 진술에 부합되는 증거를 확보하는 것이 선결문제이다. 그러므로 어떤 증거가 유력한 것인지, 수사기관에서 진술은 어떻게 해야 하는지, 고소장을 어떻게 작성해야 하는지 법률적 조력이 필요하다. 경제적 이유로 사선 변호사를 선임하기 힘든 경우에는 원스톱서비스를 통해 국선변호사 선임을 신청할 수도 있다.

4. 합의도 변호사 통해

성범죄의 고소인 입장에서 합의를 직접 하는 것은 정신적으로도 매우 힘든 일이다. 그리고 마치 돈을 노리고 고소한 것처럼 보일까봐 우려되는 부분이기도 하다. 뿐만 아니라 성범죄 형사고소를 처음 하는 경우에는 합의금을 얼마를 불러야 할지, 합의절차는 어떻게 하는지 난감할 수밖에 없다. 이 경우 변호사를 통해 합의를 하는 것이 편

〈서식〉 ## 공탁금 출급·회수 청구서

※ 굵은 글씨 부분은 반드시 기재하시기 바랍니다.

공 탁 번 호		년 금 제 호	공 탁 금 액	한글
				숫자

공탁자	성 명 (상호, 명칭)		피공탁자	성 명 (상호, 명칭)	
	주민등록번호 (법인등록번호)			주민등록번호 (법인등록번호)	

청구내역	청구금액	이자의 청구기간	이자 금액	합계금액	비 고
	한글		(은행)	(은행)	
	숫자		※ '이자 금액' 및 '합계금액' 란은 보관은행에서 기재함.		

보 관 은 행	은행 법원 지점

청구 및 이의유보사유 ※ 해당란에 ☑ 하시거나 기타란 에 간단히 기재하 시기 바랍니다.	출급청구시	회수청구시
	※ 출급청구시 이의가 있으면 이의유보란에, 이의가 없으면 공탁수락란에 ☑하시기 바랍니다. ☐ 공탁을 수락하고 출급함 ☑ 이의를 유보하고 출급함 ☐ 담보권 실행　　☐ 배당에 의함 ☐ 채권양수에 의함 ☐ 기타(　　　　　　　　　)	☐ 민법 제489조에 의하여 회수 ☐ 착오공탁(착오증명서면 첨부 필요) ☐ 공탁원인소멸(담보취소, 본압류이전, 가압류취 　하·취소·해제 등)

비고 (첨부서류 등)	☐ 공탁통지서　☐ 공탁서　☐ 신분증 사본　☐ 위임장　☐ 인감증명서　☐ 주민등록등·초본 ☐ 법인등기사항증명서　☐ 채권압류·추심명령 정본 및 송달증명　☐ 채권압류·전부명령 정본 및 확정증명 ☐ 동의서·승낙서·보증서　☐ 채권양도 원인서면　☐ 증명서 ☐ 착오증명서면　☐ 담보취소결정 정본 및 확정증명　☐ 가압류 취하·해제증명 등 ☐ 기타 (　　　　　　　　　　　　　　　　　　　　　　　　　　)

계좌입금	☐ 포괄계좌입금(금융기관 :　　　　　　계좌번호 :　　　　) ☐ 계좌입금신청(금융기관 :　　　　　　계좌번호 :　　　　) : 공탁금 계좌입금신청서 첨부

위와 같이 청구합니다.

년　　　월　　　일

청구인	대리인
주소 : 주민등록(사업자등록)번호 : 성명 :　　　　　　　　인(서명) (전화번호 :　　　　　)	주소 : 성명 :　　　　　　　인(서명) (전화번호:　　　　　)

위 청구를 인가합니다.

년　　　월　　　일

법원　　　지원 공탁관　　　　　　　(인)

위 공탁금과 공탁금 이자(공탁금 출급·회수청구서 1통)를 수령하였습니다.

년　　　월　　　일

수령인(청구인 또는 대리인) 성명　　　　　　(인)

※ 1. 청구인의 인감증명서를 첨부하여야 합니다(인감을 날인하고 인감증명서를 첨부하여야 하는 경우, 이를 갈음하
　여 서명을 하고 본인서명사실확인서를 제출할 수 있습니다). 다만, 1,000만원 이하의 공탁금을 본인이 직접 청
　구하는 때에는 인감증명서를 제출하지 않아도 되며(신분증을 확인) 날인 대신 서명할 수 있습니다.
　2. 대리인이 청구하는 경우(1,000만원 이하인 경우 포함) 대리인의 성명, 주소(자격자대리인은 사무소)를 적고 날
　인(서명)하여야 하며, 이 때에는 본인의 인감을 날인한 위임장과 그 인감증명서를 첨부하여야 합니다.
　3. 공탁금이 5,000만원 이하인 사건에 대하여 전자공탁시스템을 이용하여 출급·회수 청구하는 경우에는 인감증
　명서를 첨부하지 아니하며, 서명은 공인인증서에 의한 전자서명 방식으로 합니다.
　4. '계좌입금'란은 계좌입금을 신청하는 경우에만 기재합니다.

하다. 변호사가 나서서 합의를 할 경우 피해자는 가해자와 직접 대면
하거나 얘기를 하지 않아도 되고, 변호사가 산출한 적절한 합의금을
받을 수 있기 때문에 여러 면에서 유리하다. 특히 단순한 합의가 아
니라 지속적인 괴롭힘이 예상되는 경우에는 그 점에 관하여 합의서
에 명시를 해서 재발을 방지할 수도 있다. 예컨대 가해자가 합의 후
에도 피해자를 계속 따라 다니거나 괴롭힐 가능성이 있으면 그러한
행위를 할 때마다 매회 특정 금액의 손해배상을 하도록 미리 약정을
해 놓는 것이다.

5. 형사공탁금을 일단 수령

형사공탁금 제도는 앞서 설명을 하였다시피 피해자의 입장에서
는 일단 출급하는 편이 유리하다. 다만 공탁금보다 더 많은 금액을
원할 경우에는 공탁금출급청구서에 "이의를 유보하고 출급함" 앞에
'갈매기표시(∨)'를 하면 된다. 만약 공탁자(성범죄 가해자)가 수사기관
이나 법원에서 무혐의 내지 무죄를 받게 될 경우, 가해자는 그 돈을
회수할 수 있기 때문에 피공탁자의 입장에서 굳이 공탁금출급을 안
할 이유가 없다. 또한 공탁금출급청구권은 10년 이내에 행사하지 아
니하면 소멸시효로 상실되어 국고에 귀속되게 된다.

6. 탄원서 제출

피해자의 입장에서 가해자와 합의가 성립되지 아니하거나, 끝까
지 합의를 원하지 아니할 경우에는 가해자에 대한 엄벌을 요구하는
탄원서를 검찰과 법원에 제출하는 편이 유리하다. 통상 법원에서 양
형을 정할 때 피해자의 피해 내역과 합의 여부를 많이 보는데, 단순
히 합의서가 첨부되지 않은 것과 피해자가 적극적으로 엄벌을 요구
하는 것은 실무상 양형에 있어 많은 차이가 있다. 재판을 담당하는
판사도 사람인지라 피해자의 눈물겨운 피해내역과 그로 인해 받고

있는 정신적·육체적 고통을 구체적으로 써 내면 가해자에 대하여 보다 엄벌에 처해질 가능성이 높아지기 때문이다. 아울러 탄원서를 제출하면서 필요할 경우 첨부자료에 병원진단서, 성범죄로 인해 받은 2차 피해 등에 대한 내용도 첨부하는 것도 좋다.

7. 민사상 손해배상청구

형사합의가 원만히 진행되지 아니할 경우 민사상 손해배상청구소송의 제기도 고려해야 한다. 성범죄 역시 민법상으로 불법행위의 일종이므로 손해배상청구가 가능하다. 만약 가해자가 미성년자의 경우에는 그를 상대로 손해배상을 구해봤자 당장 재산이 없어 실효성이 떨어진다. 그러므로 가해자의 부모를 감독자로서 불법행위책임을 물어 소송을 제기할 수도 있다. 이 경우 미성년자가 민법상 그 행위의 책임을 변식할 지능이 있어 그 스스로 불법행위책임을 지는 경우에도, 그 손해가 당해 미성년자의 감독의무자의 의무위반과 상당인과관계가 있으면 감독의무자는 일반불법행위자로서 손해배상책임을 함께 진다. 다만 이 경우에는 그러한 감독의무위반사실 및 손해발생과의 상당인과관계의 존재는 이를 주장하는 자, 즉 성범죄 피해자 측에서 증명하여야 한다(대법원 1994. 2. 8. 선고 93다13605 전원합의체 판결). 한편 민사상 불법행위로 인한 손해배상의 청구는 피해자나 그 법정대리인이 그 손해 및 가해자를 안 날로부터 3년간, 불법행위를 한 날로부터 10년 동안 이를 행사하지 아니하면 시효로 인하여 소멸한다(민법 766조).

Ⅲ. 특별법상 피해자 보호제도

1. 고소 제한에 대한 예외(성폭법 18조)

성폭력범죄에 대하여는 자기 또는 배우자의 직계존속을 고소할 수 있다. 원래 형사소송법 제224조에 의하면 "자기 또는 배우자의 직계존속을 고소하지 못한다"라고 규정되어 있다. 물론 이제는 성범죄가 더 이상 친고죄에 해당되지 아니하므로 고소를 하는 것은 범죄신고에 불과할 뿐 소추요건이 아니므로 고소제한에 대한 예외규정의 효과가 예전 같지는 않다. 하지만 그럼에도 불구하고 위와 같은 고소 제한에 대한 예외규정을 둠으로써 직계존속으로부터 성범죄를 당한 피해자가 부담 없이 신고할 수 있는 심리적 효과는 있다고 생각한다.

2. 피해자, 신고인 등에 대한 보호조치(성폭법 23조)

법원 또는 수사기관이 성폭력범죄의 피해자, 성폭력범죄를 신고 (고소·고발을 포함)한 사람을 증인으로 신문하거나 조사하는 경우에는 이로 인해 범죄신고자 등을 고용하고 있는 자(고용주를 위하여 근로자에 관한 업무를 행하는 자를 포함)는 피고용자가 범죄신고 등을 하였다는 이유로 해고나 그 밖의 불이익한 처우를 하지 못하게 해야 한다. 검사 또는 사법경찰관은 범죄신고 등과 관련하여 조서나 그 밖의 서류 (이하 "조서등")를 작성할 때 범죄신고자 등이나 그 친족 등이 보복을 당할 우려가 있는 경우에는 그 취지를 조서 등에 기재하고 범죄신고자 등의 성명·연령·주소·직업 등 신원을 알 수 있는 사항(이하 '인적 사항')은 기재하지 아니한다(사법경찰관이 조서 등에 범죄신고자 등의 인적 사항의 전부 또는 일부를 기재하지 아니한 경우에는 즉시 검사에게 보고하여야 한다). 검사 또는 사법경찰관은 조서 등에 기재하지 아니한 인적 사항을 범죄신고자 등 신원관리카드에 등재하여야 한다. 위와 같이 조서 등에 성명을 기재하지 아니하는 경우에는 범죄신고자 등으로 하여금 조서 등에 서명은 가명(假名)으로, 간인(間印) 및 날인(捺印)은 무인(拇印)으로 하게 하여야 한다. 이 경우 가명으로 된 서명은 본명(本名)의 서명과 동일한 효력이 있다. 범죄신고자 등이 진술서를 작성할 때에도 위와 같다. 범죄신고자 등이나 그 법정대리인은 검사 또는 사법경찰관에게 위와 같은 조치를 하도록 신청할 수 있다. 이 경우 검사 또는 사법경찰관은 특별한 사유가 없으면 그 조치를 하여야 한다.

3. 증언에 있어 피해자 보호

가. 증인 소환 및 신문의 특례 등(특정범죄신고자 등 보호법 11조)

조서 등에 인적 사항을 기재하지 아니한 범죄신고자 등을 증인으로 소환할 때에는 검사에게 소환장을 송달한다(1항). 재판장 또는 판사는 소환된 증인 또는 그 친족 등이 보복을 당할 우려가 있는 경우에는 참여한 법원서기관 또는 서기로 하여금 공판조서에 그 취지를 기재하고 해당 증인의 인적 사항의 전부 또는 일부를 기재하지 아니하게 할 수 있다. 이 경우 재판장 또는 판사는 검사에게 신원관리카드가 작성되지 아니한 증인에 대한 신원관리카드의 작성 및 관리를 요청할 수 있다(2항). 이 경우 재판장 또는 판사는 증인의 인적 사항이 신원확인, 증인선서, 증언 등 증인신문의 모든 과정에서 공개되지 아니하도록 하여야 한다. 이 경우 소환된 증인의 신원확인은 검사가 제시하는 신원관리카드로 한다(3항). 공판조서에 인적 사항을 기재하지 아니하는 경우 재판장 또는 판사는 범죄신고자 등으로 하여금 선서서에 가명으로 서명·무인하게 하여야 한다(4항). 증인으로 소환된 범죄신고자 등이나 그 친족 등이 보복을 당할 우려가 있는 경우에는 검사, 범죄신고자 등 또는 그 법정대리인은 법원에 피고인이나 방청인을 퇴정시키거나 공개법정 외의 장소에서 증인신문을 할 것을 신청할 수 있다7(5항). 재판장 또는 판사는 직권으로 또는 위와 같은 검사나 범죄신고자 등의 신청이 상당한 이유가 있다고 인정할 때에는 피고인이나 방청인을 퇴정시키거나 공개법정 외의 장소에서 증인신문 등을 할 수 있다. 이 경우 변호인이 없을 때에는 국선변호인을 선임하여야 한다(6항).

나. 비디오 등 중계장치에 의한 증인신문(성폭법 40조)

법원은 성폭력범죄의 피해자를 증인으로 신문하는 경우 검사와 피고인 또는 변호인의 의견을 들어 비디오 등 중계장치에 의한 중계를 통하여 신문할 수 있다.

다. 증거보전의 특례(성폭법 41조)

피해자나 그 법정대리인 또는 경찰은 피해자(19세 미만이거나 신체적인 또는 정신적인 장애로 사물을 변별하거나 의사를 결정할 능력이 미약한 경우)가 공판기일에 출석하여 증언하는 것에 현저히 곤란한 사정이 있을 때에는 그 사유를 소명하여 피해자의 진술 내용과 조사과정이 촬영된 영상물 또는 그 밖의 다른 증거에 대하여 해당 성폭력범죄를 수사하는 검사에게 증거보전의 청구를 할 것을 요청할 수 있다. 이 경우 피해자가 16세 미만이거나 신체적인 또는 정신적인 장애로 사물을 변별하거나 의사를 결정할 능력이 미약한 경우에는 공판기일에

---

7 일반적인 사건에서도 형사소송법 제297조에 피고인의 퇴정에 관한 규정이 있다.
  ① 재판장은 증인 또는 감정인이 피고인 또는 어떤 재정인의 면전에서 충분한 진술을 할 수 없다고 인정한 때에는 그를 퇴정하게 하고 진술하게 할 수 있다. 피고인이 다른 피고인의 면전에서 충분한 진술을 할 수 없다고 인정한 때에도 같다.
  ② 전항의 규정에 의하여 피고인을 퇴정하게 한 경우에 증인, 감정인 또는 공동피고인의 진술이 종료한 때에는 퇴정한 피고인을 입정하게 한 후 법원사무관등으로 하여금 진술의 요지를 고지하게 한다.

출석하여 증언하는 것에 현저히 곤란한 사정이 있는 것으로 본다(1
항). 위와 같은 요청을 받은 검사는 그 요청이 타당하다고 인정할 때
에는 증거보전의 청구를 할 수 있다(2항).

4. 신변안전조치(특정범죄신고자 등 보호법 13조)

검사 또는 경찰서장은 범죄신고자 등이나 그 친족 등이 보복을
당할 우려가 있는 경우에는 일정 기간 동안 해당 검찰청 또는 경찰서
소속 공무원으로 하여금 신변안전을 위하여 필요한 조치(이하 '신변안
전조치'[8])를 하게 하거나 대상자의 주거지 또는 현재지(現在地)를 관할
하는 경찰서장에게 신변안전조치를 하도록 요청할 수 있다. 이 경우
요청을 받은 경찰서장은 특별한 사유가 없으면 즉시 신변안전조치를
하여야 한다(1항). 재판장 또는 판사는 공판준비 또는 공판진행 과정
에서 검사에게 이에 따른 조치를 하도록 요청할 수 있다(2항). 범죄신
고자 등, 그 법정대리인 또는 친족 등은 재판장·검사 또는 주거지나
현재지를 관할하는 경찰서장에게 위와 같은 신변안전조치를 하여 줄
것을 신청할 수 있다(3항).

5. 피해자의 신원과 사생활 비밀 누설 금지(성폭법 24조)

성폭력범죄의 수사 또는 재판을 담당하거나 이에 관여하는 공무
원 또는 그 직에 있었던 사람은 피해자의 주소, 성명, 나이, 직업, 학
교, 용모, 그 밖에 피해자를 특정하여 파악할 수 있게 하는 인적사항
과 사진 등 또는 그 피해자의 사생활에 관한 비밀을 공개하거나 다른
사람에게 누설하여서는 아니 된다(1항). 누구든지 피해자의 주소, 성
명, 나이, 직업, 학교, 용모, 그 밖에 피해자를 특정하여 파악할 수 있
는 인적사항이나 사진 등을 피해자의 동의를 받지 아니하고 신문 등

---

8 ① 일정 기간 동안의 특정시설에서의 보호, ② 일정 기간 동안의 신변경호, ③
참고인 또는 증인으로 출석·귀가 시 동행이 이에 해당된다.

인쇄물에 싣거나 방송 또는 정보통신망을 통하여 공개하여서는 아니
된다(2항).

6. 성폭력범죄 피해자에 대한 변호사 선임의 특례(성폭법 27조)

성폭력범죄의 피해자 및 그 법정대리인(이하 '피해자등')은 형사절
차상 입을 수 있는 피해를 방어하고 법률적 조력을 보장하기 위하여
변호사를 선임할 수 있다. 선임된 변호사는 검사 또는 사법경찰관의
피해자등에 대한 조사에 참여하여 의견을 진술할 수 있다. 다만, 조
사 도중에는 검사 또는 사법경찰관의 승인을 받아 의견을 진술할 수
있다. 변호사는 피의자에 대한 구속 전 피의자심문, 증거보전절차,
공판준비기일 및 공판절차에 출석하여 의견을 진술할 수 있다. 변호
사는 증거보전 후 관계 서류나 증거물, 소송계속 중의 관계 서류나
증거물을 열람하거나 등사할 수 있다. 검사는 피해자에게 변호사가
없는 경우 국선변호사를 선정하여 형사절차에서 피해자의 권익을 보
호할 수 있다.

7. 수사 및 재판절차에서의 배려(성폭법 29조)

수사기관과 법원 및 소송관계인은 성폭력범죄를 당한 피해자의
나이, 심리 상태 또는 후유장애의 유무 등을 신중하게 고려하여 조사
및 심리·재판 과정에서 피해자의 인격이나 명예가 손상되거나 사적
인 비밀이 침해되지 아니하도록 주의하여야 한다(1항). 수사기관과
법원은 성폭력범죄의 피해자를 조사하거나 심리·재판할 때 피해자가
편안한 상태에서 진술할 수 있는 환경을 조성하여야 하며, 조사 및 심
리·재판 횟수는 필요한 범위에서 최소한으로 하여야 한다(2항).

8. 영상물의 촬영·보존 등(성폭법 30조)

성폭력범죄의 피해자가 19세 미만이거나 신체적인 또는 정신적

인 장애로 사물을 변별하거나 의사를 결정할 능력이 미약한 경우에는 피해자의 진술 내용과 조사 과정을 비디오녹화기 등 영상물 녹화장치로 촬영·보존하여야 한다(1항). 영상물 녹화는 피해자 또는 법정대리인이 이를 원하지 아니하는 의사를 표시한 경우에는 촬영을 하여서는 아니 된다. 다만, 가해자가 친권자 중 일방인 경우는 그러하지 아니하다(2항). 영상물 녹화는 조사의 개시부터 종료까지의 전 과정 및 객관적 정황을 녹화하여야 하고, 녹화가 완료된 때에는 지체없이 그 원본을 피해자 또는 변호사 앞에서 봉인하고 피해자로 하여금 기명날인 또는 서명하게 하여야 한다(3항). 검사 또는 사법경찰관은 피해자가 녹화장소에 도착한 시각, 녹화를 시작하고 마친 시각, 그 밖에 녹화과정의 진행경과를 확인하기 위하여 필요한 사항을 조서 또는 별도의 서면에 기록한 후 수사기록에 편철하여야 한다(4항). 검사 또는 사법경찰관은 피해자 또는 법정대리인이 신청하는 경우에는 영상물 촬영과정에서 작성한 조서의 사본을 신청인에게 발급하거나 영상물을 재생하여 시청하게 하여야 한다(5항). 촬영한 영상물에 수록된 피해자의 진술은 공판준비기일 또는 공판기일에 피해자나 조사 과정에 동석하였던 신뢰관계에 있는 사람 또는 진술조력인의 진술에 의하여 그 성립의 진정함이 인정된 경우에 증거로 할 수 있다(6항).

9. 심리의 비공개 및 증인 보호

성폭력범죄에 대한 심리는 그 피해자의 사생활을 보호하기 위하여 결정으로써 공개하지 아니할 수 있다(성폭법 31조 1항). 증인으로 소환받은 성폭력범죄의 피해자와 그 가족은 사생활보호 등의 사유로 증인신문의 비공개를 신청할 수 있다(동조 2항). 각급 법원은 증인으로 법원에 출석하는 피해자등이 재판 전후에 피고인이나 그 가족과 마주치지 아니하도록 하고, 보호와 지원을 받을 수 있는 적절한 시설을 설치한다(성폭법 32조 1항). 법원은 성범죄의 피해자를 증인으로 신

문하는 경우에 검사, 피해자 또는 법정대리인이 신청할 때에는 재판
에 지장을 줄 우려가 있는 등 부득이한 경우가 아니면 피해자와 신뢰
관계에 있는 사람을 동석하게 하여야 한다(성폭법 34조 1항). 법원과
수사기관은 피해자와 신뢰관계에 있는 사람이 피해자에게 불리하거
나 피해자가 원하지 아니하는 경우에는 동석하게 하여서는 아니 된
다(동조 3항).

10. 진술조력인 제도

가. 진술조력인 양성(성폭법 35조)

법무부장관은 의사소통 및 의사표현에 어려움이 있는 성폭력범
죄의 피해자에 대한 형사사법절차에서의 조력을 위하여 진술조력인
을 양성하여야 한다(1항). 진술조력인은 정신건강의학, 심리학, 사회
복지학, 교육학 등 아동·장애인의 심리나 의사소통 관련 전문지식이
있거나 관련 분야에서 상당 기간 종사한 사람으로 법무부장관이 정
하는 교육을 이수하여야 한다(2항).

나. 진술조력인의 수사과정 참여(성폭법 36조)

검사 또는 사법경찰관은 성폭력범죄의 피해자가 13세 미만의 아
동이거나 신체적인 또는 정신적인 장애로 의사소통이나 의사표현에
어려움이 있는 경우 원활한 조사를 위하여 직권이나 피해자, 그 법정
대리인 또는 변호사의 신청에 따라 진술조력인으로 하여금 조사과정
에 참여하여 의사소통을 중개하거나 보조하게 할 수 있다. 다만, 피
해자 또는 그 법정대리인이 이를 원하지 아니하는 의사를 표시한 경
우에는 그러하지 아니하다(1항). 검사 또는 사법경찰관은 피해자를
조사하기 전에 피해자, 법정대리인 또는 변호사에게 진술조력인에
의한 의사소통 중개나 보조를 신청할 수 있음을 고지하여야 한다(2
항). 진술조력인은 조사 전에 피해자를 면담하여 진술조력인 조력 필

요성에 관하여 평가한 의견을 수사기관에 제출할 수 있다(3항). 조사과정에 참여한 진술조력인은 피해자의 의사소통이나 표현 능력, 특성 등에 관한 의견을 수사기관이나 법원에 제출할 수 있다(4항).

다. 진술조력인의 재판과정 참여(성폭법 37조)

법원은 성폭력범죄의 피해자가 13세 미만 아동이거나 신체적인 또는 정신적인 장애로 의사소통이나 의사표현에 어려움이 있는 경우 원활한 증인 신문을 위하여 직권 또는 검사, 피해자, 그 법정대리인 및 변호사의 신청에 의한 결정으로 진술조력인으로 하여금 증인 신문에 참여하여 중개하거나 보조하게 할 수 있다(1항). 법원은 신문 전에 피해자, 법정대리인 및 변호사에게 진술조력인에 의한 의사소통 중개나 보조를 신청할 수 있음을 고지하여야 한다(2항).

라. 진술조력인의 의무

진술조력인은 수사 및 재판 과정에 참여함에 있어 중립적인 지위에서 상호간의 진술이 왜곡 없이 전달될 수 있도록 노력하여야 한다(성폭법 38조 1항). 진술조력인은 그 직무상 알게 된 피해자의 주소, 성명, 나이, 직업, 학교, 용모, 그 밖에 피해자를 특정하여 파악할 수 있게 하는 인적사항과 사진 및 사생활에 관한 비밀을 공개하거나 다른 사람에게 누설하여서는 아니 된다(동조 2항). 진술조력인은 뇌물죄를 적용함에 있어서는 공무원으로 취급된다(39조).

제 6 장

꽃뱀에 대처하는 방법

제 6 장 꽃뱀에 대처하는 방법

Ⅰ. 머 리 말

요즘에는 성범죄 사건의 피의자로 입건된 사람들 중 상당수가 여자의 계획적인 꼬임에 빠져 억울하게 고소당했다고 호소하는 경우가 많다. 과거에는 여자들이 성범죄를 당할 경우 숨기는 경향이 있었지만, 이제는 적극적으로 성범죄로 신고하고 있다. 나아가 어떤 경우에는 처음부터 돈을 받아낼 목적으로 남자를 유혹하여 성범죄로 몰아넣는 여자들, 소위 말하는 '꽃뱀'까지 등장하고 있다. 이러한 꽃뱀들의 경우 어떻게 해야 성범죄로 고소하여 처벌받게 할 수 있는지 잘 알고 있다. 그래서 계획적으로 증거를 남겨서 나중에 남자가 화간을 주장할 수 없게 만들어 놓기도 한다. 그럼 이러한 여자들을 조심하려면 어떻게 해야 할까? 일단 걸려들면 사실상 그 늪에서 빠져나오는 것이 생각보다 힘들다. 따라서 그들의 수법을 사전에 알고 미리 대처하는 것이 현명하다. 필자가 수사와 변호를 통해 알게 된 그들의 공통점을 위주로 설명하고자 한다. 물론 지금부터 언급하는 요소들은 필자가 사건을 통해 느낀 경험에서 우러나온 하나의 기준일 뿐 모든 경우에 해당되지는 않으므로 참고만 하길 바란다.

Ⅱ. 주의해야 할 요소

1. 성범죄 양산을 유혹하는 SNS를 조심하라

근래 들어 성범죄를 양산하는 스마트폰 채팅 어플리케이션이 사회적 문제로 떠오르고 있다. 심지어는 자신이 위치한 곳에서 인근 수십 km 내의 사람들을 랜덤으로 찾아 채팅이 가능하게 하는 어플[1]이 등장하면서 이러한 어플을 이용한 청소년 성범죄가 급증하고 있는 추세이다. 방송통신위원회에 따르면 인터넷 등으로 인한 아동·청소년 대상 성매매 범죄 건수는 갈수록 증가하고 있는데 특히 이중 1 : 1 채팅 등으로 인한 성범죄 건수가 대다수를 차지하고 있는 실정이다. 꽃뱀의 경우, 통상 어플을 이용해 주위의 남자를 유혹하는데, 그들은 주로 대문사진을 아주 야한 옷차림과 표정으로 남자들의 시선을 사로잡는다. 일단 만남이 성사되면 함께 술을 마시고, 술에 취한 척하면서 허점을 드러낸다. 그렇게 남자를 유혹해 성관계를 맺고는 다음 날 바로 준강간죄로 고소하는 것이 대표적인 수법이다. 그들은 특히 모텔 근처에서는 완전히 인사불성된 것처럼 쓰러져 버려 남자로 하여금 엎거나 부축하게끔 유도한다. 남자들은 처음에는 여자가 술에 만취되어 인사불성이니 일단 인근 모텔이라도 데려가 자게 해주려고 하였다가 일단 모텔에 들어가면 성욕이 발동하여 성관계를 맺기가 십상이다. 문제는 통상 모텔 부근의 경우 보안상 CCTV가 설치된 곳이 많으므로 나중에 여자가 남자를 준강간죄로 고소할 경우 유력한 증거가 남게 된다. CCTV에 찍힌 모습을 보면 여자는 인사불성 상태이고 남자가 여자를 엎고 모텔에 들어간 장면이 선명하게 나온다. 그렇게 되면 수사기관과 법원은 여자의 진술을 믿고 남자를 처벌하게 된다.

---

1 application의 약자, 줄여서 app(앱)이라고 한다.

2. 먼저 유혹하는 여자를 조심해라

꽃뱀들의 경우 수법이 아주 지능적이고 교활하여 언뜻 보기에는 평범한 여자로 보일 수 있다. 그들은 남자를 유혹하는데 그 수법이 생각보다 교묘하다. 처음부터 대놓고 남자를 유혹하면 남자들이 의심을 하고 경계를 하므로 우연을 가장하거나, 은밀한 추파를 던져 남자 스스로 여자에게 다가서게 한다. 때로는 성매매로 남자를 유혹하기도 한다. 흔히 말하는 조건만남을 통해 남자를 유혹해 성관계를 맺은 후 나중에 강간을 당했다고 주장하거나, 성매매를 한 점을 약점 삼아 돈을 갈취하기도 한다. 특히 남자가 핸드폰 번호를 알려주거나 명함을 건넬 경우, 그 정보들을 토대로 인터넷에서 신상을 털어 남자에 대한 직장 정보나 가족 정보 등도 입수한다. 그래서 성매매한 사실을 폭로해서 사회에서 매장시키겠다고 협박하는 경우도 있다. 그러므로 만약 처음 본 여자가 적극적으로 남자에게 명함을 요구하거나 어느 직장에 다니냐고 꼬치꼬치 캐묻는다면 조심해야 한다.

3. 만남 장소를 집요하게 주도하는 여자를 조심하라

꽃뱀들의 경우 장소는 매우 중요한 요소이다. 왜냐하면 모텔이 어디 위치하고 있는지, CCTV가 어디 설치되어 있는지, 파출소가 어디 있는지 등 각종 정보를 알고 있을 경우 작업(?)하기 매우 유리하기 때문이다. 또한 꽃뱀들은 대부분 남자공범이 존재하는 경우가 많은데 이 경우 그 남자공범의 역할은 쫓아다니면서 사진을 촬영하면서 증거를 수집하거나, 아니면 나중에 피해남자에게 협박하는 역할을 담당하곤 한다. 따라서 이러한 공범이 있을 경우에는 꽃뱀들은 그 공범과의 접촉장소나 어디서 성관계를 하는지 등 장소정보를 서로 주고받기가 용이하므로 자신이 잘 아는 장소를 선택하려는 경향이 강하다. 필자에게 의뢰했던 꽃뱀피해자들의 사건들도 거의 예외 없이 여자가 자신이 아는 곳으로 남자를 오게 하였다. 그러므로 만약 여자가 집요하게 자신이 원하는 곳으로 남자를 오게 하는 경우에는 일단 의심할 필요가 있다.

4. 녹음 · 녹화를 조심해라

꽃뱀들의 경우 대부분 카톡을 하는 척하면서 사진을 찍거나 녹음 · 녹화를 한다. 그러므로 필요 이상으로 카톡을 많이 하면서 주위가 산만하거나, 카톡을 하면서 핸드폰을 남자 쪽 방향으로 계속 들고 있는 경우는 조심해야 한다. 더욱이 공범이 있을 경우 꽃뱀들은 공범과 계속적으로 정보를 주고받으면서 작업을 한다. 그러므로 여자가 필요 이상으로 카톡을 많이 하거나 핸드폰을 만지작거릴 경우에도 일단 의심해야 한다. 필자가 상담했던 사건 중에는 꽃뱀이 남자와 실제 있었던 장면을 녹화한 뒤, 다른 곳에서 공범과 따로 연출한 영상물을 짜깁기해서 마치 하나의 영상물인 것처럼 남자를 속인 경우가 있었다. 피해 남자는 어두운 곳에서 찍힌 장면이라 순간적으로 착각을 하여 마치 자신과 꽃뱀 사이의 모든 장면이 촬영된 것으로 오인하여 두려움에 떨고 있었다. 하지만 필자가 두 장면 사이에서 침대의 방향이 다른 것을 발견하여 그 중 한 장면이 실제상황이 아니라 꽃뱀이 공범 남자와 연출해서 찍어놓은 장면인 것을 밝힌 적이 있었다. 그런데 언뜻 보기에는 감쪽같아 자칫하면 속기 십상이다.

한편 요즘은 차 안에 블랙박스가 설치되어 대화내용이 녹음되는 경우가 있다. 그러므로 꽃뱀의 차 안에서 벌어지는 일은 모두 다 녹음될 수 있으니 조심해야 한다. 예컨대 어떤 여자가 자신의 차 안에서 남자와 성관계를 하면서, 말로만 거부하는 의사를 표하고 실제로는 적극적으로 성관계를 가져놓고 나중에 음성파일을 증거로 고소하는 경우도 있었다.

Ⅲ. 협박을 받을 경우 대처요령

1. 형사전문변호사와 상의해라

일단 꽃뱀에게 걸려들면 엄청난 두려움에 사로잡히게 된다. 보통 꽃뱀들은 남자와 한 조가 되어 협박을 하는데 협박은 남자가 직접 하거나, 아니면 남자가 여자행세를 하면서 하는 경우도 있다. 이 경우 혼자서 대처하게 되면 불리하다. 왜냐하면 저들은 둘이서 상의하면서 피해 남자를 압박하는데, 혼자서 대처할 경우에는 당황하게 되어 침착성을 잃기 마련이다. 그렇다고 성범죄 사건을 친구나 친척에게 알리는 것도 쉽지 않다. 나중에 일이 잘 해결되더라도 소문이 날 수 있기 때문이다. 그러므로 이러한 상황에 처하게 되면 형사전문변호사를 찾아서 상담하는 것이 좋다. 만약 평소 잘 아는 형사전문변호사가 없어서 갑자기 찾아야 할 경우에는 통상 인터넷을 통해 변호사를 찾게 되기 마련인데 올바른 형사전문변호사를 찾아야 실질적인 도움을 받을 수 있다.[2]

2. 협박하는 문자를 모두 저장하고 분석해라

꽃뱀과 협박범은 반드시 협박문자 속에서 자신들의 정체를 드러내는 단서를 남기게 된다. 필자의 의뢰인의 경우도 여자가 직접 돈을 요구하는 것처럼 문자를 보냈지만, 자신도 모르게 스스로 지방 출신 남자라는 단서를 남겼다. 그래서 그 남자에게 "왜 여자인 것처럼 거짓말했냐?"고 따지자 기세가 많이 꺾이었다. 그리고 문자메시지는 나중에 공갈죄로 고소할 때 반드시 필요한 자료이므로 '스크린 캡쳐(Screen capture)'를 해서 별도로 보관해놓는 것이 안전하다. 나아가 꽃뱀들 중에는 심지어는 터무니없는 거짓말로 협박하는 경우도 있는데

---

2 '올바른 형사변호사를 찾는 방법'은 제10장에서 따로 상세히 설명한다.

이 경우에는 그 진술의 모순점을 발견해서 역공할 수도 있다. 필자가 맡았던 사례 중 대표적인 케이스 하나를 소개한다. 의뢰인 남자는 여자와 우연한 모임에서 만났는데 함께 술을 먹다가 여자가 술에 만취되었다. 여자는 몸을 가누기가 힘들다면서 자신이 묵고 있는 호텔방에 데려다 달라고 요구하였고, 남자는 별 의심 없이 여자를 호텔방 안에 데려다 주었다. 여자는 막상 호텔방 안에 들어가자 남자에게 잠시 맥주나 한잔하고 가라고 유혹하였고 남자는 약 1시간 정도 여자와 방안에서 대화를 나누다가 나왔다. 그런데 며칠 뒤 여자는 남자를 상대로 호텔방 안에서 강간당했다고 고소하였다. 그 고소 내용을 보면 남자가 술에 취해 반항키 힘든 여자를 완력으로 제압하여 강간하였고, 여자는 침대에서 울고 있었는데 남자는 대담하게 담배를 피면서 여자를 위로까지 해주었다는 것이다. 문제는 남자가 당시 옷을 다 벗고 있었고 방안에 불도 끄지 않았다는 점이었다. 이 사건에서 필자는 억울함을 호소하는 의뢰인에게 혹시 몸에 무슨 특징이 있냐고 물어봤는데 의뢰인은 자신의 배에 심한 화상자국이 있다는 것이다. 그래서 필자가 이를 직접 확인해봤는데 10미터 밖에서 봐도 선명할 정도로 심한 흉터였다. 그 후 여자와 대질 조사 시에 필자는 수사관에게 은밀하게 남자의 신체상 특징을 설명해주고 여자에게 이를 확인해달라고 요청하였다. 그런데 여자는 그 질문에 대해 호텔방에 불을 끄지 않고 성관계를 하였고 당시 남자가 옷을 다 벗은 상태라서 남자의 몸을 자세하게 보았다고 하면서도, 막상 남자의 몸에 있는 특징에 대해서는 "어깨에 점이 있던가?"라고 엉뚱한 답변을 한 것이다. 결국 그것으로 인해 여자의 허위고소 사실이 밝혀져 여자는 무고죄로 재판에 넘겨졌다. 이와 같이 거짓말을 하는 자는 반드시 그 흔적을 남기게 된다. 옛말에 "호랑이에게 물려가도 정신을 똑바로 차리면 산다"라는 말이 있듯이, 당황하지 말고 침착하게 대처할 경우에는 억울함을 풀 수 있다.

3. 조급하게 대응하지 마라

보통 이러한 협박을 받게 되면 일단 가족이나 주위 사람들에게 알려질 것이 두려워 조급한 마음을 먹게 된다. 그리고 얼른 합의하고 그 고통 속에서 나오고 싶어진다. 하지만 너무 조급한 저자세로 협박범에게 굴복할 경우 그들은 더욱 얕잡아 보고 계속해서 돈을 요구할 수 있다. 그들이 하는 약속을 그대로 믿는 것은 어리석은 일이다. 오히려 대담하고 당당하게 대응하면서 주도권을 잡아야 한다. 필자가 맡은 사건 중에 의뢰인이 꽃뱀과 성매매를 하였다가 이를 빌미로 협박을 당한 적이 있었다. 그런데 필자와 의뢰인이 함께 경찰서에 가서 고소장 양식과 경찰서 로비를 사진 찍어서 카톡으로 협박범에게 보내자 더 이상 협박하지 못하였다.

4. 억울한 경우 신속히 경찰에 신고해라

만약 자신이 실제로 성범죄를 저지르지 않았는데 억울하게 협박을 당하게 되면 차라리 경찰에 먼저 신고하는 편이 유리할 수도 있다. 물론 사안에 따라 다르므로 그에 대한 판단은 형사전문변호사와 상의한 뒤 결정하는 것이 좋다. 왜냐하면 공갈 피해자로 적극적으로 먼저 신고한 뒤 억울함을 호소할 경우 수사기관에서는 가해자를 공갈범으로 보아 수사방향을 잡을 수 있기 때문이다. 싸움을 할 때도 먼저 가격하는 것이 유리하듯이 만약 일전을 피할 수 없는 상황이라면 먼저 신고하는 편이 유리할 것이다.

5. 승산이 없다고 느끼면 신속하게 사과하고 합의해라

만약 여러 정황상으로 도저히 성범죄 혐의를 벗을 수 없다고 판단된다면 깨끗하게 사과하고 합의하는 것이 좋다. 괜히 자존심 내세우면서 다툴 경우 상대방의 감정을 건드려 나중에는 정말 합의가 어려워지는 경우가 있다. 필자에게 성범죄로 고소당하거나 협박당해 상담하러 온 의뢰인들 중 실제로 상호 합의하에 성관계를 맺은 것으로 보이는 경우도 많았다. 하지만 객관적 증거가 불리한 경우에는 무죄를 다투다가 구속되는 사례가 발생할 수 있으므로 신중하게 대처해야 한다. 어차피 둘 사이에 은밀한 장소에서 벌어진 일이므로 남자가 아무리 억울함을 호소해도 여자가 강제로 당했다고 일관된 진술을 할 경우 통상 남자에게 불리한 결과가 나온다. 그러므로 확실한 화간의 반대증거가 없다면 합의를 해서 극단적으로 불리한 결과는 피하는 것이 좋다.

제 7 장

소송절차에서 유의할 요소

제 7 장 소송절차에서 유의할 요소

Ⅰ. 증거수집 방법의 과학화

1. 디지털 포렌식(Digital Forensic)

가. 디지털 포렌식의 뜻

디지털 포렌식은 PC나 노트북, 휴대폰 등 각종 저장매체 또는 인터넷 상에 남아 있는 각종 디지털 정보를 분석해 범죄 단서를 찾는 수사기법을 말한다. 이는 범죄수사에서 적용되고 있는 과학적 증거 수집 및 분석기법의 일종인데, 각종 디지털 데이터 및 통화기록, 이메일 접속기록 등의 정보를 수집·분석하여 증거를 확보하는 방법이다. 요즘은 SNS, 핸드폰 문자메시지, 이메일 등으로 서로의 정보를 주고받는 것이 일상화되어 있고, 이러한 인터넷상 정보들이 나중에 소송에서 유력한 증거가 되는 추세이다. 그런데 막상 수사가 시작되면 상대방이 자신에게 불리한 인터넷상 정보를 고의로 삭제하거나, 피의자 본인이 자신에게 유리한 정보를 실수로 삭제하여 낭패를 보는 경우도 있다. 하지만 이렇게 삭제된 파일 기록도 디지털 정보로 남아 있는 경우가 있다. 최근에는 디지털 기술의 발달로 이렇게 삭제된 자료도 복원이 가능하여 유력한 증거로 활용되기도 한다. 대검찰청은 2008년 10월 국가 디지털 포렌식센터(NDFC : National Digital Forensic Center)를 설립하여, 마약·유전자·위조문서·영상 등을 정밀

분석하는 장비를 갖추어 증거물 감정과 감식을 통해 사건을 해결하고 있다. 한편 최근에는 범죄 수사에서 디지털 포렌식 기법의 활용이 빈번해지면서 관련 특허의 출원이 잇따르고 있다. 특히 스마트폰의 대중화로 모바일 기기에서 증거로 쓸 자료를 수집하는 기술이나 삭제된 자료를 복원하는 기술 등이 최근 급증했다. 기술발전에 발 맞춰 클라우드 컴퓨팅과 빅데이터를 이용해 범죄 증거를 찾는 기술도 다수 출원됐다. 이 중에서도 특히 스마트폰 등 모바일 기기 대중화는 수사 기법에도 많은 변화를 가져왔다. 범죄 피의자의 일거수·일투족을 담고 있는 모바일 기기는 수사기관의 범죄단서 확보를 위한 핵심적인 단서가 됐다. 때문에 모바일 기기에 대한 감식 기술의 비중 역시 높아지고 있다. 한편 이러한 모바일 정보에 대한 공공기관의 포렌식 수사기법의 활성화에 편승해 사설 포렌식 복원업체들도 등장하게 되었다. 따라서 피의자의 입장에서는 이러한 사설업체를 이용해 자신의 핸드폰에서 삭제된 문자메시지를 복원하여 증거로 사용할 수 있게 되었다.

나. 실제 활용례

몇 해 전 필자가 변호했던 사건에서 이러한 디지털 포렌식 복원을 통해 무혐의를 증명한 경우가 있다. 사건의 내용은 대학교 1학년생 남자가 인터넷 채팅사이트에서 여고생을 알게 되었고 둘은 성관계를 맺었다. 그런데 나중에 그 사실을 알게 된 여고생의 부모님들이 격분하여 남학생을 강간죄로 고소한 사건이었다. 필자는 그 남자의 변호를 맡게 되었는데 의뢰인의 말에 따르면 둘이 정식으로 사귀었고 서로 좋아했던 관계였다는 것이다. 결국 둘은 여자의 부모님이 여행을 간 사이 여자의 집에서 서로 동의하에 성관계를 맺었는데 나중에 여자가 자신의 부모에게 강간당했다고 변명한 것이었다. 그런데 여자측 고소 내용이 아주 그럴듯하게 꾸며져 있어서 경찰에서는 남학생을 구속하여 기소의견으로 검찰에 송치되었다. 남학생은 채팅한 내용을 모두 삭제하였는데 필자가 그의 컴퓨터를 사설업체에 갖다 주어 그 채팅 사이트에서 서로 주고받은 대화내용을 디지털 포렌식 방법으로 복원하였다. 그런데 그 복원된 대화내용에 의하면 여자가 오히려 남자를 더욱 좋아했고 성관계 이후에도 서로 애정어린 대화가 오고간 정황이 나타났다. 필자는 검찰에 그 증거물을 제출하여 결국 남학생이 무혐의로 석방되었다. 이렇듯 디지털 포렌식 방법은 범죄수사에 결정적인 증거가 되므로 수사기관에게 복원요청을 하거나 사설기관을 통해 복원할 수도 있다.

다. 사설 디지털 포렌식의 활용

디지털 포렌식 방법으로 위와 같이 결정적 증거를 찾아내 무혐의를 받는 경우도 있지만 때로는 오히려 낭패는 보는 경우도 있다. 최근 필자가 맡았던 사건이었는데 남자 의뢰인이 준강간 혐의로 고소된 사건이었다. 그런데 그 남자가 필자를 찾아오기 전에 경찰에서 상당부분 조사를 받은 상태였는데 이미 경찰에 자신의 핸드폰을 제출하여 스스로 디지털 포렌식 복구를 요구했었다. 필자는 그 남자에게 사전에 변호사와 상의하고 핸드폰을 제출했냐고 묻자, 그 때까지 변호사 없이 조사를 받아왔다는 것이다. 필자는 핸드폰을 사설기관에 디지털 포렌식을 요청해서 보고 그 자료를 수사기관에게 제출하는 편이 유리했는데 성급하게 결정한 것 같다고 생각되었다. 그 남자는 당시 고소인 여자와 술에 취해 성관계를 하였는데 본인은 여자가 응했다고 생각하였다. 그래서 자신의 핸드폰에 여자가 성관계에 응했다는 정황자료가 남아 있을 것이라고 굳게 확신하고 경찰에 핸드폰을 제출한 것이었다. 하지만 필자가 보기엔 그 남자가 당시 술에 취해 정확한 기억이 아닐 수 있어 내심 불안한 상태였다. 그런데 막상 경찰에서 디지털 포렌식으로 그 남자의 핸드폰 카톡 메시지를 복원한 결과 필자의 우려대로 오히려 불리한 내용이 발견되었던 것이다. 결국 그 남자는 자신이 제출한 핸드폰 때문에 스스로 불리한 결과를 자초하는 바람에 유죄가 선고되었다. 이와 같이 디지털 포렌식을 수사기관에게 바로 요구하는 것은 매우 위험한 방법이므로 일단 사설기관에게 요청해서 자료를 복원해보고 증거로 사용할 것인지를 결정하는 것이 현명하다.

2. 정액·음모 채취, DNA 검사

가. 검사방법

요즘은 강간죄를 성범죄로 고소할 경우 앞서 언급한 바와 같이 해바라기센터를 통해 도움을 받을 수 있다. 그 결과 고소와 동시에 바로 의사에게 가서 진단서를 받거나 질내 정액, 타액 및 음모 채취 등은 물론 손톱 밑에 있는 가해자의 피부조직 등에 대한 DNA검사 등을 통해 증거를 확보할 수 있다. 보통 피해자가 거부하지 않을 경우에는 원칙적으로 하는 것이 통례이다. 강간사건의 경우 질내 정액채취는 기본이고, 흔히 가해자가 여성의 입주위·목부위·유두 등을 입으로 빠는 경우가 많아 상체에 묻은 침까지 채취하여 DNA검사를 한다. 상습적인 성범죄자의 경우 정부에서 DNA를 보관하고 있으며, 가령 보관되지 않는 DNA라도 용의선 상에 있는 남성에 대한 DNA을 채취하여 피해자의 몸에서 추출된 DNA와 비교하는 방법으로 범인을 검거한다.

나. 채취할 수 있는 기간

통상 신체에 묻은 침은 씻어내지 않을 경우 1주일 이상 보존되기도 한다. 그러므로 강간을 당한 경우에는 절대로 얼굴·목·유두 등을 씻지 말고 바로 경찰서에 가서 DNA 채취를 해야 한다. 그러면 질내 있는 정액은 어느 정도 갈까? 보통 여자의 질액은 남자의 정액을 씻어내는 기능을 하므로 시간이 지나면 자연스럽게 배출하여 없

애버린다. 일반적으로 정액이 질내에서 완전히 소멸되려면 약 3일 정
도가 필요하다고 한다.1 이와 관련하여 대법원은 성관계 이후 10일이
지난 뒤의 정액반응검사에 대해 신빙성을 인정할 수 없다고 판시한
바 있다.

▶ 대법원 2004. 5. 28. 선고 2004도1462 판결

　　위 정액반응감정에서는 질 내용물의 검체에 대한 산성 인산화효
소 시험(acid phosphatase test)에서 모두 정액양성반응이 나타났다는
것이나, 살아 있는 사람의 경우는 그 활동과 질 내의 정화작용으로
정액 성분이 질 내에 장기간 남아 있을 수 없다는 것은 쉽게 알 수
있는 사정인바, 기록에 의하면, A에 대하여는 2003. 7. 1.경 국립경찰
병원에서 질 내용물을 면봉과 슬라이드에 채취하여 2003. 7. 2.경 감
정의뢰를 하였다는 것이고, 공소사실의 마지막 범행일시가 2003. 6.
중순경으로 A의 어머니인 B가 2003. 6. 22. 일본에서 귀국하기 이전
의 범행이라는 것이므로 <u>이는 최종 범행 후 약 10일이 지나 살아 있
는 사람으로부터 채취한 질 내용물에서 정액양성반응을 보였다는 것
이 되어 일반적으로 수긍할 수 없는 일이라고 하지 아니할 수 없고,</u>
그렇다면 원심으로서는 마땅히 살아 있는 사람의 질 내에 정액 성분
이 잔존하거나 정자가 생존할 수 있는 기한이 얼마인지, 그와 같은
기간이 경과한 후에도 정액양성반응을 보였다면 다른 체액이나 물질
등에 의하여도 산성 인산화효소에 의한 착색반응이 나타날 수 있는
것인지, 그 착색반응이 과연 사람의 정액에 의한 것인지 여부를 이른
바 정액 본시험을 통해서 알아 볼 필요가 있는지, 검사절차의 정확성
과 적절성의 측면에서는 타당한지 등을 충분히 심리하거나 검사로
하여금 증명하도록 하여야 할 것이지 정액반응시험 자체가 과학적인

1 최근에는 채취방법이 더욱 발달하여 최장 9일 정도까지 보존된 극히 예외적인
　사례도 있다.

방법이라는 이유만으로 그 결과를 쉽사리 공소사실의 인정에 연결할
것은 아니다.

다. 콘돔을 끼고 성관계를 한 경우

"콘돔 끼고 성관계 해도 정액반응 검사 나와요?" 많은 의뢰인들
이 묻는 질문이다. 결론부터 말하면 정액반응이 나오지 않는다. 남자
의 정액은 콘돔을 뚫을 수가 없으므로 콘돔의 안에만 정액이 남게 된
다. 그러므로 성범죄를 조사할 때 남자가 콘돔을 낀 상태라면 사실상
여자의 질 안에서 정액을 추출한다는 것은 불가능하다. 따라서 성범
죄의 피해자의 입장에서는 만약 남자가 콘돔을 두고 갔다면 이를 확
보해 놓는 것이 좋다. 이 경우 남자의 정액이 콘돔 안에 있으면 더욱
확실하고, 만약 그렇지 않더라도 콘돔의 안쪽을 검사하면 남자의
DNA가 나올 수 있다. 왜냐하면 남자가 사정을 하지 아니하였다고
해도 성관계를 하면서 자연스럽게 소량의 정액이나 다른 체액(땀이나
오줌)이 나오는 경우가 많기 때문이다. 한편 가해 남자가 콘돔을 착용
하지 않은 상태에서 질내 사정을 하지 아니하였다고 해도 위와 같이
다른 체액이 나올 수 있으므로 반드시 질액을 채취해 놓아야 한다.
나아가 질액 안에 남자의 DNA가 전혀 추출되지 않는다고 해도 앞서
언급한 바와 같이 남자의 침이 묻은 여자의 다른 신체에서도 얼마든
지 DNA검사가 가능하므로 가능한 조속한 시간 내에 증거 시료 채취
가 필요하다.

3. CCTV, 블랙박스

요즘 성범죄는 물론 각종 범죄에서 활용되는 증거로 CCTV와 차
안에 설치된 블랙박스가 있다. 두 개 모두 화면이 주된 증거방법인
데, 간혹 블랙박스의 경우에는 음성녹음도 되므로 유력한 증거로 각
광받고 있다. 성범죄의 경우 통상 차안에서 벌어지는 경우가 많아 블

랙박스에 녹화나 녹음²되는 경우가 많다. 또한 성범죄에 많이 등장하는 또 다른 장소인 모텔이나 호텔 역시 주위에 CCTV가 많이 설치되어 있으므로 그 자료화면이 증거로 사용되는 경우가 종종 있다. 문제는 CCTV자료 화면을 개인이 요구하거나 열람하기가 쉽지 않다는 점이다. 그러므로 만약 성범죄의 가해자 혹은 피해자가 되었을 경우 이러한 자료를 급히 확보하기 위해서는 증거보전절차를 밟는 것이 좋다. 즉 검사, 피고인, 피의자 또는 변호인은 미리 증거를 보전하지 아니하면 그 증거를 사용하기 곤란한 사정이 있는 때에는 제1회 공판기일 전이라도 판사에게 압수, 수색, 검증, 증인신문 또는 감정을 청구할 수 있다(형사소송법 184조). 그러므로 CCTV나 상대방 차 안에 설치된 블랙박스에 대한 자료 화면이 곧 지워질 염려가 있을 경우 긴급하게 법원에 증거보전절차(사전 압수·수색·검증 신청)를 밟아 증거를 확보해 놓는 것이 좋다.

4. 거짓말탐지기 검사

가. 증거능력 문제

거짓말탐지기(polygraph)에 의한 검사란 피의자 등의 피검사에 대하여 피의사실에 관계있는 질문을 하여 회답시의 피검사자의 호흡·혈압·맥박·피부전기반사에 나타난 생리적 변화를 polygraph의 검사지에 기록하고 이를 관찰·분석하여 답변의 진위 또는 피의사실에 대한 인식의 유무를 판단하는 것을 말한다.³ 거짓말탐지기 검사는 피검사자의 동의가 반드시 필요하다. 하지만 설사 피검사자의 동의하에 행해진 거짓말탐지기 검사 결과라도 해도 아주 제한적인 요건

---

2 어떤 여자가 남자친구의 차안에서 그와 성관계를 하다가 주위사람들에게 발각되었다. 그러자 여자는 자신의 명예를 위해 남자친구를 강간죄로 허위고소했다. 그런데 남자의 차에 설치된 블랙박스 음성파일로 인해 여자가 오히려 무고죄로 처벌된 사례가 있다.

3 이재상, 형법각론, 박영사.

하에서만 증거능력이 인정되는데, 그 요건이 하도 까다로워 실무상
거의 증거능력이 인정되지 않는다.

▶ 대법원 2005. 5. 26. 선고 2005도130 판결

거짓말탐지기의 검사 결과에 대하여 사실적 관련성을 가진 증거
로서 증거능력을 인정할 수 있으려면, 첫째로 거짓말을 하면 반드시
일정한 심리상태의 변동이 일어나고, 둘째로 그 심리상태의 변동은
반드시 일정한 생리적 반응을 일으키며, 셋째로 그 생리적 반응에 의
하여 피검사자의 말이 거짓인지 아닌지가 정확히 판정될 수 있다는
세 가지 전제요건이 충족되어야 할 것이며, 특히 마지막 생리적 반응
에 대한 거짓 여부 판정은 거짓말탐지기가 검사에 동의한 피검사자
의 생리적 반응을 정확히 측정할 수 있는 장치이어야 하고, 질문사항
의 작성과 검사의 기술 및 방법이 합리적이어야 하며, 검사자가 탐지
기의 측정내용을 객관성 있고 정확하게 판독할 능력을 갖춘 경우라
야만 그 정확성을 확보할 수 있는 것이므로, 이상과 같은 여러 가지
요건이 충족되지 않는 한 거짓말탐지기 검사 결과에 대하여 형사소
송법상 증거능력을 부여할 수는 없다.

나. 거짓말탐지기 조사에 응하는 것이 유리한가?

거짓말탐지기는 정확도가 100%가 아니므로 위와 같이 증거능력
이 부인되는 경우가 많다. 실무상 재판에서는 검사측에서 증거로 제
출해도 법원에 의해 증거능력이 부인되어 채택되지 않는 경우가 훨
씬 많다. 그럼 수사과정에서 거짓말탐지기는 왜 사용되고, 피의자 입
장에서는 언제 이에 응해야 하는가? 검찰에서 거짓말탐지기 조사를
하는 경우는 통상 증거에 자신이 없는 경우이다. 그런데 무혐의라는
확신이 없이 불기소처분을 하려니 뭔가 찜찜할 때 거짓말탐지기 조

사를 하는 경우가 많다. 하지만 막상 거짓말탐지기 조사결과 피의자가 거짓반응이 나오면 더욱 의심을 하면서 강도 높은 조사를 하는 경우도 종종 있다. 결국 피의자의 입장에서 거짓말탐지기 조사에 응하는 것은 일종의 도박과 다름없다. 그러므로 만약 정말 억울한 경우에는 거짓말탐지기 조사를 응하거나 나아가 적극적으로 요구하는 것이 좋다. 반면 혹시 자신의 기억에 자신이 없거나, 어느 부분은 억울하지만 다른 부분에 있어 불리한 결과가 나올 것이 예상되는 경우에는 거짓말탐지기 검사에 응하지 않는 것이 좋다.

한편, 거짓말탐지기 검사와 관련한 수사기관의 자료는 피검사자인 피의자에게 모두 공개해야 한다. 서울행정법원은 명예훼손 혐의로 경찰 수사를 받은 피의자 A씨가 서울지방경찰청장을 상대로 낸 정보공개 거부처분 취소소송에서 원고승소 판결했다(서울행정법원 2016. 7. 15. 선고 2016구합52699 판결).

▶ **서울행정법원 2016. 7. 15. 선고 2016구합52699 판결**

[1] 정보공개법 제9조 제1항 제4호는 '수사'에 관한 사항으로서 공개될 경우 그 직무수행을 현저히 곤란하게 한다고 인정할 만한 상당한 이유가 있는 정보를 비공개대상 정보의 하나로 규정하고 있다. 그 취지는 수사의 방법 및 절차 등이 공개되어 수사기관의 직무수행에 현저한 곤란을 초래할 위험을 막고자 하는 것으로서, 수사기록 중의 의견서, 보고문서, 메모, 법률검토, 내사자료 등(이하 '의견서 등'이라 한다)이 이에 해당한다고 할 수 있으나, 공개청구대상인 정보가 의견서 등에 해당한다고 하여 곧바로 정보공개법 제9조 제1항 제4호에 규정된 비공개대상정보라고 볼 것은 아니고, 의견서 등의 실질적인 내용을 구체적으로 살펴 수사의 방법 및 절차 등이 공개됨으로써 수사 기관의 직무수행을 현저히 곤란하게 한다고 인정할 만한 상당한

이유가 있어야만 위 비공개대상정보에 해당한다고 봄이 타당하다(대법원 2012. 7. 12. 선고 2010두7048 판결 참조).

　　[2] 위 법리에 비추어 이 사건을 보건대, 이 법원이 이 사건 정보를 비공개로 열람·심사한 결과에 변론 전체의 취지를 더하여 알 수 있는 다음과 같은 점들, 즉 ① 원고는 2015. 9. 25. 진행된 거짓말탐지기 검사의 피검사자로서 피고에게 이 사건 정보를 일반 대중이 아닌 원고 개인에게 공개해 줄 것을 요청하였을 뿐인 점, ② 이 사건 정보 중 '검사조사표'는 거짓말탐지검사 운영규칙(경찰청예규) 별지 제2호 서식을 기초로 원고의 진술에 따라 작성된 것으로서 피검사자인 원고의 과거 및 현재의 병력 등을 그 내용으로 하고 있는 점, ③ 이 사건 정보 중 '질문표'가 공개된다 하여 향후 피검사자들이 자신의 생리적 변화를 통제하는 방법으로 거짓말탐지 검사에 대비하는 것이 현실적으로 가능한지 의문인 점, ④ 피고가 시행한 거짓말탐지검사의 바탕이 되는 유타 검사기법(예컨대 질문의 순서 및 내용 구성 등)에 대한 정보가 일반인에게 차단되어 있다고 볼 만한 자료도 없는 점, ⑤ 검사 결과 원고의 진술에 대한 거짓 판정이 이루어졌음이 이미 대중에게 공개된 것으로 보이는 점, ⑥ 거짓말탐지검사 운영 규칙 제27조는 "검사결과 회보서 외의 검사 관계문서는 피검사자나 제3자에게 공개할 수 없다. 다만, 법률에 따른 제출요구가 있을 때에는 그러하지 아니하다."라고 규정하고 있으나 이는 행정기관 내부의 사무처리준칙으로서 행정규칙에 불과한 점 등에 비추어 보면, 이 사건 정보가 공개될 경우 수사기관의 직무수행을 현저히 곤란하게 한다고 인정할 만한 상당한 이유가 있다고 보기 어려우므로, 정보공개법 제9조 제1항 제4호의 비공개 대상정보에 해당한다고 볼 수 없다.

　　[3] 따라서 이와 전제를 달리 한 이 사건 처분은 위법하므로 취소되어야 한다.

5. 진술분석기법

진술분석기법이라 함은 실제 겪은 일을 말하는 것과 꾸며낸 말은 차이가 있을 수밖에 없다는 가설에 근거해 수사 과정에서 피의자·참고인·목격자 등의 진술을 과학적으로 분석하는 방법이다. 이 기법은 거짓말탐지기 검사와 함께 수사기관에서 진술과 관련된 대표적인 과학적 수사기법 중 하나로서 1950년대 독일에서 최초 개발됐다. 우리나라에는 2004년 학계에 처음 소개됐고, 대검찰청이 2007년 진술분석팀을 만들었다. 주로 살인 사건이나 성범죄 같은 강력범죄에 많이 사용되는데 특히 두 진술이 상반될 경우 어느 진술에 신빙성이 있는지를 분석하는 데 효과가 크다. 또한 아동이나 장애인 진술의 경우 정상인의 진술보다 신빙성이 의심받기 쉬우므로 그 진술의 진위판단을 보강하는 목적으로 사용되기도 한다. 최근에는 강간사건에 있어 피해자가 "성폭행당한 일 없다"고 진술을 번복했는데도, 처음 수사기관에서 한 진술이 맞는다는 진술분석 결과를 근거로 가해자에게 유죄가 선고되기도 했다. 이 진술분석 기법은 거짓말을 하는 사람의 진술 속에서 진범만이 알 수 있는 요소를 추출해 내는 것으로서 향후 과학적 수사기법으로 각광을 받을 것으로 보인다. 하지만 이는 어디까지 진술의 신빙성을 판단하는 간접적 보강증거에 불과할 뿐 결정적인 직접증거라고 보기는 어렵다고 생각한다.

☞ 이태원 살인사건에서 사용된 진술분석기법

2017. 1.25. 대법원은 이태원 살인사건[4]의 진범 아서 패터슨(36)에 대해 징역 20년을 확정하였다(2016도15526). 이 재판에서 검찰은 진술

---

4 1997. 4. 3. 20:00경 서울 이태원 햄버거 가게 화장실에서 벌어진 대학생 조중필(당시 23세)씨 살인사건.

분석 결과를 새로운 증거로 제출하였는데 그것은 살해장면과 관련된
아서 패터슨과 그 친구 에드워드 리(당시 18세)의 진술을 과학적 기법
으로 분석한 결과였다. 이태원 살인 사건은 화장실 안에 피해자 말고
아서 패터슨과 애드워드 리가 둘만 있었기에 둘 중 하나가 범인이었는
데 서로 상대방을 진범으로 지목하였다. 그런데 당초 검찰에서는 애드
워드 리를 살인죄로 기소하였다가 무죄선고를 받았다. 그 후 이 사건
에 대해 영화가 제작되면서 세간의 관심을 다시 받게 되었고, 이에 검
찰의 미국에 대한 집요한 범죄인인도 요청으로 아서 패터슨이 살인 피
의자로 국내로 송환된 것이다. 검찰은 다시 이 사건을 재수사하여 아
서 패터슨을 살인죄의 진범으로 기소하였는데 이번 재판에서 '살해 당
시'를 묘사한 아서 패터슨과 애드워드 리의 말을 분석하여 새로운 증
거로 제출한 것이다. 이는 1997년 첫 수사 때는 무심코 흘려버린 진술
이다. 1997년 당시 아서 패터슨은 "리가 (화장실 소변기 옆) 대변기
칸 문을 열어보고 사람이 있는지 확인한 다음, 오른손 검지와 중지 사
이로 칼날이 나오게 잡고 피해자 목을 찔렀다"고 했다. 반면 애드워드
리는 "패터슨이 대변기 칸 문을 열고 들어가려다가 다시 나와서 갑자
기 소변보던 남자의 목을 찔렀다"고 했다. 둘의 진술은 비슷하면서도
분명한 차이가 있다는 게 검찰 입장이다. 검찰은 애드워드 리의 진술
은 본 대로만 말한 것일 뿐, 꾸몄다고 의심할 만한 부분이 없다는 것이
다. 그러나 아서 패터슨 진술에는 '목격한 것' 이외의 부분이 있다. "사
람이 있는지 확인한 다음."이 바로 그런 부분이다. 아서 패터슨은 그냥
애드워드 리가 한 행동 그대로만을 옮긴 게 아니라, 자기의 주관적 해
석(애드워드 리가 대변기 칸 문을 연 것은 사람이 있는지 확인하기
위한 것)을 더해, 애드워드 리에게 살해 의도가 있었다는 것을 암시(사
람이 없는 것을 확인한 다음 찌른 것)했다는 것이다. 검찰 관계자는
"아서 패터슨이 자기가 한 일을 주어(主語)를 바꿔 리가 했다고 진술
했다는 결론을 얻었다"고 말했다. 즉 검찰은 아서 패터슨의 진술 속에
서 그가 범인이기에 가능한 표현인 "사람이 있는지 확인한 다음"이라
는 주관적 판단을 추출해 낸 것이다.

Ⅱ. 형사절차에서의 위법성 문제

1. 위법수집증거 배제법칙

적법한 절차에 따르지 아니하고 수집한 증거는 증거로 할 수 없다(형사소송법 308조의 2). 이를 강학상 '위법수집증거 배제법칙'이라고 한다.5 이는 수사기관에서 증거를 확보하기 위해 절차를 위반하거나 심지어는 고문 등 인권유린까지 자행하는 등 위법한 절차를 통해 증거를 수집하는 것을 방지하기 위한 제도이다. 실무상 영장 없이 압수·수색·검증하거나 인신구속을 하는 경우, 영장이 발부된 경우라도 압수대상물이 특정되지 않는 경우, 영장 없이 타인의 대화를 감청6하는 경우, 야간 압수수색금지 규정을 위반하여 야간에 압수수색하는 경우, 당사자의 참여 없이 검증과 감정을 하는 경우 등이 대표적인 예이다. 하지만 이러한 위법수집증거 배제법칙은 수사기관에서 수집한 증거에 대한 적법절차를 위해 마련된 것일 뿐, 사인(私人)이 수집한 증거의 경우에는 원칙적으로 적용되지 않는다.

2. 대화 당사자가 몰래 녹음한 대화내용은 위법한가?

의뢰인들 중에는 자신이 상대방과 전화통화한 내용을 녹음해서 녹취록을 작성해 오는 분들이 있다. 그런데 그들 중 상당수는 그러한 자신의 행위가 마치 도청을 한 것이라 증거로 사용하지 못하는 것 아니냐고 질문하는 사례가 종종 있다. 통신비밀보호법에서 말하는 통신비밀이라는 것은 타인간의 대화내용을 그들의 동의 없이 임의로 엿듣거나 녹음하는 경우를 말한다. 그러므로 대화 당사자 본인이 직접 녹음하는 것은 통신비밀 자체가 되지 않으므로 통신비밀보호법에

---

5 이재상, 형사소송법, 박영사.
6 영장 없이 타인의 통신비밀을 훔친 것이라 하여 도청(盜聽)이라고도 한다.

위반되지 않는다. 그 결과 그 녹취내용물은 당연히 위법증거가 아니므로 증거로 사용되는 데 아무런 문제가 없다.

▶ 대법원 2006. 10. 12. 선고 2006도4981 판결

　통신비밀보호법 제3조 제1항이 "공개되지 아니한 타인간의 대화를 녹음 또는 청취하지 못한다."라고 정한 것은, 대화에 원래부터 참여하지 않는 제3자가 그 대화를 하는 타인들간의 발언을 녹음해서는 아니 된다는 취지이다. 3인간의 대화에 있어서 그 중 한 사람이 그 대화를 녹음하는 경우에 다른 두 사람의 발언은 그 녹음자에 대한 관계에서 '타인 간의대화'라고 할 수 없으므로, 이와 같은 녹음행위가 통신비밀보호법 제3조 제1항에 위배된다고 볼 수는 없다. 이 사건 원심판결 이유에 의하면 원심은, "피고인은 2005. 7. 9. 12:30경 ○○ 사무실에서 A, B가 함께 한 자리에서 소형녹음기를 이용하여 위 A, B 사이의 공개되지 아니한 타인간의 대화를 녹음하였다."는 공소사실에 대하여, 피고인은 대화의 일방 당사자로서 위 3인이 상호 대화하는 내용을 녹음한 것일 뿐 피고인이 제3자로서 위 A, B 사이의 대화를 녹음한 것이 아니어서 대화 당사자 일방이 상대방 모르게 대화 내용을 녹음한 경우에 해당하여 통신비밀보호법 제3조 제1항에 위반되지 아니한다고 하여, 같은 취지의 제1심판결을 유지하였다. 원심판결 이유를 위 법리와 기록에 대조하여 살펴보면, 원심이 피고인에 대한 이 부분 공소사실에 대하여 그것이 죄가 되지 않음을 이유로 무죄를 선고한 것은 수긍이 가고, 거기에 상고논지와 같이 법리를 오해하였거나 채증법칙을 어긴 위법이 없다.

3. 대화당사자가 아닌 제3자가 한 녹음 자료는 증거로 사용할 수 있나?

위와 달리 대화 당사자가 아닌 제3자가 대화자들 몰래 감청기를 설치해서 녹음을 하였다면 이는 위법증거가 된다. 이 점에 관하여 통신비밀보호법에 의하면 "누구든지 이 법과 형사소송법 또는 군사법원법의 규정에 의하지 아니하고는 우편물의 검열·전기통신의 감청 또는 통신사실확인자료의 제공을 하거나 공개되지 아니한 타인간의 대화를 녹음 또는 청취하지 못한다"고 규정하고 있다(동법 3조 1항 본문). 그리고 이에 위반하여 불법검열에 의하여 취득한 우편물이나 그 내용 및 불법감청에 의하여 지득 또는 채록된 전기통신의 내용은 재판 또는 징계절차에서 증거로 사용할 수 없다(동법 4조). 이것은 사인(私人)간에도 위법수집증거 배제법칙을 적용한 예외적인 경우이다. 결국 위 통신비밀보호법 제4조에 의거하여 타인간에 공개되지 아니한 대화내용을 몰래 도청한 자료는 위법한 증거로서 형사는 물론 민사소송에서도 증거능력이 없다.

4. 해킹한 이메일 내용의 증거능력

제3자가 타인간의 이메일을 해킹해 얻은 그 이메일 자료는 과연 증거로 사용할 수 있을까? 위와 같은 통신비밀보호법 제4조에 의하면 불법감청에 의하여 지득 또는 채록된 전기통신의 내용은 재판 또는 는 징계절차에서 증거로 사용할 수 없다고 규정되어 있으므로 해킹된 이메일도 이에 해당될 것으로 보인다. 하지만 대법원은 "전기통신의 감청은 위 '감청'의 개념 규정에 비추어 현재 이루어지고 있는 전기통신의 내용을 지득·채록하는 경우와 통신의 송·수신을 직접적으로 방해하는 경우를 의미하는 것이지 전자우편이 송신되어 수신인이 이를 확인하는 등으로 이미 수신이 완료된 전기통신에 관하여 남

아있는 기록이나 내용을 열어보는 등의 행위는 포함하지 않는다고
보아 증거능력을 인정할 수 있다"고 판시하였다.

▶ 대법원 2013. 11. 28. 선고 2010도12244 판결

[전자우편 등의 증거능력에 관한 상고이유에 대하여]

통신비밀보호법 제3조 제1항 본문은 "누구든지 이 법과 형사소
송법 또는 군사법원법의 규정에 의하지 아니하고는 우편물의 검열·
전기통신의 감청 또는 통신사실확인자료의 제공을 하거나 공개되지
아니한 타인 간의 대화를 녹음 또는 청취하지 못한다."고 규정하고,
제4조는 "제3조의 규정에 위반하여 불법검열에 의하여 취득한 우편
물이나 그 내용 및 불법감청에 의하여 지득 또는 채록된 전기통신의
내용은 재판 또는 징계절차에서 증거로 사용할 수 없다."고 규정하고
있다. 여기서 '전기통신'이라 함은 전화·전자우편·모사전송등과 같
이 유선·무선·광선 및 기타의 전자적 방식에 의하여 모든 종류의
음향·문언·부호 또는 영상을 송신하거나 수신하는 것을 말하고(동
법 2조 3호), '감청'이라 함은 전기통신에 대하여 당사자의 동의 없이
전자장치·기계장치 등을 사용하여 통신의 음향·문언·부호·영상을
청취·공독(共讀)하여 그 내용을 지득(知得) 또는 채록(採錄)하거나 전
기통신의 송·수신을 방해하는 것을 말한다(동법 2조 7호). 따라서 '전
기통신의 감청'은 위 '감청'의 개념 규정에 비추어 현재 이루어지고
있는 전기통신의 내용을 지득·채록하는 경우와 통신의 송·수신을
직접적으로 방해하는 경우를 의미하는 것이지 **전자우편이 송신되어**
수신인이 이를 확인하는 등으로 이미 수신이 완료된 전기통신에 관
하여 남아있는 기록이나 내용을 열어보는 등의 행위는 포함하지 않
는다 할 것이다(대법원 2012. 7. 26. 선고 2011도12407 판결 참조). 기록에
비추어 살펴보면, 이 사건 증거물로 제출된 전자우편(이하 '이 사건 전

자우편'이라 한다)은 이미 수신자인 ○○시장이 그 수신을 완료한 후에 수집된 것임을 알 수 있으므로, 이 사건 전자우편의 수집행위가 통신비밀보호법이 금지하는 '전기통신의 감청'에 해당한다고 볼 수 없고, 따라서 이 사건 전자우편이 통신비밀보호법 제4조에 의하여 증거능력이 배제되는 증거라고 할 수 없다.

대법원은 위 사안에서 "이번 판결은 수사기관이 아닌 사인이 위법하게 수집한 증거7라도, 그 증거가 형사소추에 필요한 증거라는 이유만으로 곧바로 유죄의 증거로 쓸 수 있는 것이 아니라, 사생활 기타 인격적 이익을 침해하게 된 경위와 침해의 내용 및 정도, 형사소추의 대상이 되는 범죄의 경중 및 성격 등을 종합적으로 고려해 증거능력을 판단해야 한다는 점을 판시한 데에 의미가 있다"고 밝혔다. 결국 대법원은 사인이 취득한 위법수집 증거는 국가 수사기관에서 취득한 것과는 달리 탄력적으로 증거능력 여부를 평가하는 경향이다. 즉 위법으로 인해 침해되는 이익과 그 위법수집증거로 인정될 수 있는 범죄의 가치를 평가하여 어느 이익이 중한가에 따라 증거능력 여부를 결정하고 있다.8

5. 피의자신문조서의 증거능력

가. 검사 작성 피의자신문조서(형사소송법 312조)

검사가 피고인이 된 피의자의 진술을 기재한 조서는 적법한 절차와 방식에 따라 작성된 것으로서 피고인이 진술한 내용과 동일하게 기재되어 있음이 공판준비 또는 공판기일에서의 피고인의 진술에 의하여 인정되고, 그 조서에 기재된 진술이 특히 신빙할 수 있는 상

---

7 타인의 이메일을 해킹하거나, 또는 몰래 비밀번호를 알아내어 들어가 읽은 경우 '정보통신망 이용촉진 및 정보보호 등에 관한 법률'상 정보통신망침입죄(48조) 또는 정보통신망에 있는 타인의 정보 침해죄(49조)로 형사처벌된다.
8 이를 학설상 '이익형량설'이라고 한다(이재상, 형사소송법, 박영사).

태 하에서 행하여졌음이 증명된 때에 한하여 증거로 할 수 있다. 그럼에도 불구하고 피고인이 그 조서의 진정성립을 부인하는 경우에는 그 조서에 기재된 진술이 피고인이 진술한 내용과 동일하게 기재되어 있음이 영상녹화물이나 그 밖의 객관적인 방법에 의하여 증명되고, 그 조서에 기재된 진술이 특히 신빙할 수 있는 상태 하에서 행하여졌음이 증명된 때에 한하여 증거로 할 수 있다.

> ▶ 검찰수사관이 실제로 작성한 검찰조서의 증거능력(대법원 2003.
> 10. 9. 선고 2002도4372 판결)

　　검사작성 피의자신문조서가 외관상 검사가 작성한 것으로 되어 있지만, 사실은 검찰주사와 검찰주사보가 담당 검사가 임석하지 아니한 상태에서 피의자를 번갈아가며 신문한 끝에 작성된 것으로, 담당 검사는 검찰주사 등이 조사를 끝마치고 자백하는 취지의 진술을 기재한 피의자신문조서를 작성하여 가져오자 이를 살펴본 후 비로소 피의자가 조사를 받고 있던 방으로 와서 피의자신문조서를 손에 든 채 그에게 "이것이 모두 사실이냐"는 취지로 개괄적으로 질문한 사실이 있을 뿐, 피의사실에 관하여 직접·개별적으로 신문한 바 없는 경우, 위 피의자신문조서를 형사소송법 제312조 제1항 소정의 '검사가 피의자나 피의자 아닌 자의 진술을 기재한 조서'로 볼 수 없으므로 그 증거능력 유무는 검사 이외의 수사기관이 작성한 피의자신문조서와 마찬가지 기준에 의하여 결정되어야 할 것이어서, 결국 위 피의자신문조서는 피고인이 그 내용을 부인하는 이상 유죄의 증거로 삼을 수 없다.

　　나. 검사 이외 수사기관이 작성한 피의자신문조서

　　검사 이외의 수사기관이 작성한 피의자신문조서는 적법한 절차와 방식에 따라 작성된 것으로서 공판준비 또는 공판기일에 그 피의

자였던 피고인 또는 변호인이 그 내용을 인정할 때에 한하여 증거로
할 수 있다(형소법 312조 3항). 수사기관에서 피의자로 조사하는 과정
을 녹화한 비디오테이프, CD 또는 이에 준하는 것들은 실질적으로
피의자의 진술을 기재한 수사기관 작성의 피의자신문조서와 다를 바
없으므로 피의자신문조서에 준하여 그 증거능력을 가려야 한다(대법
원 1992. 6. 23. 선고 92도682 판결 등 참조).

▶ 대법원 2007. 10. 25. 선고 2007도6129 판결

　　[1] 형사소송법 제312조 제2항은 검사 이외의 수사기관 작성의
피의자신문조서는 공판준비 또는 공판기일에 그 피의자였던 피고인
이나 변호인이 그 내용을 인정할 때에 한하여 증거로 할 수 있다고
규정하고 있는바, 피의자의 진술을 녹취 내지 기재한 서류 또는 문서
가 수사기관에서의 조사과정에서 작성된 것이라면 그것이 진술조서,
진술서, 자술서라는 형식을 취하였다 하더라도 당해 수사기관이 작
성한 피의자신문조서와 달리 볼 수 없다(대법원 1992. 4. 14. 선고 92도
442 판결; 대법원 2006. 1. 13. 선고 2003도6548 판결 등 참조). 그리고 위
규정은 검사 이외의 수사기관이 작성한 당해 피고인에 대한 피의자
신문조서를 유죄의 증거로 하는 경우뿐만 아니라 검사 이외의 수사
기관이 작성한 당해 피고인과 공범관계가 있는 다른 피고인 또는 피
의자에 대한 피의자신문조서를 피고인에 대한 유죄의 증거로 하는
경우에도 적용된다(대법원 1996. 7. 12. 선고 96도667 판결 등 참조). 원심
이 검찰주사 작성의 피고인 3에 대한 제1, 2회 각 피의자신문조서,
검찰주사 작성의 피고인 3에 대한 제1, 2회 각 진술조서, 피고인 3작
성의 진술서는 피고인 3과 공범관계에 있는 피고인 1, 피고인 2가 법
정에서 그 내용을 부인하고 있는 이상 형사소송법 제312조 제2항에
의하여 모두 증거능력이 없다고 판단한 것은 위 법리에 따른 것으로

서 정당하고, 거기에 상고이유에서 주장하는 바와 같은 형사소송법 제312조 제2항의 적용범위에 관한 법리오해 등의 위법이나 판례변경의 필요가 있다고 할 수 없다.

[2] 수사기관에서 피의자로 조사하는 과정을 녹화한 비디오테이프, CD 또는 이에 준하는 것들은 실질적으로 피의자의 진술을 기재한 수사기관 작성의 피의자신문조서와 다를 바 없으므로 피의자신문조서에 준하여 그 증거능력을 가려야 할 것이다(대법원 1992. 6. 23. 선고 92도682 판결 등 참조). 원심이 검찰주사 작성의 피고인 3에 대한 녹음·녹화 요약서(녹화참여자, 녹화일시 및 장소, 녹화된 CD에 담긴 진술요지 등을 기재한 서면이다)의 실질이 피의자신문조서와 다를 바 없어 피의자신문조서에 있어서와 마찬가지 이유로 증거능력이 인정되지 않는다고 판단한 것은 위 법리에 따른 것으로서 정당하고, 거기에 상고이유에서 주장하는 바와 같은 증거능력에 관한 법리오해 등의 위법이 없다.

다. 소   결

위와 같이 검사 작성 피의자신문조서의 경우는 피의자가 진정성립을 인정하여야만 증거로 사용할 수 있는데 만약 조서에 적힌 내용이 자신이 실제로 진술한 것과 다르다고 부인하는 경우, 즉 실질적 진정성립을 부인할 경우에는 검사는 영상녹화물이나 그 밖의 객관적 방법으로 실질적 진정성립을 증명해야 한다. 반면 검사 이외의 수사기관에서 작성한 피의자신문조서의 경우 공판준비 또는 공판기일에서 내용을 인정해야만 증거로 사용할 수 있을 뿐이다. 예컨대 경찰에서 진술과정을 녹화해서 사법경찰관리 작성의 피의자신문조서의 내용이 사실임을 증명한다고 해도 피고인이 공판정에서 그 내용을 부인할 경우에는 증거로 사용될 수 없다. 그러므로 만약 경찰에서 실수로 본인에게 불리한 진술을 하였다고 해도 검사 앞에서 이를 뒤집을 경우 경찰관이 작성한 피의자신문조서나 영상녹화물 등은 증거로 사용될 수 없다는 점을 유의해야 한다.

Ⅲ. 집행유예·선고유예

1. 집행유예

가. 의   의

집행유예란 형을 선고함에 있어서 일정한 기간 동안 형의 집행을 유예하고 그 기간이 경과한 때에는 형의 선고의 효력을 잃게 하는 제도이다(형법 65조). 형의 선고가 효력을 잃는다는 것은 법률적 효과가 없어진다는 것일 뿐, 형을 선고가 있었다는 기왕의 사실까지 없어진다는 것은 아니므로 범죄경력 조회에는 나타나게 된다.

나. 요   건

법원은 다음과 같은 요건이 구비되면 1년 이상 5년 이하의 기간 형의 집행을 유예할 수 있다(형법 62조 1항). 하나의 형의 일부에 대한 집행유예는 허용되지 않으므로 예컨대 징역 5년을 선고하면서 그 중 2년은 3년간 집행을 유예한다는 식의 선고를 할 수 없다. 다만 형을 병과할 경우에는 그 형의 일부에 대하여 집행을 유예할 수 있다(동조 2항). 그리고 형법 제37조 후단의 경합범 관계에 있는 죄에 대하여 하나의 판결로 두 개의 자유형을 선고하는 경우 그 두 개의 자유형은 각각 별개의 형이므로, 그 두 개의 자유형 중 하나의 자유형에 대하여 실형을 선고하면서 다른 자유형에 대하여 집행유예를 선고하는 것도 가능하다(대법원 2002. 2. 26. 선고 2000도4637 판결 참조).

(1) 3년 이하의 징역 또는 금고 또는 500만원 이하의 벌금의 형[9] 을 선고할 경우

여기서 말하는 형은 실제로 선고되는 형을 의미하는 것이지 법정형이 3년 이하일 필요는 없다. 그런데 법원에서 형을 선고함에 있어 법률상 감경인자가 있는 경우에는 형법 제55조의 범위[10] 안에서 감경할 수 있는데 예컨대 유기징역의 경우 법정형의 1/2로 감경할 수 있다(형법 55조 1항). 법률상 감경사유에는 필요적 감경사유인 심신미약,[11] 농아자, 중지범, 종범 등과 임의적 감경사유인 외국에서 받은 형의 집행으로 인한 감경, 과잉방위, 과잉피난, 과잉자구행위, 미수범, 자수 등이 있다. 또한 이러한 법률상 감경인자가 여럿 있을 경우에는 거듭해서 감경할 수 있다(형법 55조 2항).[12] 그러나 만약 이러한 법률상 감경 사유가 없을 경우에는 작량감경밖에 받을 수 없다. 작량 감경이란 (법률상 감경사유의 존재 여부와 무관하게) 정상에 특히 참작할 만한 사유가 있는 때에 감경해 주는 것이다. 형법에 규정된 작량감경 (양형참작) 사유로는 ① 범인의 연령, 성행, 지능과 환경(피고인이 미성

---

9 종래에는 벌금형에 대하여는 집행유예 선고가 불가능했는데 2016. 1. 6. 형법 개정을 통해 지금은 500만원 이하의 벌금형을 선고할 때도 집행유예가 가능해졌다.

10 1. 사형을 감경할 때에는 무기 또는 20년 이상 50년 이하의 징역 또는 금고
  2. 무기징역 또는 무기금고를 감경할 때에는 10년 이상 50년 이하의 징역 또는 금고
  3. 유기징역 또는 유기금고를 감경할 때에는 그 형기의 2분의 1
  4. 자격상실을 감경할 때에는 7년 이상의 자격정지
  5. 자격정지를 감경할 때에는 그 형기의 2분의 1
  6. 벌금을 감경할 때에는 그 다액의 2분의 1
  7. 구류를 감경할 때에는 그 장기의 2분의 1
  8. 과료를 감경할 때에는 그 다액의 2분의 1

11 예외적으로 성폭력범죄의 경우에는 음주 또는 약물로 인한 심신장애는 필요적 감경사유가 아닌 임의적 감경사유에 불과하다(성폭법 20조).

12 예컨대, 종범, 미수범, 자수 등 법률상 감경사유가 세 개가 있을 경우에는 세 번 모두 감경받을 수 있다. 다만 이 중 필요적 감경사유인 종범은 반드시 감경해줘야 하나, 임의적 감경사유에 해당되는 미수범과 자수에 관하여 감경할 것인지 여부는 법원의 재량에 달려있다.

년이나 고령의 노인인지, 전과나 전력이 있는지, 평소 절도나 폭력성향 등 범죄
성향이 있었는지, 과거에 사회에 봉사하거나 공헌한 적이 있는지, 사리분별 능
력이 있는지, 부모가 가정교육을 제대로 시킬 환경인지 등), ② 피해자에 대
한 관계(피해자와의 신분 및 친분관계 등), ③ 범행의 동기, 수단과 결과
(범행에 이르게 된 경위, 우발적인 범행인지 아니면 계획적인 범행인지, 범행수
법이 잔인하거나 교활한지, 그 결과로 피해자가 어떤 피해를 입었으며 현재까
지 그 피해가 존속하는지 등), ④ 범행 후의 정황(피해자와 합의를 하였는
지, 깊이 반성하고 있는지, 범행 후 다른 범죄를 또 저질렀는지 등)이 있다(형
법 51조). 작량감경 역시 위와 같이 법률상 감경할 수 있는 범위 안에
서 감경해주는 것으로서 유기징역의 경우 법정형의 1/2까지 감경받
을 수 있다.[13] <u>작량감경은 법률상 감경과 달리 그 사유가 여럿 있다
고 해도 중복해서 받을 수 없고 모두 모아서 한 번만 받을 수 있을
뿐이다. 하지만 법률상 감경과 작량감경은 중복해서 받을 수 있다.</u>
따라서 예컨대 법정형이 10년 이상의 유기징역형에 해당되는 범죄를
범하였는데 자수를 하였다면 법률상 감경인자와 작량감경을 거듭 받
을 경우 법정형이 2년 6개월(10 × 1/2 × 1/2) 이상의 유기징역형으로
감경된다. 따라서 법원은 그 범위 안에서 징역 3년 이하를 선고하면
서 집행유예를 함께 선고할 수 있다. 반면 법률상 감경인자가 없을
경우에는 작량감경만을 한 번 받을 수 있다. 만약 법정형이 7년 이상
의 유기징역에 해당되는 범죄를 저질렀을 경우, 법률상 감경사유가
없다면 법원은 오로지 작량감경을 1회 할 수 있을 뿐이다. 그 결과
법정형은 3년 6개월 이상의 유기징역형(7년 × 1/2)에 해당되어 법원
에서 집행유예를 선고할 수 없게 된다.

---

13 이재상, 형법총론, 박영사.

▶ **대법원 1964. 4. 7. 선고 63도410 판결**

형법 제53조의 작량감경은 범죄의 모든 정상을 종합적으로 관찰하여 형을 감경함이 상당하다고 인정될 때에 1회에 한하여 적용되는 것이고 정상 하나하나에 거듭 작량감경할 수 있음을 규정한 취지가 아닐 뿐 아니라 형법 제55조 제2항의 법률상 감경사유가 수개 있는 때라 함은 심신미약, 미수 등 법률상 감경사유가 경합되었을 경우에 거듭 감경할 수 있음을 규정한 것이고 정상 하나하나에 거듭 작량감경할 수 있음을 규정한 것이 아니다.

☞ 자수감경을 잘 활용하자

많은 의뢰인들이 간과하는 것이 자수감경이다. 죄를 범한 후 수사책임이 있는 관서에 자수한 때에는 그 형을 감경 또는 면제할 수 있는데(형법 52조 1항), 이를 자수감경이라고 한다. 자수는 피의자 본인이 자발적으로 수사기관에 자신의 죄를 고하고 그 처분을 구하는 의사표시를 해야만 된다. 자수감경은 임의적 감경사유에 불과하여 법원에서 반드시 감경을 해줘야 할 의무는 없다. 하지만 만약 법정형이 7년 이상일 경우에는 일단 집행유예를 받을 수 있는 모든 조건을 만들어 놓는 편이 유리하므로 자수감경과 작량감경을 받을 수 있도록 노력할 필요가 있다.

▶ **대법원 1992. 8. 14. 선고 92도962 판결**

피고인이 자수하였다 하더라도 자수한 자에 대하여는 법원이 임의로 감경할 수 있음에 불과한 것으로서 자수감경을 하지 아니하였다 하여 위법하다고 할 수 없다.

문제는 자수감경을 받기 위해서는 일정한 요건이 필요한데, 먼저 수사기관에 자수서를 작성해서 제출해야 하고, 다음으로 범행 일체를 자백해야만 한다. 물론 이론상으로는 자수서를 제출하지 않고 자수해도 무방하지만 실무상 경찰에서 업무 실수로 피의자를 체포한 것으로 잘못 보고하는 경우가 종종 있어 유의해야 한다. 이럴 경우 피고인은 나중에 자수감경을 받기 위해 본인이 자수한 사실을 증명해야만 하므로 절차가 복잡해진다. 또한 경찰에서 수사보고서에 자수했다는 기재를 해도 법원에서 형을 선고함에 있어 간과될 수 있으므로 반드시 자수서를 제출하여 확실하게 증거로 남겨야 한다. 한편 자수만 하고 막상 조사받으면서 범행의 일부라도 부인할 경우에는 자수로 인정되지 않으므로 범행 일체를 깨끗하게 자백해야만 자수감경을 받을 수 있다.

▶ 대법원 2006. 9. 22. 선고 2006도4883 판결

자수라 함은 범인이 스스로 수사책임이 있는 관서에 자기의 범행을 자발적으로 신고하고 그 처분을 구하는 의사표시를 말하고, 가령 수사기관의 직무상의 질문 또는 조사에 응하여 범죄사실을 진술하는 것은 자백일 뿐 자수로는 되지 않는다(대법원 1992. 8. 14. 선고 92도962 판결 등 참조). 기록에 의하면, 경찰관이 피고인의 강도상해 등의 범행에 관하여 수사를 하던 중 국립과학수사연구소의 유전자검색감정의뢰회보 등을 토대로 피고인의 여죄를 추궁한 끝에 피고인이 강도강간의 범죄사실과 2004. 11. 23.자 특수강도의 범죄사실을 자백하였음을 알 수 있으므로 이를 자수라고 할 수 없고, 그 밖에 피고인이 자수하였다고 볼 자료가 없다.

또한 자수라 함은 수사기관에 자발적으로 자신의 잘못을 자백하면서 신고해야 되므로 일단 범행을 부인한 이상 나중에 자수서를 제출하고 자백해도 이미 때는 늦어버려 자수가 인정되지 않는다.

▶ 대법원 2004. 10. 14. 선고 2003도3133 판결

수사기관에의 신고가 자발적이라고 하더라도 그 신고의 내용이 자기의 범행을 명백히 부인하는 등의 내용으로 자기의 범행으로서 범죄성립요건을 갖추지 아니한 사실일 경우에는 자수는 성립하지 않고, 일단 자수가 성립하지 아니한 이상 그 이후의 수사과정이나 재판과정에서 범행을 시인하였다고 하더라도 새롭게 자수가 성립할 여지는 없다고 할 것이며(대법원 1993. 6. 11. 선고 93도1054 판결; 1994. 10. 14. 선고 94도2130 판결; 1999. 7. 9. 선고 99도1695 판결; 1999. 9. 21. 선고 99도2443 판결 등 참조), 범인이 스스로 수사책임이 있는 관서에 자기의 범행을 자발적으로 신고하고 그 처분을 구하는 의사표시이므로 수사기관의 직무상의 질문 또는 조사에 응하여 범죄사실을 진술하는 것은 자백일 뿐 자수로는 되지 않는다고 할 것이고(대법원 2002. 6. 25. 선고 2002도1893 판결 참조), 자수는 범인이 수사기관에 의사표시를 함으로써 성립하기 때문에 내심적 의사만으로는 부족하고, 외부로 표시되어야 이를 인정할 수 있는 것이다. 위의 법리에 비추어 판단할 때, 피고인 2가 비록 수사기관에 자발적으로 출석하였고, 당시 자수서를 소지하고 있었다고 하더라도, 조사를 받으면서 자수서를 제출하지 않았을 뿐만 아니라 범행사실도 부인하였던 이상 그 단계에서 자수가 성립한다고 인정할 수는 없고, 그 이후 피고인 2가 그와 같은 범죄사실로 인하여 구속까지 된 상태에서 자수서를 제출하고 제4회 피의자신문 당시 범행사실을 시인한 것을 자수에 해당한다고 인정할 수도 없을 것이다.

(2) 정상에 참작할 만한 사유가 있을 것

형법상 양형참작 사유로는 앞서 설명한 바와 같이 ① 범인의 연령, 성행, 지능과 환경, ② 피해자에 대한 관계, ③ 범행의 동기, 수

〈서식〉

자 수 서

피의자 홍 길 동 (821000-1010100)
　　　　전화 010-555-5555
　　　　서울 서초구 서초동 000

　　위 피의자는 아래와 같은 범죄사실로 일시 도주한 바 있으나 이에 대한 수사와 소추를 구하고자 자진출두 하여 자수하는 바입니다.

범 죄 사 실

　　피의자는 2020년 12월 24일 서울 서초구 방배동 소재 ○○ 은행에서 피해자 황진이가 현금을 찾아 나오는 것을 보고 이를 뒤따라가 500만원이 든 핸드백을 낚아채어 절취하고 그 즉시 도주하였으나 피해자와 원만한 합의를 한바 있어 이에 자수하오니 이 사건을 수사하여 주시기 바랍니다.

2021년 1월 30일

자수인(피의자) 홍 길 동 (인)

서초경찰서 귀중

단과 결과, ④ 범행 후의 정황이 있다(형법 51조). 그리고 실무상 많이 고려되는 양형 참작 사유에 관하여는 앞서 (1)항에서 이미 설명하였다. 법원은 이러한 여러 가지 정상 참작사유를 종합하여 판단하는데 그중 가장 강력한 정상 참작 사유로는 위 ④ 범행 후의 정황에 해당되는 대표적인 예인 **'피해자와의 합의 여부'**이다. 그러므로 만약 성범죄로 유죄판결이 예상될 경우에는 피해자와 합의를 보는 것이 절대적으로 유리하고, 그것이 도저히 어려울 상황이라면 앞서 언급한 형사공탁, 범죄신고자 면담신청, 양형조사 등의 제도를 활용해 피해자에 대한 반성의 뜻을 전달해야 한다.

(3) 금고 이상의 형을 선고한 판결이 확정된 때로부터 그 집행을 종료하거나 면제된 후 3년까지의 기간에 범한 죄가 아닐 것(형법 62조 1항 단서)

① **범행시점이 기준**

죄를 범한 때가 기준점이 되므로 기왕에 받는 재판 1심에서 실형을 선고받았다고 해도 <u>그 판결이 확정되기 전에 또 다른 범죄를 범했다면</u> 두 번째 범죄에 대해서는 이론상 집행유예가 가능하다. 하지만 실무상 이런 경우에는 두 번째 범죄에 대해 빨리 재판을 진행하여 첫 번째 재판의 항소심에서 병합하여 한꺼번에 처벌받게 하는 것이 유리하다. 왜냐하면 두 번째 재판이 진행되는 과정 속에서 첫 번째 사건의 재판은 확정될 가능성이 크고, 그 후 두 번째 사건에 대해 집행유예를 받는다는 것은 현실적으로는 거의 어렵기 때문이다. 한편 특정강력범죄(살인·약취·유인·특수강간·특수강도)로 형을 선고받고 그 집행이 끝나거나 면제된 후 10년이 지나지 아니한 사람이 다시 특정강력범죄를 범한 경우에는 형의 집행을 유예하지 못한다(특정강력범죄의 처벌에 관한 특례법 5조). 이는 특정강력범죄의 경우 다른 범죄보다 죄질이 좋지 않으므로 집행유예 결격요건을 더욱 강화한 것이다.

② **집행유예 기간 중 범한 범죄에 대해 다시 집행유예 선고가 가능할까?**

㈎ **원칙 : 집행유예 선고 못함**

형법 제62조 제1항 단서 '금고 이상의 형을 선고한 판결이 확정된 때'라 함은 실형을 선고받은 경우뿐만 아니라 금고 이상의 집행유예를 선고받아 확정된 경우도 포함된다고 해석하고 있다. 따라서 원

칙적으로 집행유예 판결이 확정된 자가 그 유예기간 내에 다시 범죄
를 저지른 경우에는 집행유예를 선고할 수 없다.

▶ **대법원 2007. 7. 27. 선고 2007도768 판결**

　'종전 형법 제62조 제1항 단서에서 규정한 "금고 이상의 형의 선
고를 받아 집행을 종료한 후 또는 집행이 면제된 후로부터 5년을 경
과하지 아니한 자"라는 의미는 실형선고를 받고 집행종료나 집행면
제 후 5년을 경과하지 않은 경우만을 가리키는 것이 아니라 <u>형의 집
행유예를 선고받고 그 유예기간이 경과하지 않은 경우도 특별한 사
정이 없는 한 여기에 포함된다</u>(대법원 1989. 9. 12. 선고 87도2365 전원합
의체 판결; 2002. 2. 22. 선고 2001도5891 판결 등 참조). 다만 형법 제37조
의 경합범관계에 있는 수죄가 전후로 기소되어 각각 별개의 절차에
서 재판을 받게 된 결과 어느 하나의 사건에서 먼저 집행유예가 선고
되어 그 형이 확정된 경우로서 같은 절차에서 동시에 재판을 받았더
라면 한꺼번에 집행유예의 선고를 받았으리라고 여겨지는 특수한 경
우에는 집행유예가 가능하다.[14]

　㈏ 예외 : 재판 도중 집행유예가 실효된 경우에는 가능

　"집행유예 기간 중 다른 범죄를 저지른 경우 설사 <u>그 집행유예
기간이 지나도</u> 다시 집행유예 못 받는 것 아닌가요?" 많은 의뢰인들
이 자주 하는 질문이다. 그러한 질문을 하는 이유는 예전에는 형법
제62조에서 집행유예 결격사유인 전과에 관해 '선고시'를 기준으로
판단하였는데 2005. 7. 29. 형법이 개정되면서 현재는 '범행시'를 기

---

14 실무상 이러한 경우를 '쌍집행유예'라고 부른다. 쌍집행유예라 함은 <u>기존의 집행
　유예 판결이 확정되기 전에 범한 범행에 대해 다시 집행유예를 선고하는 경우를</u>
　말한다. 즉 두 개의 범행사실을 동시에 재판받았더라면 한꺼번에 집행유예가 가
　능하였을 사안에 대해 별개의 절차에서 따로 재판을 받게 된 경우에도 각각 집
　행유예를 선고해 주는 것이다.

준으로 판단하기 때문이다. 그 질문에 대한 답은 "두 번째 범행에 관한 재판이 종료되기 전에 그 전에 선고받은 집행유예 기간이 지날 경우에는 두 번째 범행에 대해 다시 집행유예를 받을 수 있다"이다. 즉 집행유예가 실효 또는 취소됨이 없이 유예기간을 경과한 때에는, 형의 선고가 이미 그 효력을 잃게 되어 '금고 이상의 형을 선고'한 경우가 아니므로 <u>집행유예 기간 중에 범한 범죄라고 할지라도 집행유예가 실효 취소됨이 없이 그 유예기간이 경과한 경우에는 이에 대해 다시 집행유예의 선고가 가능하다.</u> 그래서 통상 집행유예 기간 중인 경우 변호사들은 최대한 재판을 끌어서 유예기간을 도과시키려고 한다. 하지만 구속사건의 경우 구속기간 때문에 재판을 끄는데도 한계가 있고, 불구속 사건이라도 특별한 사유 없이 재판을 지연시킬 경우에는 오히려 괘씸죄가 추가되어 법정구속될 가능성을 배제할 수 없으니 조심해야 한다.

▶ **대법원 2007. 2. 8. 선고 2006도6196 판결**

집행유예 기간 중에 범한 죄에 대하여 형을 선고할 때에, 집행유예의 결격사유를 정하는 형법 제62조 제1항 단서 소정의 요건에 해당하는 경우란, 이미 집행유예가 실효 또는 취소된 경우와 그 선고시점에 미처 유예기간이 경과하지 아니하여 형선고의 효력이 실효되지 아니한 채로 남아 있는 경우로 국한되고, 집행유예가 실효 또는 취소됨이 없이 유예기간을 경과한 때에는, 형의 선고가 이미 그 효력을 잃게 되어 '금고 이상의 형을 선고'한 경우에 해당한다고 보기 어려울 뿐 아니라, 집행의 가능성이 더 이상 존재하지 아니하여 집행종료나 집행면제의 개념도 상정하기 어려우므로 위 단서 소정의 요건에 해당하지 않는다고 할 것이므로, <u>집행유예 기간 중에 범한 범죄라고 할지라도 집행유예가 실효 취소됨이 없이 그 유예기간이 경과한</u>

경우에는 이에 대해 다시 집행유예의 선고가 가능하다.

③ 선고유예 판결을 받아 유예기간 중에 다시 범죄를 범한 경우는?

선고유예를 받은 전과는 비록 그 판결 이유에서 유예된 형이 금고 이상의 형이라 하더라도 이를 '금고 이상의 형에 처한 판결이 확정된 죄'라고 볼 수 없다. 형법 제62조 제1항 단서는 집행유예의 결격사유로서 "금고 이상의 형을 선고한 판결이 확정된 때부터 그 집행을 종료하거나 면제된 후 3년까지의 기간에 범한 죄에 대하여 형을 선고하는 경우에는 그러하지 아니하다."고 하여 명문상으로 '금고 이상의 형을 선고한 판결'이 있음을 전제로 하고 있고, 선고유예 판결은 선고유예의 실효에 따라 형이 선고되기 전에는 여전히 형의 선고는 유예된 상태이므로 위 결격사유에 해당한다고 볼 수는 없어 선고유예 기간 중에도 집행유예의 판결을 선고할 수 있다(대구지방법원 2006. 4. 28. 선고 2006고합119 판결).

다. 집행유예의 실효와 취소
(1) 집행유예의 실효(형법 63조)

집행유예의 선고를 받은 자가 유예기간 중 고의로 범한 죄로 금고 이상의 실형을 선고받아 그 판결이 확정된 때에는 집행유예의 선고는 효력을 잃는다. 실형을 선고받아야 하므로 금고 이상의 집행유예를 다시 선고받는 경우에는 그 전의 집행유예의 선고는 효력을 잃지 않는다. 유예기간 중에 고의로 범한 죄여야 하므로 집행유예를 선고받기 전에 범한 범죄는 포함되지 않는다. 또한 고의범이어야 하므로 과실범으로 금고 이상의 실형이 선고된 경우도 실효사유에 해당되지 않는다.

(2) 집행유예의 취소(형법 64조)

① 필요적 취소사유(동조 1항)

집행유예의 선고를 받은 후 제62조 단서의 사유가 발각된 때 즉 금고 이상의 형이 확정된 때로부터 그 집행을 종료하거나 면제된 후 3년까지의 기간에 범한 죄로 형을 선고받은 자라는 것이 발각된 때에는 집행유예의 선고를 취소한다. 이러한 경우 법원은 집행유예를 반드시 취소해야 한다. '금고 이상의 형이 확정된 때'라 함은 집행유예의 선고도 포함된다. 하지만 만약 집행유예기간이 도과하여 형의 선고의 효력을 잃은 후에 그 사실이 발견되었다고 해도 집행유예를 취소할 수 없다.

▶ **대법원 1999. 1. 12.자 98모151 결정**

집행유예의 선고를 받은 후 그 선고의 실효 또는 취소됨이 없이 유예기간을 경과한 때에는 형법 제65조가 정하는 바에 따라 형의 선고는 효력을 잃는 것이고, 그와 같이 유예기간이 경과함으로써 형의 선고가 효력을 잃은 후에는 형법 제62조 단행의 사유가 발각되었다고 하더라도 그와 같은 이유로 집행유예를 취소할 수 없고 그대로 유예기간 경과의 효과가 발생한다.

② 임의적 취소사유(동조 2항)

보호관찰이나 사회봉사 또는 수강을 명한 집행유예를 받은 자가 준수사항이나 명령을 위반하고 그 정도가 무거운 때에는 집행유예의 선고를 취소할 수 있다. 이것은 필요적인 것이 아니라 임의적인 것이므로 반드시 집행유예를 취소해야 하는 것은 아니다.

2. 선고유예

가. 선고유예의 뜻

선고유예란 범정이 경미한 범인에 대하여 일정기간 동안 형의 선고를 유예하고 형의 선고유예를 받은 날로부터 2년을 경과한 때에는 면소된 것으로 간주하는 제도를 말한다(형법 59조 1항, 60조).

나. 선고유예의 요건

(1) 1년 이하의 징역이나 금고, 자격정지 또는 벌금의 형을 선고할 경우

형을 병과할 경우에도 형의 전부 또는 일부에 대하여 그 선고를 유예할 수 있다(형법 59조 2항). 따라서 징역형과 벌금형을 병과하는 경우에 징역형에 대하여 집행유예를 선고하고, 벌금형의 선고만을 유예할 수도 있다(대법원 1976. 6. 8. 선고 74도1266). 집행유예의 경우 금고 이상의 형만 해당되고 벌금형이 제외되는데 반해, 선고유예는 징역 · 금고 이상의 형은 물론 벌금형과 자격정지까지 포함되는 점이 차이이다.

(2) 개전의 정상이 현저할 것

현행 형법 제59조 제1항을 보면 '개전의 정상이 현저한 때'에는 선고를 유예할 수 있다고 규정되어 있다. 그런데 '개전의 정상이 현저한 때'라는 말이 애매한 일본식 표현이라 과연 이 말이 범행을 자백하고 반성해야 한다는 의미로 봐야 하는지 해석상 논란이 되었다. 그 결과 피고인이 범행을 부인하는 사건의 경우 종래의 대법원판례에 의하면 '개전의 정이 현저한 때'를 '죄를 깊이 뉘우치는 것'으로 해석해 선고유예를 할 수 없다는 견해를 유지해왔다. 하지만 그 후 대법원은 전원합의체판결로 견해를 변경하여 피고인이 부인한다고 해도 재범의 위험이 없다고 인정되는 경우에는 선고유예를 할 수 있다고 판결하였다.

▶ 대법원 2003. 2. 20. 선고 2001도6138 전원합의체 판결

선고유예의 요건 중 '개전의 정상이 현저한 때'라고 함은, 반성의 정도를 포함하여 널리 형법 제51조가 규정하는 양형의 조건을 종합적으로 참작하여 볼 때 형을 선고하지 않더라도 피고인이 다시 범행을 저지르지 않으리라는 사정이 현저하게 기대되는 경우를 가리킨다고 해석할 것이고, 이와 달리 여기서의 '개전의 정상이 현저한 때'가 반드시 피고인이 죄를 깊이 뉘우치는 경우만을 뜻하는 것으로 제한하여 해석하거나, 피고인이 범죄사실을 자백하지 않고 부인할 경우에는 언제나 선고유예를 할 수 없다고 해석할 것은 아니며, 또한 형법 제51조의 사항과 개전의 정상이 현저한지 여부에 관한 사항은 널리 형의 양정에 관한 법원의 재량사항에 속한다고 해석되므로, 상고심으로서는 형사소송법 제383조 제4호에 의하여 사형·무기 또는 10년 이상의 징역·금고가 선고된 사건에서 형의 양정의 당부에 관한 상고이유를 심판하는 경우가 아닌 이상, 선고유예에 관하여 형법 제51조의 사항과 개전의 정상이 현저한지 여부에 대한 원심 판단의 당부를 심판할 수 없고, 그 원심 판단이 현저하게 잘못되었다고 하더라도 달리 볼 것이 아니다.

☞ 형법 조문 변경과 향후 전망

형법에 사용된 일본식 표현이나 어려운 한자어로 된 법률용어들을 알기 쉬운 우리말로 변경하기 위해 2020. 12. 8. 형법이 개정되었는데 시행일은 1년 뒤인 2021. 12. 9.이다. 그런데 개정형법 제59조의 법문에 의하면, 종전 '개전의 정상이 현저한 때'를 '뉘우치는 정상이 뚜렷할

때'로 변경하였다. 이에 따라 '부인할 경우도 선고유예가 가능하다'는 위 대법원 전원합의체 판결은 더 이상 유지하기 어렵게 되었다. 조만간 대법원판례가 다시 예전의 판결과 같은 취지, 즉 '범행을 자백하고 뉘우친 때'에만 선고유예를 할 수 있다는 취지로 변경될 것으로 예상된다.

(3) 자격정지 이상의 형을 받은 전과가 없을 것

선고유예를 받기 위해서는 반드시 자격정지 이상의 형을 받은 전과가 없어야만 한다. 그럼 벌금형 전과가 있는 경우에는 선고유예가 가능할까? 형법 제41조에 의하면 형의 종류에 관해 무거운 순서대로 사형, 징역, 금고, 자격상실, 자격정지, 벌금, 구류, 과료, 몰수로 규정되어 있다. 따라서 자격정지 이상의 전과만 아니면 되므로 벌금, 구류, 과료, 몰수 등의 전과가 있다고 해도 선고유예를 받을 수 있다. 한편 과거 집행유예를 선고받았는데 그 선고가 실효 또는 취소됨이 없이 유예기간을 무사히 경고하여 형의 선고가 효력을 잃게 된 경우에 다시 선고유예가 가능할까? 집행유예가 실효되었다고 해도 과거에 형의 선고가 있었다는 기왕의 사실 자체, 즉 전과가 없어지는 것은 아니므로 이 경우 선고유예 요건을 갖추지 못하게 된다.

▶ 대법원 2003. 12. 26. 선고 2003도3768 판결

형법 제59조 제1항 단행에서 정한 "자격정지 이상의 형을 받은 전과"라 함은 자격정지 이상의 형을 선고받은 범죄경력 자체를 의미하는 것이고, 그 형의 효력이 상실된 여부는 묻지 않는 것으로 해석함이 상당하다고 할 것이고, 따라서 형의 집행유예를 선고받은 자는 형법 제65조에 의하여 그 선고가 실효 또는 취소됨이 없이 정해진 유예기간을 무사히 경과하여 형의 선고가 효력을 잃게 되었다고 하더라도 형의 선고의 법률적 효과가 없어진다는 것일 뿐, 형의 선고가

있었다는 기왕의 사실 자체까지 없어지는 것은 아니므로, 형법 제59
조 제1항 단행에서 정한 선고유예 결격사유인 "자격정지 이상의 형
을 받은 전과가 있는 자"에 해당한다고 보아야 한다.

다. 선고유예의 실효(형법 61조)

형의 선고유예를 받은 자가 유예기간 중 자격정지 이상의 형에
처한 판결이 확정되거나 자격정지 이상의 형에 처한 전과가 발견된
때에는 유예한 형을 선고한다. 그리고 보호관찰을 명한 선고유예를
받은 자가 보호관찰기간 중에 준수사항을 위반하고 그 정도가 무거
운 때에는 유예한 형을 선고할 수 있다.

Ⅳ. 외국인 강제출국 문제

1. 문 제 점

현행법상 성폭력범죄에 대한 처벌 규정 중 외국인 피해자 또는
외국인 피의자에 대한 특별 조항이 없어 내국인과 마찬가지로 국내
법이 적용된다. 그런데 최근에는 국내에서 발생하는 성범죄 사건 중
외국인 관련 범죄가 갈수록 증가하고 있는 추세다. 즉 외국인의 국내
성범죄 사건은 물론 외국인 대상 성범죄 사건도 증가하고 있는 추세
인데, 성범죄 피해 외국인의 경우 신고로 인해 비자나 취업, 학업 등
에 끼칠 악영향이 두려워 신고하지 못하는 경우도 종종 있다. 뿐만
아니라 불법체류 외국인의 경우 성범죄를 당해도 신분노출을 꺼려
신고를 하지 못하는 경우가 있으며 그러한 약점을 노리고 그들을 성범
죄의 대상으로 삼는 사람들도 생기고 있다. 외국인이 한국 내에서 성
범죄를 범해 유죄가 선고될 경우 비자가 취소되고 즉시 강제출국 당하
게 된다. 그들은 자국에서 모든 것을 포기하고 돈을 벌려고 한국에 왔

다가 이런 법적 문제에 빠져 강제로 출국당할 경우 경제적으로 엄청
난 손실을 입게 된다. 심지어는 이러한 외국인들의 약점을 이용하여
꽃뱀들이 돈을 목적으로 외국인들을 유혹하여 사건을 만들기도 한다.

2. 강제퇴거 가능한 경우

지방출입국·외국인관서의 장은 외국인이 한국 내에서 금고 이
상의 형을 선고받고 석방된 사람을 강제로 퇴거시킬 수 있다(출입국관
리법 46조 1항 13호). 다만 대한민국에 영주할 수 있는 체류자격을 가
진 사람은 5년 이상의 징역 또는 금고의 형을 선고받고 석방된 사람
중 살인, 강간, 강제추행, 강도, 성폭법위반, 마약사범 등 중죄에 해
당하는 경우에만 강제 출국시킬 수 있다(동조 2항, 동법시행규칙 54조).
뿐만 아니라 출입국관리법 제11조 제1항 각 호의 어느 하나에 해당
하는 입국금지 사유가 입국 후에 발견되거나 발생한 사람 역시 강제
로 퇴거시킬 수 있는데, 동법 제11조 제1항 제3호에 의하면 '대한민
국의 이익이나 공공의 안전을 해치는 행동을 할 염려가 있다고 인정
할 만한 상당한 이유가 있는 사람'이 여기에 포함된다. 실제로 외국
인이 국내에서 성범죄를 범한 경우에는 설사 금고 이상의 형을 선고
받지 않고 기소유예나 벌금 등의 처분을 받았다고 해도 위와 같은 대
한민국의 이익이나 공공의 안전을 해치는 행동을 할 염려가 있다고
보아 강제로 출국시키는 경우가 종종 있다.

3. 재입국 문제

강제퇴거명령을 받고 출국한 후 5년이 지나지 아니한 사람은 재
입국이 금지될 수 있다(동법 11조 1항 6호). 또한 위에서 해당되는 정도
가 아니라 성범죄로 집행유예나 벌금 등 가벼운 형을 선고받은 경우
에도 대한민국의 이익이나 공공의 안전을 해치는 행동을 할 염려가
있다고 인정할 만한 상당한 이유가 있다고 보아 입국이 불허될 수 있

고, 설사 재입국이 가능하다고 해도, 영주권 연장시 그러한 전력이
영주권 발급심사에서 문제가 될 수 있다.

4. 고소취소로 강간죄 공소권 없음 받은 경우, 외국인 강제퇴거명령은 위법

가. 판결내용

최근 강간 혐의로 고소됐다가 피해자와 합의해 고소가 취하된
외국인에게 강제퇴거명령을 내린 것은 위법하다는 판결이 나왔다.
서울행정법원 행정1부는 최근 중국 국적의 조선족 L이 서울남부출입
국관리사무소장을 상대로 낸 강제퇴거명령 및 보호명령 취소소송(서
울행정법원 2014. 9. 19. 선고 2014구합5842)에서 원고승소 판결을 내렸
다. L은 성범죄 친고죄가 폐지되기 이전인 2008년 방문취업 자격으
로 국내에 체류하던 중 강간, 강제추행 혐의로 피해자로부터 고소됐
다. 그러나 합의를 통해 피해자가 고소를 취하하면서 2012년 검찰로
부터 공소권 없음 처분을 받았다. L은 이후 서울남부출입국관리사무
소에 외국인등록 신청을 했지만 강간, 강제추행 혐의로 공소권 없음
처분을 받았다는 이유로 강제퇴거명령 및 보호명령 처분을 받자 소
송을 냈다. 재판부는 판결문에서 "고소가 제기된 후 취소됐다는 사정
만으로는 L에게 출입국관리법이 규정한 대한민국의 이익, 공공의 안
전, 경제질서, 사회질서 또는 선량한 풍속을 해할 염려가 있다고 보
기 어렵다"고 밝혔다. 결국 재판부는 L이 강간, 강제추행의 범죄사실
로 인해 고소됐다가 피해자의 고소가 취소돼 공소권 없음 처분을 받
았을 뿐 L이 피해자에게 금원을 주고서 합의를 했다는 사정만으로
고소된 범죄사실을 저질렀다고 보기에 부족하다고 본 것이다.[15]

---

15 2014. 10. 16.자 법률신문.

나. 판결의 의미

위 판결은 강간죄에 대한 친고죄가 시행되던 시절에 외국인이 강간죄로 형사고소당했다가 고소가 취소되어 '공소권 없음' 처분을 받은 경우이다. 하지만 지금은 강간죄에 대해 친고죄가 폐지되어 일단 고소를 당하게 되면 무혐의나 무죄로 선고되지 않는 한 유죄의 처분을 받을 수밖에 없다. 따라서 강간죄로 기소유예 처분을 받는다고 해도 이는 엄연히 죄가 인정된다는 것이므로 위 사례와 같이 강제퇴거명령 취소소송에서 반드시 승소한다고 장담할 수 없다. 하지만 외국인이 성범죄로 인해 강제퇴거명령을 받을 경우 이에 대한 취소소송을 제기함에 있어 위 판례는 중요한 참고자료가 될 수 있다.

5. 소 결

외국인의 경우 성범죄로 입건될 경우 위와 같이 강제퇴거나 재입국거절, 영주권자격심사에서의 불이익 등으로 인해 고초를 겪을 수 있다. 그리고 그러한 신분상 약점을 이용하여 외국인을 유혹하여 형사 고소하는 경우도 종종 있다. 그러므로 외국인의 경우에는 성범죄 사건에 있어 더욱 주의를 해야 하며, 만약 억울한 누명을 쓸 경우 무혐의나 무죄를 받아야만 강제퇴거라는 불이익을 당하지 않으므로 수사초기부터 신중하게 대처해야 한다.

제 8 장

■ ■ ■ ■ ■

성매매 및 성매매알선 등

제 8 장 성매매 및 성매매알선 등

Ⅰ. 성매매(prostitution)

1. 성인 대상 성매매

가. 처벌규정

성매매란 불특정인을 상대로 금품이나 그 밖의 재산상의 이익을 수수(收受)하거나 수수하기로 약속하고 성교행위나 구강, 항문 등 신체의 일부 또는 도구를 이용한 유사성교행위를 하거나 그 상대방이 되는 것을 말한다{성매매알선 등 행위의 처벌에 관한 법률(이하 '성매매처벌법') 2조 1항 1호}. 성매매를 한 사람은 1년 이하의 징역이나 300만원 이하의 벌금·구류 또는 과료에 처한다(성매매처벌법 21조 1항). 성인 대상의 성매매는 미수범처벌 규정이 없으므로 성매매를 위해 유인하거나 권유하여도 처벌되지 않는다. 이것은 후술하는 아동·청소년을 상대로 한 성매매 유인 혹은 권유하면 처벌되는 점에서 차이가 있다. 또한 성인 대상의 성매매는 불특정인을 상대로 해야 하므로 특정한 사람과 교제하면서 용돈을 주고 성관계를 하여도 처벌대상이 되지 않는다.[1] 이 점 역시 아청법상 성매매의 경우에는 그러한 요건이 필

---

[1] 하지만 만약 인터넷에 조건만남 방에서 성인 여자가 성을 판다는 의미의 글을 올려 이것을 보고 서로 합의하에 돈을 주고 성관계를 하였다면 이것은 비록 업소에서 이뤄진 것은 아니나 불특정인을 상대로 성을 판 것으로 보아 성매매알선법으로 처벌될 수 있다.

요치 않다는 점에서 차이가 있다.

☞ **성매매처벌법 합헌 결정**(헌법재판소 2016. 3. 31. 결정 2013헌가2)

> 2012년 7월경 화대 13만원을 받고 성매매를 하다 적발된 성판매여성이 서울서부지방법원에 위헌법률심판 제청을 신청했고, 법원이 이 신청을 받아들여 헌법재판소에 위헌법률심판제청을 하였다. 서울북부지법은 "① 성행위는 사생활의 영역에 속하는 것이어서 착취나 강요가 없는 상태의 성매매를 처벌하는 것은 개인의 자기 결정권을 침해하는 것이며, ② 나아가 특정인을 상대로 한 성매매는 처벌되지 않는데 반해, 불특정인을 상대로 한 성매매만을 금지대상으로 규정하고 있는 것이 평등권을 침해한다."라며 위헌심판제청을 한 것이다. 심판대상은 성매매처벌법 제21조 제1항의 위헌 여부인데, 이 조항은 2004년 3월 제정 이후 줄곧 위헌 논란이 끊임없이 제기돼 왔다. 그런데 헌법재판소는 "심판대상 법규정은 성판매여성 개인의 성적 자기결정권, 사생활의 비밀과 자유, 성판매자의 직업선택의 자유를 침해하지 않고, 또한 불특정인에 대한 성매매만을 금지대상으로 규정하고 있는 것이 평등권을 침해한다고 볼 수 없다"라고 합헌 결정을 하였다.

나. 유사성교행위의 의미

유사성교행위는 구강, 항문 등 신체의 일부 또는 도구를 이용하여 행하는 성교와 유사한 행위를 말한다. 그럼 구체적으로 어느 정도의 행위가 이에 해당되는가? 구강으로 하는 오랄섹스(oral sex)나 항문섹스(anal sex)가 여기에 해당되는 것은 의문의 여지가 없다. 그렇다면 소위 말하는 '대딸방'의 경우, 즉 여자가 남자의 성기를 감싸 쥐고 대신 자위행위를 해주는 행위가 유사성교행위에 해당될 것인가? 이 점에 관하여 대법원은 '손님의 옷을 모두 벗기고 로숀을 바른 손으로 손님의 성기를 감싸 쥐고 마치 성교행위를 하는 것처럼 왕복운동

을 하여 성적 만족감에 도달한 손님으로 하여금 사정에까지 이르게
하는 방법으로 영업행위를 한 경우' 이를 유사성교행위로 보고 있다.

▶ 대법원 2006. 10. 26. 선고 2005도8130 판결

성매매알선등행위의처벌에관한법률 제2조 제1항 제1호는 '성매
매라 함은 불특정인을 상대로 금품 그 밖의 재산상의 이익을 수수·
약속하고 다음 각목의 어느 하나에 해당하는 행위를 하거나 그 상대
방이 되는 것을 말한다.'고 하면서, '성교행위'(가목)와 '구강·항문 등
신체의 일부 또는 도구를 이용한 유사성교행위'(나목)를 각 규정하고
있다. 성매매 등 근절과 성매매 피해자 인권보호라는 위 법률의 입법
취지와 성교행위와 유사성교행위를 아무런 구별 없이 같이 취급하고
있는 위 법률의 관련 조항들을 고려하면, 위 법률에서 말하는 '유사
성교행위'란 구강·항문 등 신체 내부로의 삽입행위 내지 적어도 성
교와 유사한 것으로 볼 수 있는 정도의 성적 만족을 얻기 위한 신체
접촉행위를 말하는 것으로 볼 것이고, 어떤 행위가 성교와 유사한 것
으로 볼 수 있는 정도의 성적 만족을 얻기 위한 신체접촉행위에 해당
하는지 여부는 당해 행위가 이루어진 장소, 행위자들의 차림새, 신체
접촉 부위와 정도 및 행위의 구체적인 내용, 그로 인한 성적 만족감
의 정도 등을 종합적으로 평가하여 규범적으로 판단하여야 할 것이
다. 원심이 적법하게 채용한 증거들을 기록에 비추어 살펴보면, 피고
인이 운영하던 마사지업소에서는 침대가 설치되어 있는 밀실로 남자
손님을 안내한 다음, 보통 짧은 치마에 반팔 티 차림의 젊은 여종업
원이 먼저 손님의 발을 비롯한 온 몸을 주물러 성적인 흥분을 일으킨
뒤 손님의 옷을 모두 벗기고 로션을 바른 손으로 손님의 성기를 감싸
쥐고 마치 성교행위를 하는 것처럼 왕복운동을 하여 성적 만족감에
도달한 손님으로 하여금 사정에까지 이르게 하는 방법으로 영업행위

를 한 사실이 인정된다. 앞서 본 법리와 위 인정사실에 의하면 피고
인의 업소에서 이루어지 위 영업행위는 손님으로 하여금 성교와 유
사한 것으로 볼 수 있는 정도의 성적 만족을 얻도록 하기 위한 신체
접촉 행위로 보기에 넉넉한바, 같은 취지로 판단한 원심은 정당하고,
거기에 상고이유에서 주장하는 바와 같은 법리오해 등의 위법이 없다.

다. 성매매 피해자는 처벌대상 안됨

성매매 피해자의 성매매는 처벌하지 아니한다(성매매처벌법 6조 1
항). 여기서 성매매피해자란 ① 위계, 위력, 그 밖에 이에 준하는 방
법으로 성매매를 강요당한 사람, ② 업무관계, 고용관계, 그 밖의 관
계로 인하여 보호 또는 감독하는 사람에 의하여 마약류관리에 관한
법률 제2조에 따른 마약·향정신성의약품 또는 대마에 중독되어 성
매매를 한 사람, ③ 청소년, 사물을 변별하거나 의사를 결정할 능력
이 없거나 미약한 사람 또는 대통령령으로 정하는 중대한 장애가 있
는 사람으로서 성매매를 하도록 알선·유인된 사람, ④ 성매매 목적
의 인신매매를 당한 사람 등을 의미한다(동법 2조 1항 4호).

2. 아동·청소년 대상 성매매

가. 처벌규정(아청법 13조)

아동·청소년의 성을 사는 행위를 한 자는 1년 이상 10년 이하의
징역 또는 2천만원 이상 5천만원 이하의 벌금에 처한다(1항). 이것은
성인 대상 성매매보다 가중처벌한 것인데 아동·청소년의 경우 성적
자기결정권이 미숙한 상태인 점에서 더욱 보호하는 것이다. 한편 아
동·청소년의 성을 사기 위하여 아동·청소년을 유인하거나 성을 팔
도록 권유한 자는 1년 이하의 징역 또는 1천만원 이하의 벌금에 처한
다(2항). 따라서 19세 미만의 아동·청소년인 경우에는 단순히 성매매
를 유인하거나 권유만 해도 바로 처벌되므로 인터넷이나 전화 등으

로 '조건만남'을 제의할 경우 처벌대상이 된다. 나아가 2021. 6. 9.부터 시행되는 아청법에 의하면 16세 미만의 아동·청소년 및 장애아동·청소년을 대상으로 위와 같은 죄를 범한 경우에는 그 죄에 정한 형의 2분의 1까지 가중 처벌한다(동조 3항, 신설).

한편 성매매처벌법 제21조 제1항에도 불구하고 성을 판 아동·청소년에 대하여는 보호를 위하여 처벌하지 아니한다(아청법 38조 1항).

나. 성매매 '권유'의 의미

아동·청소년이 이미 성매매의사를 가지고 먼저 연락하였는데 상대방이 이에 응할 경우에도 '아동·청소년 성매매 권유죄'로 처벌된다(아청법 13조 2항).

▶ 대법원 2011. 11. 10. 선고 2011도3934 판결

[1] 아동·청소년의 성보호에 관한 법률 제10조 제2항은 '아동·청소년의 성을 사기 위하여 아동·청소년을 유인하거나 성을 팔도록 권유한 자'를 처벌하도록 규정하고 있는데, 위 법률조항의 문언 및 체계, 입법 취지 등에 비추어, 아동·청소년이 이미 성매매 의사를 가지고 있었던 경우에도 그러한 아동·청소년에게 금품이나 그 밖의 재산상 이익, 직무·편의제공 등 대가를 제공하거나 약속하는 등의 방법으로 성을 팔도록 권유하는 행위도 위 규정에서 말하는 '성을 팔도록 권유하는 행위'에 포함된다고 보아야 한다.

[2] 피고인이 인터넷 채팅사이트를 통하여, 이미 성매매 의사를 가지고 성매수 행위를 할 자를 물색하고 있던 청소년 A(여, 16세)와 성매매 장소, 대가, 연락방법 등에 관하여 구체적인 합의에 이른 다음, 약속장소 인근에 도착하여 A에게 전화를 걸어 '속바지를 벗고 오라'고 지시한 일련의 행위는 '아동·청소년에게 성을 팔도록 권유하

는 행위'에 해당한다.

다. '성을 사는 행위'의 의미

성인 대상 성매매의 경우 불특정인을 상대로 성을 사고파는 경우만 해당되는데 반해, 아동·청소년의 경우 이러한 요건이 필요치 않다. 따라서 아동·청소년이 특정인을 상대로 용돈을 받고 성을 파는 경우에도 그 상대방은 성을 사는 행위에 해당된다. 한편 아동·청소년에게 숙소의 제공과 기타 차비 명목의 금전 교부를 한 것만으로도 성에 대한 대가제공으로 보아 성매매에 해당된다.

▶ 대법원 2002. 3. 15. 선고 2002도83 판결

청소년인 피해자가 숙식의 해결 등 생활비 조달이 매우 어려운 처지에 놓이게 되어 피고인을 만나 함께 잠을 자는 방법으로 숙소를 해결하는 외에는 공원이나 길에서 잠을 자야만 할 정도로 절박한 상황에 처해 있었던 점, 피고인은 피해자가 잠잘 곳이 없다는 사정을 미리 알고 있었으며, 특히 피해자로서는 피고인의 성교 요구를 거절하면 야간에 집 또는 여관에서 쫓겨날 것을 두려워하여 어쩔 수 없이 성교를 하게 되었던 점, 피해자는 그 이후 피고인과 지속적으로 만나거나 특별한 애정관계를 유지하지는 아니하였던 점 등을 종합적으로 고려해 볼 때, 피고인이 피해자에게 제공한 편의 즉, 숙소의 제공과 기타 차비 명목의 금전 교부 등은 피고인과 피해자 사이의 사생활 내지 애정관계에서 발생한 부대비용의 부담으로 볼 수는 없고, 피고인이 피해자에게 성교의 대가로 제공한 것이라고 인정함이 상당하다.

라. 아동·청소년인지에 대한 고의 여부

통상적으로 성을 파는 여성의 경우 자신이 미성년자임을 적극적

으로 밝히는 경우는 매우 드물다. 오히려 미성년자라고 하면 성을 팔기가 쉽지 않으므로 마치 자신이 성년인 것처럼 적극적으로 거짓말을 하는 경우가 더 많다. 그렇다면 성매수한 사람을 아동·청소년 성매매죄로 처벌하기 위해서는 성판매 여성의 나이에 대한 인식이 필요한가? 생각건대, 성을 산 사람은 성판매 청소년의 나이가 미성년자라는 점에 대한 고의가 있어야만 이 법으로 처벌할 수 있다고 보아야한다. 물론 여기서 고의라 함은 확정적 고의는 물론이고 미필적 고의, 즉 '상대방이 미성년자일지도 모른다'는 의심만으로도 충분하다. 성매수 남성의 미필적 고의는 성을 판 청소년의 외모, 화장 여부, 옷차림, 당시 서로 주고받았던 대화내용, 모텔 출입시 업주의 제지가 있었는지 여부, 신분증을 보여줬는지 여부 등을 종합적으로 판단해서 **객관적으로 결정**될 것이다. 만약 청소년이 가짜신분증이나 언니의 신분증을 보여주는 등 적극적으로 성인임을 인식시켜 주었다면 상대 남성의 고의는 조각될 가능성이 크다. 이와 같이 성을 매수한 남자가 상대방이 성년의 여자로 알고 성관계를 하였다면 '일반성매매죄'가 성립될 뿐이다. 하지만 반대로 당시 주고받은 대화내용이나 외모, 옷차림 등이 누가 봐도 청소년일 가능성을 느낄 수 있었다면 설사 성을 판매한 청소년이 마치 성인인 것처럼 말과 행동을 했다고 해도 성매수 남성에게 상대 여성이 청소년임을 인식하였다는 점에 관한 미필적 고의가 인정될 가능성이 크다.

　※ 하지만 이와 같이 성매수 남성에게 위와 같은 미필적 고의라도 있어야 위 규정으로 처벌할 수 있는 것인가에 관해 아직 확립된 대법원판례는 없다. 그런데 앞서 설명한 바와 같이 대법원은 관련 사건으로 아동·청소년에 대한 강간죄에 있어서 가해자가 피해자의 연령에 대하여 인식하였는지 여부와 무관하게 객관적으로 판단해야 한다고 보고 있다(대법원 2013. 6. 28. 선고 2013도3793 판결 참조). 이 판례

가 문제가 있다는 점은 이미 지적하였다.[2] 나아가 만약 위 대법원 판례의 논리를 성매매죄에도 그대로 적용한다면, 아동·청소년에 대한 성매수 역시 아동·청소년의 나이에 대한 인식 여부와 무관하게 객관적으로 아동·청소년이면 된다는 것인데 이러한 해석은 고의범을 처벌하는 것을 원칙으로 하는 형사법의 대원칙을 망각한 것으로 이 역시 찬성할 수 없다.

3. 사례별 연구

Q.

군대 동기인 A, B, C는 등산을 갔다가 우연히 여자 세 명을 만나 함께 놀았다. 그런데 A의 파트너인 a양과 B의 파트너 b양은 모두 나이가 만 18세의 청소년이고, C의 파트너 c양은 만 19세의 성년이었다. 세 쌍은 저녁 무렵 산에서 내려와 각자 마음이 맞는 상대를 파트너로 하여 짝을 지어 헤어졌고, 남자 세 명은 각자 자신의 파트너에게 20~30만원의 돈을 주고 인근 모텔에서 성관계를 가졌다.

① a양은 A에게 성관계를 갖기 전에 자신은 만 19세라고 말했지만, A는 내심 a양의 옷차림이나 헤어스타일, 말투 등이 어린애라는 느낌을 받아 혹시 미성년자일지도 모른다고 생각하였다.

② B는 성관계를 갖기 전에 b양에게 "너 혹시 미성년자 아니야?"라고 묻자, b양은 자신과 얼굴이 거의 흡사한 친언니 주민등록증을 B에게 보여주면서 자신은 만 19세라고 말했고, B는 그때서야 안심하고 성관계를 했다.

③ C는 c양이 미성년자라고 생각하였지만 두려워서 묻지 않고 성관계를 하였다. 이 경우 각자의 죄책은 어떨까?

---

2 제1장 Ⅱ. 3. 피해자의 연령에 대한 인식 참조.

A.

① A의 경우 a양이 비록 자신이 만 19세라고 말하였지만, 사실상 A는 a양이 미성년자일지도 모른다는 의심을 하였음에도 불구하고 이를 무시하고 돈을 주고 a의 성을 산 것이므로 미필적 고의가 인정된다. 따라서 이 경우 A는 아동·청소년의 성을 돈을 주고 산 행위에 해당되어 아청법 제13조 제1항 위반으로 1년 이상 10년 이하의 징역 또는 2천만원 이상 5천만원 이하의 벌금에 처해진다.

② B의 경우 비록 결과적으로 아동·청소년의 성을 돈을 주고 샀지만 미성년자와 성관계를 한다는 고의가 없었다. 나아가 주민등록증까지 확인하였는데 b양이 자신과 얼굴이 거의 똑같은 친언니의 주민등록증을 보여주어 B를 속였기 때문에 미필적 고의조차도 인정되기 어렵다. 따라서 이 경우 B는 법적으로는 성년여성과 돈을 주고 성관계를 한 것과 다름없다. 그럼 성년여성을 상대로 성매매를 하였으니 성매매알선법으로 처벌받게 될까? 그렇지 않다. 성매매알선법상 '성매매'란 <u>불특정인을 상대로</u> 금품이나 그 밖의 재산상의 이익을 수수(收受)하거나 수수하기로 약속하고 성교행위나 구강, 항문 등 신체의 일부 또는 도구를 이용한 유사성교행위를 하거나 그 상대방이 되는 것을 말한다(성매매알선법 2조 1항 1호). 즉 성매매라 함은 돈만 주면 아무나 하고 성관계를 갖는 '불특정인을 상대로 한 영업적인 성판매 행위'를 의미한다. 일반적으로 성매매업소 등을 통한 성매매나, 인터넷 싸이트의 '성매매방' 속에서 조건만남으로 성매매를 한 경우가 불특정인을 상대로 한 성매매에 해당된다. 그런데 이 사례의 경우, B는 b와 등산을 갔다가 우연히 만났을 뿐, 처음부터 성매매를 전제로 만난 것은 아니므로 불특정인을 상대로 한 성매매로 볼 수 없다. 따라서 B는 성매매알선법에도 해당되지 아니하여 아무런 처벌을 받지 않게 된다.

③ C의 경우 c양이 미성년자라고 생각하였지만 결과적으로 c양

은 성년이었다. 그럼 이러한 경우 C의 내심의 면을 중시하여 아동·청소년 성매매의 불능미수범으로 처벌할 수 있을까? 그렇지 않다. 아청법상 성매매행위는 미수범처벌 규정이 없기 때문이다.[3] 따라서 C는 결과적으로 성년여성의 성을 산 행위를 한 것일 뿐이다. 그런데 c양 역시 불특정인을 상대로 성을 판 것이 아니므로 B와 마찬가지 이유로 C역시 성매매알선법에 해당되지 아니하여 처벌받지 않게 된다.

☞ 성인 대상 성매매와 아동·청소년 대상 성매매의 차이점

> 성인 대상 성매매의 경우는 불특정인을 상대로 성매매를 한 경우만 처벌받게 되므로 특정인과 만나 사귀면서 돈을 주고 성관계를 할 경우에는 처벌대상이 되지 않는다. 반면 아동·청소년의 경우는 불특정인을 상대로 성을 매매하는 것이 아니더라도 성을 사는 행위 자체를 처벌한다(아청법 제2조 4호 참조). 따라서 설사 특정한 아동·청소년을 만나 사귀면서 용돈을 주고 성관계를 하였다고 해도 처벌대상이 된다. 이 점이 성인 대상의 성매매와 큰 차이다.

Ⅱ. 성매매알선 등

1. 성매매알선 등의 행위의 뜻

성매매알선 등 행위란 ① 성매매를 알선, 권유, 유인 또는 강요하는 행위, ② 성매매의 장소를 제공하는 행위, ③ 성매매에 제공되는 사실을 알면서 자금, 토지 또는 건물을 제공하는 행위를 하는 것을 말한다(성매매처벌법 2조 1항 2호).

---

3 아동·청소년의 성을 사기 위해 유인하거나 권유한 경우에 아청법 제13조 제2항에 처벌규정이 따로 있기는 하나 그것은 상대방이 실제로 아동·청소년일 경우에만 성립되는 범죄이다.

2. 처벌규정

성매매 알선 등의 행위를 한 사람 3년 이하의 징역 또는 3천만원 이하의 벌금에 처한다(성매매처벌법 19조 1항 1호). 한편 영업으로 성매매알선 등 행위를 한 사람은 7년 이하의 징역 또는 7천만원 이하의 벌금에 처한다(동조 2항 1호).

3. 건물주에 대한 처벌은 위헌인가?

가. 문 제 점

위와 같이 '성매매에 제공되는 사실을 알면서 자금, 토지 또는 건물을 제공하는 행위를 하는 것' 역시 성매매알선 등의 행위로 보아 처벌대상이 된다(성매매처벌법 2조 1항 2호 다목). 이러한 처벌조문이 개인의 재산권을 과도하게 침해하는 것으로서 위헌인가가 문제이다. 실무상 오피스텔을 임대해주었다가 그곳에서 성매매행위가 이뤄지는 바람에 오피스텔 주인이 조사를 받게 되는 경우도 종종 있다. 물론 임대인이 임차인의 성매매사실을 전혀 알 수 없었다면 문제가 되지 않겠지만 만약 의심을 할 수 있는 상황인 경우4에는 미필적 고의가 성립되어 처벌받을 수도 있다.

나. 건물주들의 잇따른 헌법소원

이 점에 관하여 몇 해 전 미아리 집창촌 내 건물주들이 성매매알선 장소로 이용되는 건물의 주인까지 처벌하도록 규정한 성매매처벌법 제2조 제1항 제2호 다.목(심판대상조문)에 대해 재산권을 과도하게 침해하고 침해 최소성 원칙을 위배한다며 헌법재판소에 헌법소원

---

4 예컨대 임차인이 성매매 관련 전단지를 돌리는 것을 봤다든지, 임대인으로서 관리차원에서 오피스텔에 방문했는데 그 안에 임차인이 아닌 젊은 여자가 혼자 있었다든지 등의 정황을 발견한 경우.

을 냈다. 하지만 헌법재판소에서는 이를 기각하였다(헌법재판소 2006. 6. 29. 선고 2005헌마1167 결정). 그 뒤 서울 강남구 소재 5층 건물의 소유자가 위 조항으로 기소되어 항소심에서 벌금 2천만원을 선고받자 또다시 위 조항에 대해 법원에 위헌법률심판제청신청을 하였다. 하지만 2011. 8. 25. 위 위헌법률심판 제청신청이 기각되자, 2011. 9. 23. 헌법소원심판을 청구하였다. 하지만 헌법재판소는 "청구인은 성매매가 아닌 다른 목적의 임대를 통해 당해 건물을 사용·수익하는 것이 충분히 가능한 반면, 성매매에 제공되는 사실을 알면서 건물을 제공하는 행위를 규제함으로써 보호하고자 하는 성매매 근절 등의 공익이 더 크고 중요하다는 점을 고려하면, 이 사건 법률조항이 과잉금지원칙에 위반하여 재산권을 침해한다고 할 수 없다"며 재차 합헌결정을 하였다(헌법재판소 2012. 12. 27. 선고 2011헌바235 결정).

헌법재판소는 심판대상조문의 위헌여부에 관해 성매매는 그 자체가 유해한 범죄행위로서 그것을 용이하게 한 건물제공행위를 범죄행위로 보고 형사처벌을 택한 것이 결코 과도한 기본권 제한이라고 볼 수 없는 점, 청구인은 성매매가 아닌 다른 목적의 임대를 통해 당해 건물을 사용·수익하는 것이 충분히 가능한 반면, 성매매에 제공되는 사실을 알면서 건물을 제공하는 행위를 규제함으로써 보호하고자 하는 성매매 근절 등의 공익이 더 크고 중요하다는 점을 고려하면, 이 사건 법률조항이 과잉금지원칙에 위반하여 재산권을 침해한다고 할 수 없다고 해석하였다. 또한 이 조문으로 처벌되는 것은 임대인이 성매매에 제공되는 사실을 알게 된 후에 적어도 이를 용인하려는 의사로 건물제공행위를 중단하지 않는 등 성매매 및 성매매알선을 용이하게 하려는 '고의'가 있는 경우에 한하므로 비난가능성도 있다고 판단하였다.

4. 아동·청소년 성매매알선

가. 법 규정(아청법 15조)

① 다음 각 호의 어느 하나에 해당하는 자는 7년 이상의 유기징역에 처한다.

1. 아동·청소년의 성을 사는 행위의 장소를 제공하는 행위를 업으로 하는 자

2. 아동·청소년의 성을 사는 행위를 알선하거나 정보통신망에서 알선정보를 제공하는 행위를 업으로 하는 자

3. 제1호 또는 제2호의 범죄에 사용되는 사실을 알면서 자금·토지 또는 건물을 제공한 자

4. 영업으로 아동·청소년의 성을 사는 행위의 장소를 제공·알선하는 업소에 아동·청소년을 고용하도록 한 자

② 다음 각 호의 어느 하나에 해당하는 자는 7년 이하의 징역 또는 5천만원 이하의 벌금에 처한다.

1. 영업으로 아동·청소년의 성을 사는 행위를 하도록 유인·권유 또는 는 강요한 자

2. 아동·청소년의 성을 사는 행위의 장소를 제공한 자

3. 아동·청소년의 성을 사는 행위를 알선하거나 정보통신망에서 알선정보를 제공한 자

4. 영업으로 제2호 또는 제3호의 행위를 약속한 자

③ 아동·청소년의 성을 사는 행위를 하도록 유인·권유 또는 강요한 자는 5년 이하의 징역 또는 3천만원 이하의 벌금에 처한다.

나. 업주가 아동·청소년인지 알았는지 여부

(1) 업주의 확인 의무

위 죄가 성립되기 위해서는 성매매 알선행위를 업으로 하는 사람은 성매매 피해자가 아동·청소년임을 인식해야 한다(대법원 2016.

2. 18. 선고 2015도15664). 그런데 이러한 인식, 즉 범행의 고의는 확정적일 필요는 없고 미필적 고의라도 상관없다. 보통 성을 사는 행위를 알선하는 행위를 업으로 하는 자가 성매매알선을 위한 종업원을 고용하면서 고용대상자에 대하여 아동·청소년의 보호를 위한 연령 확인의무가 있다. 그리고 이러한 확인의무는 단순이 주민등록증을 형식적으로 확인하는 것만으로는 부족하고, 주민등록증상의 사진과 실물을 자세히 대조하거나, 주민등록증상의 주소 또는 주민등록번호를 외워보도록 하는 등 추가적인 연령확인조치를 취하여야 한다. 만약 대상자가 신분증을 분실하였다는 사유로 연령확인에 응하지 아니하는 등 고용대상자의 연령확인이 당장 용이하지 아니한 경우라면 대상자의 연령을 공적 증명에 의하여 확실히 확인할 수 있는 때까지 채용을 보류하거나 거부하여야 할 의무가 있다(대법원 2014. 7. 10. 선고 2014도5173 판결). 만약 이러한 의무이행을 다하지 아니한 채 아동·청소년을 고용하였다면, 특별한 사정이 없는 한 적어도 아동·청소년의 성을 사는 행위의 알선에 관한 미필적 고의가 인정된다.

(2) 실제사례

피고인은 성매매알선업을 운영하는 자로서 2013. 4.경 아르바이트 사이트 광고를 보고 찾아 온 청소년 A(여, 17세)와 B(여, 18세)의 면접을 보고 위 청소년들의 연령을 정확히 확인하지 않은 채 성판매여성으로 고용하였다. A의 경우에는 가짜신분증을 피상적으로 확인하였고, B의 경우는 그나마 주민등록증을 확인조차 하지 않았다. 이후 피고인은 2013. 4.경부터 2013. 9. 6.경까지 인터넷 광고를 보고 예약한 뒤 찾아오는 성구매자들을 A, B양이 대기하고 있는 오피스텔로 안내하여 청소년인 A 및 B에게 아로마 오일과 젤 등을 이용하여 위 손님의 몸을 맞사지하고 성기를 발기시켜 입이나 손으로 사정을 하게 하는 하는 방법으로 유사성행위를 하도록 하였다.

(3) 법원의 판단

위 사건에 대해 항소심 법원은, 피고인은 A가 가짜신분증을 보여주었는데 사진상 얼굴과 실제 모습이 다른 것을 보고 "너 맞냐?"라고 물었는데 A가 "화장을 했고 그동안 살이 쪄서 변했다"는 등의 말을 들었을 뿐 A, B의 실제 연령을 명확히 파악하지 않은 잘못을 저질렀지만, 그러한 사정만을 들어 피고인이 A, B가 아동·청소년임을 알았거나 아동·청소년이라도 무방하다는 미필적 고의로 성매매를 알선하였음이 합리적 의심의 여지없이 증명된 것으로 보기 어렵다고 판단하여 무죄를 선고하였다(서울고등법원 2014. 4. 17. 선고 2014노69 판결). 하지만 대법원의 판단은 달랐다. 즉 아동·청소년의 보호를 위한 위와 같은 연령확인의무의 이행을 제대로 다하지 아니한 채 아동·청소년을 고용하였다면, 특별한 사정이 없는 한 적어도 아동·청소년의 성을 사는 행위의 알선에 관한 미필적 고의는 인정된다고 보았다.

▶ **대법원 2014. 7. 10. 선고 2014도5173 판결**

청소년 보호법의 입법목적 등에 비추어 볼 때, 유흥주점과 같은 청소년유해업소의 업주에게는 청소년 보호를 위하여 청소년을 당해 업소에 고용하여서는 아니 될 매우 엄중한 책임이 부여되어 있으므로, 유흥주점의 업주가 당해 유흥업소에 종업원을 고용하는 경우에는 주민등록증이나 이에 유사한 정도로 연령에 관한 공적 증명력이 있는 증거에 의하여 대상자의 연령을 확인하여야 한다. 만일 대상자가 제시한 주민등록증상의 사진과 실물이 다르다는 의심이 들면 청소년이 자신의 신분과 연령을 감추고 유흥업소 취업을 감행하는 사례가 적지 않은 유흥업계의 취약한 고용실태 등에 비추어 볼 때, 업주로서는 주민등록증상의 사진과 실물을 자세히 대조하거나 주민등록증상의 주소 또는 주민등록번호를 외워보도록 하는 등 추가적인

연령확인조치를 취하여야 하고, 대상자가 신분증을 분실하였다는 사
유로 연령 확인에 응하지 아니하는 등 고용대상자의 연령확인이 당
장 용이하지 아니한 경우라면 대상자의 연령을 공적 증명에 의하여
확실히 확인할 수 있는 때까지 채용을 보류하거나 거부하여야 할 의
무가 있다. 이러한 법리는, 성매매와 성폭력행위의 대상이 된 아동·
청소년의 보호·구제를 목적으로 하는 아동·청소년의 성보호에 관
한 법률의 입법취지 등에 비추어 볼 때, 성을 사는 행위를 알선하는
행위를 업으로 하는 자가 알선영업행위를 위하여 아동·청소년인 종
업원을 고용하는 경우에도 마찬가지로 적용된다고 보아야 한다. 따
라서 성을 사는 행위를 알선하는 행위를 업으로 하는 자가 성매매알
선을 위한 종업원을 고용하면서 고용대상자에 대하여 아동·청소년
의 보호를 위한 위와 같은 연령확인의무의 이행을 다하지 아니한 채
아동·청소년을 고용하였다면, 특별한 사정이 없는 한 적어도 아동·
청소년의 성을 사는 행위의 알선에 관한 미필적 고의는 인정된다고
봄이 타당하다.

다. 성매수자가 상대방이 아동·청소년임을 알았는지 여부

위 죄가 성립되기 위하여 알선행위로 아동·청소년의 성을 사는
행위를 한 사람(성매수자)이 그 행위의 상대방이 아동·청소년임을 인
식해야 할 필요는 없다. 위 죄는 성매매알선업을 하는 사람을 처벌하
는 규정이기 때문이다.

▶ 대법원 2016. 2. 18. 선고 2015도15664

청소년성보호법은 성매매의 대상이 된 아동·청소년을 보호·구
제하려는 데 입법 취지가 있고, 청소년성보호법에서 '아동·청소년의
성매매 행위'가 아닌 '아동·청소년의 성을 사는 행위'라는 용어를 사

용한 것은 아동·청소년은 보호대상에 해당하고 성매매의 주체가 될 수 없어 아동·청소년의 성을 사는 사람을 주체로 표현한 것이다. 그리고 <u>아동·청소년의 성을 사는 행위를 알선하는 행위를 업으로 하는 사람이 그 알선의 대상이 아동·청소년임을 인식하면서 위와 같은 알선행위를 하였다면, 그 알선행위로 아동·청소년의 성을 사는 행위를 한 사람이 그 행위의 상대방이 아동·청소년임을 인식하고 있었는지 여부는 위와 같은 알선행위를 한 사람의 책임에 영향을 미칠 이유가 없다.</u>

따라서 아동·청소년의 성을 사는 행위를 알선하는 행위를 업으로 하여 청소년성보호법 제15조 제1항 제2호의 위반죄가 성립하기 위해서는 그러한 알선행위를 업으로 하는 사람이 아동·청소년을 알선의 대상으로 삼아 그 성을 사는 행위를 알선한다는 것을 인식하여야 하지만, 이에 더하여 위와 같은 알선행위로 아동·청소년의 성을 사는 행위를 한 사람이 그 행위의 상대방이 아동·청소년임을 인식하여야 한다고 볼 수는 없다.

5. 성매매알선업체에서 지급한 선불금(속칭 '마이킹')의 적법 여부

가. 법 규정(성매매처벌법 10조)

> **제10조(불법원인으로 인한 채권무효)**
> ① 다음 각 호의 어느 하나에 해당하는 사람이 그 행위와 관련하여 성을 파는 행위를 하였거나 할 사람에게 가지는 채권은 그 계약의 형식이나 명목에 관계없이 무효로 한다. 그 채권을 양도하거나 그 채무를 인수한 경우에도 또한 같다.
> 1. 성매매알선 등 행위를 한 사람
> 2. 성을 파는 행위를 할 사람을 고용·모집하거나 그 직업을 소개· 알선한 사람
> 3. 성매매 목적의 인신매매를 한 사람

314 제 8 장 성매매 및 성매매알선 등

> ② 검사 또는 사법경찰관은 제1항의 불법원인과 관련된 것으로 의심
> 되는 채무의 불이행을 이유로 고소·고발된 사건을 수사할 때에는
> 금품이나 그 밖의 재산상의 이익 제공이 성매매의 유인·강요 수단
> 이나 성매매 업소로부터의 이탈방지 수단으로 이용되었는지를 확인
> 하여 수사에 참작하여야 한다.
> ③ 검사 또는 사법경찰관은 성을 파는 행위를 한 사람이나 성매매피
> 해자를 조사할 때에는 제1항의 채권이 무효라는 사실과 지원시설 등
> 을 이용할 수 있음을 본인 또는 법정대리인 등에게 고지하여야 한다.

나. 성판매여성은 선불금 변제 의무 없음

위와 같이 성매매알선 등 행위를 한 사람 또는 성을 파는 행위를
할 사람을 고용한 사람이 그 행위와 관련하여 성을 파는 행위를 하였
거나 할 사람에게 가지는 채권은 그 계약의 형식이나 명목에 관계없
이 무효로 한다고 규정하고 있다. 한편 부당이득의 반환청구가 금지
되는 사유로 민법 제746조가 규정하는 불법원인급여는 그 원인이 되
는 행위가 선량한 풍속 기타 사회질서에 반하는 경우를 말하는바, 윤
락행위 및 그것을 유인·강요하는 행위는 선량한 풍속 기타 사회질서
에 반하므로, 윤락행위를 할 사람을 고용하면서 성매매의 유인·권
유·강요의 수단으로 이용되는 선불금 등 명목으로 제공한 금품이나
그 밖의 재산상 이익 등은 불법원인급여에 해당하여 그 반환을 청구
할 수 없다. 나아가 성매매의 직접적 대가로서 제공한 경제적 이익
뿐만 아니라 성매매를 전제하고 지급하였거나 성매매와 관련성이
있는 경제적 이익이면 모두 불법원인급여에 해당하여 반환을 청구
할 수 없다.

▶ **대법원 2013. 6. 14. 선고 2011다65174 판결**

이른바 '티켓다방'을 운영하는 A가 B 등을 종업원으로 고용하면

서 대여한 선불금이 불법원인급여에 해당하는지가 문제 된 사안에서, 제반 사정에 비추어 B 등으로서는 선불금반환채무와 여러 명목의 경제적 부담이 더해지는 불리한 고용조건 탓에 윤락행위를 선택하지 않을 수 없었고, A는 이를 알았을 뿐 아니라 유인, 조장하는 위치에 있었다고 보이므로, 위 선불금은 B 등의 윤락행위를 전제로 한 것이거나 그와 관련성이 있는 경제적 이익으로서 그 대여행위는 민법 제103조에서 정하는 반사회질서의 법률행위에 해당되어 무효이다.

6. 사례별 연구

가. 경찰이 손님으로 위장한 경우 성매매알선죄 성립 여부

경찰이 손님으로 위장하여 성매매알선을 요구하여 이에 응한 업주는 성매매알선죄가 성립되지 않는다. 아래 사건의 쟁점은 성매매 의사가 없어 실제 성매매 실현 가능성이 없었는데도 '성매매 알선행위'가 처벌될 수 있는지 여부였다. 법원은, "손님으로 위장한 경찰관은 성을 '실제로' 매수하려는 당사자가 아니므로 단속 경찰과 접대부 사이에는 성매매가 이뤄질 수 없다고 보아야 한다. 이 경우 유흥주점 종사자가 단속 경찰관에게 성 판매 의사가 있는 접대부를 알선했더라도 성매매알선 등 행위 처벌에 관한 법률을 위반죄가 성립되지 않는다."라고 판결했다. 나아가 함정수사의 경우 적법절차에 의한 수사가 아니므로 역시 무죄라는 취지의 보충설명도 하였다.

▶ 대법원 2019. 7. 24. 선고 2019도5851 판결

[공소사실 요지]

피고인은, 유흥주점 'B'의 실장으로서, 업주 C와 공모하여, 2017. 2. 14. 01:00경 B 유흥주점에서, 남성 손님으로 위장한 경찰관으로부터 1인당 성매매 알선비용 20만 원 중 4~5만 원의 대가를 받고 D,

E 등 부녀자를 윤락녀를 고용하여 성매매를 하도록 함으로써 성매매를 알선하였다.

[원심(의정부지방법원 2019. 4. 18. 선고 2018노2290 판결) **및 대법원 판단]**

[1] ① 성매매알선 등 행위의 처벌에 관한 법률 제19조 제1항 제1호 위반죄를 풍속 보호를 위한 추상적 위험범이라고 볼 근거가 없다. 오히려, 동법 제23조에 미수범 처벌 규정이 있는 것을 볼 때, 구체적이면서 현실적인 성매매의 실현 가능성을 전제로 한 처벌규정이라 할 것이다. ② 그리고 위장 경찰관은 성을 '실제로' 매수를 하려는 당사자가 아니었음이 명백하다. 그러므로 단속 경찰관과 접대부 사이의 성매매는 이를 수 없었다고 봄이 마땅하다.

따라서 설령, 피고인이 유흥주점 종사자로서, 단속 경찰관에게 성판매 의사가 있는 접대부를 알선하였더라도, 성매매알선 등 행위의 처벌에 관한 법률 제19조 소정의 위반죄가 성립하는 것은 아니다.

[2] 나아가, 함정수사[5]라고 인정될 경우에 그 효과에 관하여 공소기각설(다수설), 면소판결설, 무죄판결설 등으로 견해가 나뉘고 있는바, 개정 형사소송법 제308조의 2(위법수집증거의 배제) "적법한 절차에 따르지 아니하고 수집한 증거는 증거로 할 수 없다."라는 규정의 도입 취지에 비추어 볼 때 무죄판결설의 견해 또한 유력하고, 이 사건에서는 앞에서 본 바와 같이 공소 사실을 유죄로 인정하지 아니하므로, 함정수사에 관하여는 더 나아가 살펴보지 않기로 한다.

---

5 함정수사란 수사기관이 범의(犯意)가 없는 자에게 사술이나 계략을 써서 범죄를 유발시킨 다음 검거하는 수사방법을 말하고, 범의를 가진 자에게 단순히 범행의 기회를 주거나 용이하게 한 것에 불과하다면 함정수사라고 볼 수 없다.

나. 경찰이 정보원을 시켜 실제 성매매를 하게 한 후 단속한 경우

이 경우는 위 판례와 달리 현실적으로 업소에서 성매매가 이루어졌기 때문에 성매매는 물론 성매매알선죄가 성립된다. 또한 이 경우는 함정수사가 아니므로 수사절차상 위법성이 없다. 함정수사라 함은 본래 범의를 가지지 아니한 자에 대하여 수사기관이 사술이나 계략 등을 써서 범죄를 유발하게 하여 범죄인을 검거하는 수사방법을 말하는 것이다. 그런데 이 경우 성매매업소 운영자는 이미 범의를 가진 자이고, 수사기관이 단지 그에게 범행의 기회를 주거나 단순히 사술이나 계략 등을 써서 범죄인을 검거하는 데 불과한 경우라서 함정수사에 해당되지 않는 것이다(대법원 2007. 7. 26. 선고 2007도4532 판결).

Ⅲ. 성매매로 단속될 경우 대처요령

1. 단속방법

예전에는 집장촌에서 성매매가 많았으나 최근에는 오피스텔이나 퇴폐맛사지업소, 립카페, 대딸방 등 신종 성매매가 확산되고 있다. 그럼 단속은 주로 어떻게 이뤄지나?

가. 업소 단속

업소에 대한 단속방법은 통상적으로 수사기관에서 정보원 남자 하나를 고용하여 그로 하여금 성매매를 하도록 한 후 이를 단속하는 것이다. 이것은 앞서 설명한 바와 같이 함정수사가 아니므로 수사절차에 문제가 없다(대법원 2007. 7. 26. 선고 2007도4532 판결). 하지만 앞서 설명한 바와 같이, 경찰이 직접 손님으로 위장하여 성매매알선을 요구하여 이에 응한 업주는 성매매알선죄가 성립되지 않는다(대법원 2019. 7. 24. 선고 2019도5851 판결).

나. 현장 급습

그럼 만약 수사기관에서 임의로 성매매현장을 급습하는 경우는 어떻게 대처해야 하나? 수사기관에서 법원으로부터 사전에 압수·수색 영장을 발부받았다면 문제가 없으나 만약 그렇지 않다면 이는 적법한 수사가 아니다. 즉 이 경우는 압수·수색 영장 없이 타인의 주거에 들어가는 경우이므로 위법수사에 해당된다. 그러므로 이런 위법한 절차를 통해 얻은 현장에서의 증거 역시 위법하게 되므로 이를 증거로 사용할 수 없다.6 따라서 이러한 일을 당할 경우 수사기관에게 이러한 점을 엄중하게 항의하고 만약 수사기관이 체포하려고 한다면 불응해도 무방하다. 그럼 수사기관에서 만약 급습한 결과 성매매현장을 발견하였다면서 현행범으로 체포할 수 있나? 물론 현행범은 누구든지 영장 없이 체포를 할 수 있다(형사소송법 212조). 하지만 수사기관이 먼저 타인의 주거에 영장 없이 들어온 순간 이미 불법적인 수사가 개시된 것이다. 따라서 수사기관이 그러한 행동의 결과 성매매현장을 발견하여 현행범으로 인지하였다고 해도 이 역시 불법적인 수사에 의한 범인 발견에 해당되므로 현행범체포를 할 수 없고 현장 사진을 촬영하였다고 해도 역시 위법수집증거로서 증거능력이 없게 된다.

2. 증거관계

통상 성매매업소에서 현장단속은 위와 같이 사실상 어렵다. 하지만 업소를 단속하여 핸드폰이나 장부를 압수한 경우 거기에 피의자의 인적사항이 나오게 된다. 특히 립카페나 오피스텔과 같은 성매매업소의 경우 통상 핸드폰으로 예약을 받고 성매매가 이뤄지는 경우가 대부분이므로 업소의 직원이 핸드폰을 압수당할 경우에 수사기

---

6 이를 '독수독과(毒樹毒果)'라 한다. 즉 독나무에서 열린 과실 역시 독이 있어 사용할 수 없다는 뜻.

관에서 성매수자의 핸드폰번호를 알게 된다. 그럼 이러한 증거가 결
정적인 증거가 될 수 있나? 그렇지 않다. 정황증거나 간접증거로는
충분하다 할 것이나 전화번호가 찍힌 사실만으로 성매매를 했다고
단정할 수는 없기 때문이다. 그리고 성을 판 여자의 경우 하루에도
수없이 많은 남자들과 성관계를 맺기 때문에 남자얼굴을 대면한다고
해도 정확하게 기억한다는 것은 거의 불가능하다. 그럼 이러한 경우
어떻게 대처하는 것이 좋은가? 일단 성매매업소에 전화를 걸은 사실
은 부인할 수 없는 현실이니 예약을 하였다가 실제로는 가지 않았다
고 주장하는 것이 좋다.7 만약 실제로 갔다고 한다면 그곳에서 무슨
일이 있었는지를 일일이 조사하게 되고 여자와 대질조사가 들어가면
적어도 유사성행위라도 한 것이 드러날 확률이 높기 때문이다. 그리
고 수사기관의 입장에서 보면 핸드폰 번호가 찍힌 남자들이 수백, 수
천명일텐데 그 모든 사람들을 다 조사한다는 것은 현실적으로 어려
우므로 일단 전화를 걸어 순순히 자백하는 사람 위주로 조사를 할 확
률이 높다.

3. 자백은 어디까지?

만약 성매매업소에 예약은 물론 현장에 방문한 자료나 증언이
나와 도저히 현장에 간 사실을 부인할 수 없는 경우에는 어디까지 자
백해야 하나? 많은 의뢰인들이 성관계만 하지 않았다고 주장하면 무
죄인줄 안다. 물론 성매매는 미수범 처벌규정이 없다. 하지만 유사성
교행위도 처벌하고 있으므로 단순히 애무만 당한 것도 처벌대상이

---

7 하지만 필자가 의뢰받은 사안의 경우, 오피스텔 성매매 업소에서 손님 전화번호
와 시간대(손님이 업소에 들어온 시간과 나간 시간), 접대한 여성의 이름, 성매
매 대금 등을 장부에 빠짐없이 적어 놓아 어쩔 수 없이 성매매사실을 자백하고
기소유예 처분을 받은 적이 있었다. 보통 성매매업소의 주인이 직접 운영할 경
우는 그렇게까지 상세하게 장부정리를 하지 않는데, 고용된 매니저가 운영하는
경우는 장부정리를 꼼꼼히 하는 경향이 있다.

될 수 있다. 즉 성교행위는 물론 구강, 항문 등 신체의 일부 또는 도구를 이용한 유사성교행위도 성매매 처벌대상으로 보고 있다(성매매처벌법 2조 1항 1호). 따라서 여자가 입으로 남자의 성기를 애무해주는 오랄섹스의 경우(주로 '립카페'가 이에 해당됨) 유사성교행위에 해당됨은 당연하다. 나아가 앞서 설명한 바와 같이 여자가 손으로 남자의 자위행위를 대신 해주는 소위 '대딸방'의 경우도 유사성교행위로 보고 있다(대법원 2006. 10. 26. 선고 2005도8130 판결 참조). 그러므로 현장에 간 사실을 인정하더라도 현장에서 서로 대화만 나누고 포옹이나 키스 정도만 하고 돌아왔다고 진술해야 한다. 만약 그 이상을 인정할 경우에는 성매매에 대한 자백으로 인정될 가능성이 크다.

Ⅳ. 아동·청소년 성매매 알선영업죄의 위헌성문제 고찰

1. 실제사례

피고인은 성매매알선을 영업으로 하는 소위 '보도방'을 운영하는 자인데 성매매여성 중 두 명이 각 만 18세, 17세로서 아청법상 아동·청소년에 해당되었다. 검찰은 피고인에 대해 아청법 제15조 제1항 2호(이하 '대상조항'으로 약칭)로 구속기소하였다. 대상조항의 법정형은 7년 이상의 유기징역이므로 공소사실이 유죄로 인정될 경우 집행유예가 불가능한 사안이다. 최대한 감경을 받는다고 해도 꼼짝없이 최소한 징역 3년 6개월은 실형을 살아야 하는 상황이었다. 더욱이 위 대상조항에 대해서는 아래에서 살펴보는 바와 같이 이미 헌법재판소에서 합헌 결정을 한 상황이라 위 사건을 집행유예를 받는다는 것은 사실 상 불가능해 보였다.

2. 대상조항의 위헌성 여부에 관한 헌재의 합헌결정

가. 대상조항 및 쟁점

위헌법률심판제청의 대상조항은 아청법 제15조 제1항 제2호인 바, 법정형은 '7년 이상의 유기징역'이다. 위 대상조항에 대해 위헌법률심판제청을 한 논거를 요약하면, 아동·청소년 성매매 알선행위를 영업적으로 한 경우는 7년 이상의 유기징역인데 반해, 비영업적인 단순 알선행위는 7년 이하의 징역 또는 5천만원 이하의 벌금에 처하도록 되어 있는데(동조 2항 3호), 같은 아동·청소년 성매매 알선행위를 한 것인데 단지 '영업성' 여부에 따라 형량이 너무 차이가 심하고, 심지어 살인죄와 비교해 볼 때도 형량이 더 무거워 형벌의 체계정당성에 반하여 평등원칙에 위반된다는 내용이다.

나. 헌법재판소의 합헌 결정

헌법재판소는 아동·청소년 성매매 영업알선행위는 반복·계속성과 영리성이라는 특징으로 인해 아동·청소년 성매매의 수요와 공급을 지속적으로 만들어낸다는 점에서 반복·계속의 의사 없이 일회적으로 행해지는 단순 알선행위보다 그 불법성이 훨씬 크므로, 단순 알선죄와의 법정형의 현격한 차이가 형벌의 체계정당성에 반하여 평등원칙에 위반된다고 볼 수 없다며 다음과 같이 합헌결정을 하였다.

▶ 헌법재판소 2011. 10. 25. 선고 2011헌가1 결정【아동·청소년의 성보호에 관한 법률 제12조 제1항 제2호 위헌제청】

아동·청소년 성매매 영업알선죄와 단순 살인죄는 그 보호법익과 죄질이 다른 별개의 범죄이므로 법정형의 하한만을 비교하여 단순 살인죄를 범한 자에 비하여 불합리하게 차별받는다고 할 수 없다.

또한 아동·청소년 성매매 영업알선행위는 반복·계속성과 영리성이라는 특징으로 인해 아동·청소년 성매매의 수요와 공급을 지속적으로 만들어낸다는 점에서 반복·계속의 의사 없이 일회적으로 행해지는 단순 알선행위보다 그 불법성이 훨씬 크므로, 단순알선죄와의 법정형의 현격한 차이가 형벌의 체계정당성에 반하여 평등원칙에 위반된다고 볼 수 없다. 나아가 성인의 성매매를 영업적으로 알선하는 자는 선량한 성풍속이라는 사회적 법익을 침해하는 데에 그 가벌성이 있을 뿐인 반면, 아동·청소년을 대상으로 한 성매매는 아직 가치관과 판단능력이 성숙되지 못하고 사회적·경제적인 지위도 열악한 아동·청소년을 금전적으로 유혹하여 간음함으로써 그들의 원활한 인격형성을 방해하고 건강한 사회구성원으로 성장하여야 할 아동·청소년의 신체와 정신에 손상을 입힌다는 점에 있어서 그 가벌성이 가중되므로, 이 사건 법률조항이 아동·청소년의 성매매 영업알선행위를 성인의 성매매 영업알선행위보다 훨씬 더 무겁게 처벌하고 있다 하여 형벌의 체계정당성에 반하여 평등원칙에 위반된다고 할 수 없다.

3. 필자의 재차 위헌법률심판 제청 신청

가. 머 리 말

위 실제사례는 필자가 직접 피고인을 변호했던 사건인데, 법정형 자체가 7년 이상의 유기징역이어서 작량감경을 한다고 해도 피고인에 대한 집행유예가 불가능하였다. 그래서 필자는 유일한 돌파구로 대상조항의 위헌성을 다투는 방법밖에 없다고 생각했다. 하지만 앞서 살펴본 바와 같이 헌법재판소에서 이미 대상조항에 대해 합헌 결정을 한 바 있어, 필자는 아래에서 보는 바와 같이 이전의 위헌소송 당시 쟁점이 아니었던 새로운 논거를 제시하였다.

나. 새로운 논거

이와 같이 이미 대상조항에 대한 비례성원칙과 평등원칙에 대해 헌법재판소에서 합헌결정이 난 마당이라 필자는 새로운 쟁점을 근거로 위헌법률심판제청신청을 하였는데 그것은 다름 아닌 "아동·청소년의 성을 사는 행위를 하도록 유인·권유 또는 강요한 경우(동조 2항 1호)"와 비교하여 평등원칙에 반하고 법조항의 명확성에도 문제가 있다는 지적이었다. 즉 대상조항은 성을 사는 행위를 알선하는 행위, 정보통신망에서 알선정보를 제공하는 행위를 업으로 하는 자에게 7년 이상의 유기징역을 처하도록 규정하고 있다. <u>한편 이와 유사한 규정으로서 "영업으로 성을 사는 행위를 하도록 유인, 권유 또는 강요한 자"에게는 7년 이하의 징역을 처하도록 규정하고 있다</u>(성매매처벌법 15조 2항 1호, 이하 '관련조항'으로 약칭). 그런데 대상조항에서 규정하는 행위(알선, 알선정보 제공 등)와 관련조항에서 규정하는 행위(영업으로 유인, 권유, 강요행위 등) 사이에 구체적인 차이점을 발견하기 어려워 사실상 동일하거나 유사한 행위가 분명하다. 오히려 알선행위는 성을 사고자 하는 의사가 있는 사람에게 법을 위반하도록 도와주는 행위임에 반해 유인, 권유, 강요하는 행위는 범죄의사가 없거나 미약한 자에게 범법행위를 할 수 있게 범행을 만드는 행위이므로 알선행위보다 유인, 권유, 강요하는 행위가 죄질이 더 나쁘다. 하지만 아청법은 양형에 있어 죄질이 상대적으로 가벼운 알선행위를 하는 경우에는 7년 이상의 유기징역형을, 그리고 죄질이 더 무거운 유인, 권유, 강요하는 행위를 하는 경우에는 7년 이하의 유기징역형을 규정하고 있어 이는 양형에 있어 심한 부당함을 초래하고 있다. 즉 대상조항은 양형에 있어서 법정형의 현격한 차이가 존재하여 형벌의 체계정당성에 반하여 평등원칙을 위반한 것이다. 또한 법규정상 개념이 중복될 가능성이 있어 똑같은 범죄라도 검사가 어느 조항을 적용하는가에 따라 그 결과가 너무 차이가 나므로 이는 명확성의 원칙에도 반한다.

4. 사건의 결말

위 사건은 결국 법원에 의해 헌법재판소에 위헌법률심판제청이 이뤄지지는 않았다. 왜냐하면 검찰에서 다른 조문으로 공소장을 변경해주어 위헌법률심판제청을 할 실익이 없어져 버렸기 때문이다. 위 사건의 담당 재판장도 필자의 의견이 일리가 있다고 판단하였고, 심지어는 공판검사조차도 같은 견해였다. 그런데 이 사건은 구속 재판을 받는 공범도 여러 명 있었고 죄명도 아주 복잡하게 얽혀 있어 위헌법률심판제청을 한다고 해도 시일이 오래 걸리고, 필자의 의뢰인만 따로 선고하기도 어려운 상황이었다. 그래서 공판검사가 수사검사와 상의한 결과 대상조항이 아닌 다른 조문으로 공소장을 변경하여 결국 집행유예를 이끌어 내었다. 그 결과 위헌법률심판제청신청은 더 이상 그 실익이 없어져 취소되는 바람에 법원에서 헌법재판소에 제청하지 않게 된 것이다. 하지만 필자의 의뢰인의 입장에서는 대상조항에 대해 구속기간이 길어지면서 위헌결정을 받는 것보다, 하루빨리 집행유예를 선고받고 석방되는 편이 더 만족스러운 결과였을 것임은 분명하다.

V. 존스쿨(John School) 교육

1. 존스쿨 교육의 뜻

존스쿨 교육(성구매자 교육프로그램)이라 함은 성(性) 매수 초범 남성에게 기소유예를 해주는 대신 재범방지교육을 받게 하는 제도로, 일종의 수강명령처분이라 할 수 있다. 재범방지교육을 받으면 보호처분이나 벌금형 등 형사처벌이 면제된다.

2. 연 혁

존스쿨 교육은 1995년 미국 샌프란시스코의 시민단체인 SAGE에 의해 처음 도입되었는데 성 매수 혐의로 잡힌 남성들 중 많은 수가 본명 대신 가장 흔한 이름인 존(John)이라는 이름을 댔기 때문에 존스쿨(John School)이라는 명칭이 붙었다고 한다.

3. 제도의 실행과 내용

한국에서는 2005년 8월부터 시행되어 전국 13개 보호관찰소에서 매월 1~2회, 총 8시간의 교육이 실시되고 있다. 기소유예 처분을 받은 성매수 초범자들은 지정받은 보호관찰소에 출석하여 교육을 받게 된다. 교육의 방향은 남성 중심으로 왜곡된 성에 대한 인식을 바로잡고, 성매매의 반인권성과 범죄성을 인식하도록 유도하는 데 맞추어진다. 주된 교육 내용은 성매매의 범죄성과 해악성 그리고 성매매와 신체·정신건강에 대한 강의, 성매매방지 및 피해자보호 등에 관한 법률 해설, 탈성매매 여성 증언, 성매매근절을 위한 집단토론 등이며 에이즈 예방교육, 인간관계훈련, 평가시간 등도 포함된다. 이 교육은 성매매에 대한 인식을 변화시켜 재발을 방지하는 데 중점을 두며, 이를 통해 성매수 초범자가 사회에 정상적으로 복귀할 수 있도록 돕는 효과도 낸다.

4. 적용대상

이와 같은 존스쿨 조건부 기소유예는 성매수 초범에게만 적용된다. 따라서 만약 이러한 교육을 이수받고도 재범을 한다면 그때는 기소유예가 아니라 형사처벌을 받을 수 있다.

제 9 장

성 희 롱

제 9 장 성희롱(sexual harassment)[1]

Ⅰ. 성희롱의 개념

1. 남녀고용평등과 일·가정 양립 지원에 관한 법률[2]

'직장 내 성희롱'이란 사업주·상급자 또는 근로자가 직장 내의 지위를 이용하거나 업무와 관련하여 다른 근로자에게 성적 언동 등으로 성적 굴욕감 또는 혐오감을 느끼게 하거나 성적 언동 또는 그 밖의 요구 등에 따르지 아니하였다는 이유로 근로조건 및 고용에서 불이익을 주는 것[3]을 말한다(동법 2조 2호). 예컨대, 여성 후배가 인사하자 한 손을 들어 몸매 라인을 그리는 제스처를 취하며 '좋은데'라고 말한 경우, 또는 회식자리에서 다른 여성 후배에게 "애기를 가지면 일하기 좋지 않고 전투력도 떨어진다."고 말한 경우, 학원강사가 예명을 사용하는데 직장상사가 그 예명이 포르노 배우 이름 같다고 놀리는 행위 등은 성희롱에 해당된다. 동법시행규칙의 별표를 보면 직장 내 성희롱을 판단하기 위한 기준의 예시를 다음과 같이 보여주고 있다.

---

1 성적 괴롭힘.

2 이하 제9장 안에서는 '동법'으로 약칭함.

3 양성평등기본법 제3조 제2호 상의 성희롱의 개념에는 "상대방이 성적 언동 또는 요구에 대한 불응을 이유로 불이익을 주거나 그에 따르는 것을 조건으로 이익 공여의 의사표시를 하는 행위"라고 약간 달리 규정되어 있다.

1. 성적인 언동의 예시
   가. 육체적 행위
   (1) 입맞춤, 포옹 또는 뒤에서 껴안는 등의 신체적 접촉행위
   (2) 가슴 · 엉덩이 등 특정 신체부위를 만지는 행위
   (3) 안마나 애무를 강요하는 행위
   나. 언어적 행위
   (1) 음란한 농담을 하거나 음탕하고 상스러운 이야기를 하는 행위(전화통화를 포함)
   (2) 외모에 대한 성적인 비유나 평가를 하는 행위
   (3) 성적인 사실 관계를 묻거나 성적인 내용의 정보를 의도적으로 퍼뜨리는 행위
   (4) 성적인 관계를 강요하거나 회유하는 행위
   (5) 회식자리 등에서 무리하게 옆에 앉혀 술을 따르도록 강요하는 행위
   다. 시각적 행위
   (1) 음란한 사진 · 그림 · 낙서 · 출판물 등을 게시하거나 보여주는 행위(컴퓨터통신이나 팩시밀리 등을 이용하는 경우를 포함)
   (2) 성과 관련된 자신의 특정 신체부위를 고의적으로 노출하거나 만지는 행위
   라. 그 밖에 사회통념상 성적 굴욕감 또는 혐오감을 느끼게 하는 것으로 인정되는 언어나 행동

2. 고용에서 불이익을 주는 것의 예시
   채용탈락, 감봉, 승진탈락, 전직(轉職), 정직(停職), 휴직, 해고 등과 같이 채용 또는 근로조건을 일방적으로 불리하게 하는 것

※ 성희롱 여부를 판단하는 때에는 **피해자의 주관적 사정을 고려**하되, 사회통념상 합리적인 사람이 피해자의 입장이라면 문제가 되는 행동에 대하여 어떻게 판단하고 대응하였을 것인가를 함께 고려하여야 하며, 결과적으로 위협적 · 적대적인 고용환경을 형성하여 업무능률을 떨어뜨리게 되는지를 검토하여야 한다.

2. 대법원의 정의

성희롱이 성립하기 위해서는 행위자에게 반드시 <u>성적 동기나 의도가 있어야 하는 것은 아니지만</u>, 당사자의 관계, 행위가 행해진 장소 및 상황, 행위에 대한 상대방의 명시적 또는 추정적인 반응의 내용, 행위의 내용 및 정도, 행위가 일회적 또는 단기간의 것인지 아니면 계속적인 것인지 등의 구체적 사정을 참작하여 볼 때, 객관적으로 상대방과 같은 처지에 있는 일반적이고도 평균적인 사람으로 하여금 성적 굴욕감이나 혐오감을 느낄 수 있게 하는 행위가 있고, 그로 인하여 행위의 상대방이 성적 굴욕감이나 혐오감을 느꼈음이 인정되어야 한다(대법원 2018. 4. 12. 선고 2017두74702 판결). 즉 성희롱인지 여부는 행위자의 내심의 의사나 동기보다는 <u>상대방의 입장에서 객관적으로 판단</u>되어야 한다(서울행정법원 2011. 11. 10. 선고 2011구합19208 판결 등).

Ⅱ. 직장 내 성희롱 방지 규정

1. 직장 내 성희롱 금지

가. 법 규 정

사업주, 상급자 또는 근로자는 직장 내 성희롱을 하여서는 아니된다(동법 12조). 사업주는 직장 내 성희롱 발생이 확인된 경우 지체없이 행위자에 대하여 징계나 그 밖에 이에 준하는 조치를 하여야 한다(동법 14조 1항). 통상 징계의 종류로는 경고, 견책, 감봉, 휴직, 정직, 전직, 해고 등이 있으며, 감봉 이상의 징계를 받을 경우에는 한 해 동안 승진에 누락될 수 있다. 사업주는 직장 내 성희롱과 관련하여 피해를 입은 근로자 또는 성희롱 피해 발생을 주장하는 근로자에게 불리한 처우4를 하여서는 아니 되며, 이를 위반한 경우에는 3년 이하의 징역 또는 3천만원 이하의 벌금에 처한다(동법 37조 2항 2호, 14조 6항).

☞ **피해근로자에게 도움 준 동료에 대한 불리한 조치의 경우**

> 사업주가 피해근로자 등이 아니라 그에게 도움을 준 동료 근로자에게 불리한 조치를 한 경우에 구 남녀고용평등법 제14조 제2항을 직접 위반하였다고 보기는 어렵다. 그러나 사업주가 피해근로자 등을 가까이에서 도와준 동료 근로자에게 불리한 조치를 한 경우에 그 조치의 내용이 부당하고 그로 말미암아 피해근로자 등에게 정신적 고통을 입혔다면, 피해근로자 등은 불리한 조치의 직접 상대방이 아니더라도 사업주에게 민법 제750조에 따라 불법행위책임을 물을 수 있다(대법원 2017. 12. 22. 선고 2016다202947 판결).

나. '직장 내'의 의미

직장 내 성희롱은 사업장 내부 및 근무시간뿐 아니라 사업주, 상급자 또는 근로자가 직장 내의 지위를 이용하거나 업무와 관련이 있는 것이라면 사업장 밖이나 근무시간 외에도 성립된다. 여직원 270명이 집단적으로 회사의 성희롱 문화에 대하여 사용자책임을 물은 L호텔 사건에서 법원은 "외형상 객관적으로 사용자의 사업활동 내지 사무집행 행위뿐만 아니라 그 행위과정이 사업주의 지배·관리 하에

---

4 1. 파면, 해임, 해고, 그 밖에 신분상실에 해당하는 불이익 조치, 2. 징계, 정직, 감봉, 강등, 승진 제한 등 부당한 인사조치, 3. 직무 미부여, 직무 재배치, 그 밖에 본인의 의사에 반하는 인사조치, 4. 성과평가 또는 동료평가 등에서 차별이나 그에 따른 임금 또는 상여금 등의 차별 지급, 5. 직업능력 개발 및 향상을 위한 교육훈련 기회의 제한, 6. 집단 따돌림, 폭행 또는 폭언 등 정신적·신체적 손상을 가져오는 행위를 하거나 그 행위의 발생을 방치하는 행위, 7. 그 밖에 신고를 한 근로자 및 피해근로자등의 의사에 반하는 불리한 처우.

있다고 볼 수 있는 이상 그와 관련된 것"에까지 직무집행관련성이 인정된다고 하면서 "직장 내 근무시간은 물론 회사가 그 비용을 지원한 공식적인 회식이나 야유회, 체육대회나 그 밖에 객관적으로 이에 준하는 것으로 평가될 수 있는 회사의 임원 등 간부들이 공식적으로 주재하는 회식 등에서 일어난 성희롱 행위에 대해서도 사용자 책임이 인정될 수 있다"고 보았다(서울지방법원 2002. 11. 26. 선고 2000가합57462 판결; 유사판결 대법원 2009. 2. 26. 선고 2008다89712 판결 등).

다. 성희롱 판단 근거

직장 내 성희롱 사건은 피해자의 진술 외에는 별다른 증거가 없는 경우가 많으므로 피해자의 진술을 뒷받침할 수 있는 정황증거 내지 간접증거(정신과 등 병원진단서, 피해자의 일기 등 기록, 직장 동료 진술서, 징계 대상자의 동종 징계경력)가 중요하다. 판례는 피해자의 진술이 구체적이며 일관된 때 진술의 신빙성을 인정하고 있는 추세이다(서울고등법원 2011. 7. 7. 선고 2011누3199 판결; 서울행정법원 2012. 4. 27. 선고 2011구합34863 판결; 서울행정법원 2012. 7. 19. 선고 2012구합7042 판결 등 참조).

2. 성희롱 예방교육(동법 13조)

사업주는 직장 내 성희롱을 예방하고 근로자가 안전한 근로환경에서 일할 수 있는 여건을 조성하기 위하여 직장 내 성희롱의 예방을 위한 교육(이하 '성희롱 예방 교육')을 매년 실시하여야 한다(1항). 사업주 및 근로자는 성희롱 예방 교육을 받아야 한다(2항). 예방 교육에는 ① 직장 내 성희롱에 관한 법령, ② 해당 사업장의 직장 내 성희롱 발생 시의 처리 절차와 조치 기준, ③ 해당 사업장의 직장 내 성희롱 피해 근로자의 고충상담 및 구제 절차, ④ 그 밖에 직장 내 성희롱 예방에 필요한 사항 등이 포함되어야 한(동법시행령 3조 1·2항). 성희롱 예방교육은 사업의 규모나 특성 등을 고려하여 직원연수·조회·

334 제 9 장 성 희 롱

회의, 인터넷 등 정보통신망을 이용한 사이버 교육 등을 통하여 실시
할 수 있다. 다만, 단순히 교육자료 등을 배포·게시하거나 전자우편
을 보내거나 게시판에 공지하는 데 그치는 등 근로자에게 교육 내용
이 제대로 전달되었는지 확인하기 곤란한 경우에는 예방 교육을 한
것으로 보지 아니한다(동법시행령 3조 3항). 그럼에도 불구하고 상시
10명 미만의 근로자를 고용하는 사업이거나 사업주 및 근로자 모두
가 남성 또는 여성 중 어느 한 성(性)으로 구성된 사업에 해당하는 경
우 위와 같은 예방 교육내용을 근로자가 알 수 있도록 교육자료 또는
홍보물을 게시하거나 배포하는 방법으로 직장 내 성희롱 예방 교육
을 할 수 있다(동법시행령 3조 4항).

3. 고객 등에 의한 성희롱 방지

사업주는 고객 등 업무와 밀접한 관련이 있는 사람이 업무수행
과정에서 성적인 언동 등을 통하여 근로자에게 성적 굴욕감 또는 혐
오감 등을 느끼게 하여 해당 근로자가 그로 인한 고충 해소를 요청할
경우 근무 장소 변경, 배치전환, 유급휴가의 명령 등 적절한 조치를
하여야 한다(동법 14조의2 1항). 사업주는 근로자가 피해를 주장하거나
고객 등으로부터의 성적 요구 등에 따르지 아니하였다는 것을 이유
로 해고나 그 밖의 불이익한 조치를 하여서는 아니 된다(동조 2항).

4. 사업주의 책임(동법 39조)

사업주가 직장 내 성희롱을 한 경우에는 1천만원 이하의 과태료
에 처해진다(1항). 사업주가 다음의 어느 하나에 해당하는 위반행위
를 한 경우에는 500만원 이하의 과태료에 처해진다(2항).

① 성희롱 예방 교육을 하지 아니한 경우.
② 직장 내 성희롱 발생사실 확인을 위한 조사를 하지 아니한 경우.
③ 성희롱 피해자가 요청에도 불구하고 근무장소의 변경, 배치

전환, 유급휴가 명령 등 적절한 조치를 하지 아니한 경우.

④ 조사 결과 직장 내 성희롱 발생 사실이 확인되었음에도 불구하고 성희롱 가해자에 대해 징계, 근무장소의 변경 등 필요한 조치를 하지 아니한 경우.

⑤ 직장 내 성희롱 발생 사실 조사 과정에서 알게 된 비밀을 다른 사람에게 누설한 경우.

⑥ 근로자가 고객 등에 의한 성희롱 피해를 주장하거나 고객 등으로부터의 성적 요구 등에 따르지 아니하였다는 이유로 해고나 그 밖의 불이익한 조치를 한 경우.

Ⅲ. 성희롱을 할 경우 법적 책임

1. 민사 손해배상책임

가. 가해자 본인

성희롱은 피해자에 대하여 정신적인 고통을 주는 행위로서 불법행위에 해당된다. 따라서 가해자 본인은 민법 제750 또는 제751조에 의거 불법행위자로서 손해배상책임을 지게 된다(대법원 1998. 2. 10. 선고 95다39533 판결 참조).

▶ **대법원 1998. 2. 1O. 선고 95다39533 판결**

이른바 성희롱의 위법성의 문제는 종전에는 법적 문제로 노출되지 아니한 채 묵인되거나 당사자간에 해결되었던 것이나 앞으로는 빈번히 문제될 소지가 많다는 점에서는 새로운 유형의 불법행위이기는 하나, 이를 논함에 있어서는 이를 일반 불법행위의 한 유형으로 파악하여 행위의 위법성 여부에 따라 불법행위의 성부를 가리면 족한 것이지, 불법행위를 구성하는 성희롱을 고용관계에 한정하여, 조건적 성희롱과 환경형 성희롱으로 구분하고, 특히 환경형의 성희롱의 경우, 그 성희롱의 태양이 중대하고 철저한 정도에 이르러야 하며, 불법행위가 성립하기 위해서는 가해자의 성적 언동 자체가 피해자의 업무수행을 부당히 간섭하고 적대적 굴욕적 근무환경을 조성함으로써 실제상 피해자가 업무능력을 저해당하였다거나 정신적인 안정에 중대한 영향을 입을 것을 요건으로 하는 것이므로 불법행위에 기한 손해배상을 청구하는 피해자로서는 가해자의 성희롱으로 말미암아 단순한 분노, 슬픔, 울화, 놀람을 초과하는 정신적 고통을 받았다는 점을 주장·증명하여야 한다는 견해는 이를 채택할 수 없다. 또한 피해자가 가해자의 성희롱을 거부하였다는 이유로 보복적으로 해고를 당하였든지 아니면 근로환경에 부당한 간섭을 당하였다든지 하는 사정은 위자료를 산정하는 데에 참작사유가 되는 것에 불과할 뿐 불법행위의 성립 여부를 좌우하는 요소는 아니다.

나. 회사의 사용자책임 여부

만약 회사 내에서 성희롱을 당한 경우 성희롱 가해자는 물론 회사에 대해서도 손해배상을 청구할 수 있을까? 타인을 사용하여 어느 사무에 종사하게 한 자는 피용자가 그 사무집행에 관하여 제삼자에게 가한 손해를 가해자 본인과 연대하여 배상할 책임이 있는데 이를 '사용자책임'이라고 부른다. 여기서 '사무 집행에 관하여'라는 규정의 뜻은 원칙적으로는 그 행위가 피용자의 직무 범위에 속하는 행위여야 할 것이나 피용자의 직무 집행 행위 그 자체는 아니더라도 그 행위의 외형으로 관찰하여 마치 직무의 범위 내에 속하는 것과 같이 보이는 행위도 포함하는 것으로 해석되고 있다(대법원 1997. 9. 26. 선고 97다21499 판결).

회사의 직원이 사내 다른 직원에게 성희롱을 한 경우, 과거 대법

원은 성희롱은 그 직무범위 내에 속하지 아니함은 물론 외관상으로
보더라도 그의 직무권한 내의 행위와 밀접하여 직무권한 내의 행위
로 보여지는 경우라고 볼 수 없다고 보아 사용자 책임을 인정하지 않
았다(대법원 1998. 2. 10. 선고 95다39533 판결). 하지만 최근 대법원 판례
의 경향은 성희롱의 경우도 회사의 사용자책임을 인정하는 추세이다
(대법원 2008. 7. 10. 선고 2007두22498 판결; 대법원 2017. 12. 22. 선고 2016
다202947 판결).

▶ 대법원 2017. 12. 22. 선고 2016다202947 판결

　　민법 제756조에 규정된 사용자책임의 요건인 '사무집행에 관하
여'라 함은 피용자의 불법행위가 외형상 객관적으로 사용자의 사업
활동, 사무집행행위 또는 그와 관련된 것이라고 보일 때에는 행위자
의 주관적 사정을 고려하지 않고 사무집행에 관하여 한 행위로 본다
는 것이다. <u>피용자가 고의로 다른 사람에게 성희롱 등 가해행위를 한
경우 그 행위가 피용자의 사무집행 그 자체는 아니더라도 사용자의
사업과 시간적·장소적으로 근접하고 피용자의 사무의 전부 또는 일
부를 수행하는 과정에서 이루어지거나 가해행위의 동기가 업무처리
와 관련된 것이라면 외형적·객관적으로 사용자의 사무집행행위와
관련된 것이라고 보아 사용자책임이 성립한다.</u> 이때 사용자가 위험
발생을 방지하기 위한 조치를 취하였는지 여부도 손해의 공평한 부
담을 위하여 부가적으로 고려할 수 있다.

2. 형사책임

가. 원칙적으로 형사처벌 대상 안됨

　　성희롱은 원칙적으로 형사처벌 대상은 아니다. 하지만 직장 내
에서 성희롱을 할 경우 위에서 언급한 여러 종류의 징계 중 하나의

징계처분을 받게 된다. 그런데 최근 기업들이 성희롱으로 문제가 될 경우에는 상당히 중징계를 하는 경향이 있어 어떤 의미에서는 형사 처벌보다 결과적으로 더 심한 불이익을 받을 수 있다. 나아가 만약 성희롱의 정도를 넘어서 신체적인 접촉을 할 경우에는 형사처벌될 수 있다. 이 경우는 이미 성희롱이 아니라 강제추행죄가 성립되기 때문이다. 한편 아무리 말로 하는 성희롱이라고 해도 그것이 공연하게 행해졌고, 피해자의 명예를 훼손하거나 모욕을 주는 경우에는 형사상 명예훼손죄나 모욕죄로 처벌될 수 있다. 하지만 이것은 성희롱과 별개로 처벌되는 것이므로 성희롱으로 형사 처벌되는 것이라고 볼 수는 없다.

나. 특별법상 형사책임

(1) 아동복지법

아동(아동복지법상 '아동'은 18세 미만인 사람)에게 성적 수치심을 주는 성희롱 등의 성적 학대행위를 한 자는 10년 이하의 징역 또는 1억원 이하의 벌금에 처한다(동법 71조 1항, 17조 2호). 그리고 상습으로 이러한 죄를 범한 자는 그 죄에 정한 형의 2분의 1까지 가중한다(동법 72조). 위 규정은 반드시 직장 내 성희롱에만 국한되는 것은 아니다. 아동복지법상 금지되는 '성희롱 등의 성적 학대행위'라 함은, 아동에게 성적 수치심을 주는 성희롱 등의 행위로서 아동의 건강·복지를 해치거나 정상적 발달을 저해할 수 있는 성적 폭력 또는 가혹행위를 의미한다. 이는 성폭행의 정도에 이르지 아니한 성적 행위도 그것이 성적 도의관념에 어긋나고 아동의 건전한 성적 가치관의 형성 등 완전하고 조화로운 인격발달을 현저하게 저해할 우려가 있는 행위이면 이에 포함된다(대법원 2017. 6. 15. 선고 2017도3448 판결).

예컨대, ① 인터넷게임을 통해 알게 된 초등학교 피해 여학생에게 영상통화로 전화해 주요 신체부위를 보여 달라고 요구한 행위(대법원 2015. 7. 9. 선고 2013도7787 판결), ② 자신이 교육하는 여학생의 머리를 쓰다듬으면서 "가슴살 좀 빼야겠다"라고 말하거나, 주위에 다른 사람이 없는 상태에서 3회에 걸쳐 뽀뽀를 해달라고 요구하는 행위(대법원 2016. 8. 30. 선고 2015도3095), ③ 성관계를 하던 중 아동이 "그만하자"고 요청했음에도 불구하고 이를 무시하고 계속 성관계를 한 행위(대법원 2020. 10. 29. 선고 2018도16466 판결) 등은 모두 아동복지법상 성적 학대행위에 해당된다.

▶ **대법원 2020. 10. 29. 선고 2018도16466 판결**

[공소사실의 요지]

이 부분 공소사실의 요지는, 피고인이 2017. 10. 8. 피해자 공소외 1(가명, 여, 15세)과 성관계를 하던 중 피해자가 "그만하면 안 되냐. 힘들다. 그만하자."라고 하였음에도 계속하여 아동인 피해자를 간음함으로써 성적 학대행위를 하였다는 것이다.

[원심의 판단]

원심은 성적 학대행위 해당 여부 판단에 관한 법리를 원용한 다음 만 15세인 피해자의 경우 일반적으로 미숙하나마 자발적인 성적 자기결정권을 행사할 수 있는 연령대로 보이는 점, 군검사 역시 피고인이 피해자와 성관계를 가진 자체에 대하여는 학대행위로 기소하지 아니한 점 등 그 판시와 같은 사정을 들어 성적 학대행위에 해당하지 않는다고 판단하였다.

[대법원의 판단]

[1] 성적 자기결정권은 스스로 선택한 인생관 등을 바탕으로 사회공동체 안에서 각자가 독자적으로 성적 관념을 확립하고 이에 따라 사생활의 영역에서 자기 스스로 내린 성적 결정에 따라 자기책임하에 상대방을 선택하고 성관계를 가질 권리로 이해된다(헌법재판소

2002. 10. 31. 결정 99헌바40 등 참조). 여기에는 자신이 하고자 하는 성행위를 결정할 권리라는 적극적 측면과 함께 원치 않는 성행위를 거부할 권리라는 소극적 측면이 함께 존재하는데, 위계에 의한 간음죄를 비롯한 강간과 추행의 죄는 소극적 성적 자기결정권을 침해하는 것을 내용으로 한다(위 대법원 2015도9436 전원합의체 판결; 대법원 2019. 6. 13. 선고 2019도3341 판결 참조).

[2] 원심으로서는 위와 같은 법리를 기초로 피해자가 성적 자기결정권을 제대로 행사할 수 있을 정도의 성적 가치관과 판단능력을 갖추었는지 여부 등을 신중하게 판단하였어야 하는데도, 그 판시와 같은 사정만을 들어 성적 자기결정권을 행사할 수 있다고 판단하였으니 원심의 판단에는 아동복지법 제17조 제2호가 정한 성적 학대행위에 관한 법리를 오해한 잘못이 있다. 이 점을 지적하는 취지의 군 검사의 상고이유 주장은 이유 있다.

☞ 여학교 정문 앞에서 알몸 시위하는 속칭 '바바리맨'은 무슨 죄인가?

앞서 강제추행죄 부분에서 설명하였다시피 대법원은 공공장소에서 성기노출 행위는 밀폐장소에서의 행위와는 달리 강제추행죄가 인정되지 않는다고 판시한 바 있다(대법원 2012. 7. 26. 선고 2011도8805 판결 참조). 그렇다면 여고 정문 앞에서 바바리맨이 성기 노출을 한 경우에는 무슨 죄로 처벌할 수 있을까? 이 경우 형법 제245조의 공연음란죄로 처벌할 수 있음은 당연하다. 하지만 공연음란죄의 경우 법정형이 '1년 이하의 징역, 500만원 이하의 벌금, 구류 또는 과료'에 불과하다. 반면 아동복지법상 아동에 대한 성희롱 등 성적학대행위로 의율할 경우에는 '10년 이하의 징역 또는 1억원 이하의 벌금'이란 중형을 받을 수 있다. 아동복지법이 형법에 대한 특별법이므로 특별법우선의 원칙에 의해 아동복지법을 우선적으로 적용해야 한다.[5]

5 성희롱의 형사처벌문제(윤상민 논문).

(2) 노인복지법

노인에게 성적 수치심을 주는 성폭행·성희롱 등의 행위를 한 자는 5년 이하의 징역 또는 5천만원 이하의 벌금에 처한다(동법 55조의3 1항 2호, 39조의9 2호). 그런데 여기서 노인이란 몇 세부터 말하는가가 애매하다. 아동복지법상 아동의 개념을 18세 미만의 자로 정의해 놓은 것(동법 3조 1호)과 달리, 노인복지법에는 노인에 대한 개념 규정이 없다. 그 이유는 노인복지법상 노인의 개념이 경우에 따라 때로는 60세 이상, 때로는 65세 이상으로 달리 적용되기 때문인 것으로 생각된다. 한편 노인장기요양보험법 제2조 제1호에 의하면 "노인등이란 65세 이상의 노인 또는 65세 미만의 자로서 치매·뇌혈관성질환 등 대통령령으로 정하는 노인성 질병을 가진 자를 말한다"라고 규정하고 있다. 따라서 노인은 통상적으로 65세 이상의 사람을 지칭하는 것으로 보인다. 하지만 노인복지법상 형사처벌 규정을 두고 있으므로 적어도 성범죄에 해당되는 조문에라도 '65세 이상의 노인에게 성폭행·성희롱 등의 행위를 한 자'라고 명백하게 규정하는 것이 입법론적으로 옳다고 생각한다.

Ⅳ. 성희롱에 해당되는지 여부에 관한 사례별 연구

1. 회식자리에서 여직원에게 술을 따르라고 한 행위

이 사건은 2009년 9월 한 초등학교 3학년 교사 전체 회식자리에서 발생한 사건이다. 당시 교감이 여교사들에게 최근 부임한 교장에게 술을 따라 주라고 반복하여 요구했는데, 이에 대해 여교사들 중 A 여교사가 (구)남녀차별신고센터에 시정 신청을 냈으며, 동 위원회는 이 같은 교감의 행위는 언어적 성희롱의 대표적인 유형에 해당한다고 판단하였다.[6] 또한 동법시행규칙의 별표상 '직장 내 성희롱을 판

---

6 여성부 남녀차별개선위원회, 2003년도 남녀차별결정례집, 2004, 122-123면.

단하기 위한 기준의 예시'를 살펴보면 '회식자리 등에서 무리하게 옆에 앉혀 술을 따르도록 강요하는 행위'가 성희롱에 해당된다고 보고 있다. 그러나 이에 대해 법원의 판단은 달랐다. 1심인 서울행정법원에서부터 대법원까지 일관되게 위 행위가 성희롱으로 볼 수 없다고 판단한 것이다. 즉 대법원은 술을 따르도록 강요한 행위라고 해도 그것이 성적인 의미가 없이 단순한 직장 상사에 대한 예의표시에 불과하다면 일률적으로 성희롱으로 볼 수 없다고 실질적으로 판단한 것이다.

▶ 대법원 2007. 6. 14. 선고 2005두6461 판결

구 남녀차별금지 및 구제에 관한 법률(2003. 5. 29. 법률 제6915호로 개정되기 전의 것, 이하 '법'이라고 한다) 제2조 제2호에서는 "성희롱이라 함은 업무, 고용 기타 관계에서 공공기관의 종사자, 사용자 또는 근로자가 그 지위를 이용하거나 업무 등과 관련하여 성적 언동 등으로 성적 굴욕감 또는 혐오감을 느끼게 하거나 성적 언동 기타 요구 등에 대한 불응을 이유로 고용상의 불이익을 주는 것을 말한다"라고 규정하고 있다. 여기서 성희롱의 전제요건인 '성적 언동 등'이란 남녀 간의 육체적 관계나 남성 또는 여성의 신체적 특징과 관련된 육체적, 언어적, 시각적 행위로서 사회공동체의 건전한 상식과 관행에 비추어 볼 때 객관적으로 상대방과 같은 처지에 있는 일반적이고도 평균적인 사람으로 하여금 성적 굴욕감이나 혐오감을 느끼게 할 수 있는 행위를 의미한다고 할 것이고, 위 법 규정상의 성희롱이 성립되기 위해서는 행위자에게 반드시 성적 동기나 의도가 있어야 하는 것은 아니지만, 당사자의 관계, 행위가 행해진 장소 및 상황, 행위에 대한 상대방의 명시적 또는 추정적인 반응의 내용, 행위의 내용 및 정도, 행위가 일회적 또는 단기간의 것인지 아니면 계속적인 것인지 여부 등의 구체적 사정을 참작하여 볼 때, 객관적으로 상대방과 같은 처지에 있는 일반적이고도 평균적인 사람으로 하여금 성적 굴욕감이나 혐오감을 느낄 수 있게 하는 행위가 있고, 그로 인하여 행위의 상대방이 성적 굴욕감이나 혐오감을 느꼈음이 인정되어야 할 것이다. 따라서 객관적으로 상대방과 같은 처지에 있는 일반적이고도 평균적인 사람으로 하여금 성적 굴욕감이나 혐오감을 느끼게 하는 행위가 아닌 이상 상대방이 성적 굴욕감이나 혐오감을 느꼈다는 이유만으로 성희롱이 성립될 수는 없다고 할 것이다. 원심은, ○○초등학교 3학년 담임교사들의 회식 자리에서 교감인 원고가 교장인 소외 1, 교무부장인 소외 2와 함께 참석하여 학생지도, ○○초등학교 3학년 기초학력평가 및 1학기 영어 선도수업 등 학습에 관한 대화를 하던 중 소외 1이 3학년 담임교사 중 여자교사 3명에게는 소주잔에 맥주를 따라 주었고, 남자교사 3명에게는 소주잔에 소주를 따라 주었는데, 남자교사 3명만 소외 1에게 답례로 술을 권하고, 여자교사 3명은 술을 권하지 않자 두 차례에 걸쳐 여자교사들에게 교장선생님께 술 한 잔씩 따라 줄 것을 권유한 사실을 인정한 다음, 위 회식 장소에서의 대화 내용, 원고가 위와 같은 말을 하게 된 정황 등에 비추어 원고가 성적 의도를 가지고 위와 같은 언행을 하였다기보다 직장 상사인 교장으로부터 술을 받았으면 답례로 술을 권하여야 한다는 차원에서 한 것으로 보여지는 점, 회식에 참석한 여자교사 3명 중 2명이 원고의 언행으로 인하여 성적인 굴욕감 또는 혐오감을 느끼지 않았다고 진술하고 있는 점 등에 비추어 이 사건 회식의 성격, 참석자들의 관계, 장소 및 원고가 이 사건 언행을 할 당시의 상황, 성적 동기 또는 의도의 구체적인 사정을 종합하여 보면, 원고의 이 사건 언행이 우리 사회공동체의 건전한 상식과 관행에 비추어 볼 때 용인될 수 없는 선량한 풍속 또는 사회질서에 위반되는 것이라고 보기 어렵다고 판단하였다. 위 법리와 기록에 비추어 볼 때, 원고가 단지 여자교사들에 대하여 교장인 소외 1에게 술을 따라 줄 것을 두 차례 권한 이 사건 언행은 여자교사들로 하여금 성적 굴욕감 또는 혐오감을 느끼게 하는 성적 언동에 해당하지 않는다고 할 것이므로 이를 성희롱이라고 한 이 사건 결정이 위법하다고 한 원심의 판단은 정당하고 거기에 상고이유의 주장과 같은 채증법칙 위배 또는 법 제2조 제2호의 성희롱의 해석에 관한 법리오해의 잘못이 없다.

2. 대학교수가 조교에게 단둘이 입방식하자고 말하고 몸매를 감상하는 듯한 태도를 보인 경우

대학교수는 사실상 조교에 대하여 지휘 · 감독관계에 있는 위치에 있는데 사회통념상 일상생활에서 허용되는 단순한 농담 또는 호의적이고 권유적인 언동으로 볼 수 없을 정도에 이를 경우에는 성희롱으로 보아 불법행위로 인한 손해배상책임이 있다.

▶ 대법원 1998. 2. 10. 선고 95다39533 판결

피해자가 엔엠알기기 담당 유급조교로서 정식 임용되기 전후 2, 3개월 동안, 가해자가 기기의 조작 방법을 지도하는 과정에서 피해자의 어깨, 등, 손 등을 가해자의 손이나 팔로 무수히 접촉하였고, 복도 등에서 피해자와 마주칠 때면 피해자의 등에 손을 대거나 어깨를 잡았고, 실험실에서 "요즘 누가 시골 처녀처럼 이렇게 머리를 땋고 다니느냐"고 말하면서 피해자의 머리를 만지기도 하였으며, 피해자가 정식 임용된 후에는 단둘이서 입방식을 하자고 제의하기도 하고, 교수연구실에서 피해자를 심부름 기타 명목으로 수시로 불러들여 위아래로 훑어보면서 몸매를 감상하는 듯한 태도를 취하여 피해자가 불쾌하고 곤혹스러운 느낌을 가졌다면, 화학과 교수 겸 엔엠알기기의 총책임자로서 사실상 피해자에 대하여 지휘 · 감독관계에 있는 가해

자의 위와 같은 언동은 분명한 성적인 동기와 의도를 가진 것으로 보
여지고, 그러한 성적인 언동은 비록 일정 기간 동안에 한하는 것이지
만 그 기간 동안만큼은 집요하고 계속적인 까닭에 사회통념상 일상
생활에서 허용되는 단순한 농담 또는 호의적이고 권유적인 언동으로
볼 수 없고, 오히려 피해자로 하여금 성적 굴욕감이나 혐오감을 느끼
게 하는 것으로서 피해자의 인격권을 침해한 것이며, 이러한 침해행
위는 선량한 풍속 또는 사회질서에 위반하는 위법한 행위이고, 이로
써 피해자가 정신적으로 고통을 입었음은 경험칙상 명백하다.

3. 음담패설이나 야한 이야기도 성희롱에 해당되나?

흔히 남자들이 회식자리나 심지어는 업무 중에도 음담패설이나
야한 이야기를 하곤 하는데 이러한 경우도 성희롱에 해당될 수 있다.
특히 어느 한 쪽이 수적으로 우세한 곳에서 성적인 농담을 하는 것은
다른 성의 사람에게 더욱 당혹감을 줄 수 있다. 상대방이 그런 행위
에 대해 어떠한 거부 의사도 표현하지 않았다고 해서 성희롱을 한 것
에 대한 책임에서 벗어날 수 있는 것은 아니고 상대방이 그러한 행위
에 동참하지 않았다는 것은 소극적인 거부의 표현으로 보아야 한다.
동법시행규칙의 별표상 직장 내 성희롱을 판단하기 위한 기준의 예
시를 살펴보면 ① 음란한 농담을 하거나 음탕하고 상스러운 이야기
를 하는 행위(전화통화를 포함), ② 외모에 대한 성적인 비유나 평가를
하는 행위, ③ 성적인 사실 관계를 묻거나 성적인 내용의 정보를 의
도적으로 퍼뜨리는 행위, ④ 음란한 사진·그림·낙서·출판물 등을
게시하거나 보여주는 행위(컴퓨터통신이나 팩시밀리 등을 이용하는 경우를
포함), ⑤ 성과 관련된 자신의 특정 신체부위를 고의적으로 노출하거
나 만지는 행위 등이 성희롱에 해당된다. 따라서 여직원들 앞에서 야
한 이야기를 하거나, 여직원의 외모를 성적으로 평가[7]하거나, 여직원

---

7 예컨대 "미스김 몸매 죽이는데", "남자 여럿 죽이겠어", "가슴에 뽕넣은 거 아

에게 성에 관한 경험 등을 묻거나[8] 음란한 동영상이나 사진을 보여주는 행위, 컴퓨터모니터의 화면보호기에 야한 사진이 나오게 하는 것도 성희롱에 해당된다. 그러나 몰래 야한 동영상을 보다가 여직원에게 들켰다든지, 아니면 친구에게 야동을 전송하려다 실수로 여직원에게 전송하였다면 이는 성희롱에 해당되지 않는다. 하지만 즉시 해명하고 사죄를 해서 오해를 풀어야지 자칫 잘못하면 성희롱으로 몰릴 수도 있다.

V. 직장 내 성희롱에 대처하는 방법

1. 일단 상사에게 보고

성희롱을 당할 경우 혼자서 고민만 하고 있지 말고 주변의 직원에게 알려서 공동으로 가해자에게 대응하거나 상급자에게 성희롱 사실이 있었음을 알려야 한다. 이러한 대응은 제일 첫 단계의 대응으로 성희롱 가해자에게 재발을 하지 않게끔 유도할 수 있고, 때로는 원만히 해결할 수 있는 가장 부드러운 해결책이다. 특히 상급자에게 알려 그 상급자로 하여금 성희롱 가해자에게 야단을 치게 하여 따끔하게 혼을 낼 경우 효과가 크다. 하지만 성희롱의 정도가 너무 지나치거나 상사에게 얘기해도 상사가 가해자의 편을 들 경우에는 이 방법은 효

나?" 등의 표현은 성희롱에 해당한다. "타이트한 옷을 입고 출근하니 좋네, 항상 이렇게 입고 다녀라", "아가씨 엉덩이라 탱탱하네", "술 먹고 같이 자자", "여자가 들어올 때 들어오고 나올 데 나와야 섹시한데 넌 마르기만 해서 안 섹시해", "힘깨나 있어 보이는데 밤에 어떻게 지내?", "어제 또 야동 봤지."

8 예컨대 "김대리 어제 남편하고 불타는 밤을 보냈나봐", "이양 숫처녀 아니지?" 등의 표현은 성희롱에 해당한다. 하지만 단지 "김대리 어제밤 뭐했길래 아침부터 정신을 못차려"라는 말은 반드시 성적인 의미에서 비롯된 것이라 단정할 수 없으므로 성희롱에 해당되지 않을 수도 있다. 다만 당시 전후 상황으로 보아 그 말이 성적인 의미를 내포함이 객관적으로 인정된다면 이 역시 성희롱에 해당될 수 있다.

과가 없다

2. 사업주에게 신고

가장 가까운 직근 상사에게 도움을 요청해도 소용이 없을 경우에는 바로 사업주에게 성희롱 사실을 고충 신고하는 것이 좋다. 고충신고는 구두, 서면, 우편, 전화, 팩스 또는 인터넷 등의 방법으로 하여야 한다. 신고를 받은 사업주는 고충을 직접 처리하거나 근로자참여 및 협력증진에 관한 법률에 따라 설치된 노사협의회에 위임하여 처리하게 한다. 사업주가 직접 처리한 경우에는 처리 결과를, 노사협의회에 위임하여 처리하게 한 경우에는 위임 사실을 해당 근로자에게 알려야 한다. 사업주나 노사협의회는 특별한 사유가 없는 한 접수일부터 10일 이내에 고충을 처리하고 그 처리결과를 해당 근로자에게 통보해 주어야 한다(동법시행령 18조).

3. 고용노동부나 국가인권위원회에 진정

사업주에게 성희롱 사실을 신고하였음에도 불구하고 문제가 해결되지 않거나 오히려 불이익을 당할 경우에는 고용노동부나 국가인권위원회에 진정을 넣을 수 있다. 이 경우 만약 사업주가 성희롱 피해자의 신고를 묵살하였거나 적당한 대응을 하지 않은 경우 과태료를 받게 된다. 예컨대 성희롱 신고내용이 사실로 드러났음에도 불구하고 가해자에 대한 징계를 하지 아니한 경우 등이 이에 해당된다. 고용노동부나 국가인권위원회에 진정을 넣을 경우 그곳에서 양당사자의 의견을 듣고 적당한 해결책으로 조정을 할 수 있다.

4. 민·형사 소송 제기

가. 형사고소

성희롱의 정도가 단순한 언어적 방법이 아닌 신체적 접촉에 이를 경우에는 형사처벌 대상이 된다. 폭행·협박으로 추행한 경우, 아니면 갑자기 신체적 접촉을 해서 추행한 경우(예컨대 기습추행) 모두 강제추행죄가 성립된다. 또한 업무·고용 그 밖의 관계로 인하여 자기의 보호, 감독을 받는 사람에 대하여 위계 또는 위력으로 추행한 경우에도 처벌된다(성폭법 10조). 만약 공연히 과다하게 치부를 노출할 경우에는 10만원 이하의 벌금, 구류 또는 과료(科料)의 형으로 처벌될 수 있다(경범죄처벌법 3조 1항 33호). 따라서 이러한 피해를 당한 경우 가해자를 상대로 형사 고소할 수 있다.

나. 민사상 손해배상청구

앞서 설명한 바와 같이 성희롱도 불법행위에 해당하므로 민사상 손해배상청구가 가능하고, 사업주에 대해서도 사용자책임을 연대하여 물을 수 있다.

Ⅵ. 억울하게 성희롱한 것으로 몰린 경우

1. 머 리 말

"회식자리에 가면 여자 근처에도 가지 마라" 최근에 직장인들이 흔히 하는 말이다. 왜 이런 말이 나올까? 예전에는 직장 내에서 회식을 할 때 남녀직원들이 한데 어우러져 어느 정도 스킨십을 하는 것이 미덕(?) 같이 여겨졌다. 그와 같은 스킨십을 통해 서로 동료애를 느끼게 되고 회사를 가족같이 느껴 더욱 일치단결한다고 믿었기 때문이다. 하지만 최근에는 이런 말을 하면 정신 나간 사람으로 취급받을지도 모른다. 그만큼 요즘은 직장 내에서 남녀 간에 성희롱 문제가 화두가 되어 조금이라도 실수할 경우 바로 성희롱으로 신고되어 징계받기 십상이다. 수 십년 간 한 직장에서 몸담아 공든 탑이 성희롱신고 하나로 모두 물거품이 되어 버리고, 회사에서 감봉되거나 심지어는 해고당할 수도 있다. 설사 살아남는다고 해도 결국 그것이 올무가 되어 몇 년 안에 퇴사하게 될 가능성이 크다.

2. 문 제 점

물론 직장 내에서 성희롱을 일삼는 사람에 대해 징계를 하는 것은 당연하다. 그렇게 함으로써 여자들이 마음 놓고 직장에 다니면서 능력을 발휘할 수 있기 때문이다. 하지만 이런 사회적 기류에 편승하여 별 뜻 없이 한 말을 침소봉대하고, 일상적인 스킨십을 마치 성적 의도로 매도하거나 심지어는 전혀 하지도 않은 스킨십을 했다고 악의적으로 주장하는 경우도 발생하고 있다. 이젠 성이 무기화되어 오히려 여자가 남자를 성적으로 압박하는 감도 없지 않다. 나아가 요즘은 남자가 여자 상사로부터 성희롱을 당했다고 신고하는 경우도 발생하고 있다. 이렇듯 억울하게 성희롱을 하였다고 신고를 당할 경우 당사자는 매우 난감하다. 왜냐하면 직장에서는 일단 신고한 여자의 말을 더욱 신뢰하고 남자의 말은 변명으로 취급되어 버리는 경우가 많기 때문이다. 실질적으로 증명책임이 남자에게 전가되어 버린다.

3. 부당한 징계에 대처하는 방법

가. 징계 전

일단 성희롱으로 징계를 받게 되면 후술하는 바와 같이 그 구제절차가 매우 복잡하다. 따라서 성희롱으로 징계받을 경우에는 당시 상황을 적극적으로 해명해야 한다. 신고자의 말에 대해 조목조목 반박하여야 하고, 필요하면 당시 현장에 있었던 동료나 직장 선후배들의 도움도 받아야 한다. 특히 성희롱 신고자 외에 다른 여자들이 현장에 있었다면 그 다른 여자들도 같은 느낌을 받았는지 여부가 실무상 매우 중요한 자료가 된다. 따라서 주위 여자들은 성희롱으로 느끼지 않았고 유쾌한 농담 정도로 느꼈다는 진술서나 사실확인서를 받아 놓는 것이 좋다.

나. 징계에 대한 구제절차

위에서 언급한 바와 같이 성희롱으로 신고될 경우 사실조사를 해서 그것이 사실임이 밝혀졌을 경우 사업주는 지체 없이 해당 근로자를 징계해야 한다(동법 14조 5항). 만약 이를 어길 경우 사업주는 500만원 이하의 과태료를 내야 한다(동법 39조 2항 1의6호). 하지만 만약 조사결과 성희롱 신고내용이 사실이 아니거나 명백한 증거가 없을 경우에는 (즉 정당한 이유가 없이) 사업주는 근로자에게 경고, 견책, 감봉, 휴직, 정직, 전직, 해고 등의 징계(이하 '부당해고등'으로 통칭함)를 하지 못한다(근로기준법 23조 1항). 이러한 징계가 만약 부당하다면 이는 '부당해고등'으로 보아 근로자는 지방노동위원회에 구제신청을 할 수 있다(근로기준법 28조 1항). 다만 이러한 구제신청은 부당해고등이 있었던 날부터 3개월 이내에 하여야 한다(동조 2항).9 노동위원회는 구제신청을 받으면 지체 없이 필요한 조사를 하여야 하며 관계 당사자를 심문하여야 한다. 노동위원회는 이러한 심문을 할 때에는 관계 당사자의 신청이나 직권으로 증인을 출석하게 하여 필요한 사항을 질문할 수 있다. 노동위원회는 심문을 할 때에는 관계 당사자에게 증거 제출과 증인에 대한 반대심문을 할 수 있는 충분한 기회를 주어야 한다(근로기준법 29조 1~3항). 설사 징계사유에 해당된다고 해도 징계받은 사람이 내부나 외부에서 업무와 관련하여 표창을 받은 경우에는 감경사유에 해당되므로 징계의 수위를 낮출 수 있다.

---

9 이 점에 관하여 3개월이란 시간적 제한이 너무 단기여서 이는 청구인의 재판청구권을 침해하여 헌법에 위반된다며 헌법소원한 사안에 대해 헌법재판소는 합헌 결정을 하였다(헌법재판소 전원재판부 2012. 2. 23. 선고 2011헌마233 결정).

■ 근로기준법 시행규칙 [별지 제3호 서식]

부당해고등의 구제 신청서

접수번호	접수일	처리기간 : 90일 (사건에 따라 연장가능)

신청인	성명 나 분 해	생년월일 1980. 5.5.
	주소 서울 관악구 신림동 111	(전화번호 : 010-9999-9999)
	사업장명 ㈜강직산업	근무부서

피신청인	사업장명 ㈜ 강직산업	사업주 성명(법인인 경우 대표자 성명) 대표이사 독고문
	사업장 주소	서울 서초구 서초동 111 (전화번호 : 02-555-5555)

해고등 발생일	2020. 12. 24.
신청취지	1. 본건 신청은 이를 부당해고(또는 부당징계정직, 부당전보 등)로 인정한다. 2. 피신청인은 신청인을 원직에 복귀시키고 해고기간동안 지급받을 수 있는 임금상당액을 지급하여야한다. 라는 판정 및 명령을 구합니다.
신청이유	별지와 같음

「근로기준법」 제28조 제1항과 같은 법 시행규칙 제5조에 따라 위와 같이 부당해고등에 대한 구제를 신청합니다.

2021년   2월   20일

신청인   나 분 해   (서명 또는 인)

대리인   법무법인진솔 담당변호사 강민구   (서명 또는 인)

서울지방노동위원회 위원장 귀하

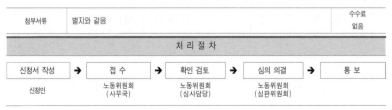

첨부서류	별지와 같음	수수료 없음

처 리 절 차				
신청서 작성 →	접 수 →	확인 검토 →	심의 의결 →	통 보
신청인	노동위원회 (사무국)	노동위원회 (심사담당)	노동위원회 (심판위원회)	

210mm×297mm[백상지 80g/㎡ 또는 중질지 80g/㎡]

다. 노동위원회의 결정과 불복방법

지방노동위원회는 심문을 끝내고 부당해고등이 성립한다고 판정하면 사용자에게 구제명령을 하여야 하며, 부당해고등이 성립하지 아니한다고 판정하면 구제신청을 기각하는 결정을 하여야 한다(근로기준법 30조 1항). 지방노동위원회의 판정, 구제명령 및 기각결정은 사용자와 근로자에게 각각 서면으로 통지하여야 한다(동조 2항). 지방노동위원회는 해고에 대한 구제명령을 할 때에 근로자가 원직복직(原職復職)을 원하지 아니하면 원직복직을 명하는 대신 근로자가 해고기간 동안 근로를 제공하였더라면 받을 수 있었던 임금 상당액 이상의 금품을 근로자에게 지급하도록 명할 수 있다(동조 3항). 지방노동위원회의 구제명령이나 기각결정에 불복하는 사용자나 근로자는 구제명령서나 기각결정서를 통지받은 날부터 10일 이내에 중앙노동위원회에 재심을 신청할 수 있다(근로기준법 31조 1항).

라. 행정소송 절차

부당징계에 대한 행정소송은 지방노동위원회와 중앙노동위원회의 판단을 반드시 거쳐야 한다. 즉 필수적 행정심판전치주의가 적용된다(대법원 1995. 9. 15. 선고 95누6724 판결). 중앙노동위원회의 재심판정에 대하여 사용자나 근로자는 재심판정서를 송달받은 날부터 15일 이내에 행정소송을 제기할 수 있다(근로기준법 31조 2항). 이 경우 근로자는 원고로서 중앙노동위원회위원장을 피고로 하여 '부당해고구제 재심판정 취소소송'을 제기하는데, 통상 고용 회사는 피고를 위한 보조참가를 하여 적극적으로 해고 등 징계가 정당하다는 주장을 피력하곤 한다.10 위 각 기간 이내에 재심을 신청하지 아니하거나 행정소

---

10 중앙노동위원회에서 징계취소 판정을 할 경우에는 오히려 징계를 한 회사가 원고가 되어 중앙노동위원회를 상대로 소를 제기하고, 이 경우에는 징계를 당한 근로자가 피고를 위한 보조참가를 하게 된다.

송을 제기하지 아니하면 그 구제명령, 기각결정 또는 재심판정은 확정된다(동조 3항). 이러한 행정소송은 항고소송으로 그 중 '취소소송'에 해당된다(행정소송법 3조 1호, 4조 1호). 따라서 제1심 관할법원은 피고의 소재지를 관할하는 행정법원이다(행정소송법 9조 1항). 그리고 제2심 법원은 고등법원, 제3심은 대법원이다. 과거에는 행정소송을 2심제로 운영하였으나 이제는 1심을 행정법원에서 관할하므로 3심제로 변경되었다.

마. 효력정지 안됨

노동위원회의 구제명령, 기각결정 또는 재심판정은 중앙노동위원회에 대한 재심 신청이나 행정소송 제기에 의하여 그 효력이 정지되지 아니한다(동법 32조). 즉 지방노동위원회의 결정(구제명령 혹은 기각결정)은 중앙노동위원회에서의 재심판정에 의해 결과가 바뀌지 않는 한 일단 유효하고, 중앙노동위원회의 재심판정 역시 법원에서 결과가 바뀌지 않는 한 효력이 유지된다.

바. 이행강제금

노동위원회는 구제명령(구제명령을 내용으로 하는 재심판정을 포함)을 받은 후 이행기한까지 구제명령을 이행하지 아니한 사용자에게 2천만원 이하의 이행강제금을 부과한다(근로기준법 33조 1항). 노동위원회는 최초의 구제명령을 한 날을 기준으로 매년 2회의 범위에서 구제명령이 이행될 때까지 반복하여 제1항에 따른 이행강제금을 부과·징수할 수 있다. 이 경우 이행강제금은 2년을 초과하여 부과·징수하지 못한다(동조 5항). 근로자는 구제명령을 받은 사용자가 이행기한까지 구제명령을 이행하지 아니하면 이행기한이 지난 때부터 15일 이내에 그 사실을 노동위원회에 알려줄 수 있다(동조 8항).

Ⅶ. 징계해고의 판단기준

1. 총   론

직장 내 성희롱으로 인한 해고의 경우, 판례는 "징계해고는 사회통념상 고용관계를 계속할 수 없을 정도로 근로자에게 책임 있는 사유가 있는 경우에 그 정당성이 인정된다고 하면서, 이는 당해 사용자의 사업의 목적과 성격, 사업장의 여건, 당해 근로자의 지위 및 담당직무의 내용, 비위행위의 동기와 경위, 이로 인하여 기업질서에 미칠 영향, 과거의 근무태도 등 여러 가지 사정을 종합적으로 검토하여 판단하여야 한다"고 하였다(대법원 2003. 7. 8. 선고 2001두8118 판결 등). 한편 "사용자가 근로자에 대하여 징계해고 처분을 함에 있어서의 '정당한 이유'라 함은 사회통념상 고용관계를 계속시킬 수 없을 정도로 근로자에게 책임이 있는 사유가 있는 경우를 말하고, 한편 취업규칙 등에서 징계사유를 규정하면서 동일한 사유에 대하여 여러 등급의 징계가 가능한 것으로 규정한 경우에 그 중 어떤 징계처분을 선택할 것인지는 징계권자의 재량에 속한다고 할 것이지만 이러한 재량은 징계권자의 자의적이고 편의적인 것에 맡겨져 있는 것이 아니며, 징계사유와 징계처분과의 사이에 사회통념상 상당하다고 인정되는 균형의 존재가 요구되고, <u>경미한 징계사유에 대하여 가혹한 제재를 과하는 것은 징계권의 남용으로서 무효라고 할 것이다</u>"라고 하였다(대법원 1991. 10. 25. 선고 90다20428 판결).

2. 각론 — 해고의 징계양정 판단시 고려할 사항

가. 반복적 행위

성희롱 행위가 고용환경을 악화시킬 정도로 매우 심하거나 반복적으로 행해지는 경우, 징계해고처분이 객관적으로 명백히 부당하다

고 인정되는 경우가 아닌 한 쉽게 징계권이 남용되었다고 볼 수 없다
(대법원 2008. 7. 10. 선고 2007두22498 판결).

나. 우월적 지위

특히 직장 내 성희롱을 방지하여야 할 지위에 있는 사업주나 사
업주를 대신할 지위에 있는 자가 오히려 자신의 우월한 지위를 이용
하여 성희롱을 하였다면 더욱 엄격히 취급하여야 한다(대법원 2008. 7.
10. 선고 2007두22498 판결 등 다수).

다. 여직원이 대다수인 경우

업무의 특성상 여직원이 많아서 회사가 특히 성희롱 교육에 힘
써왔으며 취업규칙 등을 통하여 성희롱 행위를 엄격히 금지하고 있
는 경우 비난가능성이 높다(서울고등법원 2012. 7. 5. 선고 2011누42774 판
결; 서울행정법원 2011. 11. 10. 선고 2011구합19208 판결).

라. 회사의 이미지 실추 및 영업손실

직장 내 성희롱 사건으로 인하여 공적기관의(방송·언론기관, 공사,
대학교 등) 이미지가 실추된 경우, 회사 특성상 그 운영에 막대한 영
향을 받은 경우(여성 대상 헬스클럽) 엄격히 판단하여야 한다(서울행정법
원 2010. 6. 4. 선고 2009구합49190 판결; 서울행정법원 2012. 4. 27. 선고 2011
구합34863 판결).

마. 피해자의 용서

가해 근로자가 해고되지 않고 같은 직장에서 계속 근무하는 것
이 성희롱 피해자들의 고용환경을 감내할 수 없을 정도로 악화시키
는 결과를 가져 올 수 있는지 살펴보아야 한다. 특히 가해 근로자가
피해 근로자로부터 용서를 받았는지 여부 등을 고려하여야 한다(서울

행정법원 2011. 8. 12. 선고 2010구합28717 판결; 2012. 7. 19. 선고 2012구합 7042 판결).

바. 피해자의 수 및 피해정도

성희롱이 일정한 기간에 걸쳐 반복적으로 이루어지고 피해자도 다수라면 이를 우발적이라고 평가할 수 없고(대법원 2008. 7. 10. 선고 2007두22498 판결), 비위행위의 정도가 성희롱을 넘어 형법상 강제추행에까지 이르는 경우 엄격히 판단하여야 한다(서울고등법원 2012. 7. 5. 선고 2011누42774 판결).

Ⅷ. 징계해고의 정당 여부에 관한 실제결정례

1. 성희롱은 인정되나 해임처분은 부당하다고 판정한 경우(중앙 노동위원회 결정, 중앙2018부해218, 재심신청)

가. 사실관계

이 사건 근로자(피징계청구자)는 대학교 교수로서,

1) 2017. 5. 25. 같은 대학교에 근무하는 여성 조교의 엉덩이를 쳤다

2) 2017. 4.경 사무실에서 여성 조교와 점심을 먹던 중 "소지지 큰 걸 먹겠다"라고 말하는 여성조교에게 "왜? 큰 거 좋아하나 보지?" 라는 모욕적 말을 했다.

3) 2017. 4.경 같은 부서 소속의 여직원들이 있는 자리에서 "타 부서에 있을 때 학생들이 자기 몸이 좋다며 먼저 팔을 껴안기도 하였다"라고 말했다.

4) 2017. 1.경 다이어트와 관련하여 대화를 하던 중 여성조교에게 "살이 얼마나 빠졌나? 배를 만져보면 알 수 있다. 여자는 살을 빼

면 가슴부터 빠진다. 딸도 가슴이 많이 커졌는데 빠졌다. 너희들도 살 빠지면서 가슴도 많이 빠지지 않냐."라고 말하였다.

나. 판정요지

근로자에게 부하직원에 대한 성희롱 등 징계사유는 인정이 되나, 그간에 징계이력이 없고, 성희롱이 우발적이고 즉흥적으로 행해진 것으로 보일 뿐 의도적이거나 반복적으로 행해진 것이 아닌 점, 사용자(대학교) 또한 성희롱예방교육을 부실하게 하여 직장 내 성희롱예방을 위한 의무를 다하였다고 보기 어려운 점 등을 종합하여 볼 때, 근로관계를 종료하는 해임처분은 비위행위에 비해 그 양정이 지나치게 무거워 부당하다.

2. S카드회사 지점장이 반복적으로 성희롱한 경우

가. 사실관계

(1) 원고는 S카드회사의 지점장으로서 2002. 7.경 점심시간에 남아 팩스를 보내고 있던 여직원 서○○를 갑자기 뒤에서 껴안아 당황하게 만들었고, 2003. 2.경 술에 취하여 밤 11시부터 다음 날 새벽 1시경까지 사이에 여러 차례 서○○에게 전화를 걸어 "오빠야, 내가 너 사랑하는지 알지. 너는 나 안보고 싶냐"는 등의 말을 하였다.

(2) 원고는 2003. 4.경 여직원 황○○에게 목과 어깨를 주물러 달라고 요구하고, 2003. 6. 토요일 저녁에 여직원 이○○에게 수차례 전화를 걸어 "집이 비어 있는데 놀러 오라"고 요구하였으며, 2003. 6. 11. 직원 회식을 마치고 노래방으로 자리를 옮기는 중 계단에서 갑자기 여직원 이○○을 껴안고 "내가 너를 얼마나 좋아하는지 알지"라고 말하면서 볼에 입을 맞추었다.

(3) 원고는 2003. 7.경 여직원 김○○이 업무를 보고할 때 성과가 좋다고 하면서 "열심히 했어, 뽀뽀" 하면서 얼굴을 들이대는 등의

행동을 하였고, 김○○이 휴가를 가겠다고 보고하자 잘 다녀오라고 하면서 위 여직원을 껴안았다.

(4) 2003. 7. 11. 원고의 지점이 6월 영업 실적 종합 평가 결과 전국 지점 중 1위를 한 사실을 알게 되자, 원고는 흥분을 이기지 못하여 원고의 컴퓨터 화면을 보고 있던 여직원 황○○을 갑자기 껴안았고, 같은 날 저녁 축하 회식자리에서 여직원들을 자신의 좌석 옆자리로 불러 그 동안의 노고를 치하하면서 술을 먹도록 권유하였고, 여직원 안○○의 옆자리에 앉아 귓속말을 하면서 그의 귀에 입을 맞추거나 자리를 옮기는 여직원 이○○의 엉덩이를 치는 등의 행동을 하였으며, 여직원 이○○에 대해서는 원고가 한 입 먼저 먹은 상추쌈을 먹도록 하였고, 위 ○○식당에서 회식을 마치고 식당 앞으로 직원들과 함께 나가는 과정에서 모여 있던 직원들 중 여직원 이○○, 이△△, 김○○ 등 수명의 여직원들을 차례로 껴안아 올리거나 도는 등의 행동을 하였는데, 특히 김○○의 경우 그의 가슴 부위를 안고 들어 올려 본인뿐 아니라 다른 여직원들에게도 불쾌감을 느끼게 하였다.

(5) 참가인 회사는 원고에 대해 위와 같은 비위사실로 인해 징계해직 처분하였다.

나. 판결내용

이 사안의 원심법원은 원고의 행위가 "지점을 책임지는 관리자로서 직원에 대한 애정을 표시하여 직장 내 일체감과 단결을 이끌어낸다는 의도에서 비롯된 것이고, 전국최우수지점선정을 축하하는 회식에서 흥분하고 들뜬 상태에서 술에 취하여 우발적으로 행동한 것으로 그 경기나 동기에 참작할만한 사정이 있으며", "원고의 위와 같은 행동은 그 동안의 왜곡된 사회적 인습이나 직장문화 등에 의하여 형성된 평소의 생활태도에서 비롯된 것으로서 특별한 문제의식 없이 이루어진 것으로 참가인의 상벌규정에 정한 해직요건인 '고의성이

현저한 경우'에 해당한다고 보기 어려워" 징계권을 남용하였다고 판
단하였다(서울고등법원 2007. 10. 10. 선고 2006누9285 판결). 하지만 대법
원의 판단은 달랐다. 즉 대법원은 카드회사 지점장이 여직원 8명에
대하여 14회에 걸쳐 성희롱을 한 사건으로 성희롱이 일정한 기간에
반복적으로 다수의 피해자에게 행해졌다면 우발적이라고 볼 수 없고,
특별한 문제의식 없이 행해졌다고 하더라도 가볍게 평가할 수 없으
며, 특히 성희롱을 방지하여야 할 우월한 지위에 있는 자의 경우 더
엄격히 판단하여야 하므로 지점장에 대한 징계해직 처분은 부당하지
않다고 해석한 것이다.

▶ 대법원 2008. 7. 10. 선고 2007두22498 판결

　　[1] (중략) 성희롱이 그 횟수가 1회에 그치는 경우에는 우발적인
것이라고 볼 여지가 있으나, 성희롱이 일정한 기간에 걸쳐 반복적으
로 이루어지고 피해자도 다수라면 이를 우발적이라고 평가할 수는
없을 것이고, 직장내 성희롱이 사회문제화된 후 1999. 2. 8. 개정된
남녀고용평등법에서 성희롱 행위를 금지하고 성희롱 예방 교육, 성
희롱 행위자에 대한 징계 등을 규정하게 된 이상, 그 이후에 발생한
성희롱은 그 동안의 왜곡된 사회적 인습이나 직장 문화 등에 의하여
형성된 평소의 생활 태도에서 비롯된 것으로서 특별한 문제 의식 없
이 이루어진 것이라는 이유로 그 행위의 정도를 가볍게 평가할 수 없
으며, 특히 직장내 성희롱을 방지하여야 할 지위에 있는 사업주나 사
업주를 대신할 지위에 있는 자가 오히려 자신의 우월한 지위를 이용
하여 성희롱을 하였다면 그 피해자로서는 성희롱을 거부하거나 외부
에 알릴 경우 자신에게 가해질 명시적·묵시적 고용상의 불이익을 두
려워하여 성희롱을 감내할 가능성이 크다는 점을 감안할 때 이들의
성희롱은 더욱 엄격하게 취급되어야 한다.

[2] 원심이 인정한 사실 관계에 의하더라도, 이 사건 원고의 행위는 여직원들을 껴안거나 볼에 입을 맞추거나 엉덩이를 치는 등 강제 추행 또는 업무상 위력에 의한 추행으로 인정될 정도의 성적 언동도 포함된 성희롱 행위로서, 객관적으로 상대방과 같은 처지에 있는 일반적이고도 평균적인 사람의 입장에서 보아 고용 환경을 악화시킬 정도로 그 정도가 매우 심하다고 볼 수 있을 뿐 아니라, 한 지점을 책임지고 있는 지점장으로서 솔선하여 성희롱을 하지 말아야 함은 물론 같은 지점에서 일하는 근로자 상호간의 성희롱 행위도 방지해야 할 지위에 있음에도, 오히려 자신의 우월한 지위를 이용하여 자신의 지휘·감독을 받는 여직원 중 8명을 상대로 과감하게 14회에 걸쳐 반복적으로 행한 직장내 성희롱이라고 할 것이므로, 이러한 원고의 성희롱 행위가 우발적이라거나 직장내 일체감과 단결을 이끌어낸다는 의도에서 비롯된 것이라고 평가할 수 없으며, 이 사건 성희롱 행위가 남녀고용평등법이 성희롱 행위를 금지하고 성희롱 예방 교육, 성희롱 행위자에 대한 징계 등을 규정하게 된 이후인 2002. 7월경부터 2003. 7. 11.까지 반복적으로 행해진 점에 비추어 설사 원고의 성희롱 행위가 그 동안의 왜곡된 사회적 인습이나 직장 문화 등에 의하여 형성된 평소의 생활 태도에서 비롯된 것으로서 특별한 문제의식 없이 이루어졌다고 하더라도 그러한 이유로 그 행위의 정도를 가볍게 평가할 수 없으므로, 결국 원고의 성희롱 행위는 참가인 규정상 징계 해직 사유인 '위반의 범위가 크고 중하며 고의성이 현저한 경우'로 보아야 하고, 원고가 징계 해고되지 않고 같은 직장에서 계속 근무하는 것이 성희롱 피해자들의 고용 환경을 감내할 수 없을 정도로 악화시키는 결과를 가져 올 수도 있다는 점과 사업주가 성희롱 피해자들에 대해 손해배상 책임을 부담할 수도 있다는 점 등을 감안할 때, 참가인의 원고에 대한 이 사건 징계 해직 처분은 객관적으로 명

백히 부당하다고 인정되지 않는다.

3. K항공사의 남자직원이 다수의 여직원을 상대로 성희롱을 하고 신체접촉도 시도한 경우

가. 사실관계

(1) 원고는 참가인 회사의 객실승무 라인팀장을 맡고 있는데, 라인팀은 원고를 제외한 11명이 모두 여성이고, 대체로 1년간 같은 비행편에 탑승하여 같은 스케줄의 업무를 수행하게 된다.

(2) 원고는 2002년부터 2010. 5.에 이르기까지 9차례에 걸쳐 음담패설 등 성적인 이야기를 하거나 성적 접촉을 시도하였다.

(3) 원고의 라인팀 직원들이 참가인 회사에 원고의 성희롱 때문에 고통이 심하다며 원고의 징계를 강력히 희망하였고, 자신들과 근무하지 않게 해달라고 건의하자, 참가인 회사는 징계절차를 거쳐 원고를 해고하였다.

나. 판결 내용

이 사안에 대해 법원은 K항공사의 경우 객실승무원의 경우에는 대부분이 여성이어서 특히 성희롱 예방교육을 엄격하게 금지하고 있어 성희롱의 경우 더욱 엄단해야 하고, 더욱이 원고는 신체접촉까지 시도하였으므로 원고에 대한 해고가 정당하다고 보았다.

▶ **서울고등법원 2012. 7. 5. 선고 2011누42774 판결**

[1] 징계사유의 존부

① 참가인 회사가 한 804팀원들에 대한 조사결과에 의하면, 원고가 804팀의 팀장으로 임명된 직후부터 평소 원고의 팀원들에 대한 성희롱적 언행이 지속적으로 이루어진 점, ② 원고의 팀원인 승무원

들과의 관계, 별지 비위행위의 기재와 같은 성적인 언동이 이루어진
장소 및 상황, 그 내용 및 정도에 비추어 상대방인 여승무원들이 성
적 굴욕감이나 혐오감을 느꼈을 것으로 보이는 점, ③ 결국 원고의
언동에 대한 여승무원들의 문제 제기로 인하여 참가인 회사가 원고
에 대한 징계절차에 착수한 점, ④ 성희롱인지 여부는 행위자의 내심
의 의사나 동기보다는 상대방의 입장에서 객관적으로 판단되어야 할
것인 점 등을 종합하면, 원고는 부하직원인 여승무원들에게 성적 혐
오감을 일으키는 언동으로 성희롱을 하였다 할 것이고, 위와 같은 원
고의 행위는 참가인의 취업규칙에서 정한 징계사유에 해당한다.

[2] 징계양정의 정당성

'직장 내 성희롱'의 전제요건인 '성적인 언동 등'에는 육체적, 언
어적, 시각적 행위가 모두 포함되고, 성희롱에 해당되는지 여부나 그
에 대한 위법성의 정도는 당사자의 관계, 행위가 행해진 장소 및 상
황, 행위에 대한 상대방의 명시적 또는 추정적인 반응의 내용, 행위
의 내용 및 정도 행위가 일회적 또는 단기간의 것인지 아니면 계속적
인 것인지 여부 등의 구체적 사정을 참작하여 성적 굴욕감이나 혐오
감을 느끼게 할 수 있는 행위인지 여부와 그 정도에 따라 결정되는
것이므로, 그 성적인 언동이 언어적이라는 이유만으로 다른 언동에
비하여 위법성의 정도가 낮다고 단정할 수 없다. 한편, 이 사건 징계
의 사유로 된 원고의 비위행위에는 언어적인 것뿐만 아니라 신체접
촉도 포함되어 있다.

① 참가인 회사의 전체 직원 약 17,000여명 중 7,000명이 여성이
고, 객실승무원의 경우에는 약 90%에 상당하는 5,000여명이 여성인
데, 항공기 기내라는 좁고 제한된 공간에서 남녀가 함께 근무하고,
해외 체류시 장시간 공동생활을 하여야 하는 업무의 특성으로 인하
여 참가인 회사는 성희롱 예방 교육자료를 배포하고 취업규칙 등을

통하여 성희롱 행위를 엄격히 금지하고 있는바, 참가인 회사의 위와 같은 노력과 지침에 비추어 원고의 앞서 본 바와 같은 비위행위는 그 비난가능성이 매우 커 엄격히 처리되어야 함이 마땅한 점, ② 원고는 소속 팀원들보다 더 모범적인 근무태도로서 참가인 회사가 방지하고자 하는 성희롱 행위 등을 예방하고 감독해야 하는 팀장의 지위에 있음에도 오히려 평상시 소속 여승무원들에 대한 성적인 언동을 함으로써 소속 부하 직원들에게 성적 혐오감과 수치심이 들게 하여 근무환경을 악화시킨 점, ③ 원고가 행한 성적인 언동의 횟수 및 기간, 그 내용에 비추어 보면, 원고의 성희롱은 상습에 이르렀다고 보이고, 그 비위의 정도 또한 매우 중하다고 할 것인 점, ④ 원고가 2002년 및 2005년 성적인 언동으로 인하여 담당자로부터 주의와 경고를 받았음에도 재차 이 사건 비위행위에 나아갔고, 이 사건 징계절차에 이르러서도 자신의 언동에 대하여 기억이 나지 않는다거나 오해에 불과하였다는 등으로 변명하고 있는 점에서 원고에게 개전의 정이 없다고 보이는 점 등을 종합하여 보면, 참가인 회사의 원고에 대한 이 사건 해고는 객관적으로 명백히 부당하여 사회통념상 현저하게 타당성을 잃은 것으로 볼 수 없다.

4. K관광공사(공기업) 간부의 성희롱 사실이 언론에 보도되어 회사의 명예가 실추된 경우

가. 사실관계

(1) 원고는 참가인 공사 베이징지사 부장이고, 피해자는 당시 베이징지사 인턴사원이었는데, 둘은 실무협의를 위하여 중국 장춘·몽골지역으로 출장을 갔다.

(2) 원고와 참가인은 출장업무를 마치고 몽고식 숙박시설인 게르(커다란 텐트 내에 싱글베드가 2개 놓여 있음)에서 함께 숙박을 하게 되었는데, 원고는 계속하여 피해자에게 "살만 맞대고 자자"라는 등의

발언을 하였다.

(3) 피해자는 두려움에 떨다가 밖으로 나와 두 시간 이상을 추위에 떨다가 원고가 잠이 든 것을 확인하고 다시 들어갔다.

(4) 일부 인터넷 언론사에서 '공기업 간부, 해외서 여직원 성추행' 등의 제목으로 기사를 보도하자, 참가인 공사는 원고를 징계면직하였다.

나. 판결내용

이 사안에 대해 법원은 피해자에게 용서받지 못하였던 점, 직장이 공기업인 관광공사인 점, 언론보도로 인해 기업질서에 미칠 영향 등을 종합적으로 검토하여 원고에 대한 징계면직은 정당하다고 보았다.

▶ 서울고등법원 2012. 5. 16. 선고 2011누29788 판결

[1] 징계사유의 존부

참가인이 행한 피해자 등에 대한 감사결과와 언론사들의 보도내용이 원고의 행위와 피해자의 반응, 장소 및 정황 등에 있어서 상당 부분 구체적이고 상세하게 부합하는 점, 원고도 인사위원회 회의에 참석하여 성희롱 사실을 일부 인정한 점, 성희롱인지 여부는 행위자의 내심의 의사나 동기보다 상대방의 입장에 더 주안점을 두어 판정되어야 마땅한 점 등을 종합하면, 원고는 직장 내 상하관계에 있는 여직원을 출장지로 불러 같은 방에 투숙하는 과정에서 불미스러운 언행으로 성희롱을 하였다 할 것이고, 위와 같은 원고의 행위는 참가인의 징계규정 제3조 제1호, 제3호, 제4호, 제11호에서 정한 각 징계사유에 해당한다.

[2] 징계양정의 적정 여부

원고는, 자신이 평소에 여직원에게 성적 농담조차 하지 않았는

데 이 사건 당시 만취하여 우발적으로 신체접촉 없는 언어적 성희롱을 하였을 뿐이고 인턴사원이던 피해자가 퇴직하여 추가 피해 가능성이 없으며 더욱이 원고의 해고를 원하지 않고 있는 점 등을 … 종합하여 볼 때 이 사건 징계해고는 재량권을 남용한 것이어서 위법하다고 주장한다.

그러나 피해자가 원고를 신뢰하여 동행하다가 몽골지역에서 같은 숙박시설에서 머무르던 중 원고의 이 사건 성희롱 행위에 두려움을 느껴 숙박시설 밖으로 나가 두 시간 이상 추위에 떨었고 다음날 다른 동행을 만난 후에 기절하였으며, 이러한 사실이 일부 인터넷 언론 등에 보도되었고, 이 사건 징계면직 당시는 물론 이 사건 재심판정시까지도 피해자에게 용서받지 못하였던 점 등을 비롯하여 공사인 참가인의 사업 목적과 성격, 참가인 국외지사의 여건, 원고의 지위와 담당직무 내용, 비위행위의 동기와 경위, 이 사건 성희롱 행위 및 언론보도가 기업질서에 미칠 영향 등을 종합적으로 검토하여 보면, 사회통념상 원고에게 책임 있는 이유로 고용관계를 계속할 수 없는 정도에 이르렀다고 봄이 타당하므로, 원고에 대한 징계면직은 재량권을 일탈하거나 남용한 것이라고 볼 수 없다.

5. M방송국 보도국 차장이 후배 여기자에게 성추행에 해당될 정도의 행위를 하였고 언론에 보도된 경우

가. 사실관계

(1) 원고는 M방송국(참가인 회사)의 보도국 사회부 차장으로 근무하는 자로서 2008. 11. 8. 청계산 야유회 회식 후 2차 노래주점에서 사회부 소속 후배 여기자인 피해자의 허리를 껴안고 다리를 만지는 등의 행위를 하였고(1차 성희롱), 2008. 11. 14. 사건팀 회식 후 2차 노래방에서 피해자의 허벅지 안쪽을 만지는 등의 행위를 하였다(2차 성희롱).

(2) 참가인 회사 소속의 임○○ 차장은 2009. 10. 14. 2차 노래방 회식 도중 원고가 옆에 앉은 피해자의 등을 쓰다듬다가 재킷 속으로 손을 넣는 것을 보고 충격을 받아 원고에게 "지금 실수하고 있는 것이다"라고 경고하였다.

(3) 참가인 회사는 소속 직원 임☆☆에게 원고, 피해자, 임○○을 조사하여 '성추행행위경위서' 등을 작성하도록 하였다.

(4) 참가인 회사 소속 유○○ 기자는 2009. 10. 28. 당해년도 9.경 부서회식자리에서 원고가 피해자의 허벅지를 툭툭 치거나 쓰다듬는 등의 행위를 한 것을 목격하였다는 내용의 글을 회사 인트라넷에 올렸다(3차 성희롱).

(5) 일부 언론매체에서 원고의 성희롱 행위에 대한 비난성 보도를 개제하였고, 그 후 M방송국은 원고를 해고하였다.

나. 판결내용

이 사안도 앞서 언급된 K관광공사 사건과 유사한 이유로 원고에 대한 해고처분이 정당하고 보았다.

▶ **서울고등법원 2012. 3. 21. 선고 2011누29481 판결**

[1] 징계사유의 존부

[제 1, 2차 성희롱에 대하여]

① 당시 1년차 신입사원이었던 피해자가 2008. 11. 8. 있었던 원고의 행위에 대해 2008. 12. 2. 직근 상급자인 유△△에게 전자우편을 통해 '원고가 노래방에서 껴안으려고 했다', '양고기를 먹던 날 노래방에서 원고가 허벅지 안쪽을 만졌고 너무 수치스러워 뛰쳐나가고 싶었다'고 하는 등 원고의 행위를 구체적으로 기재하였던 점, ② 위 전자우편은 피해자가 원고로부터 피해를 입고 얼마 되지 않은 상태

에서 자신에게 생길 수도 있는 불이익을 감수하고 정신과 치료를 받으려고 유△△로부터 양해를 구하기 위하여 보낸 것이었던 점, ③ 실제로 피해자는 이 사건 제 1, 2차 성희롱 피해를 입은 후 정신과 치료를 받았던 점, ④ 피해자가 2009. 10. 19. 임☆☆에게 이 사건의 경위를 설명할 당시 이 사건 제 1, 2차 성희롱에 대해서 위 전자우편의 내용과 일관되게 진술한 점, ⑤ 피해자의 진술서 내용이 처음보다 다소 구체적으로 기재되어 있지만 중요한 내용은 일관성이 있고, 2009. 10. 20. 작성한 진술서에 원고가 다리를 만졌다는 내용이 추가되었다는 사정만으로 피해자의 진술서에 대한 신빙성을 배척하기 어려운 점 등을 종합하면 피해자의 진술을 기재한 전자우편, 진술서 등은 그 내용을 신빙할 수 있다.

[제 3, 4차 성희롱 존부 내용은 생략]

[2] 징계양정의 적정 여부

이 사건 해고처분이 재량권을 일탈·남용하였는지 여부에 관하여 보건대, 이 사건 원고의 행위는 피해자의 신체부위를 만지는 등 형법상 강제추행으로 인정될 정도의 성희롱 행위로서, 객관적으로 상대방과 같은 처지에 있는 일반적이고도 평균적인 사람의 입장에서 보아 고용환경을 악화시킬 정도로 그 정도가 매우 심하다고 볼 수 있을 뿐 아니라, 공익의 가치를 실현하고자 하는 참가인 회사의 보도국 사회부의 차장으로서 솔선하여 성희롱을 하지 말아야 함은 물론, 같은 부서에서 일하는 직원 상호간의 성희롱 행위도 방지해야 할 지위에 있음에도, 오히려 자신의 지휘·감독을 받는 피해자를 상대로 4회에 걸쳐 반복적으로 행한 직장 내 성희롱이라고 할 것이므로, 이러한 원고의 성희롱 행위가 우발적이라거나 후배에 대한 애정을 표시하여 업무와 관련한 조언과 격려를 한다는 의도에서 비롯된 것이라고 평가할 수 없으며, 설사 원고의 성희롱 행위가 그동안의 왜곡된 사회적

인습이나 직장문화 등에 의하여 형성된 평소의 생활태도에서 비롯된
것으로서 특별한 문제의식 없이 이루어졌다고 하더라도 그러한 이유
로 그 행위의 정도를 가볍게 평가할 수 없고, 원고가 징계해고 되지
않고 같은 직장에서 계속 근무하는 것이 피해자의 고용환경을 감내
할 수 없을 정도로 악화시키는 결과를 가져 올 수도 있다는 점(원고는
현재까지 피해자로부터 이 사건 성희롱과 관련하여 용서를 받지 못한 것으로
보인다)과 원고의 행위와 관련된 언론보도로 인하여 방송·언론기관
인 참가인의 이미지가 실추된 점 및 참가인이 원고의 행위에 관하여
피해자에 대해 손해배상책임을 부담할 수도 있다는 점 등을 감안할
때, … 이 사건 해고처분이 그 징계양정에 있어 재량권의 일탈·남용
에 해당할 정도로 부당하다고 보기는 어렵다.

원고가 약 20년간 성실하게 우수한 성적으로 근무하였고 이전에
징계처분을 받은 적이 없으며 이 사건과 유사한 전력도 없는 점 등
원고가 주장하는 사정을 모두 고려한다 하더라도 이 사건 해고처분
이 징계양정을 그르친 것으로서 징계재량권을 일탈, 남용한 것이라
고 볼 수 없다.

6. L건강 주식회사 취업규칙에서 성희롱을 강직 이하의 징계 로 규정하였으나, 비위행위가 강제추행에 이른 경우

가. 사실관계

(1) 참가인은 원고 회사의 방판강원영업팀 팀장으로 남자직원 4
명과 여자직원 4명이 같은 팀에서 근무하였는데, 참가인은 여자직원
4명에게 수시로 신체접촉이나 만날 것을 강요하였고, 성희롱 발언을
하였으며, 문자메시지나 전화를 하였다.

(2) 방판강원영업팀 직원들은 사내메신저 등을 통해 참가인이
강제로 껴안았다는 등이 이야기를 하면서 "고통스럽다", "회사 다니
기 싫다", "성희롱 스트레스 때문에 업무효율이 떨어진 것 같다"는

등의 서로간의 고충을 말하였다.

(3) 원고 회사는 징계위원회를 열어 참가인이 사직서를 제출하지 않자 해고하였다.

(4) 문제는 위 회사의 취업규칙에 직장 내 성희롱을 할 경우 견책, 감급, 정직 또는 강직 등 징계 처분한다고 규정되어 있을 뿐 해고 처분에 관한 규정은 없다. 하지만 징계해고 사유 중에 "사내에서 타인에게 협박, 폭행을 하거나 업무를 방해한 때" 또는 "사회적 물의를 일으켜 회사의 공신력이나 명예·위신을 손상시켰을 때"가 포함되어 있다.

나. 판결내용

이 사안에 대해 법원은 취업규칙에 직장 내 성희롱의 경우 강직 이하로 징계하도록 규정하고 있으나 참가인의 비위행위는 성희롱을 넘어서 강제추행에 이르러 위 규정이 징계양정의 한계로 적용된다고 보기 어려우므로 징계해고가 정당하다고 보았다.

▶ 서울고등법원 2012. 7. 12. 선고 2011누445032 판결

[1] 징계사유의 존부

① 원고 회사 방판강원영업팀 여자직원이고 피해자들인 4명(최○○, 이○○, 신○○, 김○○)이 원고 회사로부터 조사받은 과정에서 진술한 내용이나 2011. 6.경 최○○, 이○○, 김○○이 작성한 진술서 및 최○○이 이 법정에서의 증언 내용이 구체적이고 일관성이 있는 점, ② 파견직원인 한△△, 원고 회사 방판강원영업팀 남자직원들인 이△△, △광△, 조△△, 박△△이 원고로부터 조사받은 과정에서 진술한 내용이 최○○ 등의 진술 등과 부합하는 점, ③ 방판강원영업팀 직원들이 주고받은 사내메신저의 대화내용, 참가인이 최○○

에게 전화나 문자메시지를 보낸 횟수나 시간(2010. 5. 경 참가인은 최○
○에게 100번이 넘게 전화를 하거나 문자메시지를 보냈고, 그 중 22:00시 이후
에 전화를 한 횟수도 상당함) 등도 최○○ 등의 위 진술 등과 부합하는
점 등에 비추어 보면, 참가인의 비위행위는 모두 인정되고, 취업규칙
제139조 제3호, 제9호, 제12호, 제140조 제5호, 제16호의 징계사유에
해당한다.

[2] 징계양정의 적정 여부

참가인의 비위행위 중 여직원의 의사에 반하여 강제로 껴안거나
볼에 접촉하는 행위는 성희롱을 넘어 형법상 강제추행죄에 해당하는
것으로 보이는 점(대법원 2004. 4. 16. 선고 2004도52 판결; 대법원 2002. 4.
26. 선고 2001도2417 판결 등 참조), 참가인은 팀장으로서 솔선하여 성희
롱을 하지 말아야 함은 물론 같은 팀에서 일하는 근로자 상호간의 성
희롱 행위도 방지해야 할 지위에 있음에도, 오히려 자신의 우월한 지
위를 이용하여 지휘 · 감독을 받는 여직원을 상대로 장기간에 걸쳐 반
복적으로 성희롱 내지 강제추행을 하여 그 비난가능성이 매우 큰 점,
취업규칙 제139조 제12호가 직장 내 성희롱의 경우 강직 이하로 징
계하도록 규정하고 있으나 참가인의 비위행위는 성희롱을 넘어서 강
제추행에 이르러 위 규정이 징계양정의 한계로 적용된다고 보기 어
려운 점, 반면에 징계업무처리 매뉴얼에 의하면, 피해자의 명확한 거
부 표시가 있은 이후에도 계속적으로 성희롱을 반복하는 경우 권고
사직 이상의 징계양정 사유에 해당하는 점, 참가인이 징계해고되지
않고 같은 직장에서 계속 근무하는 것이 성희롱 피해자들의 고용환
경을 감내할 수 없을 정도로 악화시키는 결과를 가져 올 것으로 보이
는 점 등에 비추어 보면, 원고의 참가인에 대한 이 사건 징계해고가
부당하다고 보기 어렵다.

7. J대학교 학생복지처 차장이 상급자로서 우월한 지위에 있을 뿐 아니라, 근무지가 대학이라는 특수성에 비추어 엄격하게 해석한 경우

가. 사실관계

(1) 원고는 J대학교 학생복지처의 차장으로 부하 여직원 이○○, 김○○, 박○○ 등과 함께 근무하였는데, 원고는 2007. 2. 2. 이○○과 직원들간 갈등관계에 관하여 상담하던 중 "아이고, 내가 이○○을 안아줘야지"라고 말하면서 이○○을 갑작스럽게 포옹하고, 얼굴을 감싸며 입맞춤을 하였다.

(2) 원고는 2007. 9. 14. 회식자리에서 김○○에게 "자지 몰라요? 자지! 남자성기!", "옛날에는 강했는데 지금은 약하다" 등의 발언을 하며 남성의 성기를 상징하는 손모양을 취하였다.

(3) 원고는 2007. 9. 14. 회식 후 박○○과 택시 뒷자리에 앉아가면서 박○○의 손을 잡아당겨 자신의 허벅지에 올리고 성기 부분에 닿게 하였고, 박○○의 손등에 입맞춤을 하였다.

(4) J대학교는 2008. 1.경 징계위원회를 개최하여 직원복무규정 위반을 이유로 2008. 1. 31. 원고를 해고하는 결정을 내렸다.

나. 노동위원회의 결정

이 사건의 초심인 지방노동위원회는 "2007. 9. 14. 당시 회식자리 분위기가 좋았다는 점을 김○○도 인정하고 있는 점 등으로 보아 원고의 행동이 성적 수치심을 느끼게 할 정도는 아니었고, 같은 날 택시 안에서도 당시 원고가 몸을 가누지 못할 정도로 만취한 상태여서 성희롱 의사가 있었다고 보기 어렵다"고 하면서 원고의 김○○, 박○○에 대한 성희롱을 인정하지 않았다. 나아가 이○○에 대한 성희롱은 인정되지만, 원고의 일련의 성희롱 행위가 사회통념상 근로

계약을 지속할 수 없을 정도로 중하게 보이지 않고, 원고에게 동종 징계 처분 전력이 없으며, 19년의 근속기간 중 6차례 표창을 받은 사실을 고려할 때, 본 사건의 해고는 징계양정이 과하여 부당하다고 판정하였다(2009부해139). 하지만 이후 중앙노동위원회는 김○○이 "회식자리의 분위기는 좋았지만 자신은 기분이 안좋았고 개인적인 자리가 아니었기 때문에 그러한 기분을 숨기고 있었다"라고 진술한 것 등에 기초하여 원고의 행위는 모두 성희롱 행위로 인정된다고 하면서 본 사건의 해고를 정당하다고 판정하였다(2009부해691).

다. 법원의 판결내용

이 사안에 대해 1심인 서울행정법원은 원고의 행위가 3명의 여직원들을 상대로 반복적으로 행해졌고, 원고는 참가인 산하의 J대학교에 근무하고 있으므로 대학이라는 특수성에 비추어 성희롱에 관하여 보다 엄격하게 보아야 할 필요가 있어 원고에 대한 해고가 정당하다고 보았다. 그리고 위 판결은 항소심에서도 항소 기각되었고, 대법원에서는 심리불속행으로 상고 기각되어 1심 판결은 그대로 확정되었다(서울고등법원 2011. 4. 12. 선고 2010누19630 판결; 대법원 2011. 7. 14. 선고 2011두8796 심리불속행 판결).

▶ 서울행정법원 2010. 6. 4. 선고 2009구합49190 판결

[1] 징계사유의 존부

원고의 이○○, 김○○, 박○○에 대한 성희롱 사실은 인정된다.

[2] 징계양정의 적정 여부

이 사건에 관하여 보건대, 원고는 이○○, 김○○, 박○○의 상급자로서 우월한 지위에 있으므로 원고의 성희롱은 동급자 혹은 하급자의 성희롱보다는 엄격하게 취급할 필요가 있는 점, 원고의 행위

는 여직원을 껴안고 입맞춤을 하거나 강제로 자신의 허벅지 등을 만
지게 하고 손에 입맞춤을 하는 등 형법상 강제추행죄로 인정될 정도
의 성적 언동이 포함된 성희롱 행위로서, 객관적으로 상대방과 같은
처지에 있는 일반적이고도 평균적인 사람의 입장에서 보아 고용환경
을 악화시킬 정도로 그 정도가 매우 심하다고 볼 수 있는 점, 원고의
성희롱 행위는 남녀고용평등법에 성희롱 행위 금지, 성희롱 예방교
육, 성희롱 행위자에 대한 징계 등의 규정이 마련된 지 약 8년이 경
과한 시점에서 3명의 여직원들을 상대로 반복적으로 행해졌으므로
설령 원고의 성희롱 행위가 그동안의 왜곡된 사회적 인습이나 직장
문화 등에 의하여 형성된 평소의 생활태도에서 비롯된 것으로서 특
별한 문제의식 없이 이루어졌다고 하더라도 그러한 이유로 그 행위
의 정도를 가볍게 평가할 수 없는 점, 원고가 징계해고 되지 않고 같
은 직장에서 계속 근무할 경우 성희롱 피해자들의 고용환경이 감내
할 수 없을 정도로 악화될 우려가 있는 점, 원고는 참가인 산하의 J대
학교에 근무하고 있으므로 대학이라는 특수성에 비추어 성희롱에 관
하여 보다 엄격하게 보아야 할 필요가 있는 점, 이 사건 2차 해고 사
유로 추가된 교내 고시원 '인현재'의 규칙 위반 조장 부분 역시 교직
원으로서의 본분에 어긋나는 행동인 점, 원고가 주장하는 다른 징계
사례들은 성희롱과는 무관한 비위사실에 관한 것이어서 이 사안과
직접 비교하기에는 적절하지 아니한 점 등을 종합하면, 표창수상 등
원고에게 유리한 사정을 모두 감안하더라도 참가인의 원고에 대한
이 사건 2차 해고는 객관적으로 명백히 부당하다고 인정되지 않는다.

8. C공항공사의 징계위원회를 구성함에 있어 성희롱 예방지침 에 따랐으나 상위규정인 인사규정을 위반한 경우

가. 사실관계

(1) 참가인은 C공항공사의 물류팀 팀장으로 근무하였는데, 참가

인은 2005. 늦가을 회식 후 간 노래방에서 김○○의 손, 어깨, 허리, 엉덩이 등 신체의 특정부위를 만지는 행위를 하였다.

(2) 참가인은 2006. 5.경 사무실에서 보고 중인 김○○의 가슴을 손으로 찌르는 행위를 하였다.

(3) 참가인은 2006. 6. 사무실에서 김○○에게 "남편하고 자는 것은 집에 가서 늦게 하고 남아서 일 좀 하고 가라"고 큰 소리로 말하였다.

(4) 참가인은 2006. 7. 19시 45분경 사무실에 혼자 남아 있는 김○○의 팔을 만지고 쓰다듬는 행위를 하였다.

(5) C항공공사는 인사위원회를 구성하여 참가인에 대한 징계절차를 진행하여 5인 만장일치로 참가인에 대한 이 사건 해고를 의결하였다.

나. 판결내용

이 사안에 대해 법원은 C공항공사가 성희롱 관련 인사위원회의 구성조건에 관한 규정을 어겼다고 해도 이 사건 징계자체를 취소하여야 할 정도의 절차상 위법이 있는 것이라고는 볼 것이 아니므로 원고에 대한 해고가 정당하다고 보았다.

▶ 서울행정법원 2008. 4. 22. 선고 2007구합40670 판결

[1] 징계절차의 적법 여부

원고 공사는 참가인보다 상위 직급인 3인의 인사위원과 하위직급이자 여직원인 2인의 인사위원 등 5인으로 인사위원회를 구성하여 참가인에 대한 징계절차를 진행하여 5인 만장일치로 참가인에 대한 이 사건 해고를 의결하였다. 그런데 원고 공사의 사규의 규정체계에 비추어 보면, 인사규정과 성희롱예방지침이 서로 충돌하는 경우에는

상위규정인 인사규정이 우선할 수밖에 없는 것이고 따라서 인사위원
회에 참가인보다 하위직급자인 여직원 2인이 포함되어 있다면 이는
인사위원은 심의대상자보다 상위직급으로 구성되어 있어야 한다는
인사규정 제6조 제2호를 위반한 것이라 할 것이다. 그러나 원고 공사
가 인사위원회를 구성함에 있어 참가인보다 하위직인 여성위원 2인
을 참가시키게 된 것은 성희롱 관련 인사위원회의 구성에 있어 남성
또는 여성의 비율이 전체 위원의 10분의 7을 초과하여서는 아니 된
다는 성희롱예방지침 제11조의 규정에 따른 것으로서 참가인보다 상
위직급의 여성 직원이 없었기 때문이라는 것인바, … 성희롱 예방지
침이 인사규정보다 나중에 제정된 것이고 그 규정 내용이 인사규정
의 특별규정인 것으로 잘못 해석될 여지가 있는 점, 이는 규정의 해
석의 잘못에 기인한 것일 뿐 원고 공사에서 참가인에게 특별히 불리
하게 하기 위한 의도가 있었던 것으로 보이지 아니하고, 참가인 역시
징계절차에서 특별히 그 구성의 위법을 주장한 것으로 보이지는 않
는 점, … 인사규정에 따라 그 자격이 없다고 판단되는 참가인보다
하위직급 여직원 2인을 제외하더라도 위 인사규정에서 정하고 있는
인사위원회의 최소 구성정족수(3인) 및 의결정족수(출석위원 과반수 이
상의 찬성)를 충족하고 있다는 점 등에 비추어 보면, … 이 사건 징계
자체를 취소하여야 할 정도의 절차상 위법이 있는 것이라고는 볼 것
이 아니다.

  [2] 징계사유의 존부

    참가인은 당초 성희롱 행위의 장소로 지목된 노래방에 간 사실
조차 부인하다가 당시 함께 동석하였던 동료직원들의 진술을 통하여
노래방에 간 사실이 증명되자 이를 뒤늦게 번복하고 인정하는 등 진
술에 일관성이 없는 점, 참가인도 이 사건 성희롱 행위 중 2006. 6.
경 저녁 공사 사무실에서 퇴근하려는 피해자에게 "남편하고 자는 것

은 집에 가서 늦게 하고 남아서 일 좀하고 가라"고 큰소리로 말한 사실은 인정하고 있고 참가인이 과거에도 자신과 함께 근무하였던 여직원들에게도 이 사건 성희롱 행위와 유사한 성희롱 행위를 한 사실이 있는 점, 피해자의 성희롱행위에 대한 진술이 세부적인 내용에 있어서는 다소 일관되지 않는 점은 있으나 이는 오래된 과거의 사실을 반복하여 진술함에 따라 나타날 수 있는 기억상의 오류 정도에 불과하고 큰 줄거리에 있어서는 그 피해를 대체로 명확하게 진술하고 있는 점, 피해자는 원고 공사에 입사한지 얼마 안 되는 신입사원으로써 참가인을 무고할 특단의 사정이 없고 참가인의 능력에 관하여 비교적 중립적인 위치에서 평가하고 있는 점 및 피해자의 동료직원이나 남편이 피해자로부터 그 이전부터 참가인이 성희롱행위를 하였다는 이야기를 들은 적이 있다고 진술하고 있는 점 등에 비추어 보면, 참가인이 이 사건 징계사유와 같은 성희롱 행위를 하였다는 점은 충분히 인정할 수 있고 인사규정상의 징계사유에 해당한다.

[3] 징계양정의 적정 여부

참가인은 물류팀 팀장의 직위에서 여직원들에 대한 성희롱을 예방하고 감독하여야 할 지위에 있음에도 오히려 그 자신이 상습적으로 여직원에게 성적 굴욕감 및 혐오감을 주는 행위를 한 점, 성희롱의 장소가 회식자리는 물론 사내 사무실에서도 자행되었을 뿐 아니라 장기간에 걸쳐 이루어짐으로써 직원들 간의 신뢰와 직장질서를 심각하게 파괴한 점, 원고 공사는 이 사건이 발생하기 이전에도 성희롱방지를 예방하기 위하여 교육과 교범을 정립하는 등 최선의 노력을 다해왔고, 참가인도 이러한 사정을 잘 알면서도 이 사건 성희롱행위를 한 점 … 이 사건 해고가 사회통념상 현저하게 타당성을 잃어 그 징계재량권을 일탈하거나 남용하여 위법한 처분이라고 할 수 없다.

9. 성희롱 행위로 경고조치를 받은 전력이 있음에도 불구하고
   다시 성적 언행을 하여 회사의 위신을 크게 실추시킨 경우

가. 사실관계

(1) 원고 회사는 세계적 다국적 기업인 Y회사의 한국 내 자회사
이고, 참가인은 고객지원부서의 장으로 근무한 자로서 2005. 5. 20.
고객지원부서의 팀원들과 저녁회식을 하던 중 여직원들에게 '러브샷'
을 강요하고 신체접촉을 시도하여 원고 회사로부터 경고를 받았다
(1차 성희롱).

(2) 참가인은 2005. 7. 12. 원고 회사의 모회에서 개최한 업무회
의에 참석하여 자신의 동료여직원들을 'Charlie's Angel'(성적 외모만
내세우고 능력은 없다는 의미)이라고 지칭하는 등의 발언을 하였고, 이
후 회식자리에서도 여직원들에게 '나의 성기는 크다(My pennis is
large)'라는 등의 매우 노골적인 성적 발언을 하고, '러브샷'을 하면서
신체적인 접촉을 하였다(2차 성희롱).

(3) 원고 회사는 미국 본사의 국제담당 총괄사장으로부터 참가
인의 2차 성희롱 행위에 대하여 강력한 항의를 받은 후 징계위원회
를 개최하여 참가인에 대한 해고를 의결하였다.

나. 중앙노동위원회 재심판정 및 행정법원의 판결

이 사건의 중앙노동위원회 재심판정 및 1심 행정법원은 "참가인
의 2차 성희롱 행위를 직장 내의 지위를 이용하거나 업무와의 관련
성 또는 고용상의 불이익을 주는 직장 내의 성희롱으로 보기에는 부
족"하다고 하면서 해고의 양정이 과하여 부당하다고 판단하였다(서울
행정법원 2007. 3. 27. 선고 2006구합35916 판결 참조).

다. 항소심의 번복판결

이 사안에 대해 항소심 법원인 서울고등법원은 이미 성희롱 행위로 인하여 원고 회사로부터 경고조치를 받은 전력이 있음에도 불구하고, 그러한 경고를 받은 지 약 1개월 정도 지난 시점에서 성적 의미가 내포된 부적절한 말을 하여 회사의 위신을 크게 추락시켰으므로 참가인에 대한 징계해고는 정당하다고 보았고, 대법원에서 심리불속행으로 항소심 판결이 그대로 확정되었다(대법원 2008. 3. 13.자 2007두24487 심리불속행 판결).

▶ 서울고등법원 2007. 11. 6. 선고 2007누9589 판결

[1] 징계사유의 존부에 관하여

살피건대, 원고 회사의 취업규칙 제43조 제2호는 '고의 또는 중대한 과실로 회사에 손해를 끼치거나 회사의 위신을 추락시키고 사회적 물의를 일으킬 때'를 해고사유의 하나로 규정하고 있고, 참가인이 원고 회사에 입사하면서 준수를 서약한 Y비즈니스 행동 및 윤리강령 Ⅲ. 4.는 "Y의 정책은 성희롱을 포함한 직장 내의 어떠한 형태의 괴롭힘(즉 남을 부끄럽게 하거나 공격적이거나 적대적인 근무환경을 조성하거나 직원의 업무를 방해하는 일체의 구두의, 신체적인 그리고 시각적인 행위)도 철저하게 금지하고 있습니다"라고 규정되어 있는데, 참가인의 2차 성희롱 행위는 위 규정들에 일응 모두 해당된다고 볼 것이다.

참가인은, 한국의 동료여직원들이 평소 서로를 'Chalie's Angel'로 부르며 농담을 주고받기에 이를 업무보고 중에 재미있는 일화로 소개하려다가 동료여직원들을 'Chalie's Angel'로 지칭하게 된 것이고, 어떤 백인인 여성동료가 회식자리에서 먼저 동양인 남자의 성기는 작다며 성적 농담을 걸어오기에 이에 대응하다가 자신의 성기가 크다고 말하게 된 것이며, 한국의 술문화를 소개하다가 동료여직원들과 러브샷을 하게 된 것이므로 위와 같은 행위의 경위나 동기를 고려하면 위 2차 행위들은 성희롱 행위에 해당되지 않는다고 주장하나, 그와 같은 사정을 고려한다고 하더라도, 참가인의 언동이나 행위들이 성희롱 행위에 해당되지 않는다고 볼 수 없으니 참가인의 위 주장은 이유 없다.

[2] 징계양정의 적정여부에 관하여

이 사건에 관하여 보건대, 위 인정사실에 의하면, 이 사건 2차 성희롱 행위가 직장 내의 지위를 이용한 것이거나 또는 성적요구 등에 대한 불응을 이유로 고용상의 불이익을 주는 것으로 보기에 부족하기는 하나, 참가인이 1차 성희롱 행위로 인하여 원고 회사로부터 경고조치를 받은 전력이 있음에도 불구하고, 그러한 경고를 받은 지 약 1개월 정도 지난 시점에서 회사를 대표하여 원고 회사의 모회사에서 개최한 업무회의에 참석하여 세계 각 지역 자회사의 책임자들을 상대로 운영보고를 하는 공식석상에서 성적 의미가 내포된 부적절한 말을 하고, 회의 직후의 회식자리에서 더욱 노골적인 성적 언행들을 계속함으로써 원고 회사의 위신을 크게 추락시켰다고 할 것인바, 위에서 본 바와 같은 2차 성희롱 행위의 일시·장소 및 상황, 행위의 상대방, 행위태양, 참가인의 원고 회사에서의 지위 등 이 사건 변론에 나타난 모든 사정을 종합하여 볼 때, 원고 회사가 참가인의 2차 성희롱 행위에 대하여 한 이 사건 징계해고는 징계재량권의 범위 내에 이루어진 것으로서 정당하다 할 것이며, 따라서 이 사건 징계해고가 재량권을 일탈·남용한 것이라고 판단한 이 사건 재심판정은 위법하다고 할 것이다.

10. 헬스클럽 코치가 장기간에 걸쳐 여성고객 및 직원을 상대로 성적인 발언이나 행동을 하여 수차례 경고를 받았음에도 개선하지 않은 경우

가. 사실관계

(1) 원고는 A헬스클럽의 코치로 근무하던 자로서 A헬스클럽의 고객인 이○○, 김○○, 박○○ 및 A헬스클럽에서 아르바이트생으로 근무하던 박△△은 원고로부터 성추행 또는 성희롱을 당하였다며 112에 신고하거나 참가인에게 원고의 처벌을 요구하였다.

(2) A헬스클럽은 징계위원회를 개최하여 원고를 해고하였다.

나. 판결내용

이 사안에 대해 법원은 원고가 수차례에 걸쳐 경고를 받았음에도 개선되지 않았고, 다수의 미혼 여성회원들을 상대로 영업하는 이 사건 헬스클럽의 특수성에 비추어 원고의 성희롱 행위는 이 사건 헬스클럽의 운영에 막대한 영향을 미칠 것으로 보이므로 해고는 정당하다고 보았다.

▶ 서울행정법원 2012. 4. 27. 선고 2011구합34863 판결

[1] 징계사유의 존재 여부

① 원고의 성희롱 행위에 대하여 피해자들이 제출한 탄원서 등의 내용이 구체적이면서 상세한데다가 일관적이어서 사실로 여겨지는 점, ② 이 사건 헬스클럽의 여성고객인 이○○, 김○○, 박○○는 여자 화장실 출입문제, 성희롱적 발언을 이유로 참가인들에게 공개적으로 문제를 제기하였는바, 이들과 원고와의 관계, 문제의 언행이 이루어진 장소 및 상황, 그 정도에 비추어 이○○, 김○○, 박○○가

성적 굴욕감이나 혐오감을 느꼈을 것으로 보이는 점, ③ 이 사건 헬스클럽의 아르바이트생이었던 박△△은 원고의 성희롱적인 언행을 이유로 참가인들에게 문제를 제기한 후 퇴사하였는데, 원고와의 관계, 문제의 언행이 이루어진 장소 및 상황, 그 정도에 비추어 박△△ 역시 성적 굴욕감이나 혐오감을 느꼈을 것으로 보이는 점, ④ 성희롱인지 여부는 행위자의 내심의 의사나 동기보다 상대방의 입장에 더 주안점을 두어 판정되어야 마땅한 것인 점 등을 종합하면, 원고는 이 사건 헬스클럽의 여성고객이나 직원에게 성적 혐오감을 일으키는 언행을 하였다 할 것이고, 원고의 위와 같은 행위는 참가인들의 취업규칙 제69조 제7항, 제10항을 위반한 것으로서 징계사유에 해당한다.

[2] 징계양정의 적정 여부

이 사건에 관하여 살피건대. 위 인정사실 및 앞서 든 증거들과 변론 전체의 취지에 의하여 인정되는 다음과 같은 사정, 즉 ① 원고의 성희롱 행위는 장기간에 걸쳐 여성 고객이나 직원을 상대로 행하여진 것으로 보이고, 참가인들로부터 수차례에 걸쳐 경고를 받았음에도 개선되지 않았던 것으로 보이는 점, ② 신림동 고시촌에 위치하여 다수의 미혼 여성회원들을 상대로 영업하는 이 사건 헬스클럽의 특수성에 비추어 원고의 성희롱 행위는 이 사건 헬스클럽의 운영에 막대한 영향을 미칠 것으로 보이고 실제로도 원고의 잘못된 언행으로 인하여 일부 고객들이 환불을 받거나 탈퇴하기도 한 점 등에 비추어 원고는 참가인들과의 고용관계를 계속 유지할 신뢰를 상실한 것으로 보이므로 참가인들의 원고에 대한 해고조치는 객관적으로 명백히 부당하여 사회통념상 현저하게 타당성을 잃은 것으로 볼 수 없다.

올바른 형사변호사를 찾는 방법

제10장 올바른 형사변호사를 찾는 방법

I. 머 리 말

많은 사람들이 송사에 부딪힐 경우 "어떤 변호사를 선임해야 하는가?" 때문에 고민을 하게 된다. 더욱이 중대범죄의 경우, 자칫 잘못하면 실형을 선고받아 구속 수감되는 경우까지 예상해야 하므로 그 결과의 중대함은 더 크다 할 것이다. 그 중에서 특히 성범죄사건의 경우에는 신상정보 공개·고지와 전자발찌 부착명령 등과 같은 치명적인 부가형까지 있어 다른 사건보다 피의자의 불안은 더욱 가중된다. 물론 아무리 훌륭한 변호사를 선임한다고 해도 명백히 잘못한 것을 백지로 만들어 줄 수는 없다. 하지만 막상 사건에 입건될 경우 경찰과 검찰의 수사 과정부터 1심부터 3심에 이르기까지의 재판과정, 형의 집행에 이르기까지 긴 여정을 해야만 하는 고통이 따를 수 있다. 그 때문에 좋은 동반자를 선택하는 것은 매우 중요한 일이다. 그럼 이와 같이 중요한 변호사를 선임함에 있어 어떤 기준으로 변호사를 골라야 할까? 객관적인 변호사 선임 기준을 살펴보면 다음과 같다고 생각한다.

Ⅱ. 인터넷 허위·과장광고에 현혹되지 마라

1. 문 제 점

최근에는 변호사수의 증가로 인해 변호사들의 인터넷 광고가 많아지고 있다. 특히 형사전문 변호사부분은 그 중 광고가 가장 치열한 분야인데 거의 '광고의 홍수'라고 해도 과언이 아닐 정도이다. 그 이유는 형사사건이 언뜻 보기에는 쉬운 영역으로 인식되어 경험이 일천한 변호사들이 전문분야로 내세우기 비교적 용이하기 때문인 점[1]과 사건의 순환이 다른 사건들에 비해 빠르다는 장점 때문이다. 또한 형사사건 중에서도 성범죄 부분은 피의자들이 주위에 알리기 꺼려해서 지인들로부터 변호사를 소개받기가 쉽지 않아 대부분 인터넷을 통해 변호사를 선임하기 때문에 많은 변호사들이 성범죄 부분에 관해 더욱 광고를 하고 있다. 그럼 이러한 광고홍수 시대 속에서 어떤 변호사를 선임하는 것이 현명할까? 광고를 많이 하는 변호사가 좋은 변호사는 분명 아니다. 오히려 광고를 너무 많이 하는 경우 사건의 질보다는 양에 집착하는 경우가 많아 일단 선임된 뒤에는 찬밥신세가 될 확률이 높다.

---

1 반면 미국, 캐나다 등 영미법계에서는 형사변호사는 경험이 많고, 형사법의 전반적인 분야에 정통한 소수의 변호사들만이 할 수 있는 어려운 분야로 인식되고 있어 베테랑 변호사들이 그 주류를 이루고 있다. 대부분의 5년 이하 경력의 신참 변호사들은 로펌 등에 취직하여 민사·상사 등의 분야에 종사하고 있다. 특히 영국의 경우는 변호사체계가 이원화되어있는데, 통상 소액사건이나 계약서 검토, 부동산양도 등의 민사·상사 분야는 솔리스트(solicitor)라고 부르는 사무변호사가, 법정에 들어가서 직접 변호하는 형사소송이나 거액의 금전분쟁 등의 분야는 베리스터(barrister)라고 부르는 법정변호사가 담당한다. 베리스터는 그 수가 적어서 자격증 따기가 매우 어렵고 시간도 오래 걸린다.

2. 선임기준

가. 광고의 양보다는 질을 봐야 한다

인터넷 상 변호사가 쓴 글이나 기사 등을 보면 실제로는 광고대행업체에서 대신 작성한 경우도 많다. 대행업체에서 작성한 글인지, 변호사가 직접 작성한 글인지는 자세히 읽어보면 감이 온다. 대부분 블로그 상의 글은 광고대행업자가 쓴 경우가 많고, 기사의 인터뷰 내용이나 컬럼2 등은 변호사가 직접 쓴 경우가 많다. 그러므로 변호사의 내공을 느끼려면 가능한 블로그 글보다는 신문, 잡지, 방송 기사의 글이나 인터뷰 내용을 봐야 한다. 내용면에서는 너무 뻔한 얘기라든지, 추상적인 얘기에 그치는 글보다는 구체적이고 확실한 문제점을 지적하여 해답을 내려주는 글이 좋은 글이다. 반면 실력 없는 변호사의 글은 양은 풍부하나 주로 언론에 떠도는 기사를 짜깁기 한 내용이 대부분일 뿐, 정작 의뢰인이 정말 궁금해 하는 부분에 대한 해답은 찾을 수 없다.

나. 엉터리 상에 속지 마라

요즘은 광고대행업체에서 블로그 광고, 홈페이지 광고, 기사 광고 등을 대행하는 경우가 많은데 변호사 시장의 과열경쟁으로 인해 때로는 허위·과장 광고를 하는 경우도 종종 있다. 특히 최근에는 각종 '협회' 등을 사칭하여 존재하지도 않거나 전혀 검증이 되지 않는 소위 '이벤트 상'을 만들어 변호사들에게 수 백만원에 파는 경우도 있다. 그리고 나아가 그러한 엉터리상을 변호사 사무실 인터넷 홈페이지에 게재하여 마치 대단한 상인 것처럼 고객들을 현혹하기도 한다.3

---

2 컬럼 글은 언론매체 혹은 블로그 안에도 있을 수 있는데 변호사가 직접 설명하는 형식을 띠는 점에서 광고업체가 여기저기서 발췌해 작성한 글과 구별된다.
3 시사저널 "소비자만족도 1위 성범죄전문변호사는 없다" 기사 참고(2018. 7. 12.자).

정말 실력 있고, 자신이 있는 변호사라면 굳이 그러한 엉터리상으로 자신을 과대포장하지 않을 것이다.

다. 좋은 변호사를 위해선 인터넷 검색을 편하게 하려고 하지 마라

자신에게 꼭 맞는 변호사를 선임하는 것은 무엇보다 중요하다. 그런데 인터넷 상에 제일 상단에 노출되거나 자주 노출되는 변호사에 집착할 경우에는 정말 좋은 변호사를 놓칠 수 있다.4 그러므로 여러 검색어로 서치(search)하여 변호사들이 쓴 글은 물론 그들의 경력 등을 꼼꼼히 읽어봐야 한다. 우리가 좋은 집을 살 때도 발품을 팔아야만 하듯이 좋은 변호사를 고를 때에도 인터넷 검색시간을 아끼면 안된다. 어떤 의뢰인은 거의 한 달 동안 인터넷에서 여러 가지 키워드로 검색하여 변호사를 찾는 것도 본 적이 있는데 정말 신중한 태도라고 생각되었다.

Ⅲ. 변호사의 경력을 잘 살펴봐야 한다

1. 구체적인 경력을 살펴봐라

어떤 변호사는 학력이나 경력을 의도적으로 숨기거나 대강 적는 경우가 있다. 이런 경우에는 인터넷에서 변호사의 학력, 경력 등을 자세히 검색할 필요가 있다. 통상 유료싸이트인 로앤비(www.lawnb.com)나 무료싸이트인 법률신문사(www.lawtimes.co.kr)에 들어가면 변호사 검색을 할 수 있는데 학력, 경력, 저서, 논문 등이 상세히 나온다. 경력을 볼 때에는 특히 사법시험5이나 변호사시험이 몇 회인지, 그 동

---

4 요즘은 포털사이트의 파워링크 검색어 중 인기검색어로 최상단에 노출하려면 클릭당 10만원을 호가하는 경우도 있다고 한다.

5 사법시험 횟수와 사법연수원 기수는 정확히 10이 차이가 난다. 예컨대 필자의 경우 1989년 사법시험 31회 합격, 1990년 3월 사법연수원에 들어가 1992년 2월

안 어디에서 무슨 자격으로 근무하면서 주로 어떤 일을 취급하였는지 등을 면밀하게 검토해야 한다.

2. 전관출신이 반드시 좋은 것은 아니다

보통 의뢰인들이 전관 출신을 선호하는 경우가 많은데, 판사나 검사 출신이라고 해서 반드시 유리한 것은 아니다. 사건에 대한 열정과 경륜이 있다면 전관 출신이 아니라고 해도 의뢰인의 문제점을 충분히 해결할 수 있다. 한편 전관일 경우에는 최근 1년 내 근무한 경력지 사건은 맡을 수 없다. 그럼에도 어떤 경우에는 법인 소속 다른 변호사 명의로 사건을 맡게 하고 자신은 막후 변론을 하겠다고 하면서 불법적으로 사건을 수임하는 사례가 있다. 하지만 이 경우 나중에 불법선임이 문제가 되어 오히려 사건에 불리한 결과를 초래할 가능성도 있으므로 이러한 불법선임은 피하는 것이 좋다.

3. 어느 정도의 경륜은 필요하다

변호사의 경력이 반드시 화려하거나 아주 오래될 필요는 없지만, 어느 정도의 경륜은 있는 편이 좋다. 왜냐하면 경륜이 오래된 변호사들의 경우 산전수전 겪으면서 많은 노하우도 얻게 되고, 순발력도 자연스럽게 생기게 된다. 그런데 변호사 경험이 너무 짧은 변호사들의 경우 아무래도 위기대처 능력이 부족할 가능성이 크다. 사건 해결은 패기나 의욕만 갖고 되는 것은 아니기 때문이다.

사법연수원 21기로 수료하였다.

Ⅳ. 적극적이고 열정적인 변호사를 택하라

1. 의뢰인과 원활한 의사소통

전쟁에서 아무리 좋은 무기가 있어도 전투의지가 없으면 반드시 패하게 된다. 변호사 역시 마찬가지이다. 아무리 경력과 지식이 해박해도 의뢰인과 의사소통(communication)이 잘 이뤄지지 아니하면 사건을 제대로 파악할 수가 없다. 그러므로 의뢰인의 말에 귀기울여주고, 진정으로 의뢰인에게 유리한 방향으로 의견을 제시해주는 변호사가 좋다. 필자가 의뢰인들에게 하는 비유가 있다. "변호사는 영점 조준이 된 총이고, 의뢰인은 사실(fact)이란 총알로 장전해줘야 한다"는 말이다. 이 말의 의미는 아무리 훌륭한 총이라고 해도 총알이 없으면 무용지물이듯, 변호사가 아무리 법적 지식이 많다고 해도 사실관계를 정확히 파악하지 못하면 소송에서 진다는 뜻이다. 결국 팩트(fact)는 의뢰인과 변호사 사이에 의사소통(communication) 속에서 파악되므로 변호사와 대화가 잘 이뤄져야 한다. 하지만 그렇다고 시도 때도 없이 변호사에게 핸드폰으로 전화를 거는 것은 자제하는 것이 좋다. 왜냐하면 통상 변호사들은 근무시간에 의뢰인과 대화하는 것을 선호하는데 의뢰인이 아무 때나 너무 자주 전화를 하면 그 의뢰인의 전화를 피할 수도 있기 때문이다. 그러므로 변호사와 대화를 하고 싶을 경우 가능한 변호사 사무실의 담당비서를 통해 예약을 하고 찾아가 만나거나, 정 급할 경우에는 전화를 달라고 요청하는 편이 좋다. 필자의 경우도 의뢰인이 필자의 핸드폰 번호를 알고 있음에도 불구하고 비서를 통해 사무실로 전화를 할 경우 고맙게 느껴져 더욱 성실하게 상담해주게 된다.

2. 리더형 변호사

가. 리더형 변호사와 팔로어형 변호사

무조건 의뢰인의 의견을 쫓는 '팔로어(follower)형 변호사'보다는 의뢰인에게 적극적으로 의견을 제시하는 '리더(leader)형 변호사'가 좋다. 설사 그 변호사의 판단이 나중에 결론적으로 틀리더라도 변호사가 의뢰인에게 최선을 다하였다면 적어도 미련은 남지 않는다. 반면 의뢰인의 의견을 아무런 비판이나 제재 없이 그대로 쫓는 변호사는 '책임회피형 변호사'이다. 그러한 변호사는 나중에 결과에 책임을 지지 않고 의뢰인에게 책임을 전가하려는 경향이 많다. 나중에 의뢰인에게 욕을 먹는 한이 있어도 직언(直言)을 하는 변호사가 충직한 변호사이다.

나. 실 제 례

어떤 남자가 직장 동료 여직원과 단 둘이 술을 마시다가 술김에 여자를 덮쳐 강간하려다 미수에 그쳤다. 여자는 남자를 강간미수죄로 고소하였는데, 남자는 자신이 한 행동에 대해 술에 만취되어 명확한 기억이 없었다. 그 남자는 자신이 강간하려고 한 것이 아니라 술에 취해 실수한 것이라며 변호사에게 무죄를 주장해달라고 강력하게 요구하였다. 반면 여자는 남자가 자신을 강간하려고 치마 안에 손을 넣어 치부를 만지고 팬티스타킹을 벗기려고 해서 놀라 자신의 남자친구에게 급히 전화를 걸어 구호요청을 하였고, 다음날 바로 경찰서에 가서 강간미수죄로 신고하였다. 이 경우 팔로워형 변호사와 리더형 변호사의 차이를 살펴보자.

(1) 팔로우형 변호사 : 의뢰인의 말대로 술에 취해 기억이 나지 않았
다면 당연히 심신상실이니 무죄입니다. 맡겨주신다면 제가 열심
히 변호해서 무죄를 받아드리겠습니다.

(2) 리더형 변호사 : 의뢰인이 무죄를 주장하나, 여자의 진술이 일관
되고, 고소한 시점도 사건직후이며, 특히 남자친구에게 구호요청
을 한 것으로 보아 거짓말을 하는 것이 아닌 것으로 보입니다.
의뢰인께서는 기억이 나지 않는다고 하지만 여자의 말이 사실일
경우 단지 술에 취했다는 사실만으로 죄책이 면해지기는 어렵습
니다. 더욱이 성폭법 20조에 의하면 "음주 또는 약물로 인한 심
신장애 상태에서 성폭력범죄를 범한 때에는 심신상실로 인한 책
임조각 사유는 적용되지 아니할 수 있다"는 특별규정도 있어, 사
실상 성범죄에 있어 심신상실 주장은 법원에서 거의 받아들이지
않습니다. 오히려 술에 취해 기억나지 않는다고 계속 우길 경우
법원에서는 반성하지 않는다고 엄하게 처벌될 수 있습니다. 그러
니 어서 피해 여성과 합의하고 선처를 구하는 편이 유리합니다.

먼저 팔로우형 변호사의 경우 심신상실인 경우 벌하지 않는다는
형법 규정을 대학에서 배워 알고는 있지만 그 규정이 실무상 어느 경
우 적용되는지 경험이 부족하다. 즉 일천한 경험으로 사건을 너무 아
카데믹하게 보아 결과를 잘못 예측한 것이다. 일단 의뢰인의 입장에
서는 변호사가 자신의 말을 믿어주고 의견을 순순히 따라주니 그 변
호사에게 호감이 가고 무죄를 받을 수 있다는 희망까지 생기니 기분
도 좋을 것이다. 하지만 이것은 함정이다. 왜냐하면 만약 변호사의
예견이 틀리다면 그 책임은 모두 의뢰인의 몫이 되기 때문이다. 결과
적으로 의뢰인은 사건 내용을 부인하니 피해자와 합의도 보기 어려
워지고 법원에서 실형을 선고받기 십상이다.

다음 리더형 변호사의 말을 살펴보자. 일단 의뢰인의 말과 정면
으로 배치되니 의뢰인의 입장에서는 서운할 것이다. 그리고 자신의

말을 믿어주지 않는 변호사라고 생각되어 믿음도 가지 않을 수 있다. 하지만 리더형 변호사는 아무리 의뢰인의 말이 거짓말이 아니라도 실무상 법원에서 받아들이지 않을 가능성이 클 경우에는 현실적인 대안을 찾는 것이 현명하다고 본 것이다. 즉 그는 당장 의뢰인의 귀에 거슬리더라도 종국적으로 의뢰인에게 이익이 되는 길을 찾으려고 노력하는 것이다.

다. 소 결

위 사례는 실제로 있었던 일을 재구성한 것이다. 실제로 의뢰인은 팔로우형 변호사와 먼저 상의를 하고 위와 같은 잘못된 답을 얻은 상태에서 리더형 변호사를 찾았다. 리더형 변호사는 위 사건은 도저히 무죄가 불가능하다고 판단하였고, 피해자와 합의를 보도록 설득하였다. 다행히 피해자 역시 교양 있는 사람이어서 쉽게 합의가 되었으며 나아가 합의금도 상당히 적은 금액으로 결정되었다. 그 후 변호사는 검찰에 반성문과 함께 합의서를 제출하여 의뢰인에 대한 선처를 구했는데, 검찰에서 이러한 피의자의 반성어린 태도에 감동해서인지 뜻밖에 '기소유예'라는 선처를 해준 사례이다. 만약 의뢰인이 팔로우형 변호사의 의견을 좇아 무죄주장을 하였다면 결과가 어땠을까? 아마 검찰에서 구속되거나 법원에서 실형을 선고받고 법정구속되었을 것이며 나아가 신상정보 공개·고지와 수십 시간의 사회봉사명령 등도 함께 선고되었을 것이다. 이와 같이 어떤 변호사를 선임하는가에 따라 결과는 천양지차가 될 수 있다.

V. 실력 있는 변호사를 택해라

1. 사건의 핵심을 빨리 파악하는 변호사

변호사와 1시간 정도 상담을 해보면 그 변호사의 내공을 바로 느낄 수 있다. 특히 뜻밖의 질문을 던졌을 때 의뢰인의 가려운 곳을 바로 알아차리는 변호사가 있는 반면, 뜬구름 잡는 얘기만 계속하는 변호사도 있다. 똑똑한 변호사의 경우 의뢰인이 한 마디를 하면 뭘 원하는지, 뭘 걱정하는지 금방 알아차린다. 또한 앞서 언급했듯이 변호사와 상담하기 전에 그 변호사가 인터넷 상 쓴 기사글을 사전에 읽어보는 것이 좋다(블로그 글은 대부분 광고대행업체가 쓴 것들이므로 무시해도 좋다). 과연 그러한 글 속에 의뢰인이 궁금해 하는 점에 대해 속 시원한 답이 있는지를 살펴봐야 한다. 남들이 뻔히 하는 이야기나 법대생도 알 수 있는 얘기, 인터넷 지식에다 검색하면 바로 찾을 수 있는 수준의 내용이라면 그 변호사의 실력을 평가할 수 있는 자료로 볼 수 없을 것이다. 실력 있는 변호사들의 글은 뭔가 구체적이고 예리한 면이 있다. 그것은 다양한 실무경험 속에서 느끼는 것을 쓴 글이므로 다른 변호사들이 흉내 낼 수 없는 차이점이 반드시 있기 때문이다.

2. 근거 없이 결론만 장담하는 변호사는 피하라

"이 사건 100% 이길 수 있어요?" 많은 의뢰인들이 하는 질문이다. 어떤 변호사가 100% 이긴다고 장담한다면 그 변호사를 선임하겠는가? 만약 그렇게 생각했다면 참 어리석은 판단이다. 물론 사건 중에는 100% 이길 수 있는 사건도 있지만 그런 사건은 극히 예외적인 경우이다. 오히려 대부분의 사건은 예상치 못한 증거나 주장으로 인해 뜻밖의 결과가 나오는 경우도 있다. 그래서 경험이 많고 진실한 변호사는 속으로 100% 승소를 자신해도 의뢰인에게 함부로 그러한 속내를 보이지 않는다. 왜냐하면 소송은 끝까지 가봐야 결과를 알 수 있기 때문이다. 반면 의뢰인과의 신뢰관계를 고려하지 않는 변호사라면 일단 사건을 수임하기 위해 자신이 없어도 이길 수 있다고 허풍을 칠 것이다. 따라서 만약 변호사가 아무런 근거도 없이 무조건 자신이 해결할 수 있다고 말한다면 의심해야 한다. 특히 최근에는 대법원판례에 의해 형사사례금 약정이 무효이므로 변호사 선임약정을 함에 있어 착수단계에서 모든 것이 결정나게 된다. 그러므로 의뢰인에게 허장성세를 부려서 일단 사건을 수임한 후 나중에 결과에 무책임한 변호사를 만날 수도 있다. 어떤 변호사가 100% 자신 있다고 말하면 그 근거를 꼬치꼬치 캐묻고 다른 변호사는 어렵다고 하는데 왜 당신은 자신 있다고 말하는지 설득력 있는 설명을 요구해 봐라. 만약 그 변호사가 납득할 수 있는 설명 없이 무조건 자신 있으니 걱정 말라고 대답한다면 그 변호사는 조심해야 한다.

Ⅵ. 유료 상담을 주저하지 마라

인터넷이나 길거리 간판을 보면 '무료상담'이라는 글자가 눈에 많이 들어올 것이다. 때로는 '변호사가 다 거기가 거기니 무료상담이 더 좋지 않을까' 하는 생각도 들 수 있다. 하지만 만약 그와 같이 생각한다면 그대는 변호사를 슈퍼마켓에서 고르는 '통조림' 정도로 생각하고 있는 것이다. 통조림이야 공장에서 같은 공정으로 똑같이 찍어내니 유효기간만 다를 뿐 나머지는 모두 같지만 변호사의 경우는 사정이 다르다. 어떤 변호사를 선임하느냐에 따라 의뢰인의 운명이 바뀔 수도 있을 정도로 능력이나 수임료 모두 천차만별이다. 심한 경우에는 선임하지 않느니보다 못한 변호사도 있을 수 있다. 정작 변호사를 선임하는 순간 아무 변호사나 선임할 사람은 거의 없다. 이것저

것 꼼꼼하게 따져 보고 신중하게 선임하기를 원한다. 하지만 일단 상
담료가 부담스럽기 때문에 괜히 돈만 낭비하는 것 아닌가 하는 우려
감이 든다. 그래서 무료상담이라는 말에 현혹되어 '밑져야 본전'아
니겠냐고 가볍게 생각하고 상담을 받게 된다. 그러나 막상 상담을 받
게 되면 사람 마음이 흔들리게 된다. 처음에는 가벼운 마음으로 무료
상담을 받게 되지만 막상 이런 저런 걱정스런 얘기를 듣게 되고, 때
로는 혹하는 얘기도 듣게 되면 결국 마음이 약해져 판단력을 상실하
기 십상이다. 그 결과 상담자의 페이스에 말려 앞뒤 생각하지 못한
채 바로 계약을 체결하게 되는 것이다. 무료상담을 하는 것은 그러한
기회를 노리고 하는 것이지 결코 자선사업이 아닌 점을 명심해야 한
다. 자신의 운명을 걸어야 하는 변호사를 선임하는 것은 매우 중요한
일이므로 결코 그렇게 가볍게 판단해서는 안된다. 물론 무료상담이
라고 해서 반드시 별 도움이 안된다는 말은 아니다. 때로는 경미한
사건의 경우 무료상담으로도 충분할 수 있다. 하지만 사건이 까다롭
거나 중할 경우에는 반드시 유료상담도 받아야 한다. 돈이 들더라도
자신의 사건을 실제로 처리해줄 가능성이 있는 변호사를 찾아가 상
담을 하는 것이 결국에는 더 경제적이다. 보통 변호사 유료상담료가
시간당 10만원에서 20만원 가량 되는데, 그 금액이 나중에 사건의 결
과와 비교해 보면 그다지 많은 금액이 아님을 깨닫게 될 것이다. 또
한 무료상담의 경우 대부분 변호사가 아닌 사무장이 상담하는 경우
가 많은데 만약 사건을 선임하게 될 경우 그 사건은 사무장이 한 계
약이므로 사무장이 변호사로부터 일정 부분(통상 20~30%) 커미션을
챙기는 경우도 종종 있다. 결국 10~20만원의 상담료 아끼려다 사무
장에게 커미션으로 그 수 십배에 달하는 돈을 주게 되는 결과가 된
다. 반면 유료상담의 경우 변호사가 직접 상담을 하므로 만약 선임약
정을 하게 되면 통상 변호사 선임비에서 기존에 지급한 상담료를 공
제받게 되므로 결국 경제적으로도 유리하다. 따라서 무료상담만 고

집하지 말고 적절하게 유료상담도 받아서 비교해보는 지혜가 필요하다. 우리가 옷을 살 때도 여러 군데 돌아보고 쇼핑을 하면 나중에 후회가 남지 않듯이, 변호사를 선임할 때도 마찬가지로 무료와 유료 상담 변호사를 두루 만나보고 선택하는 것이 좋다. 왜냐하면 여러 변호사와 상담하면서 사건의 맥이 잡히고 해결방안이 나오는 경우가 많기 때문이다. 그리고 그런 과정 속에서 어느 변호사가 자신에게 맞는 변호사인지 판단이 서게 된다. 상담료를 너무 아껴 무료상담만 고집할 경우 나중에 더 큰 손해를 볼 수 있다. 세상에는 공짜가 없다고 한다. 영국 속담 중에 "공짜는 쥐덫 안에 놓인 치즈뿐이다"라는 말이 있다. 즉 공짜는 사실상 가장 큰 대가를 의미한다는 뜻이다. 필자는 무료상담을 좋아하다가 어설픈 사무장에게 잘못된 상담을 받아 낭패를 보는 사람들도 여럿 보았다. 결론적으로 무료상담 1~2명, 유료상담 1~2명 이렇게 나눠서 받아본 후 비교 분석하여 변호사를 선임하는 것이 가장 현명하다고 생각한다.

Ⅶ. 변호사를 잘 활용하는 방법

1. 고소당하거나 당할 위험에 처할 때 사전상담

변호사에게 솔직하게 사건 내용을 얘기해야 한다. 통상적으로 의뢰인들은 자신에게 유리한 얘기는 장황하게 하나, 불리한 얘기는 숨기거나 과소평가하려고 한다. 하지만 실제로 사건이 진행되면 의뢰인에게 불리한 정황이 문제가 된다. 그러므로 이러한 불리한 정황에 대해 변호사에게 미리 상의하고 대처하는 것이 유리하다. 앞서 설명한 바와 같이 리더형 변호사를 선택하여 모든 것을 솔직하게 털어놓고 구체적인 전략과 전술을 짜야만 한다. 수사기관에서의 예상질문과 고소인이 어떠한 내용의 주장을 할 것인지를 서로 의논하고 대책을 강구해야만 실전에 들어가서 당황하지 않게 된다.

2. 체포단계에서는 변호사 도움 기다리기

만약 갑작스럽게 수사기관에 의해 체포될 경우에는 변호사에게 즉시 연락하는 것이 유리하다. 이럴 경우를 대비해 사전에 변호사를 선임해놓으면 시간이 절약되고 우왕좌왕 하지 않게 된다. 하지만 만약 미처 변호사를 선임하기 전이라도 해도 급히 가족들에게 연락해 변호사를 선임해달라고 요청한 후, 변호사가 오기 전까지 묵비권을 행사하는 것이 좋다. 가족들에게는 어느 경찰에서 수사담당이 누구이며 전화번호는 몇 번이며, 조사받고 있는 죄명과 대강의 피의사실 요지 정도는 알려주는 것이 좋다. 물론 나중에 경찰에서 피의자의 보호자에게 이를 알려주게 되어 있으나 변호사를 선임할 시간을 절약해야 하므로 직접 구두상으로 가족들에게 알려주는 것이 유리하다. 통상 수사기관에서는 유도질문이나 넘겨짚기식 질문, 겁을 줘서 자백을 유도하는 등 법에 어긋나지 않는 한도에서 다양한 수사기법이 동원되기 때문에 법적으로 경험이 부족한 일반인들이 감당한다는 것이 쉽지 않다. 그러므로 변호사의 도움을 받아서 진술하는 것이 유리하다. 왜냐하면 아무리 경찰에서의 피의자신문조서가 나중에 재판에서 부인할 경우 증거능력이 부인된다고 해도, 그 진술을 통해 2차적으로 얻어지는 물적 증거나 증언 등은 그대로 유효하므로 경찰에서의 진술도 매우 중요하다. 자칫 경찰에서 실수로 잘못 진술하게 되면 나중에 이를 뒤집어엎는 것이 생각보다 훨씬 어렵다. 따라서 변호사와 꼼꼼히 상의하여 답변하는 것이 현명한 방법이다.

3. 변호사 선임계약 방법

형사변호사와 선임계약을 할 때에 크게 두 가지 방법이 있다. 한 가지는 일단 수사단계까지만 선임하는 방법이고, 다른 하나는 1심 재판단계까지 선임하는 방법이다. 만약 재판까지 갈 것이 명확하다면 1심 재판단계까지 통으로 선임하는 것이 유리하다. 그러나 이럴 경우 변호사 선임비용이 상대적으로 높게 책정되기 때문에 일단 수사단계까지만 선임하고 나중에 기소가 될 경우에 재판단계까지 선임하는 방법을 선택할 수도 있다. 이 경우 일단 선임비용은 상대적으로 저렴하나 기소될 경우 이중으로 비용이 들 수 있다. 각각의 장단점이 있으므로 경우에 따라서 자신에게 유리한 방법을 선택하면 된다.

4. 합의대행 요청

앞서 합의도 변호사를 통해 하는 편이 유리하다고 설명한 바 있다{제5장 I. 1 (라) (1)}. 즉 통상 성범죄의 피해자는 피의자를 직접 만나려고 하지 않기 때문에 변호사에게 합의를 대신 봐달라고 하는 것이 유리하다. 이 점에 관하여는 이미 설명하였으므로 재론하지 않는다.

5. 조사참여에 관한 약정 필요

변호사를 선임할 때에는 선임료를 책정하면서 변호사가 조사에 참여해주는지, 참여한다면 어떤 변호사가 참여하게 되는지, 참여할 경우 시간당 추가비용이 더 드는지 아니면 선임료 안에 모든 것이 포함되는지 등에 관해 구체적인 약정을 하는 것이 좋다. 나중에 이로 인해 변호사와 갈등이 생기게 되면 서로 신뢰관계에 금이 가므로 결과에 안 좋은 영향을 미칠 수 있기 때문이다. 형사사건의 경우 사례금 약정이 무효라는 대법원 판례로 인해 변호사들이 형사사건에 관해서는 시간당 비용을 청구를 하는 경우가 많아져 조사참여도 시간당 비용을 미리 책정해 놓는 경향이 있다. 최근에는 변호사 선임시 '수사참여 몇 회'를 기본 요건으로 하고, 그 회수를 넘을 경우에는 '시간당 얼마'식의 절충적인 방안도 활용되고 있다. 하지만 주의할 점은 변호사가 조사에 참여하더라도 피의자 대신 대답하거나 피의자와 그때그때 의논해서 피의자에게 답을 주지는 못한다. 즉 신문에 참여한 변호인은 신문 후 의견을 진술할 수 있다. 신문 중에는 부당한 신문방법, 예컨대 강압적인 태도를 보이거나, 유도질문 혹은 회유하는 질문을 하거나, 공범의 진술을 토대로 자백을 유도하는 등의 질문 등에 대하여 이의를 제기할 수 있을 뿐이다. 신문 중 그 외의 의견 제시는 반드시 검사 또는 사법경찰관의 승인을 얻어야만 할 수 있다(형사소송법 243조의2 3항).

6. 수사기관에서 조사받으면서 변호사접견 활용하기

많은 사람들이 변호사접견은 유치장이나 구치소에서만 하는 것으로 생각한다. 하지만 검사 또는 사법경찰관은 피의자 또는 그 변호인·법정대리인·배우자·직계친족·형제자매의 신청에 따라 변호인을 피의자와 접견하게 해야 한다(형사소송법 243조의2 1항). 이는 수사기관에서 제한할 수 없는 피의자의 고유의 권리이다. 따라서 조사 전에 변호인을 접견하겠다고 신청할 경우 수사기관은 관내 설치된 변호인접견실에서 변호사와 접견을 하도록 해줘야 한다. 앞서 설명한 바와 같이 변호인의 조사 참여는 신문방법에 대한 이의를 제기하는 것 이외 직접적인 질문에 대한 대응방안에 대해 매순간 도와준다는 것이 현실적으로 어렵기 때문에 사전에 변호인 접견을 하는 것이 유리하다. 그럼 조사 도중에 갑자기 변호사와 상의할 부분이 생기면 어떻게 대처해야 하나? 두 가지 방법이 있다. 불구속 피의자의 경우 화장실을 다녀오겠다고 하거나 잠시 쉬었다가 조사를 받겠다고 하는 등 '타임아웃'을 부르는 것이다. 그리고 변호사와 함께 화장실이나 조용한 곳으로 가서 은밀하게 상의하는 것이다. 그런데 구속 피의자의 경우는 교도관이 따라다니므로 그 방법이 용이하지 않다. 이 경우에는 조사 중이라도 변호사 접견을 신청하여 잠시 변호사와 상의한 후 다음 조사에 임하겠다고 수사기관에게 요청하는 것이다. 일단 조사받은 내용에 대한 중간점검도 하고, 잠시 머리를 식히면서 침착성도 찾을 수 있어 일거양득이다.

판례색인

대법원 1964. 4. 7. 선고 63도410 판결   278

대법원 1976. 2. 10. 선고 74도1519 판결   98

대법원 1976. 6. 8. 선고 74도1266 판결   287

대법원 1983. 4. 26. 선고 83도323 판결   45

대법원 1989. 8. 8. 선고 89도358 판결   72

대법원 1989. 9. 12. 선고 87도2365 전원합의체 판결   283

대법원 1990. 5. 25. 선고 90도607 판결   41

대법원 1991. 4. 9. 선고 91도288 판결   29, 39

대법원 1991. 5. 28. 선고 91도546 판결   31

대법원 1991. 10. 25. 선고 90다20428 판결   354

대법원 1992. 2. 28. 선고 91도3182 판결   51

대법원 1992. 4. 14. 선고 92도442 판결   273

대법원 1992. 6. 23. 선고 92도682 판결   273, 274

대법원 1992. 8. 14. 선고 92도962 판결   278, 279

대법원 1993. 6. 11. 선고 93도1054 판결   280

대법원 1994. 2. 8. 선고 93다13605 전원합의체 판결   234

대법원 1994. 8. 23. 선고 94도630 판결   51

대법원 1994. 10. 14. 선고 94도2130 판결   280

대법원 1996. 2. 23. 선고 95도2646 판결   9

대법원 1996. 7. 12. 선고 96도667 판결   273

대법원 1997. 9. 26. 선고 97다21499 판결   336

대법원 1998. 2. 10. 선고 95다39533 판결   335, 337, 344

대법원 1999. 1. 12.자 98모151 결정   286

대법원 1999. 7. 9. 선고 99도1695 판결   280

대법원 1999. 9. 21. 선고 99도2443 판결   280

대법원 2000. 2. 8. 선고 99도5395 판결   10

대법원 2000. 6. 9. 선고 2000도1253 판결   28

대법원 2000. 8. 18. 선고 2000도1914 판결   26

대법원 2001. 10. 30. 선고 2001도4462 판결   33

대법원 2001. 12. 24. 선고 2001도5074 판결   91

대법원 2002. 2. 22. 선고 2001도5891 판결   283

대법원 2002. 2. 26. 선고 2000도4637 판결   275

대법원 2002. 3. 15. 선고 2002도83 판결   302

대법원 2002. 4. 26. 선고 2001도2417 판결   49, 50, 59, 64, 106, 370

대법원 2002. 6. 25. 선고 2002도1893 판결   280

대법원 2002. 7. 12. 선고 2002도2029 판결   91

대법원 2002. 8. 23. 선고 2002도2860 판결   65

대법원 2003. 2. 20. 선고 2001도6138 전원합의체 판결   288

대법원 2003. 7. 8. 선고 2001두8118 판결   354

대법원 2003. 9. 26. 선고 2003도4606 판결   44

대법원 2003. 10. 9. 선고 2002도4372 판결   272

대법원 2003. 12. 26. 선고 2003도3768 판결   289

대법원 2004. 4. 16. 선고 2004도52 판결   63, 69, 370

대법원 2004. 5. 28. 선고 2004도1462 판결   259

대법원 2004. 10. 14. 선고 2003도3133 판결   280

대법원 2005. 5. 26. 선고 2005도130 판결   262

대법원 2005. 7. 29. 선고 2004도5868 판결   95

대법원 2006. 1. 13. 선고 2003도6548 판결   273

대법원 2006. 1. 13. 선고 2005도6791 판결   57, 88

대법원 2006. 2. 23. 선고 2005도8645 판결   14

대법원 2006. 9. 22. 선고 2006도4883 판결   279

대법원 2006. 10. 12. 선고 2006도4981 판결   268

대법원 2006. 10. 26. 선고 2005도8130 판결   299, 320

대법원 2007. 1. 25. 선고 2006도5979 판결   24, 25, 59

대법원 2007. 2. 8. 선고 2006도6196 판결   284

대법원 2007. 6. 14. 선고 2005두6461 판결   342

대법원 2007. 7. 26. 선고 2007도4532 판결   317

대법원 2007. 7. 27. 선고 2005도2994 판결   19

대법원 2007. 7. 27. 선고 2007도768 판결   283

대법원 2007. 8. 23. 선고 2007도4818 판결   94
대법원 2007. 10. 25. 선고 2007도6129 판결   273
대법원 2008. 3. 13. 선고 2007도10050 판결   59
대법원 2008. 3. 13.자 2007두24487 판결   378
대법원 2008. 7. 10. 선고 2007두22498 판결   337, 355, 356, 359
대법원 2008. 9. 25. 선고 2008도7007 판결   118, 120
대법원 2009. 2. 26. 선고 2008다89712 판결   333
대법원 2009. 12. 10. 선고 2009도3053 판결   126
대법원 2010. 11. 11. 선고 2010도9633 판결   30
대법원 2010. 11. 25. 선고 2009도12132 판결   13
대법원 2011. 7. 14. 선고 2011두8796 판결   372
대법원 2011. 7. 28. 선고 2011도5813 판결   17
대법원 2011. 11. 10. 선고 2011도3934 판결   301
대법원 2011. 12. 8. 선고 2011도7928 판결   44
대법원 2012. 1. 27. 선고 2011도14676 판결   190
대법원 2012. 2. 23. 선고 2011도8124 판결   172
대법원 2012. 3. 22. 선고 2011도15057 전원합의체 판결   167
대법원 2012. 5. 24. 선고 2012도2763 판결   189
대법원 2012. 7. 12. 선고 2010두7048 판결   264
대법원 2012. 7. 12. 선고 2012도4031 판결   27
대법원 2012. 7. 26. 선고 2011도8805 판결   49, 50, 70, 72, 340
대법원 2012. 7. 26. 선고 2011도12407 판결   270
대법원 2012. 8. 30. 선고 2011도14257, 2011전도233 판결   170
대법원 2012. 8. 30. 선고 2012도7377 판결   13, 87
대법원 2013. 1. 16. 선고 2011도7164, 2011전도124 판결   71
대법원 2013. 4. 11. 선고 2012도12714 판결   21
대법원 2013. 5. 16. 선고 2012도14788, 2012전도252 전원합의체 판결   12
대법원 2013. 6. 14. 선고 2011다65174 판결   314
대법원 2013. 6. 27. 선고 2013도4279 판결   115
대법원 2013. 6. 28. 선고 2013도3793 판결   16, 17, 303
대법원 2013. 9. 12. 선고 2013도502 판결   126
대법원 2013. 9. 26. 선고 2013도5856 판결   57
대법원 2013. 11. 28. 선고 2010도12244 판결   270

대법원 2013. 11. 28. 선고 2012도4230 판결 111
대법원 2014. 2. 13. 선고 2011도6907 판결 18
대법원 2014. 2. 27. 선고 2013도12301 판결 206, 207
대법원 2014. 7. 10. 선고 2014도5173 판결 310, 311
대법원 2014. 9. 4. 선고 2014도8423, 2014전도151 병합판결 91
대법원 2014. 9. 24. 선고 2013도4503 판결 124
대법원 2014. 9. 26. 선고 2013도12607 판결 124
대법원 2015. 2. 12. 선고 2014도11501 판결 131
대법원 2015. 5. 29. 선고 2015도1984 판결 79
대법원 2015. 7. 9. 선고 2013도7787 판결 339
대법원 2015. 8. 27. 선고 2014도8722 판결 36
대법원 2015. 9. 10. 선고 2015도6980, 2015모2524 판결 53
대법원 2016. 2. 18. 선고 2015도15664 판결 310, 312
대법원 2016. 3. 10. 선고 2015도17847 판결 111
대법원 2016. 8. 30. 선고 2015도3095 판결 339
대법원 2016. 12. 15. 선고 2016도14099 판결 46
대법원 2016. 12. 27. 선고 2016도16676 판결 116
대법원 2017. 6. 8. 선고 2016도21389 판결 109, 110
대법원 2017. 6. 15. 선고 2017도3448 판결 338
대법원 2017. 7. 11. 선고 2015도3939 판결 44
대법원 2017. 10. 12. 선고 2016도16948, 2016전도156 판결 27
대법원 2017. 12. 22. 선고 2016다202947 판결 332, 337
대법원 2018. 4. 12. 선고 2017두74702 판결 331
대법원 2018. 8. 1. 선고 2018도1481 판결 116
대법원 2018. 9. 13. 선고 2018도9340 판결 130, 131
대법원 2018. 10. 4. 선고 2016도15961 판결 203
대법원 2019. 2. 28. 선고 2018도20835 판결 27
대법원 2019. 3. 28. 선고 2018도16002 전원합의체 판결 85
대법원 2019. 5. 10. 선고 2019도834 판결 43
대법원 2019. 5. 30. 선고 2015도863 판결 125, 127
대법원 2019. 6. 13. 선고 2019도3341 판결 340
대법원 2019. 7. 24. 선고 2019도5851 판결 315, 317
대법원 2020. 3. 26. 선고 2019도15994 판결 58

대법원 2020. 7. 9. 선고 2020도5646 판결   99
대법원 2020. 7. 23. 선고 2019도15421 판결   61
대법원 2020. 7. 23. 선고 2020도6285 판결   113
대법원 2020. 8. 27. 선고 2015도9436 전원합의체 판결   91, 92
대법원 2020. 10. 29. 선고 2018도16466 판결   339
대법원 2020. 10. 29. 선고 2020도4015 판결   94
대법원 2020. 11. 5. 선고 2020도8669 판결   74
대법원 2020. 11. 5. 선고 2020도10806 판결   10
대법원 2020. 11. 12. 선고 2020도9667 판결   75
대법원 2020. 12. 20. 선고 2020도11186 판결   60
대법원 2020. 12. 24. 선고 2019도16258 판결   119
대법원 2020. 12. 24. 선고 2020도7981 판결   67

서울고등법원 2001. 9. 4. 선고 2001노1601 판결   74
서울고등법원 2007. 10. 10. 선고 2006누9285 판결   359
서울고등법원 2007. 11. 6. 선고 2007누9589 판결   378
서울고등법원 2011. 4. 12. 선고 2010누19630 판결   372
서울고등법원 2011. 7. 7. 선고 2011누3199 판결   333
서울고등법원 2012. 3. 21. 선고 2011누29481 판결   366
서울고등법원 2012. 5. 16. 선고 2011누29788 판결   364
서울고등법원 2012. 7. 12. 선고 2011누445032 판결   369
서울고등법원 2012. 7. 5. 선고 2011누42774 판결   355, 356, 361
서울고등법원 2014. 4. 17. 선고 2014노69 판결   311
서울고등법원 2014. 5. 1. 선고 2014노53 판결   62
서울고등법원 2015. 1. 30. 선고 2014노3517 판결   80

서울북부지방법원 2011. 11. 11. 선고 2011고합116 판결   130
서울서부지방법원 2015. 8. 12. 선고 2015고합53   55
서울중앙지방법원 2018. 7. 12. 선고 2018고단688 판결   115
서울지방법원 2002. 11. 26. 선고 2000가합57462 판결   333
서울행정법원 2007. 3. 27. 선고 2006구합35916 판결   377

서울행정법원 2008. 4. 22. 선고 2007구합40670 판결   374
서울행정법원 2010. 6. 4. 선고 2009구합49190 판결   355, 372
서울행정법원 2011. 11. 10. 선고 2011구합19208 판결   331, 355
서울행정법원 2011. 8. 12. 선고 2010구합28717 판결   356
서울행정법원 2012. 4. 27. 선고 2011구합34863 판결   333, 355, 380
서울행정법원 2012. 7. 19. 선고 2012구합7042 판결   333, 356
서울행정법원 2014. 9. 19. 선고 2014구합5842   292
서울행정법원 2016. 7. 15. 선고 2016구합52699 판결   263
대구지방법원 2006. 4. 28. 선고 2006고합119 판결   285
대구지방법원 2012. 6. 8. 선고 2011고합686 판결   52
의정부지방법원 2019. 4. 18. 선고 2018노2290 판결   316

헌법재판소 2002. 10. 31. 결정 99헌바40   340
헌법재판소 2011. 10. 25. 결정 2011헌가1   321
헌법재판소 2015. 7. 30. 결정 2014헌마340   183
헌법재판소 2016. 3. 31. 결정 2013헌가2   298
헌법재판소 2016. 3. 31. 결정 2013헌마585   199

사항색인

[ㄱ]

가짜(fake) 117

가짜 리벤지 포르노 117

가짜 섹스 동영상 117

강간 등 예비 음모죄 101

강간죄 8

강간죄가 부인된 사례 30

강간죄가 인정된 사례 25

강간죄에 있어 폭행·협박의 정도
  24

강간치상죄에 있어 '상해' 42

강제추행범의 혀를 절단한 행위 72

강제추행의 주관적 동기나 목적 56

강제추행죄 48

강제퇴거 291

개전의 정상 287

개정된 공탁법 규정 225

거짓말탐지검사 운영 규칙 264

거짓말탐지기 검사 261

거짓말탐지기 검사와 관련한
  수사기관의 자료 263

건물주에 대한 처벌 307

검찰수사관이 실제로 작성한
  검찰조서의 증거능력 272

경찰이 손님으로 위장한 경우 315

경찰이 정보원을 시켜 실제 성매매를
  하게 한 후 단속한 경우 317

고소 제한에 대한 예외 235

고용노동부 347

고용에서 불이익을 주는 것 330

고지대상 범죄 194

고지명령 194

고지명령 기간 195

고지방법 195

공개대상 범죄 187, 194

공개명령 187

공개정보 193

공개하는 등록정보 193

공공장소에서 성기노출 행위 70

공소시효 7

공중 밀집 장소에서의 추행 105

공탁금회수제한신고 222

공탁법 개정 224

과잉방위 72

광고대행업체 387

구직자 추행 99

국가 디지털 포렌식센터(NDFC)
  255

국가인권위원회 347

근로자에게 불리한 처우 332

기본신상정보 181

기습강간 27

기습적인 유사강간죄 46

기습추행 50, 106

기습추행의 성립요건 54

기습추행의 실행의 착수 53

기습추행이 인정되지 않은 사례   51
기습추행이 인정된 사례   50
기습추행죄   61

[ㄴ]
남자 찜질방에서 벌어진 '똥침' 사건
   46
노동위원회의 결정과 불복방법   352
노인복지법   341
뉘우치는 정상이 뚜렷할 때   289

[ㄷ]
다른 사람의 신체   115
다산콜센터   112
다중이용장소 침입행위   4
대딸방   298, 320
대법원 전원합의체   91
대화 당사자가 몰래 녹음한 대화내용
   267
대화당사자가 아닌 제3자가 한 녹음
   자료   269
독립상소 대상   170
독수독과(毒樹毒果)   318
등록기간   182
등록정보 공개기간   192
등록정보 공개선고   187
등록정보 열람   194
등록정보의 고지   194
DNA 검사   258
디지털 성범죄   150
디지털 성범죄 양형기준   118
디지털 포렌식   255
딥 러닝   117
딥페이크(deepfake)   116, 117

[ㄹ]
러브샷을 강요하는 행위   59
레깅스 바지   119
로앤비(www.lawnb.com)   388
리더형 변호사   391
립카페   320

[ㅁ]
마이킹   313
만화 동영상   125, 127
모텔방에서 목숨 걸고 뛰어내린
   여자의 강간고소   40
무료상담   395
물적 예비   101
미성년자 위력간음죄에 있어 '위력'
   94
미성년자에 대한 특례   169
미성년자의제강간 · 강제추행죄   86,
   88
미수범   114
미필적 고의   13, 87
밀폐장소에서의 성기노출   71

[ㅂ]
바바리맨   340
반포   115
범죄신고자 등 면담신청   220
법률상 감경사유   276
법률신문사(www.lawtimes.co.kr)
   388
법원에 양형조사를 요청   221
법원의 등록정보 고지명령 선고
   194
변호사를 통한 합의   218
변호사 선임계약 방법   398

변호사접견 400
보도방 320
보호관찰부 집행유예 관련 부착명령
　170, 174
복제물 113
복제물의 복제물 114
부당한 징계에 대처하는 방법 349
부당해고 350
부당해고구제 재심판정 취소소송
　352
부당해고등 350
부당해고등의 구제 신청서 350
부부 사이에도 강간죄가 성립되나?
　11
부착명령의 임시해제 176
부착명령 집행의 종료 178
불능미수 법리 86
불법원인급여 314, 315
불법촬영죄 113
불이익변경금지의 원칙 203
블랙박스 248, 260
비몽사몽 73

[ㅅ]
사건이송요청서 228
사람의 신체 115
사설 디지털 포렌식 257
사실혼 관계 10
사업주 책임 334
사인(私人)이 수집한 증거 267
산업안전보건법 112
상대방에게 '도달하게 한다'는 의미
　109
상상적 경합 45
선고유예 287

선고유예의 실효 290
선고유예의 요건 287
선불금반환채무 315
성도착증 환자 205
성매매 156, 297
성매매 '권유' 301
성매매 알선 157
성매매 피해자 300
성매매로 단속될 경우 317
성매매알선 306
성매매알선업체에서 지급한 선불금
　313
성매매처벌법 합헌 결정 298
성범죄경력 조회 199
성범죄로 입건된 경우 217
성범죄로 피해를 본 경우 230
성범죄·성매매 양형기준 135
성범죄자 알림e (www.sexoffender.
　go.kr) 194
성을 사는 행위 302
성을 파는 행위 강요 156
성인 대상 성매매 297
성적 동기나 의도 331
성적 목적을 위한 다중이용장소 침입
　108
성적인 언동 330
성적 자기결정권 74
성적 자기결정권 존부 18
성폭력범죄 조견표 7
성폭법상 '친족'의 범위 9
성폭법상 성범죄 4
성희롱 329
성희롱 등의 성적 학대행위 338
성희롱 예방교육 333
성희롱 판단 근거 333

성희롱을 할 경우 법적 책임 335
소년법상 보호처분 166
소비자만족도 1위 성범죄전문
　변호사는 없다 387
수강명령·성폭력 치료프로그램의
　이수명령제도·보호관찰 201
수강(이수)명령 추가 203
신변안전조치 238
신상정보 공개·고지 186
신상정보 등록 179
신상정보 등록대상자 179
신상정보 등록면제 183
신상정보 등록의 종료 185
신상정보를 공개하여서는 아니 될
　특별한 사정 189
신원관리카드열람신청 220
신청에 의한 집행면제 211
신체적으로 항거불능 74
실행의 착수 114, 115
실행의 착수시기 39
실형선고부 부착명령 173
심리적으로 항거불능 74
심신상실·항거불능이란? 73
심신상실이나 항거불능의 상태를
　야기 76
13세 이상 16세 미만 아동·청소년에
　대한 간음 4
13세 이상 16세 미만의 사람 87
쌍집행유예 283
CCTV 260

[ㅇ]
아동·청소년 관련기관 등에의
　취업제한 197
아동·청소년 대상 성매매 300

아동·청소년 대상 성매매 알선
　159
아동·청소년 성매매알선 309
아동·청소년 성매매알선영업죄의
　위헌성문제 320
아동·청소년대상 성범죄 188
아동·청소년성착취물 123, 151
아동·청소년성착취물의 제작·배포
　122
아동·청소년으로 '명백하게 인식'
　124
아동·청소년으로 명백하게 인식될
　수 있는 '표현물' 127
아동·청소년의 성교행위 등 125
아동·청소년의 성을 사는 행위
　158
아동·청소년인지에 대한 고의 302
아동·청소년이용음란물을 배포·제공
　129
아동복지법 338
아동에 대한 성적학대행위 4
아청법상 가중처벌 규정의 문제점
　89
아청법상 성범죄 4
야한 이야기 345
약물을 먹여 의식을 잃게 한 행위
　43
양형조사관 221
양형조사관 제도의 법적 근거 221
양형참작 276
양형참작 사유 280
억울하게 성희롱한 것으로 몰린 경우
　348
업무상 위력 등에 의한 간음죄 97
업소 단속 317

엉터리 상 387
영상물의 촬영·보존 등 239
영업으로 유인, 권유, 강요행위 323
예비·음모 4
오랄섹스(oral sex) 298
오인·착각·부지 90, 92, 93
외국인 강제출국 290
외국인 강제퇴거명령 292
우편송부 및 게시판 게시 고지 195
웹페이지 링크 109
위계 90
위계에 의한 간음죄 93
위계에 의한 미성년자 간음죄 91
위계와 간음행위 사이의 인과관계
    92
위계·위력에 의한 미성년자·
    심신미약자 간음·추행죄 88
위력 93
위법수집증거 배제법칙 267
유료 상담 395
유명연예인 K씨 사건 73
유사강간죄 45
유사성교행위 298
유인·권유 또는 강요한 경우 323
음담패설 345
의뢰인과 의사소통 390
의사에 반해 어깨를 주무른 행위
    63
이동통신단말기를 통한 고지 196
이송신청 227
이익형량설 271
이태원 살인사건 265
이행강제금 353
인적 예비 101
인터넷 검색 388

인터넷 링크(internet link) 110
인터넷 허위·과장광고 386
임신을 하게 한 경우 42
임의적 감경사유 276

[ㅈ]
자격정지 289
자수감경 278
자수서 278, 279, 280, 281
작량감경 276
장애인에 대한 강간죄 17
재범의 위험성 여부 199
재판 도중 집행유예가 실효된 경우
    283
전관출신 389
전자우편 등의 증거능력 270
전자장치부착법 16
전자장치 부착 등에 관한 법률 16,
    165
전자장치 부착 제도 163
전자장치 부착을 보석조건으로 부과
    165
정당방위 72
정보공개 거부처분 취소소송 263
정신적 장애에 대한 인식필요 21
정액·음모 채취 258
정액반응감정 259
제공 115
조건만남 297
조사참여에 관한 약정 399
존스쿨(John School) 교육 324
준강간 74
준강간을 당한 직후 76
준강간죄의 '불능미수죄' 85
준강간·준강제추행죄 73

준수사항   169
중앙노동위원회 결정   356
증거보전의 특례   237
증거확보   218
증언에 있어 피해자 보호   236
지하철 성추행   106
지하철 성추행범   106
지하철 수사대   107
직권에 의한 집행면제   212
직장 내 성희롱   329
직장 내 성희롱 금지   331
직장 내 성희롱에 대처하는 방법
   346
직장 내 성희롱을 판단하기 위한
   기준   329
직장 내의 의미   332
진술분석기법   265
진술조력인   241
집행유예   275
집행유예 기간 중 범한 범죄   282,
   284
집행유예의 실효   285
집행유예의 취소   286
징계에 대한 구제절차   350
징계해고의 정당 여부에 관한
   실제결정례   356
징계해고의 판단기준   354

[ㅊ]
차등적용   198
Charlie's Angel   377
채무변제를 요구   93
채취할 수 있는 기간   258
촬영물 등을 이용한 협박·강요   4,
   114, 150, 154

최근의 법원의 동향   117
취업제한 기간   199
취업제한 대상 업종   197
치료명령의 임시해제   213
치료명령의 집행면제   210

[ㅋ]
카메라등이용촬영   152
콘돔을 끼고 성관계를 한 경우   260

[ㅌ]
타임아웃   400
탄원서   233
통신매체   110
통신매체를 이용한 음란행위   109,
   155
특별법상 피해자 보호제도   235
특정강력범죄   282
특정범죄의 의의   165

[ㅍ]
파워링크   388
판례평석   66
팔로어형 변호사   391
편집물·합성물·가공물   116
폭행·협박의 실행의 착수   28
폭행·협박의 정도   49
피공탁자의 대응책   222
피구금자 간음죄   97
피명령자의 준수사항   209
피보호·감독자 간음죄   97
피부착자의 의무   174
피의자신문조서   271
피해근로자에게 도움 준 동료   332
피해자, 신고인 등에 대한 보호조치

235
피해자가 성관계에 승낙 87
피해자와의 합의 281
피해자의 승낙 100
피해자의 얼굴을 손가락으로 꼬집은
　행위 62
피해자의 연령에 대한 인식 13
피해자의 즉각적 거부의사 58
필름 끊긴 상태 78
필요적 감경사유 276

[ㅎ]
함정수사 315, 317
합의대행 요청 399
항거불능상태에 있는 것으로 오인
　85
항문섹스(anal sex) 298
해고의 징계양정 판단시 고려할 사항
　354
해임처분은 부당 356
해킹한 이메일 269

행범체포 318
행정소송 352
허위영상물 등의 반포 등 4, 116,
　150, 153
헤드록 한 행위 67
현장 급습 318
현행범 318
형법상 성범죄 3
형사공탁금 233
형사공탁의 특례 225
형사공탁제도 222
형사공탁제도의 문제점 224
형사조정신청 219
형사합의를 보는 요령 218
화학적 거세제도 204
화학적 거세 집행절차 209
회사의 사용자책임 336
회식자리에서 여직원에게 술을
　따르라고 한 행위 341
휴대폰 주기억장치 130

저자 약력

고려대학교 법학과 졸업
미국 노스웨스턴 로스쿨(LL.M.) 졸업
제31회 사법시험 합격(사법연수원 21기)
미국 뉴욕주 변호사시험 합격
법무법인(유한) 태평양 기업담당 변호사
부산지방검찰청 동부지청 검사
수원지방검찰청 여주지청 검사
서울중앙지방검찰청 특수부 검사
미국 듀크 로스쿨 Visiting Scholar
울산지방검찰청 특수부 검사
수원지방검찰청 안산지청 검사
K&P법률사무소 대표변호사
Wagners Law Firm 캐나다 근무
법무법인 이지스 대표변호사
대한변호사협회 전문분야등록(부동산, 형사법)
TV로펌 법대법 고정출연(부동산법 자문)
분당경찰서 경우회 자문변호사
예스폼 법률서식 감수변호사
TV조선 '강적들' 고정진행
SBS생활경제 '부동산 따라잡기' 법률해설
일요서울신문 '생활속 법률톡톡' 칼럼니스트
부동산태인 경매전문 칼럼니스트
현재) 법무법인(유한) 진솔 대표변호사

수상) 법무부장관 최우수 검사상 수상(2001년)
저서) 뽕나무와 돼지똥(아가동산 사건 수사실화 소설)
　　　핵심부동산분쟁(부동산전문변호사가 말하는 법률필살기)
　　　형사전문변호사가 말하는 성범죄·성매매·성희롱
　　　부동산·형사소송 변호사의 생활법률 Q&A

개정판
형사전문변호사가 말하는
성범죄 성매매 성희롱

초판발행	2016년 1월 30일
개정판발행	2021년 3월 15일

지은이	강민구
펴낸이	안종만·안상준

편 집	김선민
기획/마케팅	정영환
표지디자인	조아라
제 작	우인도·고철민·조영환

펴낸곳	(주) **박영사**
	서울특별시 금천구 가산디지털2로 53, 210호(가산동, 한라시그마밸리)
	등록 1959. 3. 11. 제300-1959-1호(倫)
전 화	02)733-6771
f a x	02)736-4818
e-mail	pys@pybook.co.kr
homepage	www.pybook.co.kr
ISBN	979-11-303-3862-0 93360

* 파본은 구입하신 곳에서 교환해 드립니다. 본서의 무단복제행위를 금합니다.
* 저자와 협의하여 인지첩부를 생략합니다.

정 가   23,000원